La Préfabrication en URSS:
Concepts techniques et dispositifs architecturaux

La Préfabrication en URSS:
Concepts techniques et dispositifs architecturaux

Natalya Solopova

Couverture de la revue
l'Architecture de l'URSS

Sommaire

Modèle décomposé en pièces détachées du système cubain GPS (Gran Panel Soviético 1965)

« Flying panels, how concrete panels changed the world », exposition au Centre suédois d'architecture et de design (ArkDes), commissaires Pedro Alonso et Hugo Palmarola, Stockolm 2019, photo N.Solopova.

Avant-propos

Ce livre reproduit le texte intégral de la thèse de doctorat que j'ai soutenue en 2001 à l'Université de Paris 8, sous la direction de Jean-Louis Cohen et Yannis Tsiomis.

Ma thèse était consacrée à l'histoire de la préfabrication des bâtiments d'habitation en usine et à son impact sur l'architecture et l'urbanisme en URSS. C'est en 1955 que le premier secrétaire du PCUS Nikita Khrouchtchev a lancé une campagne pour une production en masse d'habitations, grâce à la préfabrication des bâtiments en usine, qui était censée résoudre à court terme la crise du logement persistant dans le pays. Cette campagne modifia l'industrie de la construction, la profession d'architecte et changea le style de l'architecture. En quelques années, du fait de la volonté de politiciens, les immeubles construits d'une façon traditionnelle et richement décorés de la période stalinienne furent évincés par des constructions sobres fabriquées en usine avec comme unique décor sur leurs façades le calepinage des panneaux.

La période des réformes khrouchtchéviennes dans l'histoire de l'URSS est qualifiée d'*Ottepel* (le Dégel). Cette période de l'histoire soviétique est caractérisée par la mise en place des procédés de préfabrication à grande échelle et le changement du style en architecture. L'analyse de la scène artistique pendant le Dégel n'a cependant pas permis de comprendre les transformations ayant affecté tous les champs de la culture. Les œuvres littéraires et cinématographiques sont appréciées, analysées et associées à cette période historique. Ainsi, il y a une littérature du Dégel. La peinture de cette période est dénotée par le terme de *surovyj stil'* (style austère). Mais l'architecture des mêmes années a longtemps été négligée. Malgré la durée assez longue de ce cycle architectural, qui s'est déployé pendant trois décennies du XXe siècle, les langages architecturaux apparus en 1955, et qui ont perduré au-delà du Dégel, jusqu'à 1985 environ, n'avaient été ni décrits, ni qualifiés. Les édifices de la période restaient méconnus, voire ignorés.

J'ai engagé ma recherche sur l'histoire des habitations de masse produites en usine juste quelques années après la chute de l'URSS, alors que les quartiers faits de bâtiments préfabriqués, avec tous leurs défauts et inconvénients, restaient la réalité quotidienne pour la majorité de Russes. À l'époque, mon travail était perçu de façon tout à fait différente en France et en Russie. En France, le sujet de la préfabrication était considéré comme suffisamment sérieux pour être étudié dans le cadre de la recherche universitaire. En Russie, le thème était en revanche accueilli avec la plus grande froideur. Les raisons de cette différence sont multiples et sans doute liées au caractère plus précoce de la préfabrication en France, ou elle avait été introduite à grande échelle dans la construction à partir de 1946, tandis qu'en URSS, elle n'a pris une dimension industrielle qu'après 1956. Les historiens de l'architecture français ont porté leur regard sur la période de la mise en place de la préfabrication avant leurs collègues russes. Parmi leurs travaux, j'évoquerai *Reconstruction/déconstruction*, l'étude publiée en 1988 par Bruno-Henri Vayssière [1] sur les enjeux et les politiques de la construction dans la France de l'après-guerre et la recherche de Danièle Voldman [2] publiée en 1997 sous le titre *Histoire d'une politique : la reconstruction des villes françaises de 1940 à 1954*.

Dans la Moscou des années 1990, ma recherche sur le terrain à était compliquée. Les architectes russes qui avaient travaillé dans les années 1960 évitaient mes questions sur la préfabrication, car ils se sentaient responsables, bien à tort, pour la monotonie des paysages des villes constituées d'immeubles types préfabriqués en usine. Dans l'opinion publique les constructions des années 1960-1970 étaient considérées comme une architecture « moche ». Il m'est arrivé alors de parler de ma recherche comme étant une « étude sur la transition de « l'architecture » - celle des édifices staliniens richement décorés vers la « non-architecture » - c'est-à-dire les constructions en béton des années 1960.

Dans les années 2000, ce furent les photographes, les architectes et les chercheurs occidentaux qui, voyageant à travers la Russie et les anciennes républiques soviétiques, découvrirent l'architecture des années 1960-1980. En 2009, Philipp Meuser [3] publia la première édition de *Zwischen Stalin und Glasnost: Sowjetische Architektur 1960-1990*, livre dans lequel il a engagé un travail de classement typologique des immeubles préfabriqués et d'analyse de leurs formes urbaines. Avec son œil curieux, le photographe Fréderic Chaubin [4] a découvert à son tour le patrimoine architecturale soviétique, et a publié en 2010 le spectaculaire ouvrage CCCP : *Cosmic Communist Constructions Photographed*. La construction de l'habitat de masse en URSS a été étudiée sous l'angle politique et législatif par Steven Harris [5] dans son livre de 2013 *Communism on Tomorrow Street*.

Les recherches sur la préfabrication se sont inscrites dans un réseau mondial avec les travaux d'une équipe d'architectes chiliens formée par Pedro Alonso et Hugo Palmarola, qui ont comparé l'expérience de la préfabrication dans des pays comme la France, l'URSS, l'Allemagne, la Pologne, le Chili et Cuba. En analysant la transition des idées et des technologies à travers les pays et les continents, ils ont mesuré la dimension mondiale de la préfabrication[6].

En Russie même, l'intérêt des historiens pour la préfabrication et l'architecture de la période du Dégel a fini par se manifester. Ce n'est que à partir de 2013, que les chercheurs se sont consacrés à ce thème. Le langage architectural de cette période a aussi trouvé sa dénomination, empruntée au titre du livre de photographies *Sovetskij Modernizm* 1955-1985, publié en 2010 par l'architecte russe Félix Novikov[7], qui avait été l'un des protagonistes de la dite époque. Le style de l'architecture soviétique entre 1955 et 1985 sera désormais identifié plus loin comme *modernisme soviétique*.

L'intérêt des chercheurs, des journalistes, et du grand public envers le modernisme soviétique a pris de l'ampleur depuis quelques années, et se manifeste à la fois dans les champs politique et culturel. En 2017, la galerie Trétiakov a célébré à

Moscou le soixantième anniversaire du Dégel, avec l'exposition *Ottepel*, où l'architecture occupait une place importante. Les Moscovites se sont mis à s'intéresser au modernisme soviétique, et à prendre conscience de sa valeur patrimoniale, en défendant les bâtiments voués à la démolition à cause de l'ignorance générale de leur valeur artistique.

L'architecture préfabriquée est au centre du débat politique. En 2017, le gouvernement russe a lancé un ambitieux programme de démolition des logements préfabriqués de cinq étages construits entre 1957 et 1967 dans le cadre de la politique du logement de masse de Khrouchtchev. Ce programme a provoqué une vague de protestation. Pourtant ce n'est pas le premier programme de démolition d'habitations préfabriquées. Un plan similaire avait été déjà mis en œuvre à la fin des années 1990, à Moscou, sans provoquer pour autant de manifestations importantes. Mais la Russie de 2017 conteste le pouvoir, et ses décisions sont critiquées, même lorsqu'elles sont rationnelles. La polémique autour de la démolition des quartiers d'habitation préfabriqués provoque à son tour une vague d'intérêt envers le patrimoine des habitations du modernisme soviétique. Les habitants en viennent à changer d'avis sur leurs propres quartiers et l'architecture de leurs immeubles. Les logements préfabriqués, qui, jusqu'à présent avait la cote la plus basse sur le marché immobilier - ce qui est un indice qualitatif important, sont défendus par leurs habitants contre la démolition.

La polémique s'est donc étendue autour des immeubles préfabriqués et du dilemme «démolir ou sauvegarder». Ma thèse, qui était la première tentative faite par un chercheur russe pour relater l'histoire de la mise en place de la préfabrication en URSS, connaître ses origines, les influences qu'elle avait subies et pour l'inscrire dans l'histoire de l'architecture mondiale du XXe siècle trouve ainsi une nouvelle actualité à l'heure de la réhabilitation du modernisme soviétique. Livrées dans leur état d'origine, mes analyses et mes conclusions pourront parfois sembler simplistes. Il convient cependant de les situer dans leur contexte. Le livre qui suit n'est qu'un maillon dans l'histoire de la préfabrication en URSS, une histoire dans laquelle de nombreuses lacunes subsistent, que bien des travaux finiront par combler.

1 Bruno-Henri Vayssière, *Reconstruction, déconstruction: le hard french ou l'architecture française des trente glorieuses*, Paris, Picard, 1989.

2 Danièle Voldman, *La reconstruction des villes françaises de 1940 à 1954*, Paris, Harmattan, 1997.

3 Philipp Meuser, Inna Bagrikova, *Zwischen Stalin und Glasnost: sowjetische Architektur 1960-1990*, Berlin, DOM Publishers, 2009.

4 Frédéric Chaubin, *CCCP: Cosmic Communist Constructions Photographed*, Köln, Taschen, 2010.

5 Steven Harris, *Communism on Tomorrow Street: Mass Housing and Everyday Life After Stalin*, Washington, Woodrow Wilson Center Press, 2013.

6 Le résultat des investigations de Pedro Alonso et Hugo Palmarola a été présenté dans le pavillon de Chili de la Biennale de Venise en 2014, pour lequel ils ont reçu le Lion d'argent. En 2019, leur exposition Flying Panels a rendu compte à l'ArkDes Museum de Stockholm des transformations structurelles et stylistiques des panneaux préfabriqués quand ils franchissent les frontières et traversent les continents. Catalogue de l'exposition: Pedro Ignacio Alonso, Hugo Palmarola, *Flying Panels: How Concrete Panels Changed the World*, DOM Publishers, ArkDes, 2019.

7 Félix Novikov, Vladimir Belogolovskij, *Sovetskij modernizm: 1955-1985*, Ekaterinburg, Tatlin, 2010.

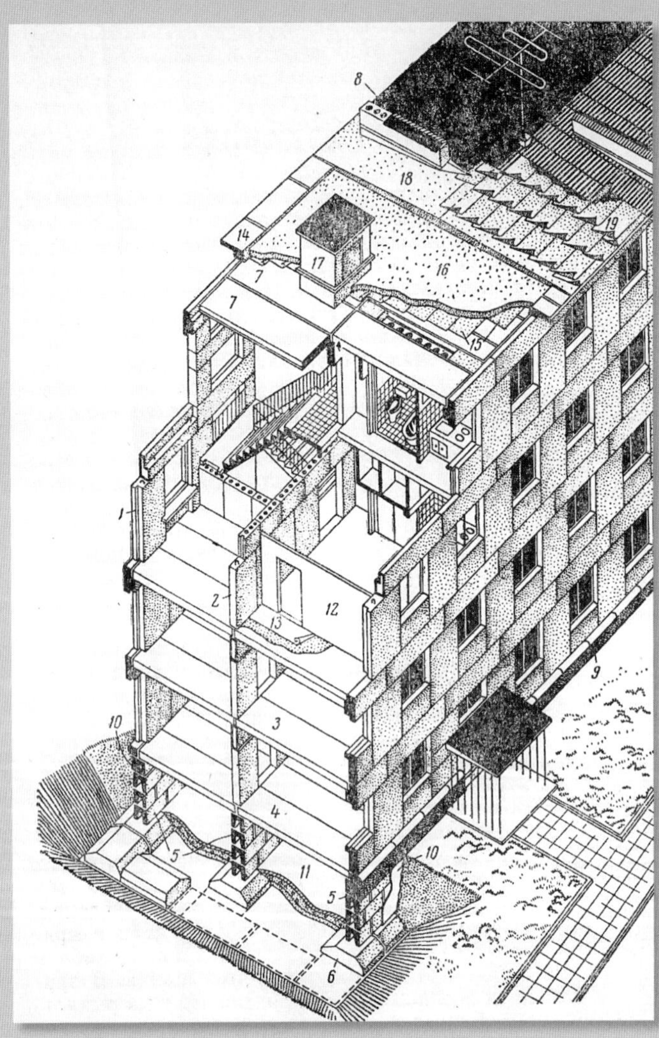

Axonométrie d'un immeuble de logements en bloc de béton avec des murs de refend porteurs.
Illustration d'un manuel de structure, M. Tupolêv, «Konstrukcii graždanskih zdanii», Moscou 1968

Introduction

La préfabrication est le résultat de la rencontre entre un mode de production industrielle et une pensée architecturale. Sous l'influence des idées de Frederick Winslow Taylor (parcellisation des tâches), de Henry Ford (chaîne de montage) ainsi que sous la pression d'une forte demande sociale de logement, des architectes ont élaboré une théorie de la conception du logis analogue à celle utilisée dans l'industrie automobile.

Des domaines aussi variés que l'architecture, la politique, l'histoire et l'économie sont concernés. À travers l'étude de la préfabrication, il est donc possible d'appréhender les politiques de l'architecture, de l'habitat, de la construction et plus globalement la politique économique et sociale de l'État. En URSS, le recours aux procédés de préfabrication se développe au moment où se conjuguent les problèmes sociaux et politiques : la pénurie de logements après la guerre et la volonté de Nikita Khrouchtchev d'en finir avec le réalisme socialiste extrême.

L'impact sociologique de la préfabrication doit d'autre part être souligné. En URSS, dans les années 1960, les habitants quittent leurs appartements communautaires pour trouver en banlieue des « appartements de petite surface » dans des immeubles préfabriqués, souvent mal desservis et peu équipés en commerces. Au moins deux générations de Soviétiques vivront cette expérience de logements économiques.

Le développement de la préfabrication coïncide avec la refondation des principes de la création urbaine, avec le passage de la structure rigide des îlots au plan urbain libre. La préfabrication participe à l'élimination du rapport substantiel d'une ville avec son territoire. Tous les éléments de la construction sont rapportés sur le chantier. La technique du montage de panneaux exige un site plat, « vidé » de son paysage. La ville devient alors étrangère à son lieu et à son sol.

La préfabrication intéresse en tant que phénomène universel : ignorant les frontières physiques et culturelles, elle s'impose dans le monde entier. La circulation des idées, des images et des concepts architecturaux conduisent les architectes, au-delà de différences locales (comme les traditions architecturales ou les techniques de construction), à poser une problématique similaire et à s'inspirer de modèles analogues pour finalement contribuer à créer une « aire de pratique » de la préfabrication.

Les pays qui sortent de la Seconde Guerre mondiale sont confrontés à une grave crise du logement, qui s'ajoute à la crise des années 1920. En France, pendant l'entre-deux-guerres, l'État n'encourage pas les promoteurs privés à construire des logements neufs et n'intervient pas lui-même pour mettre en place une politique active. Dans une URSS qui a hérité de la pénurie de logements du régime tsariste, l'État relègue ce problème au deuxième plan et se préoccupe avant tout de l'industrialisation du pays. À la suite des destructions de 1939-1945, la France voit son parc d'habitat amputé. Environ 400.000 logements sont détruits, 1 500 000 endommagés[1]. L'URSS recense 70 millions de m2 de logements détruits. 25 millions de sinistrés vivent dans des conditions déplorables[2]. La pénurie liée aux destructions de la guerre est aggravée dans les deux pays par le renouveau démographique et l'exode rural. La population urbaine en France passe de 22 millions en 1946 à 31,3 millions en 1962[3]. En URSS, le nombre d'habitants dans des villes a augmenté en trente ans de 80 %. En 1939, la population citadine était de 56,1 millions, en 1959 elle atteint 100 millions[4]. La crise du logement risque alors de provoquer une crise sociale. Les hommes politiques recherche le moyen de construire vite, beaucoup et à coût réduit : la préfabrication apparait comme une solution appropriée.

Au début des années 1950, la France connait une très vive agitation sociale : grève chez Renault, dans les transports et l'ensemble des services publics. Pour maintenir la paix sociale, l'État s'engage financièrement et retient la préfabrication comme la solution technique aux programmes de l'habitat social. En URSS, le début des années 1950 est marqué par d'importantes mutations politiques. En mars 1953 Staline meurt, en septembre Nikita Khrouchtchev est élu Premier Sectaire du Parti Communiste[5]. Devenu à partir du printemps 1954 le vrai maître du Kremlin, il peut se permettre de lancer la lutte contre le « culte de la personnalité » et envisager un vaste programme social pour renforcer son image auprès de la population.

Par ailleurs, deux facteurs, la centralisation étatique et la planification de l'économie contribuent à la généralisation de la préfabrication. La centralisation facilite la mise en œuvre des décisions politiques (comme les programmes de l'habitat social) ainsi que la normalisation des composants et l'homologation des procédés de la préfabrication. La planification de l'économie permet de mobiliser effectivement les ressources nécessaires à la création de l'industrie de la préfabrication et à la construction des logements. La centralisation étatique est commune en partie à l'URSS et à la France. La planification de l'économie nationale est présente dans les deux pays, même si la planification soviétique est impérative (ou autoritaire) et la planification française est indicative (souple).

À travers le système de financement et le travail réglementaire, l'État devient le moteur de la mise en place de la préfabrication. En URSS, l'État assure (directement ou par ses intermédiaires) les fonctions du maître d'ouvrage, du maître d'œuvre et de l'entrepreneur. En France, la maîtrise d'ouvrage est assurée par des organismes publics, la maitrise d'œuvre et la construction sont effectuées par des entreprises privées. En URSS, l'État, pour des raisons idéologiques, privilégie la forme collective, qui devient le modèle quasi exclusif de l'habitat. Ainsi des logements collectifs sont construits dans des zones suburbaines et mêmes rurales. En France, l'habitat collectif et l'habitat individuel coexistent. Cependant, pour les opérations importantes, c'est le modèle collectif qui est privilégié par l'État durant les « trente glorieuses » - période de la construction massive des logements en France.

L'histoire de l'évolution de l'architecture apparait comme cyclique et chaque cycle se divise en plusieurs phases. Cette histoire ne peut pas être calquée sur l'histoire politique du pays. Il est rare que les grandes ruptures architecturales coïncident avec les ruptures politiques. Dans les années 1920, le thème de la préfabrication fait irruption dans les débats des architectes soviétiques. Cette première conjoncture correspond à l'industrialisation du pays, à la présence de « spécialistes étrangers » et à une diffusion massive des œuvres de Taylor et de Ford. Les constructions en grand blocs de béton et la préfabrication légère en bois sont alors expérimentées. Avec la mort de Staline et l'arrivée au pouvoir de Khrouchtchev s'ouvre un nouveau cycle. La rupture politique entraîne des répercussions importantes à tous les niveaux : politique, social et économique. Nikita Khrouchtchev s'engage à remédier à la crise de logement et intègre la préfabrication dans son programme politique. Cette époque correspond à la deuxième conjoncture dans l'histoire de la préfabrication soviétique.

Notre travail s'efforce de replacer la préfabrication dans son cadre évolutif: histoire, idéologie et technique. Les deux premiers chapitres s'attachent à une période considérée comme la préhistoire de la préfabrication en URSS. Nous évoquons la théorie de l'organisation scientifique de travail, développée et utilisée par les industriels aux États-Unis et récupérée au début du XXe siècle par les architectes allemands et soviétiques. L'arrivée de « spécialistes étrangers » dans les années 1930, contribue à la diffusion parmi les architectes soviétiques de la théorie de l'organisation scientifique du travail appliquée au Bâtiment.

Dans le cadre des premiers plans quinquennaux sont expérimentées la standardisation et la préfabrication légère. Au milieu des années 1930, la conjoncture politique change. Les groupements artistiques sont dissous, le style académique est officiellement soutenu par l'État, le « réalisme socialiste » devient le fondement idéologique de l'art soviétique. Malgré le manque de logements, les autorités publiques ne tentent pas de mettre en place une politique d'habitat économique. L'habitat communautaire persiste: la plupart de logements neufs sont attribués par pièces aux familles.

Malgré un retour à l'académisme, les techniques de construction continuent il être innovantes dans les années 1930-1940. Le désintérêt de l'État envers la réalisation de logements économiques n'empêche pas les débats d'architectes sur ce type d'habitat En 1943, l'architecte Viktor Vesnin conçoit le plan d'un appartement qui sera le prototype du logement de « petite surface » reproduit à des milliers d'exemplaires sous Khrouchtchev. Même si, durant la Reconstruction, les bâtiments publics sont toujours privilégiés par rapport aux logements, des chantiers d'expérimentation démarrent dès 1946, sous l'égide de l'Académie d'Architecture. Des immeubles de logements préfabriqués avec deux types de structures (panneaux-voiles et poutres-poteaux-panneaux) y sont testés. La généralisation de la préfabrication en URSS est liée à l'arrivé au pouvoir de Nikita Khrouchtchev en septembre 1953. Nous y consacrons le chapitre III. En février 1954, l'architecte Gêorgij Gradov adresse à Khrouchtchev un rapport sur l'état de l'architecture et de la construction dans le pays, rapport dans lequel il prône la préfabrication lourde et la révision du style académique. Les propositions de Gradov constituent un support idéal aux objectifs politiques de Khrouchtchev : critiquer le style académique permet de marquer une première rupture avec le stalinisme. L'industrialisation du Bâtiment doit aider à désamorcer la crise du logement En décembre 1954, Khrouchtchev convoque une Conférence des Constructeurs où sont présents tous les acteurs de la construction : architectes, ingénieurs, entreprises. Il critique dans son allocution la politique architecturale et de construction des vingt dernières années et impose la préfabrication lourde et des projets types « dépouillés de tout décor ». Des financements importants sont ainsi débloqués pour la construction de logements et la création de l'industrie de la préfabrication. Khrouchtchev va utiliser un autre rassemblement d'architectes pour affirmer sa volonté d'ouverture vers un nouveau modèle. Le IIème congrès de l'Union Internationale des architectes se tient à Moscou en 1958 sous le haut patronage du chef du Parti.

La réforme de l'architecture est accompagnée de violentes critiques envers la communauté architecturale. La corporation est accusée du « gaspillage de l'argent public dans des constructions richement décorées, au détriment des besoins réels de la population ». Sous la pression de cette critique et de la montée en puissance des *kombinat* de préfabrication, la profession perd de son prestige et de sa notoriété. Khrouchtchev intègre la préfabrication dans sa politique de construction au moment où ce procédé est déjà largement répandu en France. L'expérience française de la préfabrication devient ainsi une référence pour la préfabrication soviétique, comme nous l'exposons dans le chapitre IV. Les échanges entre spécialistes soviétiques et français reprennent dès 1955. Le chapitre V est consacré à la préfabrication en URSS à l'échelle industrielle. Nous présentons les séries types les plus reproduites en URSS dans les années 1960-1980, la préfabrication en trois dimensions et nous évoquons le problème de la conception du projet urbain dans les condition de la préfabrication lourde.

1 Roger Quillot, Roger-Henri Guerrand, *Cent ans d'habitat social en France. Une utopie réaliste*, éd. Albin Michel, Paris, 1989, page 110.

2 K. Afanas'êv (dir.). *Iz istorii sovêtskoj arhitêktury 1941-1945*, Nauka, Moscou, 1978, page 114.

3 Roger Quillot, Roger-Henri Guerrand, op.cit.

4 *Narodnoê hozâjstvo v SSSR v 1961*, éd. Statistika, Moscou, 1961, page 9

5 Du 3 au 7 septembre se tient à Moscou la réunion du Comité Central du PC sur l'agriculture, réunion au cours de laquelle Khrouchtchev est nommé Premier Secrétaire du Parti.

1

Alêxêj Gastêv, «La machine viendra vers toi comme une récompense»
Illustration tirée du livre de Gastêv «Ûnost' idi», carte postale d'exposition «Gastêv, comment il faut travailler», Galerie Na Šabolovkê, Moscou 2019

Modèles et modes d'organisation de la préfabrication

1.1. Avant propos. L'interprétation par les architectes allemands de la théorie du *Scientific Management* dans les années 1920

Les travaux des américains, les calculs de Winslow Taylor sur le temps de travail, les diagrammes de mouvements de Frank et Lilian Gilbreth et leur application pratique par l'industriel Henri Ford[1] connaissent un grand succès en Europe et en particulier en Allemagne. Les ingénieurs allemands font partie des pionniers qui cherchent à appliquer les travaux des Américains dans le Bâtiment. En 1912, la société Kaiser – Wilhelm inaugure la société Taylor et l'Institut de psychologie de travail. En 1914, l'ingénieur Max Mayer donne des conférences intitulées « Les propositions de Taylor dans le domaine du Bâtiment ». En 1918, Martin Wagner, futur responsable du département de la construction à Berlin publie *Neue Bauwirtschaft*, ouvrage dans lequel il tente d'adapter les méthodes américaines à la construction allemande. Il évoque dans son ouvrage *Soziale Bauwirtschaft* ou dans le journal *Soziale Baubetriebe*, le taylorisme, les études de mouvement de Gilbreth, la rationalisation et l'introduction des machines dans la production.

Frank Bunker Gilbreth (1868-1924)

Lilian Moller Gilbreth (1878-1972)

Fig. 1: Gilbreth pendant ses expériences sur le mouvement.

Au début des années 1920, les architectes allemands s'intéressent à la méthode de Taylor. Martin Wagner, Walter Gropius, Erich Mendelsohn, Werner Hegemann, Friedrich Paulsen, Ernst May séjournent aux États-Unis avec d'autres confrères. Tous ces architectes reviennent en Europe avec la conviction que le problème de la construction du logement doit être résolu avec les méthodes utilisées par l'industrie automobile. Ils estiment que la théorie de Taylor de l'organisation scientifique du travail (OST) et le fordisme doivent être appliqués à l'ensemble de la construction[2]. En Allemagne, la question de l'organisation du travail est étudiée dans l'agence de planification et de construction *Mittelpunkt der Überlegungen*. En 1927, est créée la *Reichsforschungsgesellschaft für Wirtschaftlichkeit im Bau-und Wohnungswesen* (RFG, société de recherche de l'État pour l'économie dans le Bâtiment), qui finance les recherches et contribue à l'introduction de « méthodes scientifiques de l'organisation du travail » dans le Bâtiment[3]. C'est ainsi qu'à Francfort-sur-le-Main Ernst May se sert des diagrammes de mouvement de Christine Frederick pour étudier les déplacements à l'intérieur du bâtiment. Walter Gropius s'inspire de la théorie du *Scientific Management* pour développer sa conception de la rationalisation du Bâtiment. Il présente la chaîne de montage comme une « formule magique » pour la modernisation de la construction. Il considère que les composants doivent être produits dans des usines spécialisées et montés ensuite « à sec » sur le chantier, comme on le fait pour l'assemblage des voitures. Il est nécessaire de construire des prototypes de bâtiments similaires aux prototypes de voitures construits par Ford dans ses laboratoires expérimentaux. Pour démontrer l'intérêt de l'utilisation du *Scientific Management* dans la construction, Gropius utilise un diagramme confrontant la baisse des prix des produits de Ford et la hausse des prix de la construction de l'habitat[4]. En France, les ingénieurs métallurgistes sont les premiers à diffuser le message de Taylor. Le plus connu d'entre eux est Henri Le Châtelier qui, après avoir fait en 1904 la connaissance de Taylor, popularise par des conférences et des articles les travaux et les idées de l'ingénieur américain[5]. Le taylorisme et le fordisme se propagent vite dans l'industrie automobile chez Citroën, Peugeot et Michelin. La sphère de la construction assimile la doctrine du *Scientific Management*. Le revue du Bâtiment *La construction moderne* consacre des articles au système de Taylor. Le Corbusier, s'il considère le taylorisme comme « l'horrible et l'inéluctable vie de demain »[6] avalise cependant l'application de la méthode de Ford sur le chantier :

Devant la désorganisation qui suivra la guerre, impossible d'attendre la lente coordination des efforts successifs du terrassier, du maçon, etc. : il faudra que les maisons surgissent d'un bloc, faites avec des machines-outils, en usine, montées, comme Ford assemble sur des tapis roulants les pièces de son automobile.

À l'échelle de l'habitation, et en particulier dans l'organisation ménagère, Paulette Bernège s'intéresse au « rendement maximum » et combat les « distances vampires » pour rendre plus rationnelle l'organisation de l'espace à l'intérieur du logement.[7]

1.2. La rationalisation en URSS dans les années 1920. Importation du savoir-faire occidental durant le premier plan quinquennal

La publication en russe des ouvrages de Taylor *Shop management et The principles of scientific management* avait inauguré dès 1912 la diffusion du taylorisme en Russie. Le philosophe russe Pêtr Struvê salue la méthode américaine et estime que fonder la production sur la parcellisation des tâches, sur les machines, sur la discipline constitue le meilleur remède au « désastre russe »[8]. De multiples conférences présentant le système de Taylor sont ainsi organisées, destinées principalement aux ingénieurs. En 1915 est fondée la première société Taylor. Après la révolution de 1917, les actions de popularisation du système baptisé *Naučnaâ organizaciâ truda*[9] (Organisation scientifique du travail) se multiplient. En 1921, se tient une conférence sur le thème de l'organisation scientifique du travail ; des instituts ayant pour vocation d'étudier les problèmes de l'organisation du travail sont également inaugurés. En 1924, apparaissent les premières éditions soviétiques de Taylor *Naučnaâ organizaciâ truda (The principles of scientific management)* et de Ford *Moâ jižn' (My Life)* et elles bénéficient d'une très bonne critique. La *Pravda* estime qu'il faut « apprendre chez Ford » et que son livre « peut et doit être utilisé par les dirigeants des entreprises et des sociétés ». Sa personnalité fascine, plusieurs ouvrages lui sont dédiés comme, par exemple, *Henri Ford – roi des voitures et maître des âmes*[10]. En 1925 paraît la cinquième édition de *Moâ jižn'*[11]. La rationalisation est assimilée par les architectes soviétiques. Les *grafiki dviženiâ* (les graphiques de mouvements) de Frank et Lilian Gilbreth, dont les travaux sont

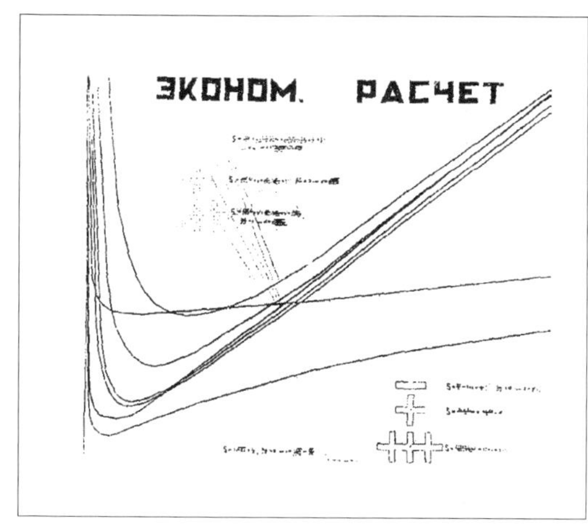

Fig. 2: Krasil'nikov, «Siège des syndicats», projet de diplôme, 1928 (gauche); «Calcul économique» fait par Krasil'nikov pour donner à son bâtiment la «forme optimale» (droite)

réédités en russe à plusieurs reprises dans les années 1920, inspirent les constructivistes[12]. Les membres de l'OSA (Union des architectes contemporains), Moïse Guinzbourg, M. Barchtch et V. Vladimirov utilisent les diagrammes de mouvement de Frank Gilbreth pour étudier l'économie de mouvement et les déplacements à l'intérieur du bâtiment. L'architecte N. Krasil'nikov procède à des calculs mathématiques pour concevoir une forme du bâtiment aussi rationnelle que possible pour une fonction définie. En 1928, pour son diplôme d'architecte « Siège des syndicats » (atelier A. Vêsnin, VHUTÊIN[13]) Krasil'nikov applique l'étude statistique et le calcul mathématique au calcul du temps nécessaire aux employés pour rejoindre leur poste de travail. En fonction des résultats obtenus, il détermine la hauteur optimale de l'immeuble ainsi que l'affectation des divers services des syndicats par étage. Par la suite Krasil'nikov utilise le même procédé de calcul pour déterminer la « profondeur rationnelle » d'un immeuble de logements. Il devient le collaborateur de Guinzbourg et soutient sous sa direction une thèse de doctorat en 1934, à MARHI[14], intitulée « L'application de l'analyse mathématique à la conception architecturale »[15]. Le fondateur du groupement rationaliste ASNOVA (Association des nouveaux architectes), Nikolaj Ladovskij propose, en 1930, pour le projet « Ville verte » – lieu de repos et de « mode de vie socialiste » – un élément spatial en trois dimensions constitué d'une carrosserie de voiture «réaménagée convenablement pour un habitat permanent»[16]. L'architecte propose de fabriquer ce module de façon rudimentaire dans l'usine d'Avtostroj, de le transporter sur le chantier et de le monter dans les «cases» d'une ossature statique.

Les années 1920 : la Russie est ravagée par la guerre, et on y manque de tout et en particulier de cadres qualifiés. Les premiers spécialistes étrangers sont sollicités. En 1923, Hans Hopp est invité comme consultant de l'exposition agricole à Moscou. En 1925, Erich Mendelsohn reçoit la commande de construction d'une fabrique de textile à Leningrad[17]. En 1928, débute le premier Plan quinquennal dont l'objectif est la mise en place de l'industrie lourde. Les spécialistes étrangers sont alors invités : les Américains pour la construction des usines, les Allemands pour la construction des logements dans les nouveaux centres industriels. Les architectes occidentaux sont attachés aux agences Standartgorproêkt, Standartžilstroj et Gorproêkt[18]. Les soviétiques commandent chez Ford des usines de tracteurs dont l'implantation est prévue à Stalingrad, Čelâbinsk et Nižnij Novgorod. Henri Ford salue le « nouvel équilibre industriel à créer avec la Russie » et souhaite l'aider avec les « méthodes de travail des États-Unis »[19]. Le chantier de Stalingrad démarre le 16 juillet 1929. Certains éléments préfabriqués sont expédiés des États-Unis. Le 21 février 1930, soit sept mois et demi après le commencement des travaux, 6.200 ouvriers sont engagés et les premiers tracteurs sortent de la chaîne de montage. Pour la construction des usines de tracteurs Fordson, les soviétiques font appel à Albert Kahn, l'un des principaux architectes industriels de l'époque et concepteur de projets pour les établissements Ford à Detroit[20]. En mai 1929, Albert Kahn et vingt cinq de ses collaborateurs partent pour Moscou. Entre 1930 et 1932, l'agence moscovite de Kahn produira 521 projets de grandes et petites usines. Parmi ces projets, on trouve l'usine Ford située en banlieue de Nižnij Novgorod. Cette usine géante (le bâtiment principal a une longueur de 600 m) devra accueillir 22.000 à 25.000 travailleurs et sera capable de fabriquer 140.000 automobiles par an. L'aspect qualitatif du projet est révélateur : les voitures, la technologie, l'organisation du cycle productif sont les mêmes que ceux que Ford impose au monde capitaliste même si cette grandiose cité prévoit, au delà de l'organisation industrielle, celle d'un mode de vie basé sur des idées sociales. À l'opposé des pays occidentaux ravagés par la crise, la Russie soviétique apparaît aux architectes européens comme la terre promise d'une nouvelle culture et de nouvelles idées sociales[21]. En Allemagne, à la suite de la crise économique, les grands projets, et en particulier des projets sociaux, sont abandonnés. 90 % des architectes se retrouvent sans travail. La montée du nazisme menace les idées de gauche et les créateurs progressistes. À l'appel de l'URSS, 1 400 architectes et ingénieurs déposent une demande pour aller y travailler[22]. Parmi ceux qui viennent en URSS entre 1930 et 1937 se trouvent Bruno Taut, Ernst May et Hannes Meyer. Par ailleurs, Walter Gropius ainsi que Max Taut et Hans Poelzig participent aux concours soviétiques. En 1930, Hannes Meyer, ancien directeur de Bauhaus, arrive par «adhésion idéologique» en URSS, là où « le vrai art prolétaire est en train de se faire, où le socialisme est en train de naître »[23]. Il enseigne à VASI et, avec son équipe, travaille au Giprovtuz - agence spécialisée dans la construction de bâtiments scolaires.

En octobre 1930, Ernst May, enthousiasmé par les grands projets soviétiques, vient à Moscou avec vingt et un de ses collaborateurs du Stadtbauamt de Francfort. Il espère retrouver en URSS un espace de travail pour réaliser ses idées, malgré un important risque d'échec :

> *Dans leur démarche, il y a un caractère réaliste, car il concrétise leur expérience de l'architecture radicale allemande, qui se développait dans le cadre des municipalités social-démocrates et en même temps un caractère utopique exprimé par l'idée d'une réalisation pratique du socialisme, vainement invoqué dans un langage emphatique et utopique.*[24]

Ernst May est chargé d'être « l'organisateur et le directeur technique, responsable de l'urbanisme et de la construction de logements en URSS ». Le groupe May travaille au Soûzstandartžilstroj et au Gorstrojproêkt sur la conception des plans masse des villes industrielles construites dans le cadre du premier Plan quinquennal[25]. La présence des architectes allemands contribue à la diffusion des idées du *Scientific Management* auprès de confrères soviétiques. Ils apportent l'expérience de l'industrialisation de logements déjà répandue dans leur pays. À Francfort, une usine de préfabrication lourde – *Frankfurter Hausfabrik* – produit des éléments de construction[26], tandis qu'en URSS, les questions de la rationalisation et de la typisation de l'habitat ne sont posées que depuis peu de temps. En 1928, Bruno Taut constate que « l'organisation de construction en masse à Moscou en est seulement à ses débuts ». L'apparition à la fin des années 1930 du système des modules (ce module est un multiple du nombre 3) est en grande partie liée à l'activité des architectes allemands. Il est d'abord introduit dans les constructions industrielles. Les échanges d'informations et d'expériences entre les architectes soviétiques et occidentaux s'effectuent à travers différents canaux : architectes recrutés dans les agences soviétiques, création d'entreprises mixtes (comme l'entreprise de construction russo-allemande RusGêrmstroj), multiples publications dans la presse spécialisée. *Arhitêktura SSSR* publie l'article sur la Cité de la Muette à Drancy et donne la parole à Hans Schmidt, architecte bâlois qui travaille en URSS entre 1930 et 1937[27]. Dans l'article intitulé « Comment je travaille », Schmidt évoque l'importance du standard pour des bâtiments qui seront produits « à la chaîne » :

> *Une partie importante de notre travail réside dans la collaboration avec l'industrie. Plus nous avions conscience que l'utilisation des éléments standardisés prenait une grande importance dans la construction, plus fermement nous nous efforcions de stimuler par nos propositions, nos plans et modèles, la fabrication industrielle des nouveaux produits standardisés.*[28]

Hans Schmidt est un partisan convaincu de la préfabrication. Il considère que

> *Les usines de préfabrication la plus « haute » forme de l'industrialisation, abolissent les différences entre le travail de projet et le travail de construction et mettent l'architecte au centre du processus de production.*[29]

Schmidt envisage même de prononcer un discours sur le standard au cours du premier congrès des architectes soviétiques en 1937 (auquel il ne pourra finalement assister).
Les échanges entre les soviétiques et l'Occident sont complétés par un riche programme d'expositions. En 1922, à Berlin et à Amsterdam, se tiennent des expositions sur l'art russe. Au cours de l'exposition d'art contemporain de Venise en 1924 sont présentées les œuvres de K. Malevitch, A. Vêsnin et A. Èkstêr. En 1924 et 1925, dans le cadre des expositions d'art allemand à Moscou, Saratov et Leningrad, sont exposés les projets de Gropius, Hilberseimer et Mies van der Rohe. En 1925, à Paris, est inaugurée l'exposition des Arts Décoratifs et Industriels Modernes avec le célèbre pavillon de Melnikov. En 1927, OSA organise une exposition de l'architecture contemporaine dans laquelle les architectes soviétiques et étrangers les plus importants sont présents : G. Barhin, Vêgman, les frères Vêsnin, Lêonidov, Gropius, Bourgois, Lurçat, Mallet-Stevens, Ritveld et Max Taut. En 1931, Hannes Meyer organise à Moscou une exposition sur le Bauhaus présentant l'époque où il en était le directeur. En 1932, une exposition sur la construction allemande moderne est montée successivement à Moscou, Leningrad, Kharkov et Tbilissi. Les étudiants russes en architecture font des voyages en Allemagne[30]. Dans les années 1930, le milieu architectural à Moscou est très cosmopolite. Y séjournent le Hollandais Mart Stam, l'Allemand Hans Blumenfeld, les Français André Lurçat et Le Corbusier. Entre 1928 et 1930, Le Corbusier séjourne à plusieurs reprises à Moscou où il construit le siège de Cêntrosoûz et participe au concours du Palais des Soviets[31]. André Lurçat travaille en URSS de 1934 à 1937. Il arrive à Moscou après le tournant de 1932 marqué par le concours pour le Palais des Soviets et la fondation des l'Union des architectes. Il prend en quelque sorte le relais des architectes allemands et de Le Corbusier, qui se retrouvent en marge de la nouvelle « préférence » architecturale en URSS[32]. L'échange d'idées et d'expériences entre les architectes soviétiques et occidentaux sera exploité par la suite. Le document graphique et analytique « La Réponse à Moscou » que Le Corbusier élabore dans le cadre de la polémique sur l'avenir de la capitale de l'URSS constituera l'une des origines de la « Ville Radieuse ». L'Allemand Gustav Hassenpflug, de retour au pays, après avoir travaillé dans la brigade d'Ernst May à Moscou et collaboré avec M. Guinzbourg sur plusieurs projets (entre autres le Palais de Soviets) devient l'assistant d'Ernst Neufert. Ceci explique la présence dans le chapitre « les appartements économiques » du Neufert (*Bau-entwurfslehre*[33]paru en 1936), de la cellule étudiée dans l'atelier de Strojkom et réalisée par M. Guinzbourg pour son immeuble de Narkomfin.[34]

1.3. La critique marxiste du système de Taylor. L'image de la machine dans la société soviétique

La critique marxiste

Les leaders du mouvement révolutionnaire russe sont intéressés par les conceptions de Taylor. Lénine leur consacre plusieurs articles critiques. Le premier intitulé « Le système scientifique qui presse la sueur » est publié dans la *Pravda* en 1913. Lénine y dénonce le système Taylor comme un « nouveau procédé d'exploitation du travailleur » : le patronat licencie la moitié des ouvriers ; ceux qui restent, même s'ils sont mieux rémunérés, se fatiguent plus vite et deviennent moins productifs, ils sont alors mis à pied et remplacés par de plus jeunes[35]. Le deuxième article « Système de Taylor - esclavage de l'homme par la machine » paraît en 1914. Lénine y évoque la « dualité » du système de Taylor : quand les outils de production appartiennent aux capitalistes, le système de Taylor asservit les prolétaires. Mais si les outils de production étaient aux mains des travailleurs, le taylorisme devient le moyen d'améliorer leur bien-être. Lénine écrit :

> *Le système de Taylor, à l'insu et contre le gré de ses auteurs, prépare le temps où les prolétaires tiendront entre leurs mains la production. (...) La grande production, les machines, les voies ferrées, le téléphone, tous cela donne des milliers de possibilités pour diviser par quatre le temps de travail des ouvriers organisés, tout en leur assurant quatre fois plus de mieux-être que maintenant.*[36]

Après la révolution de 1917, Lénine, confronté à la dure tâche de gouverner le pays dévasté, constate que sans « discipline et technicité du travail », il est impossible de redresser l'économie. Même si, pour lui, le système de Taylor reste la « cruauté raffinée de l'exploitation bourgeoise », il le considère désormais comme l'une des plus « riches conquêtes scientifiques ». Dans l'article de 1918, « Tâches immédiates du pouvoir des Soviets », Lénine écrit :

La possibilité de réaliser le socialisme dépend de notre réussite à associer le pouvoir des Soviets et l'organisation soviétique de la gestion avec les derniers acquis du capitalisme. Il faut enseigner en Russie le système Taylor, l'adapter et l'essayer systématiquement.[37]

Le soutien que Lénine apporte au taylorisme explique la campagne de popularisation du système tout au long des années 1920. Les théories de Taylor et de Ford, la « méthode de la productivité croissante », la chaîne de montage, la mécanisation et la rationalisation s'associent dans la terminologie soviétique pour devenir synonyme d'américanisme - symbole du progrès technique. Nikolaï Boukharine définit l'URSS comme étant « le marxisme plus l'américanisme »[38]. Si, pour les politiques marxistes, l'application du système de Taylor dans la société gouvernée par le prolétariat s'avère bénéfique, certains des intellectuels s'inquiètent du danger d'extension du taylorisme à la société entière. La société bâtie selon la méthode de Taylor est décrite par Êvgênij Zamâtin dans le roman *Nous* publié dans les années 1920 ; il imagine une société future où la vie des citoyens sera réglée par les oukases d'un régime totalitaire. Les individus n'ont pas de noms, mais des numéros ; les enfants sont élevés dans des « usines d'éducation » où ils sont «nourris au système Taylor ». Les journées sont programmées selon un schéma immuable : réveil, travail, repas, promenade, réunion dans la « salle des exercices de Taylor », sommeil. La description de la façon de travailler est évocatrice : « Selon Taylor, avec ordre et rapidité, en mesure, comme les leviers d'une énorme machine, les gens s'inclinaient, se redressaient, se tournaient. »[39]. La petite minorité qui tente de s'opposer au système établi est dénoncée et sévèrement persécutée.

Image de la machine dans la société soviétique

Dans la Russie développée du XIXe siècle, la logique de la mécanisation de la société rencontre une forte opposition parmi les mouvements anti modernistes (tolstovtsy, ruralistes) qui prônent le retour à des valeurs « paysannes »[40]. Les philosophes voient dans la machines les signaux d'une « révolution cachée ». Le philosophe Nikolaj Bêrdâêv écrit :

Selon ma conviction profonde, il s'est produit la révolution la plus grande que l'histoire ait jamais connue, une crise du genre humain ; une révolution sans signes extérieurs coïncidant avec tel ou tel autre espace - comme la révolution française, mais incomparablement plus radicale. Je parle du changement lié à l'entrée de la machine dans la vie de la société humaine. Je pense que l'apparition victorieuse de la machine est l'une des plus grandes révolutions dans le destin de l'homme. Nous n'avons pas encore suffisamment apprécié ce fait. Le changement dans tous les domaines de la vie commence avec l'apparition de la machine.[41]

La machine commence alors à jouer un rôle important non seulement comme outil de production mais aussi comme générateur de la pensée artistique. Elle devient une référence esthétique chez les architectes, peintres, musiciens et hommes de théâtre. Les écrivains deviennent les « techniciens du travail », ils étudient les « lois scientifiques de la production poétique ». Le développement de l'industrie, l'expansion de l'éducation technique sont à l'origine de l'apparition d'une nouvelle littérature, émanant de journalistes scientifiques. Parmi eux, Alêksêj Gastêv, qui a une vision romantique de l'usine, imagine des « cités machinistes » habitées par des «hommes-machines». Il plaide pour « l'animation de la machine » et la « mécanisation de l'être humain »[42]. Les écrivains parlent du travail taylorisé au quotidien. Dans une nouvelle de K. Vaginov, romancier des années 1920, le héros, sa femme et leur fille se lancent dans la fabrication artisanale de colliers fantaisie. Chaque membre de famille accomplit une tâche particulière pour leur assemblage et l'auteur conclut : « cette maisonnette paisible est atteinte elle aussi par la fordisation »[43]. Chez les artistes d'avant-garde, l'esthétique de la machine occupe une place importante. Le théoricien de l'avant-garde russe Nikolaj Tarabukin écrit *Du chevalet à la machine*. Naît ainsi un art industriel *(proizvodstvênnoê iskusstvo)* dont les principaux théoriciens sont B. Arvatov, B. Kušnêr et O. Brik. Ce dernier appelle les artistes à en « finir avec l'artisanat, brûler les ponts et aller rejoindre l'industrie »[45]. Les compositeurs intègrent les sons mécaniques dans leurs œuvres. Le Russe Alexandre Mosolov écrit en 1927 la « Fonderie d'acier » *(Zavod)*, composition dans laquelle il utilise les bruits d'une usine[46]. Le jeune Sergueï Eisenstein, annonce en 1923, son programme de calcul mathématique pour les

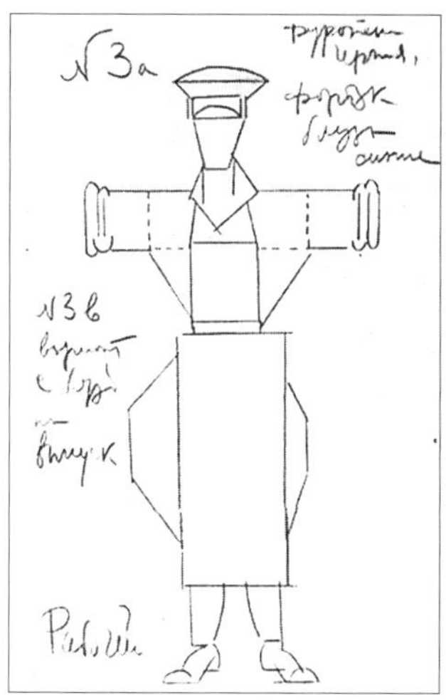

3: V. Meyerhold, la mise en scène du «Cocu magnifique» de F. Crommelynck, Moscou 1922. «Machine-outil pour le jeu» de V. Popova et V. Lucê, photo de 1928 (gauche); V. Popova, croquis de *prozodêžda* (droite)

œuvres cinématographiques, un calcul rigoureux appliqué aux ouvrages d'art[47]. Au théâtre, Vsevolod Meyerhold développe les nouvelles méthodes de mise en scène : la « biomécanique dans le jeu du comédien », le « constructivisme scénique » (qui remplace le décor par une « machine-outil pour le jeu ») ; il renonce au costume « personnalisé » et habille les comédiens et les comédiennes avec des combinaisons identiques (*prozodêžda*, fig. 3)[48]. Les voies nouvelles ouvertes par les artistes russes au cours de leurs expérimentations se situent dans le même champ que celles explorées dès 1905 par les artistes français, italiens et allemands. Entre 1907 et 1908 apparaissent les premières œuvres cubistes de Picasso et de Braque. En 1909, Marinetti, puis en 1910, Boccioni, Carrà, Russolo, Balla et Severini signent le manifeste de la peinture futuriste et exposent pour la première fois à Paris en 1912[49]. La machine devient un élément important dans la réflexion des architectes de l'école moderne. Moïse Guinzbourg dans « Style et époque », ouvrage de 1924, évoque le « rôle psychologique spécifique que commence à occuper dans notre vie la machine et la vie mécanisée liée à celle-ci ». Par analogie avec la machine dont tous les « organes » ont une utilité fonctionnelle, l'architecture doit être conduite à « dédaigner tous les éléments décoratifs »[50]. L'approche « mécanique » de Guinzbourg manifeste l'affirmation de « formes pures » :

> *Les monuments architecturaux, dénudés de leurs habits brillants, purifiés, sont apparus dans tout leur charme et avec la précision inattendue de l'ascétisme artistique, dans toute la force du langage rude et lapidaire des formes architecturales simples et qui ne sont ni salies ni polluées.*[51]

Selon lui, l'asymétrie de la composition architecturale découle du fonctionnement de la machine : « La conclusion qui nous est dictée par la machine est la possibilité naturelle d'apparition des formes asymétriques dans la conception de l'architecte contemporain» Yakov Tchernikhov considère que les origines des recherches architecturales se cachent dans la structure même de la machine. Dans son ouvrage « Fondements de l'architecture contemporaine », publié en 1930, il écrit :

> *Les images de la machine se distinguent par l'intégrité constructive et une grande rationalité dans l'union de ses divers composants. Ces principes doivent être appliqués en architecture car celle-ci se détermine par l'évolution de la machine.*[52]

Pour les dirigeants politiques, le progrès technique et l'utilisation des machines définissent le système politico-social de l'État. En témoigne le slogan célèbre lancé par Lénine : « Le socialisme c'est le pouvoir des Soviets plus l'électrification de tout le pays ». La société soviétique se transforme en corps social, bâti selon le principe d'une machine. Ce corps doit être réparable (c'est de là que vient le slogan « il n'y a pas de gens irremplaçables »), il possède une hiérarchie très organisée (transmission des impulsions d'un niveau hiérarchique à l'autre). La terminologie soviétique puise son langage dans le vocabulaire technique : la locomotive, la roue, la dynamo-machine de l'histoire. Richard Stites remarque pertinemment :

> *Le culte de la machine et l'image du pays électrifié comblent le discours artistique aussi bien que politique de l'époque. Le mariage des acquis techniques et scientifiques les rend tous deux dignes de la science fiction.*[53]

1.4. Modèles et modes d'organisation de la préfabrication

Préfabrication

Pol Abraham, en 1946, auteur de l'un des premiers ouvrages français sur la préfabrication écrit :

> *Le néologisme « préfabrication » connaît un succès qui ne se justifie guère que par l'accent que l'on veut mettre sur un changement de méthodes, car enfin tout objet utilisé a nécessairement été fabriqué à l'avance. On désigne en réalité comme « préfabriqués » des ouvrages qui, dans la pratique traditionnelle du bâtiment, étaient façonnés sur le chantier, alors que, désormais, ils seraient fabriqués en usine et simplement montés au chantier.*[54]

En réalité, tous les composants, sauf ceux employés à l'état brut, sont préfabriqués, puisqu'ils sont préparés pour l'emploi en utilisant des procédés mécaniques. Dans ce travail, nous employons le terme de préfabrication pour désigner le mode de construction des bâtiments basé sur la parcellisation des tâches : la réalisation de tous les composants du bâtiment en usine et leur acheminement sur le chantier, qui se transforme ainsi en lieu de montage. En France, selon la matière première qui constitue la base du composant, on a distingué la « préfabrication lourde » dont le béton est le composant essentiel, de la « préfabrication légère » dans laquelle le métal, le bois ou les matières plastiques sont utilisés pour l'ossature et l'enveloppe du bâtiment[55], la préfabrication qui comporte des éléments en béton de petite dimension, donc relativement légers, est également qualifiée de légère. En russe, le terme « préfabrication » n'existe pas : ce que nous comprenons sous cette notion en français est désigné par l'expression « construction industrielle de bâtiments » *(industrial'noê domostroênié).* La distinction fondamental entre préfabrication lourde et légère est absente mais réapparaît à travers des différenciations ayant trait à l'ossature du bâtiment. Ce qui est regroupé en français à travers la catégorie de préfabrication lourde est classé en russe en deux systèmes relatifs à la structure du bâtiment : les constructions en grands panneaux (*krupnopanêl'nyê doma)* et les constructions en grands blocs *(krupnobločnyê doma).* Ce qui est considéré comme préfabrication légère en français est appelé : « constructions avec ossature légère » *(lëgkij karkas).* On distingue la préfabrication selon le lieu de production des composants : à pied d'œuvre (préfabrication foraine) ou en usine fixe. En France, la préfabrication foraine a été largement utilisée. En URSS, la préférence a été donnée à la production des composants dans des usines fixes, la préfabrication à pied d'œuvre restant inexistante.

Industrialisation

L'utilisation des machines et le recours au travail à la chaîne constituent la base de l'industrialisation. Dans le Bâtiment, elle recherche la rapidité de production et l'abaissement du prix de revient, en faisant prévaloir la qualité technique. Selon Gérard Blachère :

> *L'essence de l'industrialisation c'est de produire un objet sans main-d'œuvre artisanale, avec des machines servies par des ouvriers simplement spécialisés, non qualifiés, ou mieux, par des machines automatiques. C'est cela le fond de l'industrialisation.*[56]

Il existe une différence entre « l'industrialisation du Bâtiment » et « l'emploi des produits industriels ». L'industrialisation s'inscrit dans une logique de la production du bâtiment même en usine. L'emploi des produits industrialisés se situe plutôt dans le champ de la fabrication, dans des usines, d'éléments distincts qui, à travers leurs combinaisons multiples, pourront répondre à la réalisation de formes architecturales variées[57].

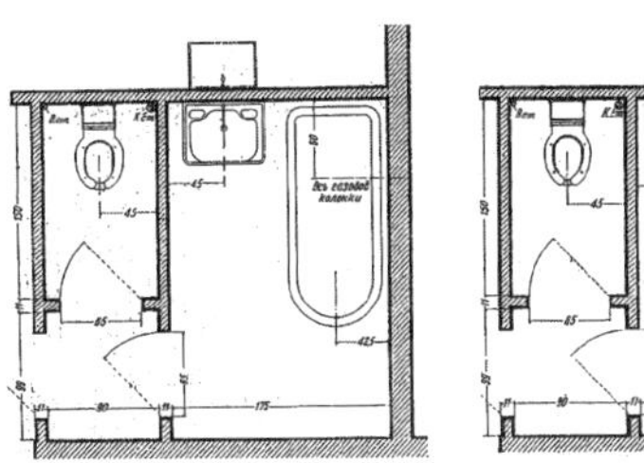

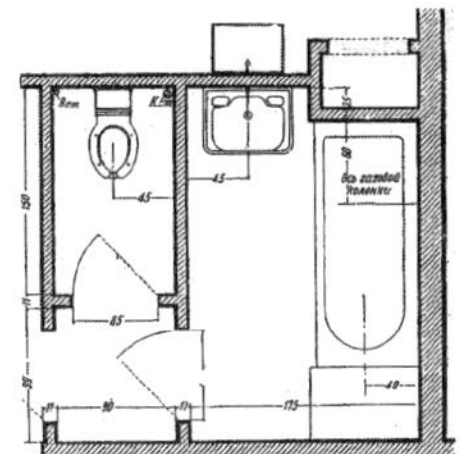

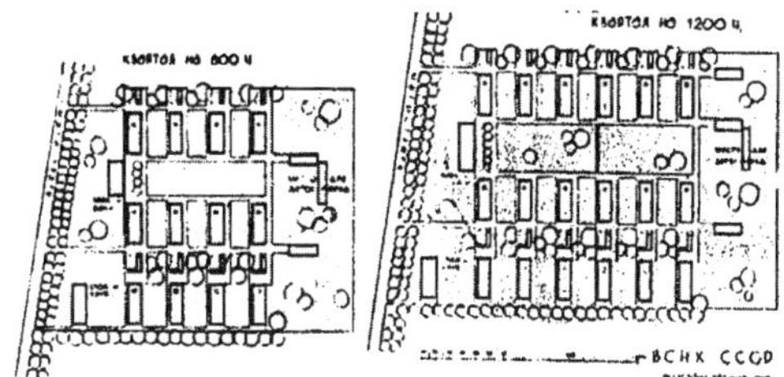

Fig. 4: Équipement sanitaire standard, Moscou 1938

Fig. 5: Brigade Ernst May. Projet pur les *kvartals* standards. Souzstandartzilstroj, 1931

Standardisation

La standardisation des composants de construction est une étape obligatoire dans la mise en place de la préfabrication. Elle consiste à créer des composants et des procédés de transformation uniformes ou identiques[58].

La standardisation des composants préfabriqués peut être effectuée dans le cadre de deux systèmes : la préfabrication fermée et la préfabrication ouverte. La préfabrication fermée, base de la préfabrication en URSS, consistait à créer un système où les différents composants n'admettaient qu'une seule combinaison d'assemblage et de montage (il était impossible de changer la position même d'un élément de façade sans perturber l'ensemble statique du bâtiment).

L'idée de la préfabrication ouverte est née de la nécessité de diminuer la monotonie du paysage urbain provoquée par la préfabrication fermée. Les composants normalisés sont regroupés dans les catalogues du système ouvert. Ces catalogues ont permis aux architectes de concevoir, à partir des éléments définis, des bâtiments d'une certaine diversité architecturale. La standardisation s'étend à des notions très diverses. Elle s'applique à la fois aux éléments de structure du bâtiment, à des dimensions et des proportions, aux méthodes de fabrication et d'assemblage ainsi qu'aux espaces urbains. L'étendue de la standardisation nous illustrons ici par deux exemples : équipements sanitaires standards à Moscou (fig. 4) et îlots d'une ville nouvelle (fig. 5). La brigade d'architectes dirigée par Ernst May propose une série des *kvartals*[59] standards destinés aux villes nouvelles dans le cadre du premier plan quinquennal.

La notion de standardisation dépasse la thématique propre au Bâtiment et touche à des questions sociales et philosophiques, comme aux choix créatifs de l'architecte. Les problématiques liées à la standardisation deviennent l'objet de débats au cours des réunions d'architectes. En 1928, à la Sarraz, les CIAM proclament que la « rationalisation et la standardisation agissent directement sur les méthodes de travail tant dans l'architecture moderne (conception) que dans l'industrie du bâtiment (réalisation) »[60]. Moïse Guinzbourg, l'un des principaux théoriciens du constructivisme, parle de la standardisation. Il l'aborde sous un angle particulier, comme une notion « technique » du Bâtiment et comme une problématique de la théorie architecturale. Il écrit en 1926 :

> *Dans les conditions de la construction du socialisme que nous sommes en train de vivre, chaque nouveau projet adopté par un architecte - maison, club, fabrique - est imaginé par nous comme une invention d'un type achevé bien adapté à sa finalité, pouvant être reproduit en n'importe quelle quantité, suivant les besoins de l'État. Cette condition oriente par avance l'énergie de l'architecte – anciennement tournée vers la recherche de solutions individuelles - vers le perfectionnement de son modèle standard, vers une précision et une standardisation maximales de tous les composants.*[61]

La logique des grandes productions industrielles conforte son idée que les conditions sociales du moment placent au deuxième plan les questions d'esthétique. Ces conditions orientent vers de nouveaux types architecturaux, plus rationnels, et elles effacent la distinction entre les activités de l'architecte et celles de l'ingénieur. Guinzbourg développe également l'hypothèse d'un rapport entre l'échelle du bâtiment et son élément constructif. Partant de l'idée que ce sont les briques utilisées par les bâtisseurs égyptiens qui donnaient leur dimension aux pyramides, il conclut que la standardisation doit conduire à une échelle d'une « envergure puissante, l'échelle des ensembles grandioses, des cités entières, vers celle d'un objectif qui se dessine pour la première fois devant nous dans toute sa grandeur : l'échelle de l'urbanisme »[62]. L'architecte moderne doit raisonner au niveau d'un « complexe entier » comme la bourgade, la ville, la cité et non au niveau de « l'unité architecturale » qu'est le bâtiment.

Procédé

La notion de procédé peut être interprétée comme le moyen ou la méthode qu'on emploie pour accomplir une tâche. Avec le développement de la préfabrication, le procédé n'est plus seulement une partie constructive d'un projet mais un dispositif qui associe la trame, le dimensionnement et même la morphologie urbaine. En France, les procédés sont associés au nom de l'entreprise ou de l'ingénieur (procédé Camus, procédé Freyssinet) qui donnent leur nom à un système constructif et à une méthode de production et d'assemblage des éléments préfabriqués en usine[63]. En URSS, la notion de « procédé » au sens littéral employé en France n'existe pas. Son équivalent est la « série d'un bâtiment » produit en usine. Une fois le bâtiment (d'habitation ou public) achevé à titre expérimental, lorsque les caractéristiques techniques, économiques et architecturales répondent à toutes les exigences, il est agréé par le Gosstroj[64] (pour une durée illimitée) qui lui attribue un *numéro de série* (par exemple, la série d'immeuble de logements N° I-464 ou N° II-57). À partir de ce moment, il pourra être construit sur tout le territoire de l'URSS. En URSS, on parle d'un « immeuble de logements en grands panneaux de série I 464 » *(krupnopanêl'nyj dom sêrii I-464)*, et en France d'un « immeuble de logements préfabriqué, procédé Camus ».

Projet type

Le « type » est une notion capitale de la préfabrication soviétique. Le plan type est obligatoirement associé avec le projet type[65]. Celui-ci comporte le plan courant avec la cage d'escalier, les façades, le système constructif (panneaux - voiles ou poutres - poteaux - panneaux), le cahier des charges ainsi que les matériaux, la méthode d'exécution en usine et le montage sur le chantier. Le Gosstroj homologue et attribue le *numéro de série* au projet type. L'intervention de l'architecte dans le projet type après son agrément est pratiquement nulle. Il est uniquement possible de modifier l'aménagement intérieur des appartements, de changer les garde-corps des balcons ou le revêtement des façades. L'introduction des projets types dans la construction fait apparaître la notion de *tipizaciâ stroitêl'stva* qui signifie la typisation de construction ou la construction d'après les projets type. En France, le plan type comporte le principe d'organisation et de distribution à l'intérieur de la cellule mais en aucun cas ne lui est associé l'aspect extérieur, c'est-à-dire la façade.

Normalisation

D'après Pol Abraham :

> *La normalisation codifie des dimensions qui se trouveront reproduites dans tous les objets fabriqués ; (...) elle codifie des caractéristiques minima d'aptitude à l'emploi ; (...) elle peut définir, enfin, des qualités techniques minima. La typification peut s'étendre du plan dimensionnel au plan qualitatif, permettant ainsi la prévision de série, sans toutefois définir une série déterminée.*[66]

La normalisation touche la coordination dimensionnelle qui cherche à établir un consensus de dimensionnement des objets. Elle dépasse le champ de la coordination dimensionnelle, pour atteindre le principe de la fédération technique[67].
La normalisation soviétique et la normalisation française imposent que les dimensions horizontales soient toutes des multiples d'un module de 30 cm. Pour les dimensions verticales, le cas est différent car il faut prendre en considération les hauteurs des pièces et des étages. En France et en URSS, on admet 250 cm de hauteur des pièces et 270 cm de hauteur des étages. La convention sur les fixations détermine la géométrie, (c'est-à-dire que les boulons doivent se situer en face des trous) et la solidité requise pour ces fixations.
La convention sur les joints est fondamentale car il s'agit des éléments qui jouent un rôle capital dans l'assemblage des composants préfabriqués. Ces éléments ne sont ni conçus ni réalisés par le même fabricant, il faut donc que les joints respectent la compatibilité géométrique, physique, mécanique et chimique. En URSS, les dimensions des éléments des catalogues sont toutes des multiples de 60 cm.

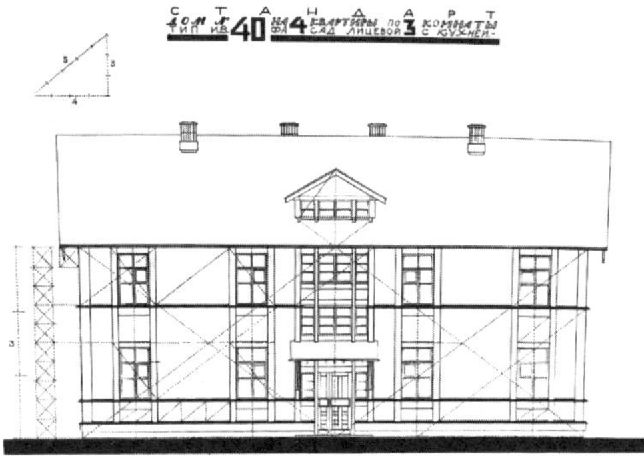

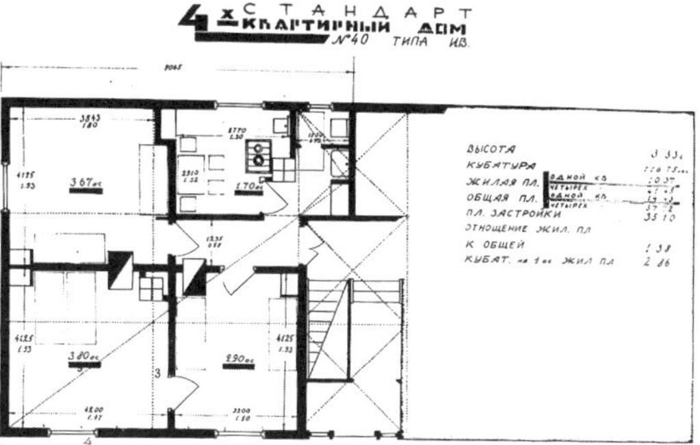

Fig. 6: Société Standart. Maison d'habitation standardisée de quatre appartements, structure légère en bois. Architecte Kokorin, 1925.

1.5. Les modes d'évaluation des surfaces de logements en URSS, 1917-1991

La préfabrication en URSS s'applique avant tout aux immeubles d'habitation. Les termes utilisés en URSS pour parler des types et des surfaces de logements sont liés à leur mode de financement et d'attribution. Par conséquent, il nous semble nécessaire de reprendre certaines de ces définitions.

Surface « habitable » et surface « utile »

Les définitions de la surface « habitable » en URSS et en Europe Occidentale ne coïncident pas. En URSS, est considérée comme « surface habitable » la somme des surfaces des seules pièces de séjour et des chambres, à l'exclusion des espaces de service (cuisines, salles de bains, W.C., couloirs, etc.) qui sont comptés dans la définition de la surface habitable en Europe Occidentale. La surface « totale » de l'appartement, appelée également la surface « utile », représente la somme des surfaces de service (couloirs, cuisine, salle de bains) et des pièces habitables. Cependant, d'une édition des normes à la suivante, certains espaces sont tantôt intégrés à la surface habitable, tantôt à la surface de service. En URSS, sont donc distinguées :

- la surface « habitable » (*žilaâ ploŝad'*) : somme des surfaces des pièces de séjour et des chambres ;
- la surface « totale » (*obŝaâ ploŝad'*) : somme des surfaces des pièces habitées et des espaces de service (cuisine, salle de bains, couloirs, débarras).

Quand nous évoquons dans ce travail des logements construits en URSS nous employons la notion de surface habitable dans sa définition soviétique. Quand il s'agit des logements construits en France, nous employons la définition française de la surface habitable. Dans les années 1960, le Gosplan planifiait et dressait le bilan de la construction de logements en mètres carrés de «surface habitable» et non en nombre de logements. Ce mode de calcul ne prenait pas en considération que l'objet de consommation qu'est un appartement doit répondre aux exigences de familles composées de manière différentes et qu'il ne s'agit pas d'une somme abstraite de mètres carrés. Ce n'est que dans les années 1980 qu'est évoquée la nécessité de planifier la construction de logements en nombre d'appartements de différents types et non en mètres carrés de surface bâtie.

Appartements communautaires et monofamiliaux

Avant 1960, les appartements qui abritaient une seule famille étaient extrêmement rares. La majorité des gens vivaient dans des appartements communautaires (*kommunal'nyê kvartiry*), où chaque famille disposait de pièces d'habitation propres, mais partageait les pièces de service (cuisine, salle de bains, W.C.). Dans notre texte, cet appartement communautaire est également appelé appartement « multifamilial ». Par ailleurs, en russe, l'appartement occupé par une seule famille est baptisé appartement « indépendant » (*otdêl'naâ kvartira*), que nous appelons appartement « monofamilial ».

Appartements de « petite surface »

Pour définir un appartement économique, avec des surfaces minimales, destiné à être attribué à une seule famille, étaient utilisées en URSS les notions d'appartement de « petite surface » (*molomêtražnaâ kvartira*) et de « petit gabarit » (*malogabaritnaâ kvartira*).

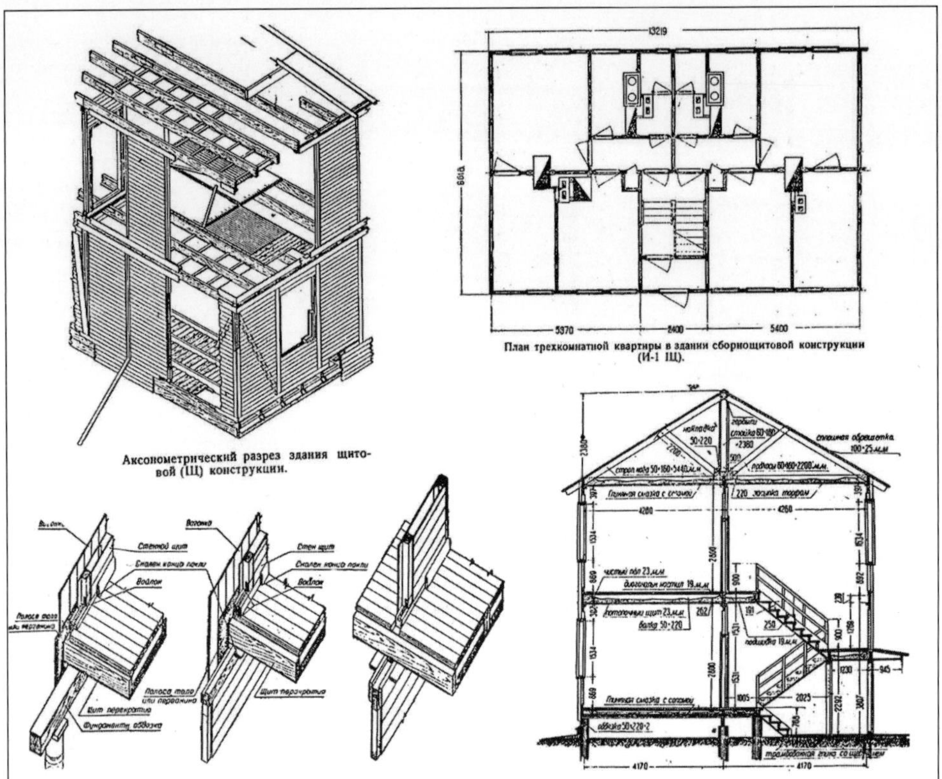

Fig. 7: Société Soûzstandartžilstroj. Maison d'habitation standardisée, structure légère en bois, début des années 1930.

I.6. La préfabrication légère en bois en URSS dans les années 1920-1930

La préfabrication à partir des composants en bois et des petits blocs de béton

Les nouveaux centres industriels qui se créent en URSS à la fin des années 1920 et en particulier durant le premier plan quinquennal qui débute en 1928, demandent la construction de logements pour les cadres techniques et les ouvriers. La préfabrication légère est alors privilégiée. Des commissions et des sociétés spécialisées d'État sont créées afin de coordonner les recherches dans le domaine de la standardisation et de l'industrialisation de la construction. Une commission, Strojkom, les sociétés Standartdom, Standart (1922-1926), Soûzstandartžilstroj (1931-1934) et autres étudient divers systèmes constructifs standardisés en bois et en petits blocs de béton. La société Gorstrojproêkt qui s'occupe de l'élaboration des plans masse des villes nouvelles travaille sur la conception des projets types destinés aux bâtiments publics et aux logements. La plupart des « spécialistes étrangers », en particulier les Allemands, sont affectés dans ces sociétés. La préfabrication en bois est la plus « facile » à mettre en place. Utilisant uniquement cette matière première, la transformation du bois en composants de la construction est rapide et économique. Historiquement d'ailleurs, le bois est le matériau de construction le plus répandu en Russie. Les bureaux d'études soviétiques s'inspirent souvent des modèles de maisons en bois américains ou suédois. La société Soûzstandartžilstroj (Société de construction de logements standardisés) possède une usine « Žavêty Il'iča » à Kinêšma spécialisée dans la production de maisons types à structures légères en bois. Cette usine produit des maisons de type américain (ossature en bois). Au cours de l'année 1933, elle fabriquera 857 de ces maisons de ce type. Les maisons préfabriqués en bois ou en petits blocs de béton ont en général deux niveaux, avec deux ou quatre appartements par palier.

La conception des projets types et la standardisation des composants de construction demandent la normalisation des surfaces de logements. Faute de normes nationales, les sociétés d'État Standart et Soûzstandartžilstroj définissent leurs propres normes et les appliquent ensuite dans leurs projets. La Soûzstandartžilstroj, afin de concevoir une cellule type, procède à la définition de la famille moyenne. Le raisonnement est ainsi formulé :

> *Si l'on exclut de nos estimations les célibataires et les familles sans enfants, qui n'ont pas à s'occuper individuellement de leurs tâches ménagères et qui donc sont exclus de l'attribution d'un logement individuel, la composition moyenne d'une famille ouvrière à partir de laquelle on doit concevoir la construction de l'habitat individuel s'avère égale à quatre personnes.*

En fonction de ces estimations, la Soûzstandartžilstroj fixe, pour l'année 1932, la surface habitable minima d'un appartement individuel à 24 m^2 répartie en deux pièces. Pour une famille de 6 membres, ou deux familles du même nombre de personnes, il est conçu une cellule de 36 m^2 de surface habitable. Soûzstandartžilstroj et Standart travaillent sur deux types de cellules : deux et trois pièces, toutes les deux dotées d'un couloir et d'un bloc de service (une cuisine, une toilette et un lavabo). La pièce la plus petite (9 m^2 chez Soûzstandartžilstroj et 15 m^2 chez Standart) est commandée par une autre pièce. La troisième pièce a toujours un accès indépendant. Cette distribution laisse la possibilité de loger deux familles dans le même appartement. Dans les cellules de Soûzstandartžilstroj les pièces sont en moyenne de 9, 12 et 14 m^2, la cuisine est de 4,5 m^2 (fig. 8, 9). La hauteur sous plafond est de 2,8 m à 3,2 m. Les toilettes font partie du « bloc de service » et sont dotées d'une fenêtre (nécessité dictée par le type du W.C. et de l'évacuation installés) ; le lavabo est situé soit dans les toilettes, soit dans un dégagement devant celles-ci. La structure appliquée n'apporte pas de modifications importantes de la cellule, sauf un changement de la profondeur du bâtiment. Si les poutres de plafond s'appuient sur les murs de façade, ce là limite la profondeur de la pièce, si les poutres s'appuient sur les murs de refend, c'est la largeur de la pièce qui est alors limitée. Le Soûzstandartžilstroj propose plusieurs types de plans pour des foyers ouvriers. Le foyer de type « O-2 » (1931/1932), prévu pour loger 70 personnes, est un bâtiment à deux niveaux avec une profondeur de 9 m et une largeur de 36 m (fig. 10, 11, 12). Le rez-de-chaussée au plan libre abrite l'entrée, le vestiaire, les toilettes, l'espace de repos, l'espace réservé pour préparer et prendre le repas, aussi que 12 chambres pour deux personnes chacune. À l'étage, se trouvent des chambres prévues pour quatre personnes chacune. La particularité du plan réside dans l'organisation de la circulation intérieure. Les escaliers desservent deux chambres à l'étage, ce qui supprime les couloirs à ce niveau. Au rez-de-chaussée, ces escaliers débouchent directement dans l'espace commun. Les concepteurs considèrent que ce type de distribution ne provoquera pas de gêne et stimulera au contraire l'enracinement d'un mode de vie collectif chez les habitants du foyer. Selon eux, si l'immeuble est habité par un groupe de « gens qui se connaissent et se respectent », les personnes traversant l'espace commun ne doivent pas gêner ceux qui prennent leur repas ou se détendent. Il est même établi un parallèle avec les appartements bourgeois :

> *Dans la conception du plan d'un appartement bourgeois attribué à une seule famille, les couloirs étaient habituellement absents et les chambres de tous les membres de la famille communiquaient par la salle commune (salon, salle à manger ou hall) ; de la même façon, notre disposition est justifiée fonctionnellement car un collectif est une famille unie non par des signes claniques mais sociaux, le couloir n'est donc pas justifié, sa nécessité n'est plus de rigueur.*

Le béton banché est également utilisé dans la construction dans les années 1920-1930. Le trust Têplobêton, créé en 1927, édifie des logements et bâtiments industriels sur tout le territoire de l'URSS, en utilisant cette technique (fig. 13). Ce mode de construction est délaissé à la fin des années 1930 en faveur des composants préfabriqués en usine, puis interdit après 1955.

I.7. Conclusions du chapitre premier. Du taylorisme à la préfabrication légère

Les idées de Taylor et de Ford dépassent l'industrie de automobile et s'imposent dans la construction. Les architectes s'intéressent au taylorisme parce qu'il existe une forte demande sociale et que les méthodes de l'organisation scientifique du travail doivent les aider à mettre en place la construction de l'habitat de masse. Les architectes allemands font un important travail d'adaptation des idées américaines à l'industrie du

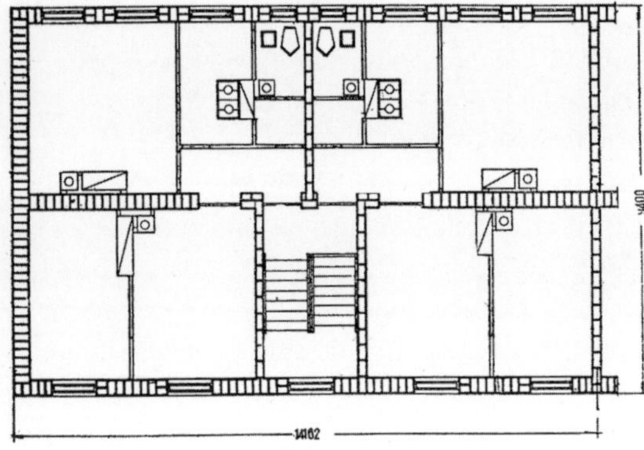

8

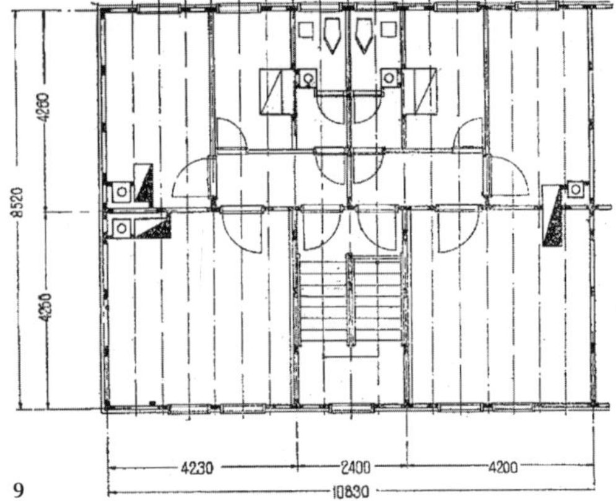

9

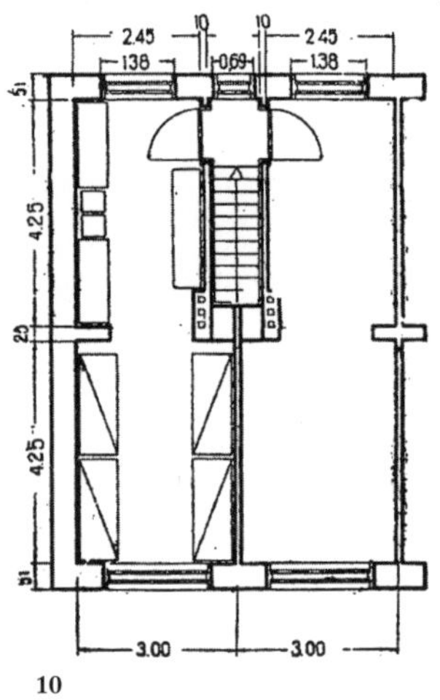

10

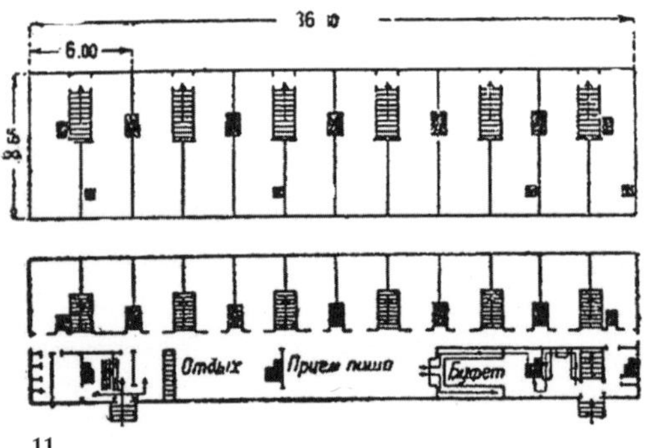

11

12

Fig. 8 : Société Soûzstandartžilstroj. Plan d'une maison en petit blocs en béton, 1931-1932.

Fig. 9 : Société Soûzstandartžilstroj.Plan d'une maison structure en bois, 1931-1932.

Fig. 10 : Foyer de travailleurs type O-2. Cellule pour quatre personnes.

Fig. 11: Foyer de travailleurs type O-2. Deuxième niveau : chambre pour quatre personnes (dessus); premier niveau : chambre pour deux personnes, espace de repos, espace repas, toilettes (dessous).

Fig. 12 : Foyer de travailleurs type O-2.

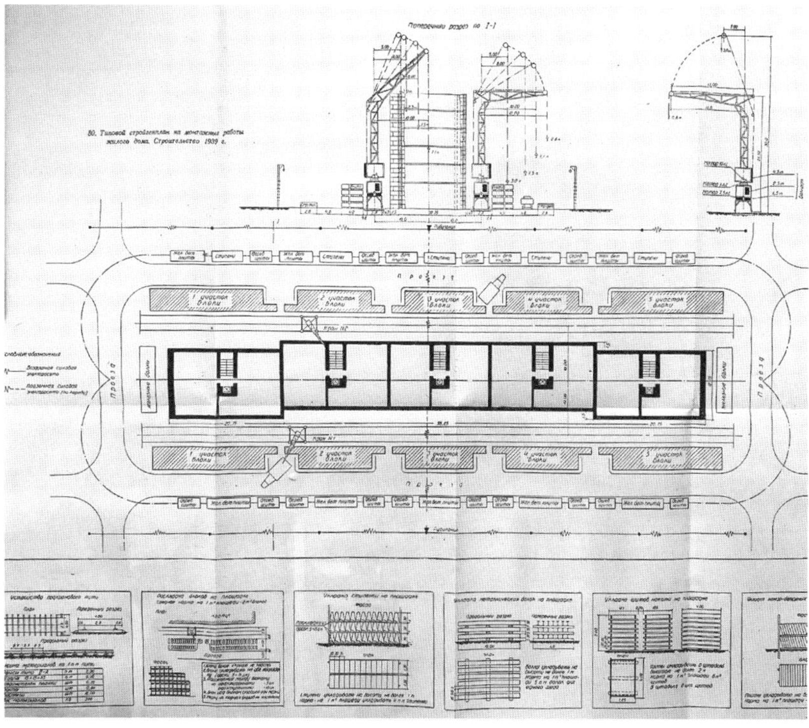

Fig. 13a : Immeuble de logements en béton banché, trust Têplobêton, place Suharêvskaâ, Moscou 1932, photo 1995.

Fig. 13b : Plan type de l'organisation du chantier pour la construction d'un immeuble en blocs en béton, Moscou 1939.

Bâtiment. La présence en URSS de certains d'entre eux dans les années 1930 contribue à la diffusion du concept de préfabrication parmi les architectes soviétiques.

L'introduction dans la construction de modèles d'organisation de la production issus de l'industrie d'automobile crée de nouvelles thématiques dans les débats d'architectes. Les notions telles que « standard », « type », « modèle » feront partie intégrante du discours des architectes modernes. Le système économique soviétique est un « milieu » propice pour la mise en œuvre du fordisme dans l'industrie. La planification, qui est le « pilier » de l'économie, est également la base de l'organisation de la production chez Ford. La centralisation des organismes d'État facilite la mise au point de la standardisation à l'échelle nationale. Le système dit *administrativno-kommandnaâ* (administrativo-directif) permet de mettre en place le contrôle du travailleur. Par ailleurs, l'absence de marché immobilier évite au maître d'ouvrage de tenir compte des exigences potentielles des habitants. La construction des centres industriels durant le premier plan quinquennal impose de trouver rapidement des solutions pour la construction de logements. La préfabrication légère à partir de composants en bois ou blocs de béton, la plus « facile » à mettre en place, est ainsi privilégiée. Les Sociétés d'État, qui regroupent les agences d'architecture et les bureaux d'études et où sont attachés les spécialistes occidentaux, étudient les projets types de logements et bâtiments publics et mettent au point les procédés de la préfabrication. L'absence de normes « centralisées » de surfaces de logements oblige ces sociétés à élaborer leurs propres normes. Dans les grandes villes, en particulier à Moscou, se développe la préfabrication en grands blocs de béton. Des projets types pour les écoles et pour les immeubles de logements sont étudiés.

1 Le taylorisme, ou théorie du *Scientific Management* doit son nom à Frederick Winslow Taylor (1856-1915), ingénieur et économiste américain qui a calculé le temps indispensable à un ouvrier pour accomplir une tâche à son poste de travail. Son élève, Frank Gilbreth (1868-1924), approfondit les recherches de son maître en créant diagrammes de mouvement d'un ouvrier. Il divise en dix-huit mesures l'opération « habituelle » de la pose de briques par le maçon sur le chantier et démontre comment, en préparant d'avance le site, le stockage de matériaux et le mortier ainsi qu'en utilisant simultanément les deux mains (il invoque même l'importance de la position « correcte » des pieds de l'ouvrier), le même travail peut être décomposé en cinq actions. En appliquant cette parcellisation des tâches, la productivité passe de 120 briques posées par heure à 350. Henry Ford réunit les études de Taylor sur le temps et de Gilbreth sur le mouvement et s'en sert comme d'un moyen de production. En 1913, dans la *Detroit Highland Park Factory*, il introduit la production à la chaîne.

2 Karin Wilhelm, « Von der Phantastik zur Phantasie », in *Wem gehört die Welt, Kunst und Gesellchaft in der Weimarer Republik*, NGBK, Berlin, 1977, pages 75-76.

3 Idem.

4 Sigfried Giedion, *Walter Gropius*, Dover, New York, 1992.

5 R. Baudouï, « Le devoir social de l'ingénieur du réseau du Nord », *Raoul Dautry - la naissance d'une pensée technique 1880-1951, Dossier et Documents N° 7*, juillet 1987, IFA, Paris, page13.

6 Jean-Louis Cohen, *L'architecture européenne et la tentation de l'Amérique. Scènes de la vie future*, éd. Flammarion, Paris, 1995, page 74.

7 Idem., page 76.

8 Richard Stites, *Revolutionary Dreams (Utopian Vision and Experimental Life in the Russian Revolution)*, Oxford University Press, New York, Oxford, 1989.

9 F. Taylor, « Naučnaâ organizaciâ truda » (Organisation scientifique du travail), préface de P. Kêržêncêv, Moscou, 1924.

10 A. Fridrih, *Gênri Ford - korol' avtomobilêj i vlastitêl' duš'* (Henry Ford - roi des voitures et maître des âmes), Moscou, 1924.

11 H. Ford, *Moâ jižn', moi dostižêniâ* (Ma vie, mon oeuvre), préface de N. Lavrov, éd. Vrêmâ, Léningrad, 1925.

12 Jean-Louis Cohen, *L'architecture européenne et la tentation de l'Amérique, op. cit.*, page 73.

13 Institut supérieur d'art et de technique

14 *Moskovskij Arhitêkturnyj Institut*, École d'Architecture de Moscou.

15 S. Han-Magomêdov, *Arhitêktura Sovêtskogo avangarda, kniga pêrvaâ* (L'architecture de l'avant-garde soviétique, livre premier), Strojizdat, Moscou, 1996, pages 426-427.

16 N. Ladovskij, *Mastêra sovêtskoj arhitêktury ob arhitêkturê* (Les Maîtres de l'architecture soviétique à propos de l'architecture), éd. Iskusstvo, Moscou, 1975, volume 1, page 359.

17 Marco De Michelis, « L'organizzazione della città industriale nel Primo Piano Quinquennale », in Manfredo Tafuri *et alii., Socialismo, città, architettura, URSS 1917-1937*, Officina Edizioni, Rome, 1972, page 151.

18 Les « spécialistes étrangers » travaillent d'abord au Cêkombank qui sera d'abord transformé en Soûzstandartžilstroj puis en Standartgoproêkt. Tous ces organisations se trouvent sous la tutelle de Narkomtâžprom (Ministère de l'industrie lourde).Soûzstandartžilstroj est une société créée en 1931, dissoute en 1934, qui était spécialisée entre 1931 et 1934 dans la planification et la conception de logements dans des villes en construction près des grands centres industriels. Archives Nationales Russes de l'Economie (*РГАЭ*), fonds 8022, catalogue 2, inventaire 3, dossier 35.

19 Richard Stites, *op. cit.*, page 148.

20 Marco De Michelis, Ernesto Pasini, *La città sovietica 1925-1937, op. cit.*, pages 60, 93.

21 Hans Schmidt, « I rapporti tra l'architettura sovietica e quella dei paesi occidentali tra il 1918 e il 1932 », in Manfredo Tafuri *et alii., Socialismo, città, architettura, op. cit.*, page 265, et Marco De Michelis, Ernesto Pasini, *La città sovietica 1925-1937*, Marsilio Editori, Venise, 1976, pages 18-20.

22 Christian Borngräber, « Ausländische Architekten in der UdSSR : Bruno Taut, die Brigaden Ernst May, Hannes Meyer und Hans Schmidt », in *Wem gehört die Welt, Kunst und Gesellchaft in der Weimarer Republik*, NGBK, Berlin, 1977, page 116.

23 Idem., page 117.

24 Marco De Michelis, Ernesto Pasini, *La città sovietica 1925-1937, op. cit.*, pages 28-30.

25 May fait concurrence à Le Corbusier dans le projet pour le plan de Magnitogorsk. Il arrive à convaincre le Gosplan *(Commission de planification d'État auprès le Conseil des ministres de l'URSS)* que son projet est le meilleur. Dans la proposition de Le Corbusier les immeubles sont hauts, tandis que May propose trois-quatre étages.

26 Cf. Jean -Louis Cohen, *La Corbusier et la mystique de l'URSS (théories et projets pour Moscou, 1928-1936)*, Mardaga, Liège, 1987, 325 p.

27 N. Kolli, «Iz francuzskogo opyta industrializacii žilišnogo stroitêl'stva » (Sur l'expérience française de l'industrialisation de la construction de logements), *Arhitêktura SSSR*, N° 3, 1935.

28 H. Schmidt, « Kak â rabotaû » (Comment je travaille), *Arhitêktura SSSR*, N° 6, 1933, pages 36 37.

29 Christian Borngräber, *op. cit.*, page 132.

30 Christian Borngräber, *op. cit.*, pages 110, 114.

31 Jean -Louis Cohen, *Le Corbusier et la mystique de l'URSS, op. cit.*

32 Jean-Louis Cohen, *André Lurçat 1894-1970 (autocritique d'un moderne)*, Mardaga, Liège, 1995, 309 p.

33 Ernst Neufert, *Bau-entwurfslehre*, Bauwelt-Verlag, Berlin 1936.

34 *Idem.*, page 143.

35 V. Lénine, «Naučnaâ sistêma vyžimaniâ pota» (Le système scientifique qui « presse la sueur »), *Polnoê sobraniê sočinênij* (Oeuvres complètes), 5 e édition, volume 23, éd. Politizdat, Moscou, 1961, pages 18-19.

36 V. Lénine, « Sistêma Têjlora - porabošêniê čêlovêka mašinoj » (Système de Taylor - esclavage de l'homme par la machine), Polnoê sobraniê sočinênij (Oeuvres complètes), 4 e édition, volume 20, éd. Politizdat, Moscou, 1950, pages 134-136.

37 V. Lénine, «Očêrêdnyê zadači sovêtskoj vlasti» (Tâches immédiates du pouvoir des Soviets), *Polnoê sobraniê sočinênij* (Oeuvres complètes), 5 e édition, volume 36, éd. Politizdat, Moscou, 1962, page 190.

38 Jean-Louis Cohen, *L'architecture européenne et la tentation de l'Amérique*, op. cit.

39 Êvgênij Zamâtin, My (Nous), éd. *Chekov*, New-York, 1952, page 73.

40 Richard Stites, *Revolutionary Dreams (Utopian Vision and Experimental Life in the Russian Revolution)*, op. cit.

41 Nikolaj Bêrdâêv, *Smysl Istorii* (L'essence de l'histoire), éd. Mysl', Moscou, 1990, page 118.

42 Richard Stites, op. cit., page 150.

43 K. Vaginov, *Trudy i dni Svistonova* (Les oeuvres et les jours de Svistonov), éd. Sovrêmênnik, Moscou, 1991, pages 234-235.

44 Céline, *Voyage au bout de la nuit*, (Denoël 1932), éd. Gallimard, Paris, 1981, page 226.

45 S. Han-Magomêdov, op. cit., page 355.

46 Alexandre Mosolov fut le précurseur de la «Musique concrète», qui apparut à la fin des années 1950 en France et s'est répandue dans d'autres pays. En 1936, on lui reproche son formalisme et il est exclu de l'Union des compositeurs, qu'il réintégrera par la suite sans jamais retrouver une place significative.

47 Cette approche « d'ingénieur » appliquée par Eisenstein à la création cinématographique change à la fin des années 1920. Cf. S. Eisenstein, Mêmuary (Mémoires), éd. Trud / Muzêj kino, Moscou, 1997, pages 430, 498.

48 N. Klejman, commentaires des mémoires de S. Eisenstein, in S. Eisenstein, *Mêmuary* (Mémoires), tome II, éd. Trud, Muzêj kino, Moscou, 1997, page 481.

49 Leonardo Benevolo, *Histoie de l'architecture moderne*, volume 2, avant-garde et mouvement moderne, (Gius, 1960), éd. Dunod, Paris, 1979-1998.

50 Moïse Guinzbourg, *Mastêra sovêtskoj arhitêktury ob arhitêkturê* (Les Maîtres de l'architecture soviétique à propos de l'architecture), éd. Iskusstvo, Moscou, 1975, volume 2, page 291.

51 Idem, page 295.

52 Yakov Tchernikhov, *Osnovy sovrêmênnoj arhitêktury* (Fondements de l'architecture contemporaine) Izdaniê Lêningradskogo obŝestva arhitêktorov, Leningrad, 1930.

53 Richard Stites, op. cit., page 169.

54 Pol Abraham, *L'Architecture préfabriquée*, éd. Dunod, Paris, 1946, page 2.

55 La distinction entre la « préfabrication lourde » et la « préfabrication légère » existe également en anglais : « heavy prefabrication » et « lightweight prefabrication ».

56 Gérard Blachère, *Technologies de la construction industrialisée*, Eyrolles, Paris, 1975, pages 3 - 7.

57 Voir Dimitri Papalexopoulos, *Conception architecturale et industrialisation ouverte*, thèse de Doctorat de III eme cycle sous la Direction de M. O. Revault d'Allones, Université de Paris-I Panthéon - Sorbonne, 1985.

58 Antoine Picon (dir.), *L'art de l'ingénieur*, éd. Le Moniteur, Paris, 1997, page 464.

59 Les *kvartals* sont les « maillons primaires de la ville soviétique ». Nous les évoquons de façon plus détaillée dans le chapitre V.

60 Kenneth Frampton, *L'architecture moderne une histoire critique*, Philippe Sers, Paris 1985, page 252.

61 Moïse Guinzbourg, op. cit., page 301.

62 Idem.

63 En 1948, le Centre Scientifique et Technique du Bâtiment est chargé par le Ministère de la Reconstruction de prononcer l'agrément des procédés et matériaux non traditionnels. Le nombre des agréments prononcés à cette époque est assez considérable et dépasse plusieurs centaines mais comme la décision n'est accordée en principe que pour une durée limitée (généralement 3 ans) les titulaires sont conduits à en demander périodiquement le renouvellement. Le nombre des agréments en cours de validité varie dans le temps. Au 31 décembre 1962, il n'est que de 131, au 31 décembre 1963 de 142 et au 31 décembre 1964 de 197. Le nombre des procédés exploités est toutefois nettement supérieur à ce total, certains de ceux dont l'agrément est périmé sont, pour un temps plus ou moins long, encore utilisés. En effet, l'agrément est indispensable pour les constructions bénéficiant de l'aide financière de l'État. Cf. Camille Bonnome, Louis Léonard, *Industrialisation du bâtiment*, (titre III), librairie Aristide Quillet, Paris, sans date, page 1392.

64 *Comité d'État des affaires de construction auprès du Soviet des Ministres*, voir l'appendice « L'administration de l'architecture et de la construction en URSS, 1917-1991 ».

65 Remarquons que le projet type était utilisé en Russie aux siècles précédents. Il assurait non seulement le rendement économique du chantier et une économie de main-d'œuvre mais il constituait un instrument politique de l'État. Au début du XVIIIème siècle, la nouvelle capitale Saint-Pétersbourg est essentiellement bâtie d'après des projets types, ou comme on les appelle : des «projets de références » : obrazcovyê proêkty. Palliant le manque catastrophique de corps d'état qualifiés (ouvriers et architectes) ces projets types assurent la qualité et la rapidité des chantiers ; ils manifestent la nouvelle esthétique et permettent à l'État de mettre en place une politique de l'urbanisme dit « régulier ». A partir des « projets de références », on édifie des bâtiments divers par la taille et le genre : habitations, hôtels administratifs, cathédrales, prisons, etc. Cf. Sêrgêj Ožêgov, *Tipovoê i povtornoê stroitêl'stvo v Rossii v XVIII-XIX vêkah* (Les constructions types et répétitives en Russie aux XVIII-XIXème siècles), éd. Strojizdat, Moscou, 1984, 166 p.

66 Pol Abraham, *L'Architecture préfabriquée*, op. cit., page 2.

67 Dimitri Papalexopoulos, *Conception architecturale et industrialisation ouverte,* op. cit., page 88.

68 *Commission de planification d'Etat auprès le Conseil des ministres de l'URSS,* voir l'appendice « L'administration de l'architecture et de la construction en URSS, 1917-1991 ».

69 Archives Nationales Russes de l'Économie (РГАЭ), Kommêntarii k fondam (Notes aux versements), fonds 8022, inventaire 1, dossier 33, page 7. Gorstrojproêkt élabore des projets pour des villes nouvelles : Magnitogorsk, Stalinsk, Nižnij Tagil et Avtostroj.

70 Historiquement en Russie, le bois fut le matériau essentiel de la construction de l'habitat. Des maisons traditionnelles, dites izbas, étaient édifiées à partir de composants que l'on appelle maintenant « standardisés ». Au XVIIème siècle, l'ambassadeur de France en Russie et deux honorables voyageurs français ont pu observer un marché des izbas :

Ce qui est le plus curieux pour les étrangers à Moscou, c'est d'y voir plus de deux mille maisons sur la glace présentées aux marchands d'Orient et d'Europe. Le Marché aux maisons et boutiques de Moscou est un marché propre à la ville de Moscou : sur un vaste emplacement, hors de la dernière enceinte, sont exposées des maisons démontées, de toutes grandeurs, c'est - à - dire des pièces préparées et numérotées pour être assemblées à volonté. L'acheteur indique le nombre et l'étendue des chambres qu'il désire. Si le marché se conclut, il fait emporter la maison sur le champ et en moins de trois jours elle peut être montée et habitée. Ces maisons ne sont pas chères, mais sont peu vastes, elles n'ont qu'un rez-de-chaussée.

Cf. Voyage de deux Français dans le nord de l'Europe, fait en 1790 - 1792, Paris, 1796, cité par V. Bodiansky, « A propos de l'industrialisation du bâtiment », *Techniques et Architecture*.

71 Voir l'article de N. Stamo, « Stroitêl'naâ tehnika » (La technique de construction), *Arhitêktura SSSR*, N° 5, 1933, pages 42-47.

72 I. Hlêbnikov, « L'Architecture de la commune ouvrière », in J-L Cohen, Marco de Michelis, Manfredo Tafuri, *URSS 1917-1918 : La ville, L'Architecture*, op. cit., page 252.

73 Archives Nationales Russes de l'Economie (РГАЭ), Finansovyj otčët Soûzstandartžilstroâ (Bilan financier du Soûzstandartžilstroj), fonds 8022, inventaire 1, dossier 14.

74 P. Blohin, *Tipizaciâ žiliŝ i obŝêstvênnyh zdanij pri planirovkê nasêlênnyh mêst* (La typisation de l'habitation et des bâtiments publics au cours de la conception de plans masse), éd. Gosstrojizdat, Moscou 1933, pages 25-24.

75 P. Blohin, *Tipizaciâ žiliŝ i obŝêstvênnyh zdanij pri planirovkê nasêlënnyh mêst*, op. cit., pages 37-39.

76 Û. Monfrêd, « Zavodskoê domostroêniê » (La préfabrication en usine), *Znaniê*, N° 2, 1972.

2

« Sur le chantier », D. Puskin, carte postale, URSS, 1952.

Idéologie et modélisation des formes architecturales en URSS 1920-1950

2.1. Le discours sur le réalisme socialiste

La décennie 1920-1930 est très riche en recherches, débats, innovations architecturales. L'idéologie utopique communiste propose de nouvelles thématiques aux architectes : maisons communes, combinats d'habitation, palais du travail. Collaborant avec des artistes, ils créent des décors et des équipements originaux pour des défilés populaires. Les chantiers sont rares mais les multiples concours et projets expérimentaux maintiennent l'intensité créative. Au début des années 1930, les innovations architecturales deviennent plus modestes. Des symptômes de crise se manifestent à l'intérieur des mouvements d'avant-garde. Le système politique totalitaire orchestré par Staline se renforce ; la pluralité des opinions n'est plus admise. Les dirigeants politiques qui, jusqu'à présent, s'intéressaient peu à la corporation des architectes, sont invités par ceux-ci à prendre part à leurs débats. Initiative contre-productive car l'implication de l'État dans le domaine de la profession conduit à la disparition de l'avant-garde et au retour à une architecture d'inspiration classique. Selon Sêlim Han-Magomêdov, le changement du climat politique dans le pays induit, au sein des mouvements d'avant-garde, la formation de groupes contestataires, dont les propres contradictions contribuent à détruire le mouvement de l'intérieur :

> *Les changements artistiques dans l'architecture soviétique n'ont pas seulement été décrétés par le système administratívo - directif (administrativno-kommandnaja) mais provenaient aussi de tensions à l'intérieur de l'avant-garde elle-même.*[1]

Par ailleurs, le mouvement moderne échoue face à l'incompréhension que son architecture génère et aux énormes difficultés pratiques rencontrées dans la réalisation de leurs projets. Le manque d'acier, de verre, la mauvaise qualité du béton, des coffrages et la précarité des moyens techniques sur les chantiers rendent souvent impossible la réalisation des projets audacieux. La formalisation de l'image, la « modestie » artificielle s'avèrent trop sophistiquées pour être comprises et adoptées par la majorité de la population comme par la nouvelle génération de la classe dirigeante issue du milieu ouvrier et dont le niveau d'éducation est nettement inférieur à celui des acteurs de la révolution et du premier gouvernement[2]. Le décret du Comité Central du PC *Sur la réorganisation des Unions littéraires et artistiques*[3], adopté le 23 avril 1932, met fin à la diversité de groupements artistiques. Toutes les organisations autonomes d'artistes, d'écrivains, d'architectes sont dissoutes. Ceux-ci sont appelés à adhérer aux *Unions* créées par les corporations : écrivains, architectes, artistes. En mai 1932, les

Fig. 14 : Staline devant la maquette du Palais des Soviets.

architectes, toutes tendances confondues, se trouvent ainsi réunis dans l'Union des architectes de l'URSS, une institution contrôlée par l'État. L'organisation des *Instituts de conception de projets* (*proêktnyê instituty*) met fin à la profession d'architecte en tant que profession libérale et lui attribue le statut des fonctionnaires (Instituts regroupent des agences d'architecture et des bureaux d'études et comptent jusqu'à 1.000 personnes). Les résultats du concours pour le Palais des Soviets laissent comprendre que le soutien officiel va au style d'inspiration académique. Le 28 février 1932, le Conseil pour la Construction du Palais des Soviets décerne le premier prix à l'architecte néo-palladien Ivan Žoltovskij au premier tour du concours et donne comme directive aux participants du deuxième tour « d'adapter les meilleures méthodes de l'architecture classique à l'aboutissement de la technique architecturale moderne »[4]. La réforme de l'enseignement architectural intervient immédiatement après la définition de la nouvelle préférence en architecture. L'objectif est de former les jeunes aux modèles de l'architecture classique et de « réapprendre » aux architectes expérimentés à travailler dans ce style. Le Comité Central du Parti adopte le 14 octobre 1933 le décret *Sur l'enseignement architectural* qui ordonne la création de l'Institut d'Architecture de Moscou (école d'Architecture) et de l'Académie d'Architecture. Celle-ci est rattachée au Présidium du Comité Exécutif[5] comme « établissement de recherche et d'enseignement supérieur dans le domaine de l'architecture »[6]. L'École doctorale de l'Académie d'Architecture (*Institut Aspirantury Akadêmii Arhitêktury*, 1934-1948) enseigne les bases du style classique à la génération d'architectes qui avait été formée par des constructivistes et des rationalistes au VHUTÊMAS[7] et VHUTÊIN[8]. Selon Han-Magomêdov :

> *L'Académie d'Architecture était devenue un établissement d'enseignement supérieur singulier qui, dans son école doctorale, formait non pas des chercheurs mais des architectes qualifiés. De plus, elle ne perfectionnait pas tellement mais transformait d'anciens militants de l'avant-garde diplômés en maîtres « d'assimilation créative » de l'héritage classique.*[9]

Les doctorants de l'Académie suivent des cours de dessin et d'aquarelle, analysent des chef-d'œuvres antiques, font des relevés des monuments du classicisme russe et présentent des projets personnels. Les plus importants architectes soviétiques qui vont exercer dans les années 1940-1950 seront passés par cette école. La théorie marxiste n'admet pas « l'art pour l'art ». Elle révèle un parti pris idéologique pour l'art, l'art est porteur d'un message idéologique. Il doit en conséquence avoir une base idéologique-*idêjnost' v iskusstvê*, la « méthode du réalisme soviétique », en devient le fondement. La définition de la méthode est formulée au cours du premier congrès des écrivains soviétiques qui se tient en août 1934 : « Le réalisme socialiste est une méthode dont l'essence consiste à refléter de manière véridique et historiquement concrète la réalité prise dans son développement révolutionnaire »[10]. Initialement formulée pour la littérature, la méthode du réalisme socialiste (qui n'est surtout pas un *style*) est introduite par la suite en peinture, architecture, sculpture, théâtre et dans le cinéma. La définition du réalisme socialiste en architecture n'a jamais été claire. D'après les statuts de l'Union des Architectes adoptés au cours du premier Congrès des architectes soviétiques en 1937[11], la méthode du réalisme socialiste signifie :

> *L'union entre le contenu idéologique et véridique de l'image artistique et l'adéquation complète de chaque édifice avec les exigences techniques, culturelles et le mode de vie ainsi qu'avec l'économie la plus avancée et le respect des caractéristiques techniques contemporaines.*[12]

Dans la résolution du même Congrès, le réalisme socialiste est considéré comme « méthode essentielle de la culture artistique soviétique » et il doit amener à la « création de bâtiments réunissant de hautes qualités techniques et économiques avec la simplicité artistique et la force d'expression »[13]. Par ailleurs, les architectes doivent se référer à un autre principe idéologique « l'architecture en URSS doit être socialiste quant au contenu, nationale quant à la forme ». Bien que personne ne comprenne vraiment l'essence de la méthode du réalisme socialiste en architecture, chacun fait semblant de la maîtriser parfaitement. L'interprétation de cette méthode devient un « lit de Procuste ». La définition très floue du réalisme socialiste est une arme puissante entre les mains de ceux qui, pour divers motifs, veulent nuire à l'artiste. Par conséquent, n'importe quel architecte, à n'importe quel moment, peut être accusé de ne pas avoir respecté ou d'avoir altéré la Méthode[14]. Le régime totalitaire qui s'installe dans le pays définit son champ de valeurs et de références en rejetant tout ce qui peut compromettre la stabilité du système. Ainsi la fascination devant le taylorisme et le fordisme américains s'atténue et prend un sens totalement négatif. La « Petite encyclopédie soviétique » publiée en 1932 donne une appréciation négative du livre *Moâ žizn', moi dostiženiâ* (*My Life and Work*) de Henry Ford. On peut y lire :

> *Bien que ce livre ait donné un certain nombre d'indications pratiques sur la rationalisation de la production, il contient des points de vue sociaux et politiques confus et hypocrites. Ford lui même se produit sur la scène politique et tente de cacher la réalité de l'exploitation des travailleurs par le système de la domination bourgeoise.*[15]

Le deuxième plan quinquennal (1933-1937), veut que l'URSS fasse confiance à ses propres forces. Les multiples mises en garde contre « l'influence dangereuse de l'Occident » et le rejet de l'architecture moderne créent un climat difficile pour les architectes étrangers. Bruno Taut quitte l'URSS en 1933. Une polémique se déploie autour du travail d'Ernst May à qui il est reproché un « fétichisme des murs nus » et des « constructions sans âme ». Il est obligé de partir en 1934. Les derniers architectes étrangers quittent l'URSS en 1937. Leurs projets et ceux de leur « frères spirituels » soviétiques sont alors critiqués. En 1937, devant un groupe de délégués du premier Congrès des architectes soviétiques, V. Molotov, président du Soviet des Commissaires du peuple prononce un discours où il condamne la « mauvaise influence » de l'Occident sur les architectes soviétiques :

> *On ne peut pas fermer les yeux sur des architectes qui se sont détachés de la construction pratique et se sont préoccupés de concevoir des projets d'une esthétique médiocre sans se soucier des défauts et des malfaçons dans la construction. Ces architectes se prévalent de « l'héritage » douteux de l'architecte allemand May et de quelques uns de nos concitoyens, gens peu cultivés et étrangers à notre régime soviétique.*[16]

Malgré le soutien officiel au style d'inspiration académique, la confrontation entre les « modernistes » et les « passéistes » continue jusqu'à la fin des années 1930. Même si les œuvres du mouvement moderne n'exercent plus aucune influence sur les recherches et les discussions architecturales, la construction de certains d'entre eux s'achève au milieu des années 1930, notamment le Combinat *Pravda* de P. Golosov (1930 - 1934, fig. 15a), la station du métro *Krasnyê vorota* de Ladovskij (1935), le Palais de la culture de l'usine ZIL des frères Vêsin (1931 - 1937). En dehors de quelques bâtiments publics comme la bibliothèque Lénine de V. Ŝûko et V. Gêl'frêjh ou le pavillon de l'URSS pour l'exposition de 1937 à Paris de B. Iofan, le « style du Palais des Soviets » ne se greffe pas sur l'architecture soviétique et c'est le post constructivisme qui se développe dans la deuxième moitié des années 1930. Les architectes comme Lêv Rudnêv, Ivan Fomin, Êvgênij Lêvinson, Alêksêj Duškin cherchent à unir les « valeurs éternelles du classique » au langage de l'architecture de l'avant-garde. Parmi les projets de post constructivisme notons l'Académie militaire Frunzê de L. Rudnêv (Moscou, 1937, fig. 15b), l'écluse sur l'Âuza de

Fig. 15a : P. Golosov, combinat *Pravda*, Moscou, 1931-1934.

Fig. 15b : L. Rûdnev, V. Munc, Académie militaire Frunzê, Moscou, 1937.

Fig. 15c : Palladio, Palais Valmarana à Vicence, vers 1560 Architecte Ivan Žoltovskij, Immeuble de logements rue Mohovaâ, Moscou, 1934.

15c

15a

15b

G. Gol'c (Moscou, 1936-1939), les stations du métro *Kropotkinskaâ* et *Plošad' Moâkovskogo* de A. Duškin (Moscou, 1935 et 1938). Le style néo-palladien, dont le principal leader est Ivan Žoltovskij, retrouve une place dominante sur la scène architecturale. En 1934, Ivan Žoltovskij construit à Moscou rue Mohovaâ un immeuble de logements qui est une réplique du palais Valmarana de Palladio[17]. Ce bâtiment peut être considéré comme le « clou planté sur le cercueil du constructivisme » (fig. 15c).

2.2. Modélisation de l'espace habitable et vicissitudes idéologiques, 1920-1940

Les types de logements collectifs en 1920-1930

L'analyse des plans des logements collectifs nous permet d'établir le lien entre les tendances idéologiques du moment et la conception de l'espace habitable.

Durant les premières années suivant la révolution, les recherches de nouvelles formes d'habitat sont fondées sur l'idée que des organismes spécialisés prendront à leur charge tout le travail domestique et que les surfaces du logement familial pourront être ainsi réduites[18]. Il est ainsi considéré qu'un couple doit bénéficier d'une chambre de 15 m² et un célibataire d'un « compartiment pour dormir » de 5 à 8 m². La vie sociale et intellectuelle est censée se dérouler dans les parties communes des unités d'habitation[19]. La construction des nouveaux centres industriels pose le problème des logements des « travailleurs appelés à la production industrielle ». La distribution intérieure de ces logements témoigne de la confusion qui existe dans les années 1920 entre deux notions de nature différente : celle de la mise à la disposition de chaque individu d'un minimum de confort et d'hygiène et celle de l'éducation des citoyens dans un esprit collectif. Dans les logements conçus par *Himstroj* en 1929, le noyau de service (le W.C., la salle de bains, la cuisine) est situé sur le palier de l'escalier et dessert les quatre logements de l'étage. Les logements conçus pour l'usine de tracteurs à Stalingrad en 1931 sont dotés d'une salle de bains commune à deux appartements ; celle ci est accessible à partir des cuisines. Les deux W.C. se trouvent sur le palier d'escalier (fig. 16a). Les architectes travaillent également sur des logements économiques, dotés de toutes les installations sanitaires individuelles et destinés à loger une famille. En 1925, le Soviet de Moscou lance un concours pour « une cellule

Fig. 16a: Logements de *Himstroj*, 1929. Logements conçus pour l'usine de tracteurs à Stalingrad, 1931.

Fig. 16b: Logements «individuels», cité ouvrière à Ivanovo-Voznêsênsk, 1924-1926.

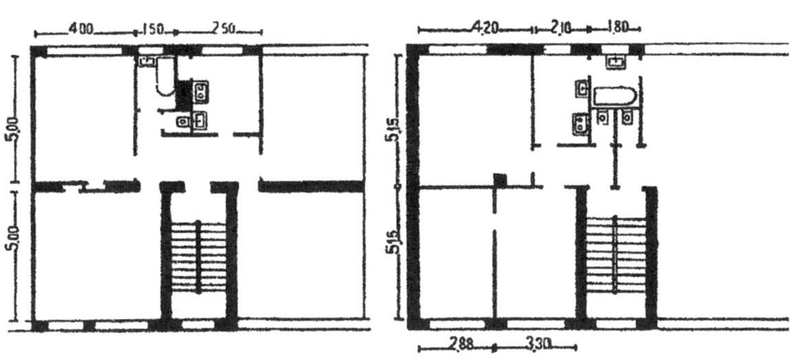

16a

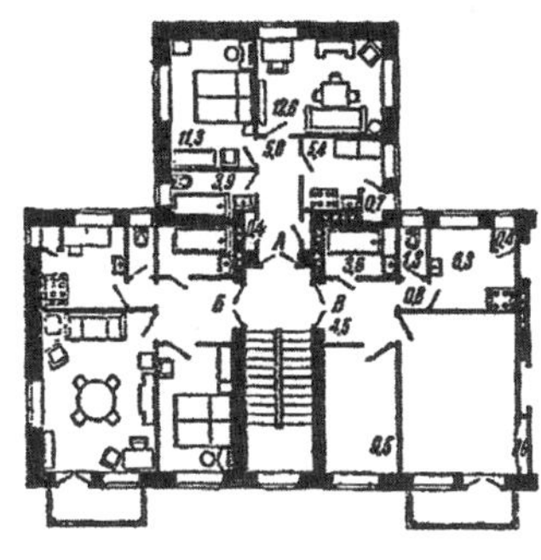

16b

économique de petite surface ». L'architecte S. Čêrnyšov conçoit une série de cellules « individuelles » pour la « Cité ouvrière » située dans la région industrielle d'Ivanovo[20] (réalisées entre 1924-1926, fig. 16b). Les procédés de semi-préfabrication permettent d'assembler ces logements dans un délai court, sans faire appel à des engins du chantier.

À côté des recherches sur l'habitat socialiste doté de services collectifs, les plans « traditionnels » des immeubles de rapport servent également de référence aux architectes. Ces plans sont « revus » : l'escalier « noir »[21] et la chambre de bonne sont supprimés, les surfaces des pièces de service (cuisine, salle de bains) sont diminuées (fig. 17). Bien que le discours sur l'habitat socialiste soit riche, faute de financements, les réalisations sont rares et la pénurie de logements persiste. Walter Benjamin qui séjourne à Moscou en décembre 1926 - janvier 1927, constate :

> *La pénurie de logements produit ici un effet étrange : si on passe le soir dans les rues, on voit, à la différence d'autres villes, presque toutes les fenêtres éclairées, dans les grandes et les petites maisons. Si la lueur qui sort de ces fenêtres n'était pas aussi inégale, on pourrait se prendre à songer à une illumination.*[22]

Les types de logements collectifs dans les années 1930-1940

Au début des années 1930, le discours sur la forme de l'habitat dans la société soviétique change avec la tourmente politique dans le pays. Les maisons communes sont ainsi critiquées comme une expérience « fantaisiste » et « prématurée ». Le décret du Comité Central du Parti Communiste *Sur le travail de reconstruction du mode de vie*[23], promulgué le 16 mai 1930, énonce :

> *En marge de la croissance du mouvement pour un mode de vie socialiste existent des cas extrêmement arbitraires, semi-fantastiques et donc des tentatives très malsaines de certains camarades qui cherchent à franchir d'un seul pas tous les obstacles sur le chemin qui mène à la construction du mode de vie socialiste. La mise en œuvre de ces entreprises dangereuses, utopiques, qui ne prennent pas en compte les ressources matérielles et la préparation de la population, aboutit au gaspillage des moyens et au discrédit de l'idée elle même de la construction du mode de vie socialiste.*[24]

Même si quelques architectes continuent encore à évoquer l'habitat à « caractère transitoire »[25] situé à mi chemin entre

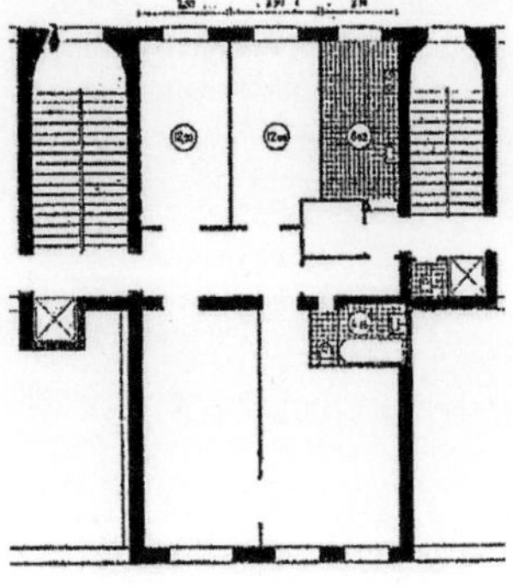

Fig. 17 :

Plan d'appartement 1910, surface totale 93,57 m², surface habitable 65,82 m² – Appartement « bon marché » d'un immeuble de rapport. N'ayant pas une surface importante, l'appartement est doté de deux escaliers: l'escalier principal et l'escalier «noir» (équivalent de l'escalier de service dans un immeuble haussmannien). L'appartement est composé de quatre pièces (entre 12 et 20 m²), d'une chambre de bonne (3,5 m²), d'une cuisine (8,8 m²), et d'une salle de bains avec un W.C. incorporé; un grand couloir divise l'appartement en espace de « réception » et en espace « privé ».

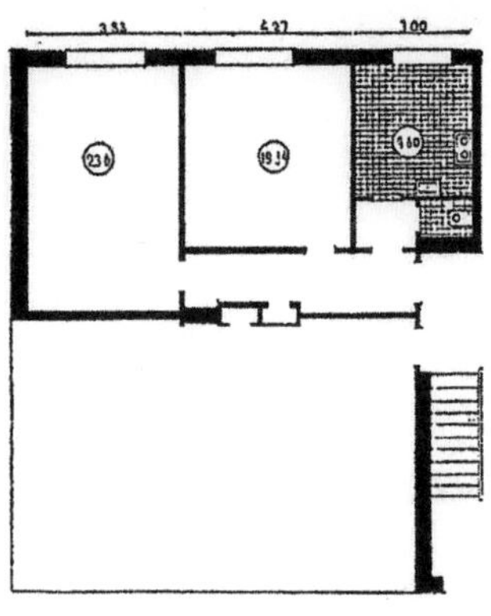

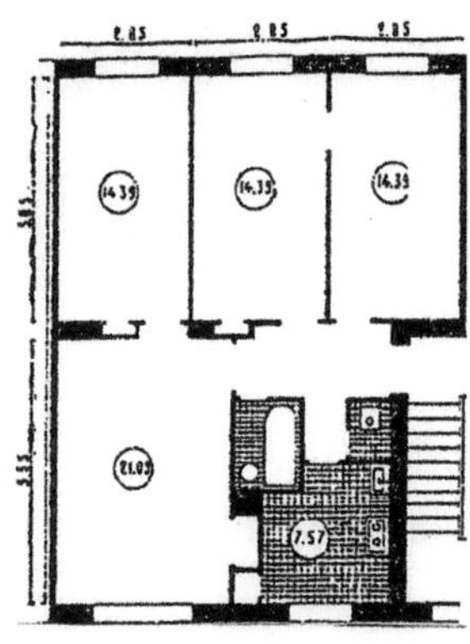

17

Appartements conçus d'après le modèle d'un appartement de « rapport » mais sans escalier « noir » ni chambre de bonne:

Plan d'appartement 1925, surface totale 82,21 m²
Plan d'appartement 1925, surface totale 63,17 m²

la maison commune et l'appartement individuel, l'expérience des maisons communes est stoppée. L'arrêté *Sur le type de l'immeuble d'habitation*[26], promulgué en juillet 1932, interdit la construction de maisons communes et réhabilite l'appartement monofamilial. Le texte de l'arrêté précise que, dans le présent et dans le futur immédiat, l'appartement individuel n'est pas un type d'habitat périmé et rappelle qu'un appartement monofamilial est un « élément essentiel dans la conception d'un immeuble d'habitation »[27].

Dès le début des années 1930, la représentation d'une société heureuse et prospère triomphe dans l'imagerie officielle et l'architecture doit être à l'unisson. De nouveaux slogans sont lancés : « pour la famille socialiste - un logement de haute qualité » et « plus la société soviétique progresse dans la construction du socialisme, plus le niveau de vie des travailleurs augmente ». Ainsi la notion de logement économique se retrouve marginalisée par la volonté de faire percevoir la société soviétique comme prospère. Le décret du Soviet des Commissaires du peuple *Sur l'amélioration de la construction de l'habitat* [28] adopté le 23 avril 1934, critique les appartements trop petits et préconise la construction de logements plus grands et confortables : « la pratique existante dans la construction de l'habitat ne correspond pas dans plusieurs cas à la hausse du niveau culturel et aux exigences des larges masses de travailleurs ». Le texte du décret énumère les défauts majeurs des logements construits jusqu'alors : « la mauvaise qualité du bâti, les plafonds très bas, les cuisines et les couloirs étroits, l'absence de locaux de service » et il préconise de construire :

> *Dans les villes et les bourgades des bâtiments à caractère définitif de quatre/cinq étages et plus, avec l'eau courante et les sanitaires. [...] Les immeubles d'habitation doivent avoir des appartements de 2, 3, 4 pièces destinés à des familles de tailles différentes. Pour des célibataires et des familles peu nombreuses, il faut des appartements avec des pièces indépendantes, prévues pour 1-2 personnes.*

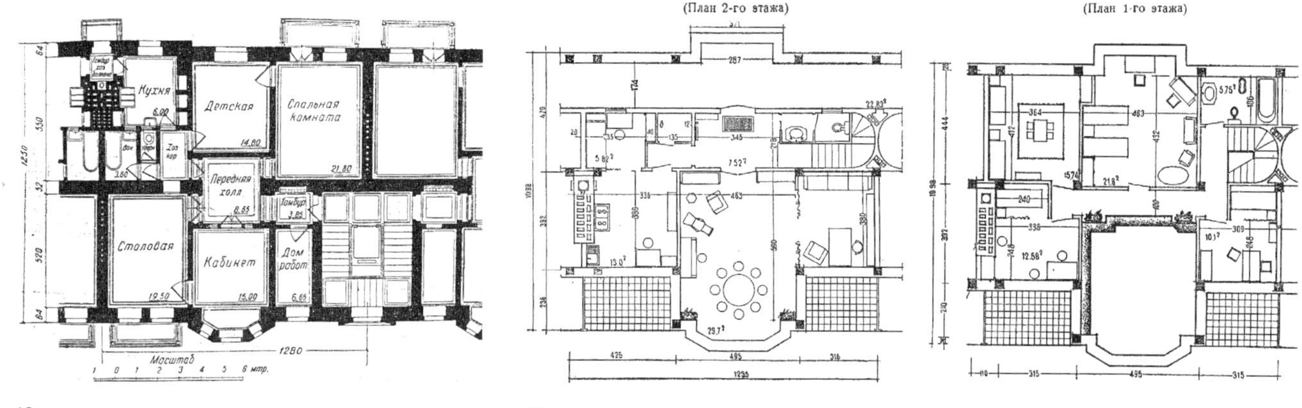

18

19

Fig. 18: Âhnênko, atelier de Kiev, plan d'un appartement de type «supérieur», surface totale 106,77 m^2.

Fig. 19: Appartement de type «supérieur», M. Guinzbourg, plan d'un duplex, surface totale 106,77 m^2.

Les exigences de qualité et de confort pour l'habitat sont très en avance par rapport aux financements alloués et aux capacités de l'industrie de construction. Les logements neufs correspondant à cette image de l'habitat socialiste sont rares et ils sont attribués à des hommes politiques et des célébrités. Pour leur rareté, on les dénomme « appartements de type supérieur » (*kvartiry povyšênnogo tipa*). L'architecte Pavêl Blohin dit[29] :

> *Les immeubles de qualité supérieure sont destinés à loger des gens illustres de notre pays : les stakhanovistes, les grands savants, les personnalités des arts et les autres citoyens dont l'organisation de vie quotidienne est l'objet d'un souci particulier de la part du pouvoir soviétique.*

Ces logements ont une grande qualité de finition, la distribution est pensée selon la fonction définie pour chaque pièce : salle à manger, bureau, chambres. Les appartements sont composés en général de quatre pièces, la surface est en moyenne de 95 m^2. Leurs plans sont souvent « calqués » sur ceux des appartements bourgeois du début du siècle, comme le plan élaboré par l'architecte Âhnênko dans l'atelier d'État de Gorsovêt de Kiev (fig. 18). Les différences se trouvent dans la position de la chambre de bonne (située à l'entrée de l'appartement et non côté cuisine) et par l'absence d'un escalier de service. De nombreux architectes cherchent de nouvelles solutions pour ce type de logement. La cellule « de type supérieur pour une famille » de 160,32 m^2 de surface totale, de l'architecte Moïse Guinzbourg (1937 ?) est conçue en duplex. Au premier niveau se situent un salon (29,7 m^2), un cabinet de travail et une cuisine (13 m^2) avec un office domestique de 5 m^2. Le deuxième étage est réservé aux chambres (fig. 19). La cellule conçue par B. Iofan et D. Iofan (fig. 20) pour la célèbre « Maison du quai »[30] est constituée de deux chambres (18,3 et 16,6 m^2), d'un cabinet de travail (8,3 m^2), d'une pièce principale (27 m^2), d'une cuisine de 10,8 m^2, d'une salle de bains et d'un W.C. La surface totale de l'appartement est de 132,9 m^2.

Fig. 20 : B. Iofan, D. Iofan, plan d'un appartement de la « Maison du quai », 1928.

Fig. 21 : Schéma de distribution dans un appartement de type « universel ».

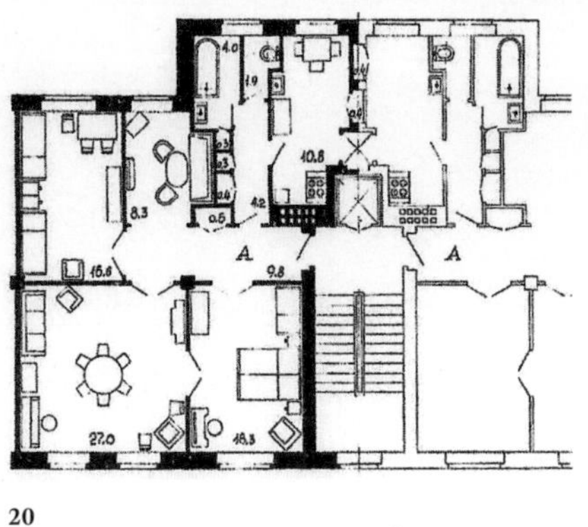

20

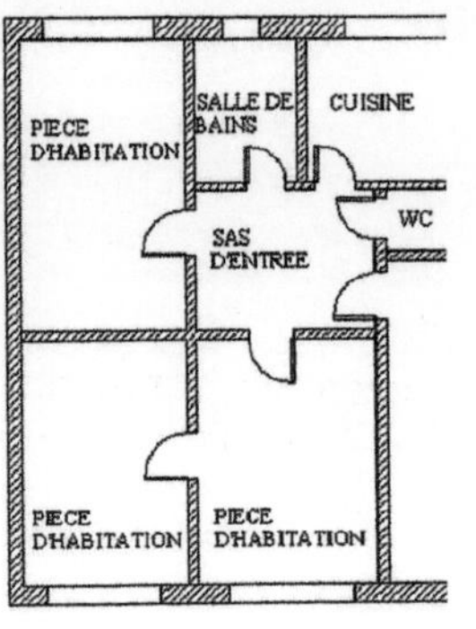

21

Le reste du parc de l'habitat neuf construit dans les années 1930, est constitué d'appartements de 60 m² de surface totale en moyenne. En raison de la pénurie, ces logements sont attribués par pièces à plusieurs familles. Les architectes tiennent compte de ce mode d'attribution et conçoivent des logements qu'on peut qualifier « d'universels ». Leur distribution intérieure permet d'y loger une ou plusieurs familles (fig. 21). Un appartement de ce type est distribué de la façon suivante : un sas à l'entrée dessert trois pièces de taille égale (15 m² en moyenne), une cuisine, une salle de bains et un W.C.

Il existe des projets de grands appartements conçus dès le départ comme communautaires. En 1939, est organisé à Leningrad un concours pour un projet portant sur ce type de logement. Celui des architectes F. Mazêl et V. Žukovskaâ obtient le premier prix (fig. 22). Les architectes proposent un appartement de sept pièces destiné à loger cinq familles, avec une surface habitable de 125,01 m². La cellule est divisée en deux zones : les pièces d'habitation et le noyau de circulation / distribution constitué d'une entrée carrée avec un grand porte-manteau, d'un hall « distributeur » (16,56 m²) sur lequel donnent toutes les pièces, d'une cuisine et d'un bloc qui regroupe le W.C. et la salle de bains. La cellule, datée de 1941, conçue également à Leningrad par les architectes G. Simonov, I. Fomin et V. Fromzêl, est destinée à abriter au moins quatre familles (fig. 23). La surface de l'appartement est de 132,6 m². Le principe est le même : sur le noyau central (formé par le couloir et le bloc sanitaire) s'enchaînent les pièces « multifonctionnelles » qui sont à la fois chambre, séjour et salle à manger. Les services de l'État qui planifient la construction de logements considèrent que le coût d'un appartement multifamilial est moins élevé que celui d'un appartement monofamilial. Selon leurs calculs, les dépenses pour les équipements sont moins lourdes (il y a moins de cuisines, de salles de bains etc.) ; le cubage estimé pour une famille y est moins élevé. De nombreux architectes contestent ces arguments. M. Barchtch écrit dans l'*Arhitêktura SSSR* :

> *Si dans la construction de masse un grand appartement où sont logées deux-trois familles revient moins cher, ce choix ne peut cependant pas être reconnu comme rationnel et économique.*[31]

Selon l'observation de l'architecte, 40 % de la surface d'un appartement multifamilial peut être considérée comme « aliénée », tandis que dans un appartement monofamilial « une partie considérable de la surface de service est utilisée au mieux des intérêts de la famille ». En 1937, le Narkomhoz prépare la nouvelle rédaction des normes d'habitat[32], où il propose notamment de créer pour les célibataires et les familles « peu nombreuses » des logements de 5-6 pièces équipés de deux W.C. (fig. 24). Cette proposition provoque l'indignation de P. Blohin, directeur de l'Institut de l'habitat de l'Académie d'Architecture :

Fig. 22 : Plan d'appartement «multifamiliaux», surface habitable 103,03 m², Leningrad, 1939.

Fig. 23 : Plan d'appartement «multifamiliaux», surface habitable 103,03 m², Leningrad, 1941.

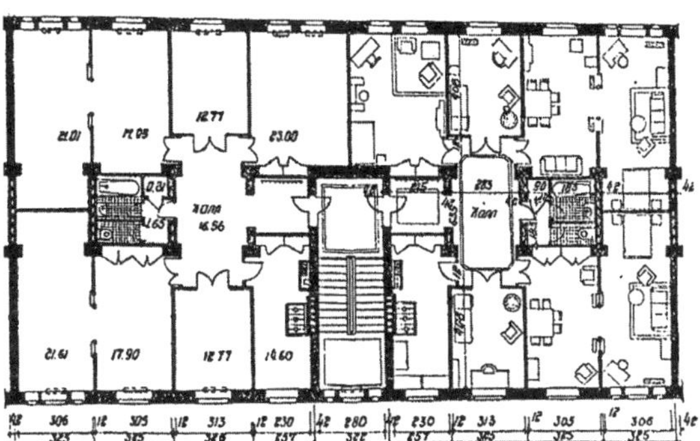

22

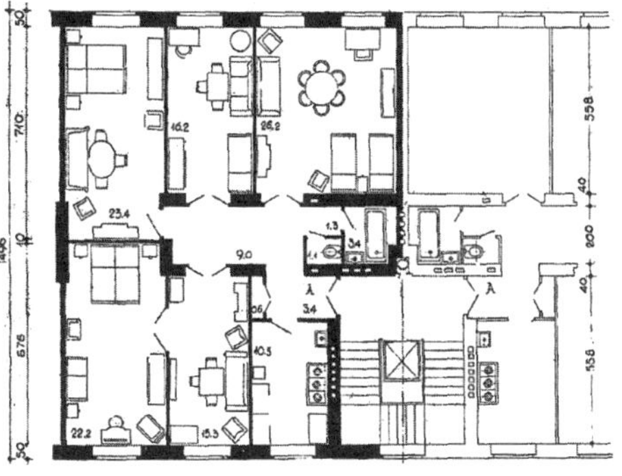

23

Les normes de Narkomhoz introduisent pour les célibataires un nouveau type de logement de 5-6 pièces, signifiant le retour au plus mauvais type d'ancien appartement communautaire. L'installation dans ce logement de deux W.C., envisagée par les normes, est le seul dispositif qui le distingue du tristement célèbre appartement communautaire avec trois longs et quatre courts coups de sonnette[33]*. Ce type de logement doit être proscrit catégoriquement.*[34]

La rédaction finale des normes est adoptée le 7 août 1938, sous le titre : *Les normes provisoires de la projection*[35]. Elles légalisent des logements pour les célibataires. Pour les appartements monofamiliaux les surfaces fixées sont très confortables mais la maigreur du budget les rendent irréalistes. Une chambre de bonne réapparaît parmi les pièces du logement[36]. Les architectes soviétiques critiquent les contradictions de la politique de l'habitat : les surfaces imposées aux logements sont importantes mais la pénurie de ces logements contraint à les attribuer par pièce. A. Zaltsman et P. Blohin défendent la construction d'appartements de « petite surface » qui ont des « avantages incontestables pour la vie quotidienne et qui, grâce à leurs qualités économiques, peuvent concurrencer des appartements de « grande surface » destinés à loger plusieurs familles »[37]. Il faut dire que le thème du logement de « petite surface » est évoqué par les architectes soviétiques dès le début les années 1930, au moment même où leurs confrères européens lancent les débats sur l'habitation minimum.

Même si les architectes soviétiques ne participent pas aux réunions des architectes occidentaux, l'expérience européenne en matière d'habitat minimum leur est connue. Le second CIAM sur le logement minimum (qui se tient en octobre 1929 à Francfort) est discuté dans les pages de *Stroitêl'naâ promyšlênnost'*[38]. La présence des architectes allemands au sein des principales agences soviétiques contribue à la diffusion en URSS du thème de l'habitat économique. Au cours de la deuxième session plénière de la direction de l'Union des architectes consacrée aux questions de la construction de l'habitat de masse (Moscou, 1937), la question d'un appartement monofamilial économique est évoquée. L'architecte N. Markovnikov estime :

[Qu']une attitude de rejet envers des petites surfaces et des faibles hauteurs dans les appartements s'est établie chez nous. Cependant, les exemples étrangers démontrent la possibilité d'abaisser considérablement le coût de la construction en réduisant certaines dimensions et en renonçant à certaines exigences secondaires.[39]

Il suggère d'entamer à titre expérimental la construction d'appartements économiques destinés à loger des familles de 3 à 5 personnes. Par la suite, Markovnikov publie un article dans *Arhitêktura SSSR*[40] où il appelle à réviser les normes en cours car les appartements de « petite surface » ne peuvent pas être construits selon les normes élaborées pour les grands appartements. Au cours de la session de la direction de l'Union des

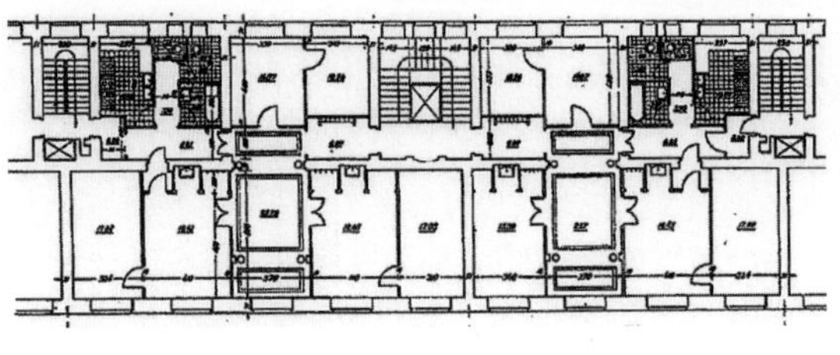

24

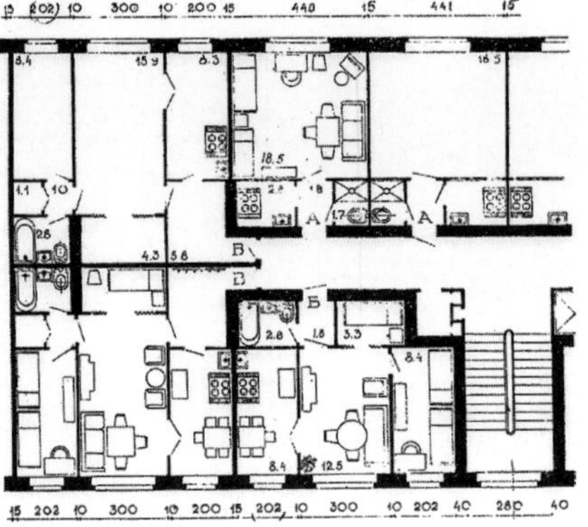

25

Fig. 24: Plan d'appartement pour célibataires – Le projet de la nouvelle rédaction de normes propose de créer pour des célibataires des logements dotés d'une entrée, d'une salle commune (24-28 m²), de chambre (12-15 m²) équipées d'un lavabo, d'une cuisine commune (15 m²), d'une salle de bains et deux WC pour hommes et pour femmes.

Fig. 25: Plan d'appartement monofamiliaux

Architectes de 1937, Moïse Guinzbourg attire l'attention de ses confrères sur la confusion qui existe entre un appartement de « petite surface » et un appartement ayant un « petit nombre de pièces » (*malokomnatnaâ kvartira*) :

> *Plusieurs délégués de la session, au cours de leurs allocutions, mettent sur pied d'égalité les notions d'appartement de « petite surface » et de « petit nombre de pièces ». En réalité, il existe entre ces deux types d'appartements une grande différence tant théorique que pratique. Cette différence réside dans le fait que l'appartement avec un petit nombre de pièces (qui peut d'ailleurs avoir une surface habitable importante) est conçu de telle manière qu'en cas de besoin on peut y loger deux familles, tandis qu'un appartement de petite surface n'est destiné qu'à une seule famille peu nombreuse.*[41]

Dans la résolution finale de cette session il est mentionné que les appartements économiques doivent avoir deux pièces et constituer 60 % des constructions de logements. Les appartements de trois pièces doivent représenter 30 %, les logements d'une et quatre pièces sont considérés comme les plus coûteux et ne doivent donc représenter que 10 % des constructions[42]. L'Académie d'Architecture propose des plans d'appartements de « petite surface », comme celui conçu par l'architecte G. Lokšin en 1941 (fig. 25). Dans un appartement de deux pièces de 24,2 m² de surface habitable, un dégagement dessert une cuisine (qui communique par une porte avec le séjour) ; le W.C. est incorporé dans la salle de bains. Le couloir n'existe pas : une partie de séjour assure la circulation intérieure. Le studio est composé d'une pièce principale de 18,5 m², d'un coin cuisine de 2,8 m² (situé à l'entrée) et d'une salle d'eau avec un W.C. incorporé. L'ampleur des destructions causées par la guerre et la nécessité de reconstruire vite l'habitat détruit confirment aux architectes la nécessité de construire des logements de « petite surface » pour une famille. En 1943, l'architecte A. Zaltsman écrit : « Après la guerre, ce type d'appartement doit être le type courant de la construction de masse »[43]. En 1944, l'architecte Viktor Vêsnin fait le projet d'un appartement de « petite surface ». À l'entrée de la cellule se trouve un dégagement de 2,7 m² qui dessert un W.C. avec un lavabo (fig. 26). Le couloir de 1,4 m² conduit à une cuisine de 3,9 m² et à une pièce principale de 14,6 m². Celle-ci dessert les deux chambres de 6,9 m² et 9,2 m². A posteriori, ce principe de distribution sera dénommé *vêsninskij* (de Vêsnin) et servira de prototype pour des logements de « petite surface » construits en grande série dans les années 1960. En 1944, l'Institut des bâtiments publics de l'Académie d'Architecture édite à titre de projet *Les normes de la conception des immeubles de logements « type appartements » pour les villes et bourgades*[44]. Ce sont les premières normes où l'on tente la normalisation des appartements de « petite surface ». Dans ce projet, les appartements de « petite surface » destinés à loger une seule famille sont

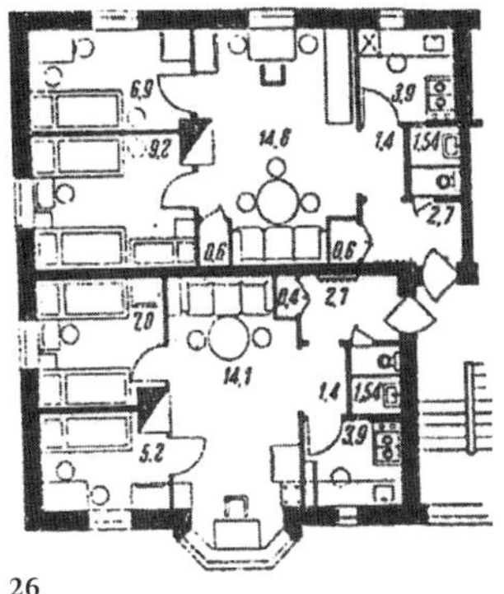

26

27

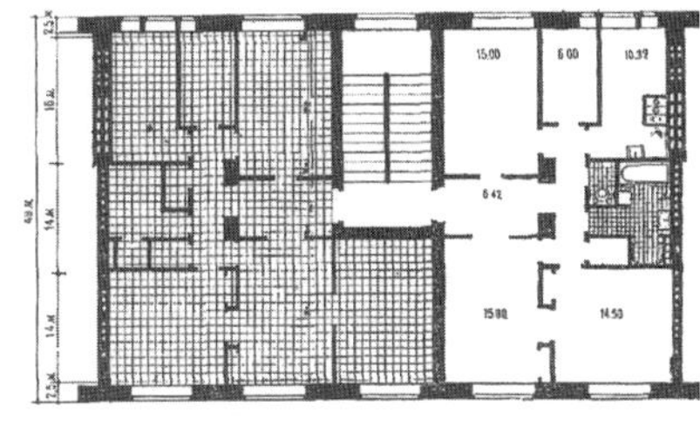

28

Fig. 26: Plan d'appartements de «petite surface», architecte V. Vêsnin, 1944.

Fig. 27: Immeuble d'habitation en grands blocs de béton.

Fig. 28: Plan conçu avec le module de 26 cm.

appelés « appartements de deuxième catégorie ». Pour ces logements, l'Académie propose les surfaces suivantes :

- appartement d'une pièce : surface habitable de 12-18 m^2 ;
- appartement de deux pièces : surface habitable de 22-30 m^2;
- appartement de trois pièces : surface habitable de 32-38 m^2.

L'académie d'Architecture suggère des dispositions qui peuvent abaisser le cubage d'appartement par famille : suppression de couloirs, de pièces commandées, abaissement de la hauteur sous plafond à 2,8 m, réduction des surfaces de service, W.C. incorporé dans la salle de bains. Les partisans des logements monofamiliaux estiment que les surfaces de service peuvent être réduites à 8 - 10 m^2, contre les 20 - 24 m^2 couramment retenus. Bien que le coût de construction des appartements monofamiliaux soit 5 % plus cher que celui des logements multifamiliaux, il est possible d'économiser jusqu'à 30-40 % sur leur coût d'exploitation (surtout sur l'entretien des équipements)[45].

2.3. Les constructions en grands blocs de béton dans les années 1930-1940

Dans les années 1930, les méthodes industrialisées sont largement testées dans la construction de logements et de bâtiments publics. Plusieurs chantiers en grands blocs de béton sont entrepris dans les grandes villes[46]. À Moscou les premiers immeubles sont construits par le « Trust de la construction en grands blocs » qui possède trois usines d'une capacité de 345 m^2 de blocs par jour[47]. Entre 1933 et 1941 sont édifiés plus de 100 bâtiments en grands blocs de béton à Moscou[48]. Il s'agit d'immeubles de logements (quarante en tout) et d'écoles construits d'après des projets types (fig. 27).

Les travaux sur la mise en place de la préfabrication en grands blocs de béton sont accompagnés de discussions sur la standardisation et la typisation (construction d'après les projets types). Les architectes se demandent ce qui est primordial : « est-ce le type de cellule (et donc les normes appliquées à celle-ci) ou le choix du standard pour les éléments de construction ? » D'après leur raisonnement, le standard des composants préfabriqués ne peut pas « surgir de nulle part », on ne peut pas le créer sans mettre en place simultanément le système de production à l'échelle industrielle. L'architecte N. Bylinkin écrit : « les standards sont dérivés du type, il faut d'abord retrouver les types de cellules, puis élaborer les standards »[49]. Pour certains appartements conçus par les ateliers d'architecture de Narkomtâžprom (Ministère de l'Industrie lourde), le module de plan est fixé à 26 cm (soit à la dimension d'une brique avec un joint), tous les éléments de construction doivent alors être des multiples de 26 cm (fig. 28). En 1938, à Moscou, le module de hauteur est égal à 15 cm (hauteur d'une marche). Pour le plan, il est proposé un module égal à 25 cm (dérivé du standard des éléments de construction en bois : 50 cm).

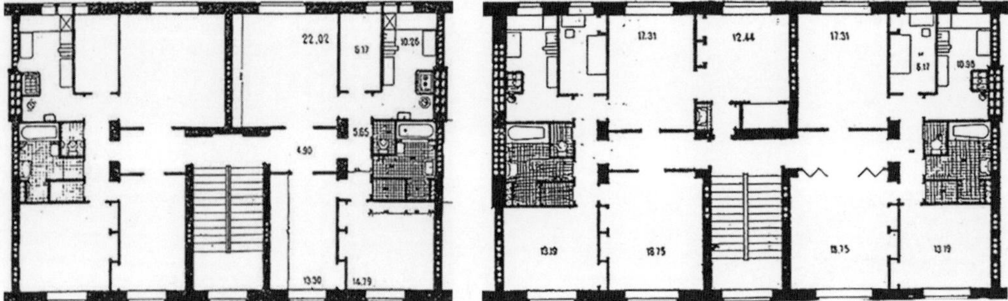

Fig. 29: ***Gorstrojproêkt*, appartements multifamiliaux, 1937-1938** – Dans les appartements destinés à être attribués à deux familles, la circulation intérieure est séparée en deux parties: un couloir (entre 4,9 et 6 m²) dessert les trois pièces et un dégagement (entre 4,8 et 5,6 m²) dessert la cuisine, la salle de bains et le sanitaire. La surfaces des pièces varie entre 13 et 22 m². Deux pièces sont commandées, cependant chacune a une entrée indépendante, au cas où elles seraient attribuées à des familles différentes. La surface de la cuisine est en moyenne de 10 m² afin d'accueillir au moins deux ménagers. L'appartement est équipé d'une chambre de bonne (5 m²) située à côté de la cuisine. (En effet, dans les appartements multifamiliaux on considère qu'une bonne doit bénéficier d'une vraie chambre et non d'une alcôve située dans la cuisine.)

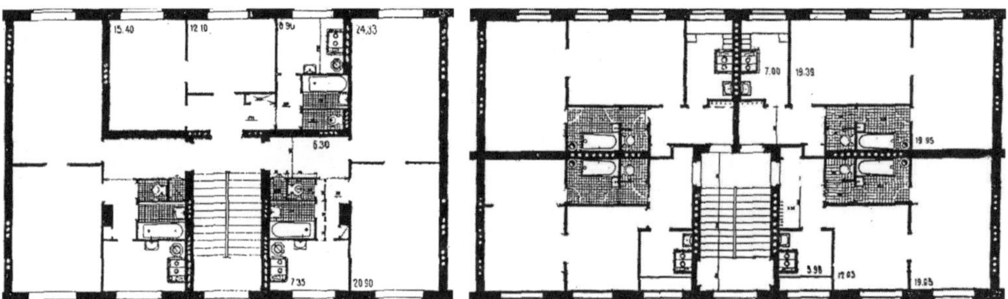

Fig. 29a: ***Gorstrojproêkt*, appartements économiques, 1937-1938** – Dans les appartements économiques l'escalier dessert deux à trois unités de cellules par étage. Elles sont composées de deux pièces, dont la surface varie entre 12 et 20 m², d'une cuisine en moyenne de 6,5 m² et d'un bloc sanitaire. Le caractère économique de l'appartement résulte de l'existence de pièces commandées, de la suppression de la chambre de bonne et de la réduction de la surface de la cuisine. La surface habitable de l'appartement reste important, jusqu'à 40 m².

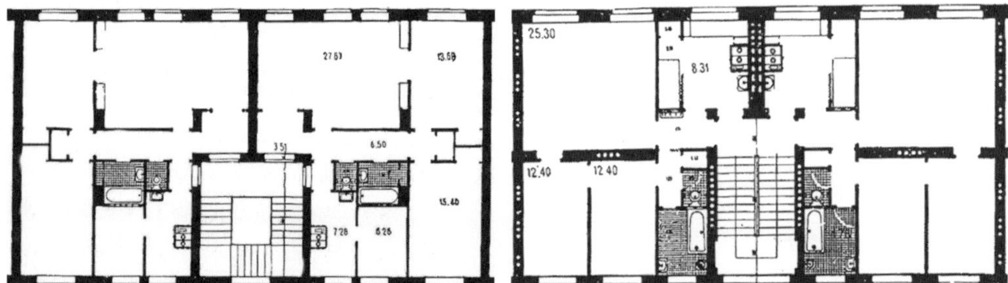

Fig. 29b: ***Gorstrojproêkt*, appartements pour les familles nombreuses, 1937-1938** – Par leur plan, les cellules destinées à loger une famille nombreuse se trouve à mi-chemin entre les cellules économiques et celles destinées à plusieurs familles. Les pièces ont une surface de 13 à 27 m², la chambre de bonne est remplacée par une alcôve dans la cuisine. Par rapport à des appartements multifamiliaux, la circulation intérieure est réduite considérablement, les pièces sont commandées.

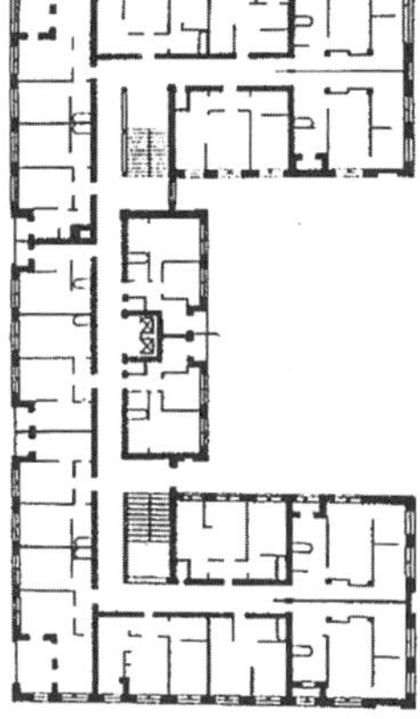

Fig. 30: Immeuble de logements Lêningradskij prospêkt, architectes A. Burov et B. Blohin, Moscou, 1939-1946.

Les débats professionnels s'accompagnent d'un travail législatif. Le 11 février 1936, le Soviet des Commissaires du peuple de l'URSS et du Comité Central du Parti Communiste adopte le décret *Sur l'amélioration de la construction et l'abaissement du coût de la construction*[50]. Ce texte préconise « d'effectuer dans toutes les branches de la construction la typisation des bâtiments sur la base de l'utilisation des meilleurs projets types ». Les projets types font l'objet du décret promulgué le 21 juillet 1939 *Sur des projets types dans la construction de l'habitation.*[51]

En 1937, le Narkomtâžprom commande à ses agences d'architecture d'élaborer des projets types pour la construction de logements selon des méthodes industrialisées en grands blocs de béton et en poutres-panneaux-poteaux[52]. Les architectes soviétiques les plus importants (V. Vêsnin, M. Guinzbourg, P. Golosov, I. Žoltovskij) et des architectes occidentaux qui travaillent au sein des agences Gorstrojproêkt et Gorproêkt penchent sur ce problème. Trois types de cellules sont ainsi définis : appartement pour loger deux familles ; appartement « économique » pour une famille et appartement de taille plus importante destiné à une « grande famille » (fig. 29, 29a, 29b).

La construction en grands blocs prend une ampleur considérable au milieu des années 1930, au moment où l'architecture soviétique commence à renouer avec le style classique. En comparaison avec les matériaux comme la brique et la pierre, les dimensions des blocs de béton sont importantes : 2,99 m / 0,81 m / 0,49 m. Pour créer l'illusion d'un mur en brique, on commence alors à faire de faux joints sur la surface des blocs et à diminuer leur hauteur (on passe de quatre blocs par étage à cinq). Ceci provoque l'augmentation du nombre de blocs et la réduction de leur poids. Malgré l'apparition de grues pivotantes, l'intérêt économique de l'utilisation des blocs diminue. Par ailleurs, on utilise des moules en bois de qualité médiocre et on se sert souvent de projets prévus pour des bâtiments en briques[53]. L'immeuble en grands blocs le plus remarquable de cette époque a été édifié à Moscou (1939-1946, Lêningradskij prospêkt) par les architectes A. Burov, B. Blohin et l'ingénieur Y.Karmanov[54](fig. 30). Dans cet immeuble, les balcons sont fermés par des panneaux décoratifs en béton. Ce détail qui donne son caractère à l'immeuble cache en réalité un espace de services. Pour les architectes, ces panneaux permettent d'utiliser les balcons pour « nettoyer les vêtements, aérer les couvertures, sécher le linge sans porter préjudice à l'esthétique de la façade par des expositions fâcheuses »[55]. Par ailleurs, les architectes veulent créer des logements « économiques » destinés à une seule famille. Ils proposent : des deux pièces de 29,3 m² de surface habitable, et des trois pièces de 43,5 m². Dans ces logements, la surface de la cuisine est réduite à 6,4 m² dans les trois pièces et à 4,6 m² dans les deux pièces, le W.C est incorporé dans la salle de bains. Dans l'appartement de deux pièces, la cuisine est prolongée par un « coin repas » de 7,5 m². Andrêj Burov, très inspiré par l'organisation des services aux États-Unis (il séjourne à Detroit en 1930) prévoit plusieurs équipements au rez-de-chaussée de l'immeuble : café, épicerie, garderie, laverie et mercerie. Mais le maître d'ouvrage considère que c'est à lui de décider de l'attribution des divers services dans les locaux de l'immeuble. Il veut notamment remplacer l'épicerie par un salon de coiffure et la garderie par une antenne de police. La guerre met définitivement fin au projet d'équipements de l'immeuble. Le chantier est achevé après la guerre sans l'intervention des architectes et sans les services initialement envisagés.

2.4. La préfabrication : le travail législatif de l'État et les recherches théoriques, 1943-1952

Les destructions provoquées par la deuxième guerre mondiale sont colossales. L'État manifeste alors son intérêt à l'égard des procédés de préfabrication en vue de la reconstruction. Un certain nombre de décrets sont promulgués. Le décret sur *La création de la base industrielle pour la construction de l'habitat de masse*[56] adopté le 23 mai 1944 par le Comité d'État de la Défense prévoit la construction d'usines de préfabrication opérationnelles dès la première moitié de 1945. Le quatrième plan quinquennal (*Loi sur le plan quinquennal de la reconstruction et du développement de l'économie nationale pour 1946-1950*) prévoit la création d'une nouvelle branche de l'industrie pour la production de bâtiments préfabriqués. L'objectif est de produire 4,6 millions de m² de logements préfabriqués vers 1950. Le décret *Sur l'abaissement du coût de la construction*[57] (adopté le 9 mai 1950) prévoit une « large introduction des méthodes industrialisées ». Le cinquième plan quinquennal prévoit pour les années 1951-1955, l'extension de la préfabrication et fixe l'objectif de construire 80 % de logements et 70 % d'équipements selon des projets types vers 1955. Cependant les financements alloués sont insuffisants pour réaliser ces objectifs ambitieux. Les architectes se mobilisent afin de trouver les solutions les plus économiques et les plus efficaces pour la reconstruction du pays. L'expérience américaine dans la préfabrication est ainsi évoquée (la présence « physique » des américains en URSS est sensible à travers les accords *Prêt-Bail*[58]). En 1942, l'architecte I. Milinis[59] propose « d'étudier l'expérience américaine des usines de préfabrication » afin d'obtenir une rentabilité maximale des financements qui seront alloués pour la reconstruction[60]. Andrêj Burov propose au cours de la session de la Direction de l'Union des architectes en 1943, d'étudier l'expérience des États-Unis et d'acheter un « certain nombre d'usines de préfabrication, complexes d'usines qui produisent tout ce qui est nécessaire : des pilotis aux fondations et aux poignées de portes »[61]. Burov considère que, durant la première période de reconstruction, cette mesure capitale permettra de gagner du temps et de faire des économies considérables. Entre 1941 et 1945, sont édités de multiples ouvrages consacrés à l'expérience américaine dans le domaine de la construction, notamment : *La préfabrication aux États-Unis, La conception et la construction des bâtiments industriels et d'habitation aux États-Unis, Les nouveautés dans la pratique architecturale aux États-Unis,* etc[62]. Vâcêslav Oltarževskij, qui travaillait aux États-Unis où il était même l'associé de Corbett[63], est nommé Chef du Bureau d'information scientifique et technique du Comité des affaires d'architecture près du Soviet des Ministres de l'URSS[64].

La profession architecturale se réorganise afin de mieux répondre aux exigences de la préfabrication. En 1951, à la suite d'un décret signé par Staline est créé le *Bureau spécial de l'architecture et de la construction* (SAKB : *Spêcial'noê arhitêkturno-konstuktorskoê bûro*). L'organisation du SAKB est calquée sur le modèle du bureau d'études de l'aviation militaire. Il regroupe les agences d'architecture, les bureaux d'études, les laboratoires qui font des essais de composants en béton armé et les usines de préfabrication lourde. Le SAKB est spécialisé dans la conception de projets types pour des logements et bâtiments publics préfabriqués en usine. Les plans des logements conçus par le SAKB seront utilisés par d'autres agences d'architecture[65]. Les bureaux d'études, les architectes, les instituts de recherches de l'Académie d'Architecture[66] mènent une réflexion sur

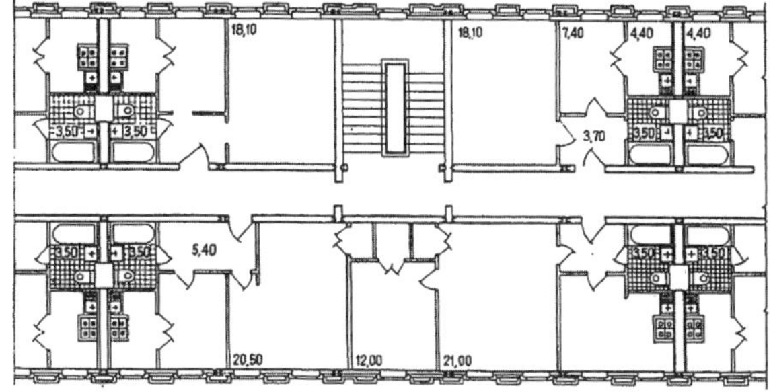

Fig. 31: Immeuble de logements, structure poutres-poteaux-panneaux, rue Sokolinaâ gora, Moscou, 1947-1948.

l'introduction des méthodes industrielles dans le Bâtiment. En 1949, le Comité des affaires d'architecture adopte *Les Objectifs dans la conception des logements, bâtiments publics types pour les années 1949-1950*[67]. Ce document, sorte de cahier des charges pour les architectes, prévoit la mise en place de projets types, la normalisation et la production des éléments standardisés. Dès la fin des années 1940, les Instituts de recherche de l'Académie d'Architecture étudient les questions de la préfabrication. Parmi les thèmes de recherche on trouve : *Les propositions sur l'industrialisation et la mise en œuvre de la nouvelle technique dans le Bâtiment pour les années 1951 - 1955,*[68] *Les principes généraux de la conception des projets pour des logements préfabriqués*. Le but de ce dernier document est d'élaborer un système modulaire pour la conception des logements et de créer des cellules types et un catalogue des éléments standardisés[69]. En 1952, l'ingénieur V. Komisarov de l'Institut de recherche de la technique de construction de l'Académie d'Architecture mène une étude comparative des coûts de construction. Il établit que le coût de production[70] d'un mètre carré de mur de briques s'élève à 125 roubles et nécessite 0,68 ouvrier / jour, contre 90 à 100 roubles pour un mètre carré en grands panneaux avec 0,08 - 0,10 ouvrier / jour[71]. Par ailleurs, le béton banché est considéré par Komisarov comme un procédé moins efficace. D'après lui, on perd trop de temps et de moyens en construisant les coffrages, en mettant l'armature et en décoffrant l'ouvrage. L'auteur affirme que « l'industrialisation réduit le coût de la construction, évite la dépendance à l'égard des intempéries et transforme les ouvriers sur le chantier en monteurs ». Il conclut en particulier que « probablement, la préfabrication implique non seulement des méthodes modernes de travail mais aussi de nouvelles formes architecturales et constructives ». L'Institut de l'architecture de l'habitat de l'Académie d'Architecture met au point les projets types pour la construction en série et organise des chantiers d'expérimentation où sont testés des procédés de préfabrication. Dans le plan de travail de l'Académie pour l'année 1954 les sujets suivants sont prévus : *La conception des projets types et L'architecture des bâtiments en grand panneaux préfabriqués*[72]. Malgré l'ampleur des destructions du parc d'habitat (qui était déjà déficitaire), la priorité durant les premières années de la Reconstruction est donnée aux bâtiments publics. De multiples concours et consultations sont organisés pour des monuments commémoratifs : arcs de triomphe, panthéons, monuments - musées, etc. La conception des plans masse des villes se fonde sur le précepte d'une « ville - ensemble », unie autour de dominantes visuelles. La décision prise en 1947 de construire à Moscou des gratte-ciel (dits immeubles de hauteur, *vysotnyê zdaniâ*)[73] découle de cette perception d'une ville – monument, dédiée à la victoire dans la deuxième guerre mondiale. La bipolarisation du monde et le début de la guerre froide mettent un terme aux références à l'expérience étrangère et en particulier américaine. L'*amêrikanizm* devient ainsi péjoratif[74]. En 1948, à la suite de la parution de deux décrets du Parti Communiste *Sur les revues « Zvêzda » et « Leningrad »* (1946) et *Sur l'opéra de V. Muradêli « La grande amitié »* (1948) une campagne est déclenchée contre le « formalisme » et le « cosmopolitisme ». Les disciples du mouvement moderne, Melnikov, Ladovskij et Guinzbourg déjà critiqués dans les années 1930, se trouvent de nouveau au centre d'une polémique[75]. Les directeurs des Instituts de recherche de l'Académie d'Architecture

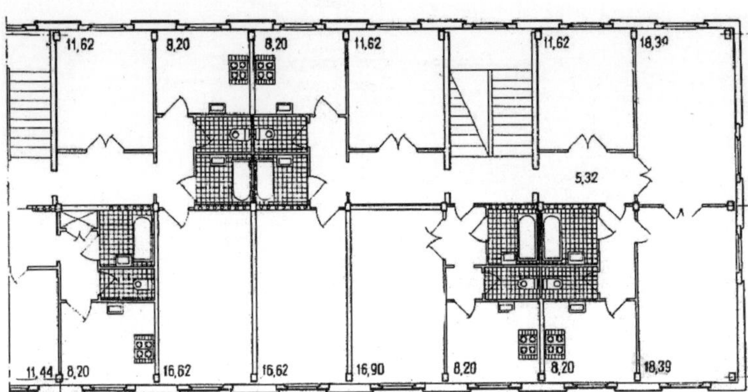

Fig. 32 : Immeuble de logements, structure poutres-poteaux-panneaux, rue Horošêvskoê chaussée, Moscou, 1947-1948.

sont remplacés, certains chercheurs licenciés pour « servilité envers l'Occident ». Les thèmes en rapport avec l'étranger sont exclus des projets de recherches[76]. Seuls les bâtiments inspirés du classicisme russe sont encouragés. Cet historicisme amène à une stagnation de l'expression architecturale et à l'uniformité du style « Empire stalinien » de la fin des années 1940.

2.5. La construction des premiers immeubles de logements préfabriqués de structure panneaux – voiles et poutres-poteaux-panneaux, 1947-1954

Les immeubles de logements de structure poutres-poteaux-panneaux

Les chantiers destinés à utiliser comme ossatures d'immeubles préfabriqués les panneaux-voiles et les poutres-poteaux-panneaux sont lancés en 1947. L'objectif de cette étape expérimentale est d'agrandir au maximum les dimensions des composants[77]. La structure poutres-poteaux utilise d'abord les profilés métalliques, puis le béton armé. Le premier immeuble de logements préfabriqués de structure poutres-poteaux-panneaux est construit à Moscou, cinquième rue Sokolinaâ gora. L'immeuble est monté en quatre mois (de novembre 1947 à mars 1948, fig. 31). Le projet est élaboré par les architectes V. Bogomolov, N. Fukin, les ingénieurs G. Kuznêcov, B. Smirnov et P. Morozov en collaboration avec l'Académie d'Architecture et le Gorstrojproêkt. Tous les composants sont préfabriqués en usine ; leur montage sur le chantier s'effectue à l'aide d'une grue d'une capacité de levage de 1,5 tonnes[78]. La structure poteaux-poutres est réalisée à l'aide de profilés métalliques. Deux types de panneaux de façade sont utilisés : des panneaux étroits d'une hauteur d'un étage et des panneaux de remplissage entre les baies. Les panneaux sont conçus d'après le principe du panneau « sandwich ». Les dalles du plancher mesurent 3,25 m par 0,5 m. Les murs intérieurs et les cloisons sont en plaques de plâtre. Les appartements de cet immeuble sont de « petite surface » et distribués de la façon suivante : le sas d'entrée (5,4 m^2 ou 3,7 m^2) dessert la pièce principale (18,1 m^2 ou 20 m^2), la salle de bains avec WC incorporé (3,5 m^2) et la cuisine. La cuisine peut être soit une grande cuisine de 11,8 m^2, soit une salle à manger de 7,4m^2 avec un coin cuisine de 4,4 m^2. Dans l'appartement de deux pièces, la chambre (12 m^2) est desservie par la pièce principale (fig. 31). Entre 1948 et 1951, sont édifiés 16 immeubles de logements de structure poutres-poteaux-panneaux, à Moscou le long de l'avenue Horošêvskoê chaussée. L'opération est réalisée d'après le projet des architectes M. Posohin, A. Mdoânc et des ingénieurs V. Lagutênko[79] et Šêvčênko (fig. 32). Le chantier est

Fig. 33 : Architectes M. Posohin, A. Mdoânc, perspective du chantier de rue Horoševskoê chaussée, Moscou, 1947-1948.

mené par les entreprises militaires de construction. Les bâtiments ont de quatre à six niveaux ; les poutres et poteaux sont en profilés métalliques ; les dalles de plancher ainsi que les panneaux de façade sont en béton armé. Les panneaux sont coulés en usine fixe, dans des moules métalliques horizontaux. Les façades des bâtiments dénotent l'influence de l'architecture classique. Sur les murs déjà achevés sont accrochés des éléments décoratifs. Le montage de ces éléments ralentit considérablement la construction : il nécessite des échafaudages manœuvrables et un grand nombre d'heures de main-d'œuvre. Dans chaque immeuble de l'avenue Horoševskoê chaussée, il y a 35 appartements qui, dans leur majorité, sont attribués par pièces à plusieurs familles. La portée de 3,2 m détermine la largeur de pièces. Dans les F3, il y a deux grandes pièces de taille identique (16,92 m^2), la troisième est plus petite (11,62 m^2) ; chaque pièce à un accès indépendant. Un noyau de circulation (composé d'une entrée de 5,32 m^2 et d'un couloir de « service ») dessert les pièces d'habitations, la cuisine (8,2m^2) et un « bloc d'eau » (la salle de bains et le W.C.). Dans les archives du musée Šusêv, on trouve la perspective représentant la vue panoramique de *Horoševskoê chaussée* au cours de la construction[80] (fig. 33). Cet immense lavis en couleurs se veut l'image d'un chantier idéal : une construction « à sec », un vrai « atelier de montage ». Le terrain du chantier n'est même pas clôturé, tout y est dans un ordre parfait : les panneaux stockés y sont minutieusement rangés. La structure est bien visible : poutres, poteaux. Les grues pivotantes montent les panneaux. Des banderoles rouges sur les façades glorifient sans doute l'accomplissement avant terme du plan et l'émulation socialiste. Derrière ce chantier se trouve un grand espace vert représentant un jardin régulier, avec des rotondes et des pièces d'eau. Entre 1954 et 1956, sont construits cinq immeubles de logements de structure poutres-poteaux-panneaux à Moscou rue Novo-Pesčanaâ, d'après le projet des architectes M. Posohin, R. Olihova et l'ingénieur V. Lagutênko (fig. 34). Pour la première fois l'ossature est réalisée en béton armé et non en profilés métalliques. La façade est constituée de grands panneaux dont la hauteur est égale à deux étages et de petits panneaux au-dessous des fenêtres. Les composants sont fabriqués dans les deux usines de préfabrication Lûbêrêckij et Šêlêpihinskij qui viennent d'être mises en route. Cependant, la qualité d'exécution des composants reste médiocre. Les carreaux de revêtement des panneaux de façade sont posés au fond du moule, à la main, les joints sont très larges, irréguliers, le béton les dépasse. L'usine a du mal à produire des panneaux d'épaisseur constante et les ouvriers sur le chantier sont obligés de réparer ce défaut en posant des panneaux de placoplâtre[81].

34

Fig. 34 : Construction des immeubles de logements, rue Novo-Pesčanaâ Moscou, 1947-1948.

Fig. 35 : Immeuble de logements, structure panneaux-voiles, Magnitogorsk 1950-1952.

Fig. 36 : Immeuble de logements, structure panneaux-voiles, rue Oktâbor'skoê polê, Moscou, 1954-1955.

Fig. 37 : Décors sur les panneaux préfabriqués, années 1950.

35

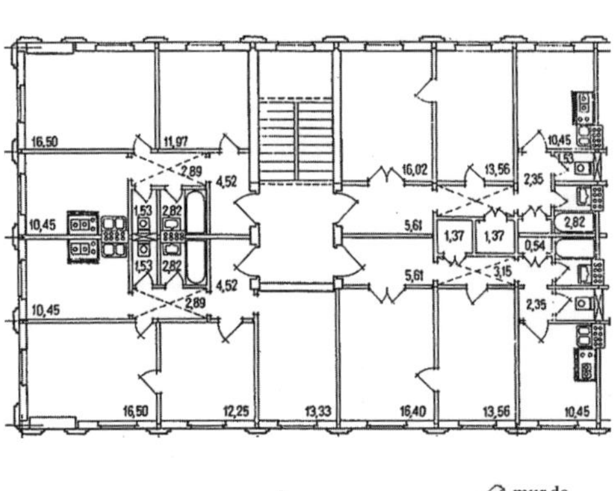

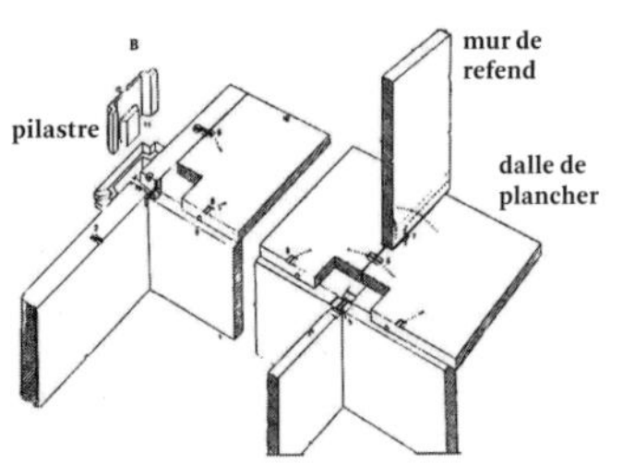

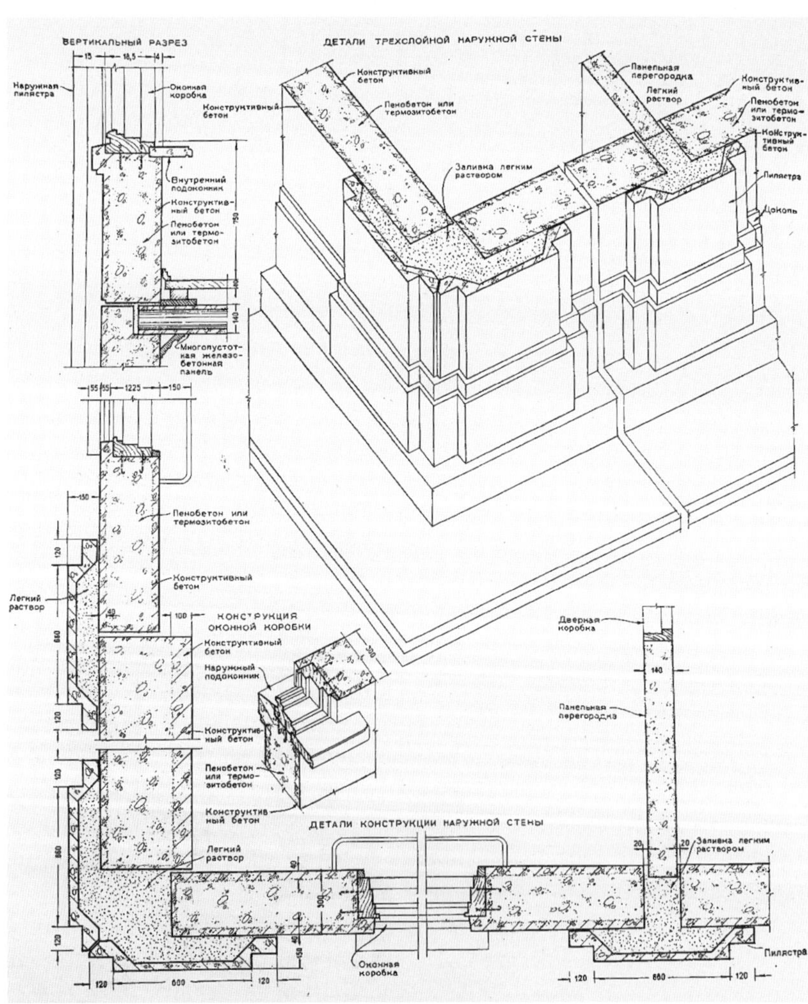

Joints des panneaux de façade cachés derrière les pilastres.

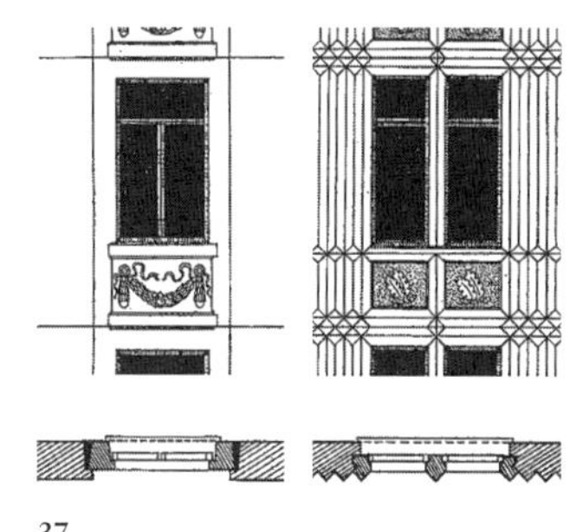

37

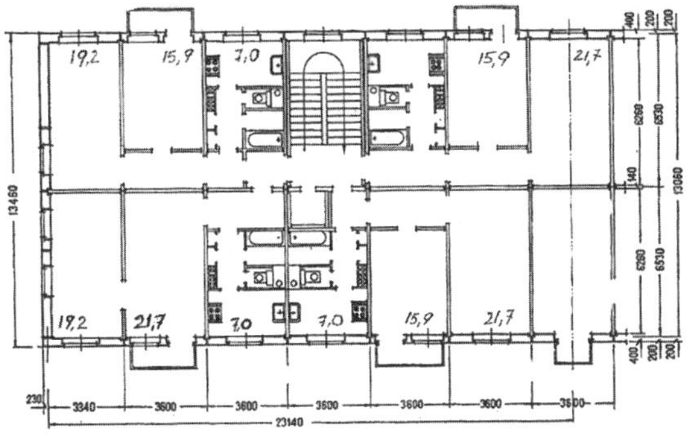

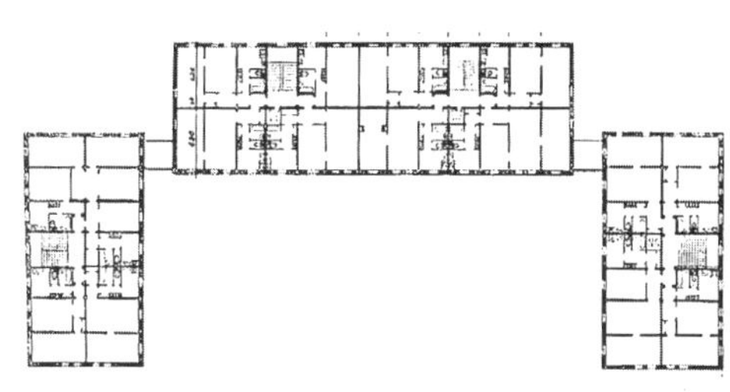

36

Les immeubles de logements de structure panneaux - voiles

Le principe constructif de type panneaux - voiles est mis au point entre 1940-1941. Les premiers immeubles de logements de trois niveaux sont construits à Magnitogorsk en 1950-1952, d'après le projet des architectes L. Bumažnyj, Z. Nêstêrova et de l'ingénieur G. Kuznêcov (fig. 35). Les composants sont coulés à pied d'œuvre. Les panneaux « sandwichs » (30 cm d'épaisseur) ont une dimension égale à la largeur et à la hauteur d'une pièce. Les voiles ont 14 cm d'épaisseur. Des pilastres cachent les joints verticaux entre les panneaux. Ceci s'explique par l'influence de l'architecture classique mais aussi par la nécessité de recouvrir les joints, dont on maîtrise encore mal la conception (fig. 35). Certains immeubles sont montés en 28 jours par une équipe de 12 ouvriers[82]. Le plan de l'immeuble est repris à partir du plan d'un immeuble de briques. Pour différencier la surface des pièces, deux portées longitudinales sont adoptées. 3 m pour le palier d'escalier et la cuisine et 3,6 m et 3,8 m pour les pièces. En 1953-1955, on construit à Moscou, rue Oktâbor'skoê polê, un immeuble d'habitation de type panneaux - voiles. Le projet est conçu par les architectes L. Vrangêl', Z. Nêstêrova, N. Ostêrman et les ingénieurs G. Kuznêcov, B. Smirnov, Š. Akbulatov et Û. Buânov (fig. 36). Le chantier est mené par l'entreprise militaire de construction Glavvoênstroj[83]. Des panneaux « sandwich » de 30 cm d'épaisseur sont coulés dans des moules horizontaux avec des profils renversés. Après le démoulage, la surface des panneaux est traitée avec un béton décoratif. Ces panneaux ont une dimension égale à la hauteur et à la largeur d'une pièce. L'épaisseur des murs de refend est de 14 cm, celle des panneaux de plancher de 9 cm. La largeur des pièces correspond aux portées appliquées : 3,6 et 3,34 m. La mauvaise qualité des panneaux et les défauts de conception des joints conduisent à les cacher sous des profils décoratifs qui compliquent le moulage. Au cours du démoulage, il arrive que les morceaux de profils se détachent et les parties manquantes doivent être reconstituées à la main. La conclusion que les architectes et les ingénieurs tirent de cette opération est « qu'il est indispensable de concevoir des panneaux lisses, sans profils et de construire les immeubles préfabriqués en grands panneaux avec des joints apparents »[84].

2.6. Contradiction entre le style classique et la technique de la préfabrication

La volonté d'appliquer les méthodes industrielles qui permettraient de construire vite et en grande quantité va mettre en évidence la contradiction entre la technique et la forme architecturale. En 1943, Andrêj Burov pose une question légitime : à quoi bon créer des matériaux nouveaux et travailler sur des formes nouvelles, si de toute façon, on les masque sous un style « Empire ». Il écrit :

> *Si sur les bateaux modernes, on gardait des voiles « simplement pour la beauté », celles-ci empêcheraient les bateaux d'avancer, de même, le maintien des ordres et des fausses colonnes empêche l'architecture d'avancer.*[85]

En 1946, dans son journal intime, il écrit :

> *Tant que l'on a douté de la possibilité d'obtenir une jolie forme, issue des méthodes modernes et industrialisées de la production, forme issue de la fonction, on a construit des automobiles laides et techniquement mauvaises. Dès que l'on a cessé de lui imposer la forme d'un carrosse et que l'on a tenu compte, dans la conception de la forme, de sa destination, des matériaux et des techniques, l'automobile est devenue techniquement parfaite.... Cette application des formes du XVIIème siècle à un bâtiment moderne freine son évolution d'un point de vue technique.*[86]

Les chantiers expérimentaux du début des années 1950 posent un problème aux architectes : « Comment respecter le style classique en appliquant les procédés de la préfabrication ? » Les architectes hésitent à laisser les joints apparents, ils décorent la surface des grands panneaux de façade par un faux calepinage et par des facettes. Ces opérations « d'embellissement » s'effectuent manuellement ; elles ralentissent et augmentent le coût du chantier (fig. 37, 45). Le numéro de juin 1953 de *Arhitêktura SSSR*, entièrement consacré aux questions de l'industrialisation, ouvre le débat sur la stylistique des bâtiments préfabriqués. Les intervenants sont unanimes : l'architecture préfabriquée ne peut pas être conçue selon les mêmes principes que les bâtiments en pierre. L'architecte P. Blohin s'interroge :

> *Le moment est venu de se poser une question importante : quelles seront les formes architecturales des bâtiments en grands panneaux ? En réalité, alors que dans les projets types pour des bâtiments de 8 à 14 niveaux les problèmes de structure et de distribution sont résolus avec succès, les formes architecturales extérieures des bâtiments en grands panneaux n'ont pas trouvé de solution convenable.*[87]

Le maître incontesté du classique Ivan Žoltovskij écrit dans l'article « Sur quelques principes de la construction en grands panneaux » :

> *Les exigences spécifiques de la production et du montage des panneaux imposent aux architectes un procédé nouveau et intéressant de composition, conduisant à un nouvel aspect de la façade, différente de celle d'un bâtiment en pierre.*[88]

La question : « Comment traiter les panneaux : laisser les joints ouverts ou les cacher derrière des pilastres ? » inaugure un débat d'ordre stylistique aussi bien que technique. D'un côté, on maîtrise mal la conception des joints, endroit le plus délicat dans le bâtiment préfabriqué ; la solution optimale est de les protéger par des pilastres. D'autre part, dépouiller les panneaux de tout le décor et laisser les joints ouverts est une position stylistique. Žoltovskij s'interroge :

> *À quoi bon couvrir le joint entre les panneaux par des pilastres, imiter l'architecture en pierre, à quoi bon avoir peur du joint apparent ? Les panneaux de façade d'une hauteur égale à un étage aideront à créer une nouvelle échelle de bâtiment. Il semble que l'on puisse absolument renoncer au décor sur les panneaux de façade en concentrant tout le décor architectural sur des éléments qui ne troubleront pas le montage des murs au cours du chantier ; laisser le panneau dépouillé pour ne pas compliquer le travail d'usine. Ces éléments décoratifs peuvent être fabriqués dans les usines spécialisées existantes et montés sur place après l'achèvement des travaux.*[89]

En 1952, le Glavapu[90] lance un concours d'idées pour les immeubles de logements de 8 à 14 étages de structure poutres-poteaux-panneaux. Tous les concurrents utilisent les plans de cellules types adoptés pour Moscou ainsi que la structure étudiée par le SAKB et l'Académie d'Architecture[91]. Environ

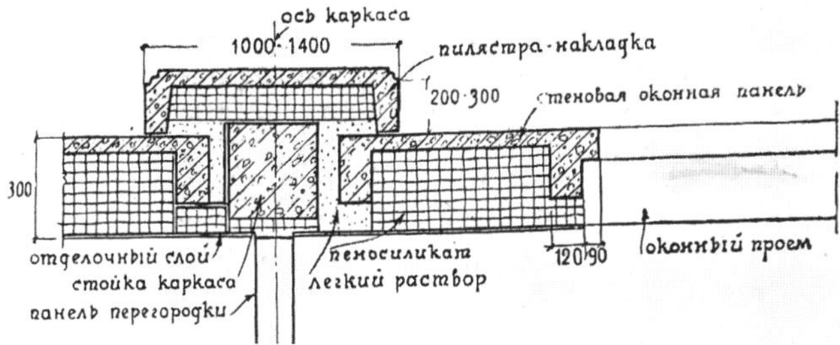

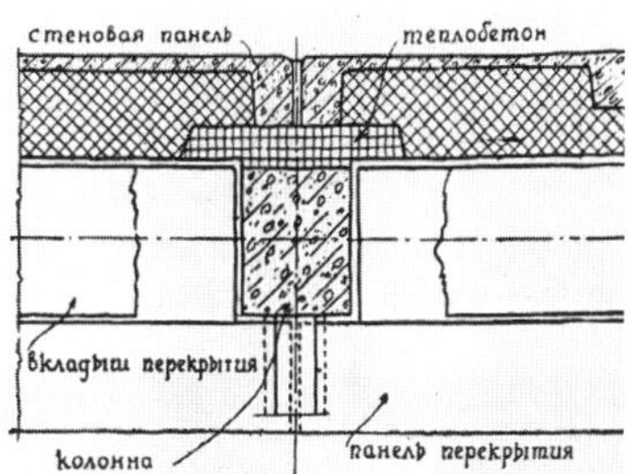

Fig. 38 : Proposition pour les joints verticaux. Concours du Glavapu pour les immeubles de logements de structure poutres-poteaux-panneaux, Moscou 1952.
- Joint vertical caché sous le pilastre
- Joint vertical, proposition de Žoltovskij

20 projets sont rendus. Dans tous les projets, les architectes s'inspirent de formes et de compositions classiques : plans masse symétriques, décors sur les corniches, etc. (fig. 39). L'atelier - école de Ivan Žoltovskij présente un projet extrêmement pertinent (fig. 40, 41, 42). Celui qui est le « patriarche » du classicisme est le seul parmi les concurrents à proposer une solution avec une façade constituée de grands panneaux lisses, de la hauteur d'un étage et de la longueur d'une pièce, dépouillés d'ornement et parfaitement plats, avec des joints apparents[92]. Selon P. Blohin, la manière dont Žoltovskij traite les joints montre que le mur dépouillé de son ornement ne devient pas totalement « neutre » c'est-à-dire lisse et monochrome :

> *Les différences de couleurs des panneaux et les joints apparents créent l'impression d'un « revêtement gigantesque » avec une caractéristique architecturale certaine. Dans les propositions de I. Žoltovskij, la concentration des détails architecturaux, qui crée au rez-de-chaussée et au sommet des bâtiments des accents architecturaux très expressifs, s'oppose à la solution neutre du mur. Il est probable que dans la composition générale du bâtiment cette accentuation doive « étouffer » l'expression architecturale des panneaux eux-mêmes car les dimensions des surfaces des murs dans les projets de l'atelier - école de I. Žoltovskij sont très importantes.*[93]

Dans cette « barre » en grands panneaux préfabriqués, un certain nombre d'éléments gardent des vestiges du classicisme : un décor abondant sur le toit et un plan masse parfaitement symétrique. Un porche d'entrée avec une grille très finement dessinée, mène à une « cour d'honneur ». Dans « l'enceinte » d'entrée, l'architecte projette des galeries commerciales sur deux niveaux. Le volume central du bâtiment est encadré par deux ailes. La circulation à l'intérieur du bâtiment est assurée par trois grands escaliers. Les ascenseurs sont placés dans des volumes vitrés que l'on peut voir depuis la façade principale. Dans tous les projets conçus par Žoltovskij durant cette période, il oppose la façade lisse en grands panneaux préfabriqués et un couronnement chargé (fig. 43, 44). Les immeubles types conçus à base de cellules élaborées par le SAKB, avec une structure poutres-poteaux-panneaux pour l'ensemble du Sud-Ouest de Moscou (1951-1952) témoignent une fois de plus des choix de l'architecte.[94]
L'interrogation sur le décor des panneaux préfabriqués et sur les pilastres qui cachent des joints nous renvoie à la problématique de l'architecture des années 1970-1980 en France et en Italie et notamment à l'architecture de Ricardo Boffil. La préfabrication lourde chez Boffil revendique une alternative à l'abstraction du monde industriel ; elle tente de gagner ses lettres de noblesse sur ce que l'architecture soviétique des années 1950 vivait comme une donnée[95]. Pourtant nous sommes persuadés que le langage néoclassique de Boffil est une démarche artistique et non une conviction stylistique comme celle de Žoltovskij. Boffil utilise et « enchaîne » les éléments en fonction de ses objectifs dans l'organisation des formes et des espaces : colonnes coupées, escaliers collectifs contenus dans les fûts de colonnes colossales, etc. Pour Ivan Žoltovskij, le langage classique n'admet pas d'expressions « argotiques », il « manipule » des éléments du classique avec précaution, selon des règles bien précises et non contournables.

39

2.7. Conclusions du chapitre II. Les avatars idéologiques en architecture et la poursuite des innovations techniques

Les années 1930 marquent un tournant majeur dans l'architecture soviétique. Le débat sur le réalisme socialiste fait irruption dans le domaine architectural. Les groupements du mouvement moderne sont dissous, l'Union des architectes soviétiques est créée, le style académique devient le style officiel. La disparition du pluralisme dans le domaine de l'architecture a des causes diverses. En premier lieu, les débats entre les groupements d'architectes deviennent de plus en plus violents, dépassant le cadre professionnel pour se transformer en débat politique. Les architectes sollicitent l'intervention des dirigeants politiques qui jusqu'alors restaient indifférents à leurs débats. Cette intervention sera fatale pour leur métier. L'État n'admet plus la pluralité des opinions, privilégie un seul style et crée une institution unique : l'Union des Architectes soviétiques. Cependant, le style de l'architecture soviétique dans la deuxième moitié des années 1930 n'est pas seulement celui du « Palais des Soviets ». Durant cette période, s'achèvent les derniers bâtiments constructivistes (même si leur impact sur les débats est nul) ; certains architectes réunissent avec succès les préceptes du style académique avec l'« expressionnisme » de l'avant-garde, ce qui donne naissance à un style « post constructiviste ». Malgré la suspension des contacts avec l'Occident et l'obligation de respecter le style académique, la poursuite des innovations techniques en construction n'est pas interrompue. Les questions de standardisation, de normalisation, de projets types continuent d'être posées. Dans les années 1930, la préfabrication en grands blocs de béton est expérimentée. Après la guerre, on travaille sur la mise au point d'immeubles préfabriqués de structure poutres-poteaux-panneaux et panneaux - voiles. La conception de l'habitat en URSS est soumise aux vicissitudes idéologiques du moment. L'idée de former la population au collectivisme se traduit dans la conception même de la cellule : la salle de bain est supprimée au profit des bains-douches, la surface de la cuisine est réduite au minimum au profit des cantines collectives. Dans les années 1930 – 1940, la volonté de l'État de donner à la société une image de prospérité aboutit à la construction de logements importants par la taille mais de quantité insuffisante. Les logements sont attribués par pièces, seules les personnalités politiques et les célébrités bénéficient des logements « indépendants ». Les architectes critiquent cette attitude et travaillent sur les projets des appartements de « petite surface ». Mais les décideurs restent sourds et les projets ne dépassent pas le réseau professionnel. À la fin des années 1940, le style de l'« Empire stalinien » devient particulièrement uniforme et freine l'introduction des procédés de préfabrication en architecture. L'analyse des expériences des chantiers ouverts à Moscou entre 1947 et 1954 révèle que le faux calepinage, les profilés sur les joints, ralentissent la fabrication des composants et demandent des corrections manuelles sur le chantier même. Les architectes sont unanimes dans leurs conclusions : pour tirer le « bénéfice » maximum de la préfabrication, il faut renoncer à concevoir les bâtiments selon les préceptes académiques.

Fig. 39 : Concours du Glavapu pour la conception des immeubles de logements de structure poutres-poteaux-panneaux, Moscou 1952, projets primés :

- Projet d'un immeuble de logements, Lêningradskoê chaussée, Moscou 1952 Architectes M. Posohin, A. Mdoânc, ingénieur V. Lagutênko.
- Projet d'un immeuble de logements, architectes M. Andriânov, atelier V. Gêl'frêjh.
- Projet d'un immeuble de logements, architectes I. Lovêjko, B. Brailovskij, M. Artêm'êv.

Fig. 40, 41, 42 : Architectes I. Žoltovskij, N. Sukoân. Concours pour un immeuble de logements de structure poutres-poteaux-panneaux, Moscou 1952.

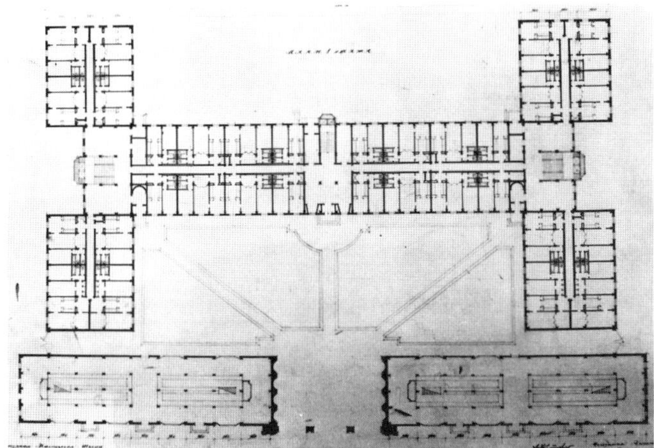

40. Plan de rez-de-chaussée.

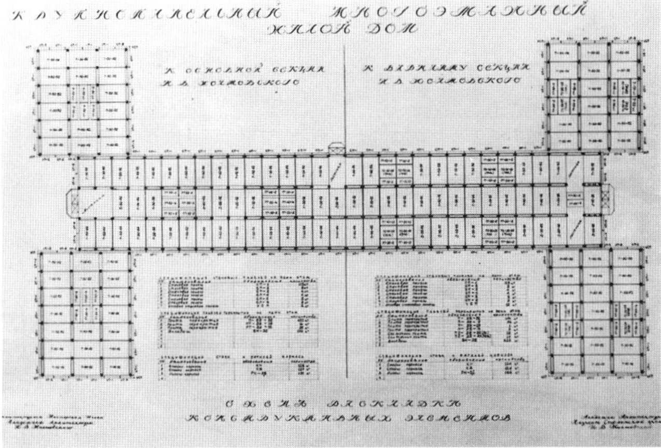

41. Plan de structure: dalles de plancher, poteaux.

42

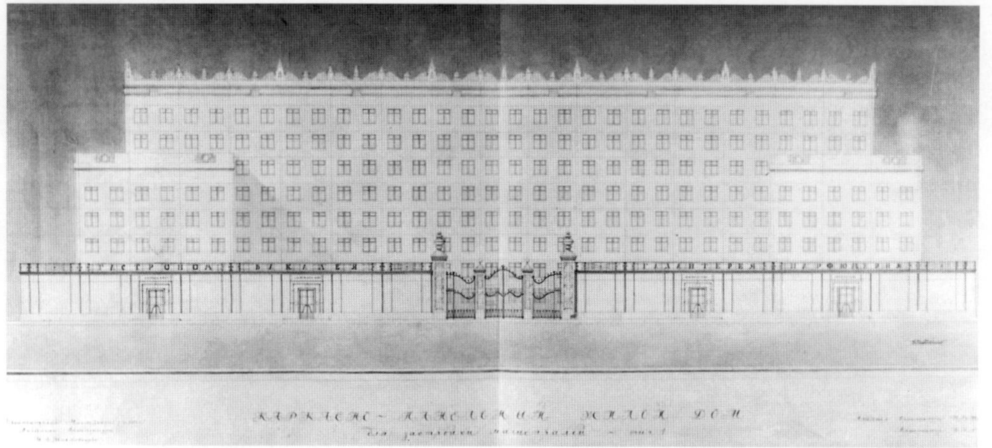

43

44

Fig. 43, 44 : Architectes I. Žoltovskij, projet d'un immeuble de logements de structure poutres-poteaux-panneaux, Moscou 1952.

Fig. 45.: Corniche d'un bâtiment préfabriqué, structure poutres-poteaux-panneaux.

45

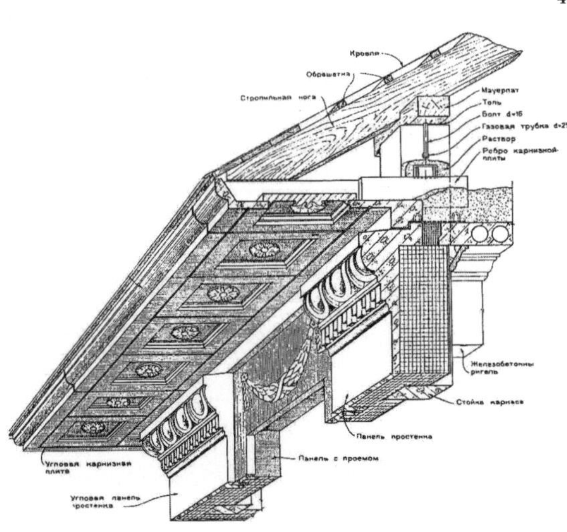

1 S. Han-Magomêdov, *op. cit.*, page 632. Sur les querelles au sein de la corporation architecturale voir Hugh D. Hudson, *Blueprints and blood : the Stalinization of Soviet architecture*, 1917-1937, Princeton University Press, Princeton, N. J., 1994.

2 En 1932, les maçons et les charpentiers qui sont venus construire l'usine et la cité nouvelle de Magnitogorsk, conçus par Mart Stam, sont déçus par le projet. Les maisons n'ont ni balcons, ni colonnes. Ils sont indignés : « Voilà ce que nous offre le pouvoir des Soviets ! Imaginez des palais construits pour le Tsar! » Les ouvriers logés dans des tentes et des baraques de terre veulent se faire construire quelque chose de fastueux. Selon H. Schmidt, c'est dans cette mentalité « qu'il faut rechercher l'origine « fatale » de l'architecture qui reproduit la « pompe » du XIX e siècle ». Hans Schmidt, « I rapporti tra l'architettura sovietica e quella dei paesi occidentali tra il 1918 e il 1932 », in Manfredo Tafuri et alii., *Socialismo, città, architettura, URSS 1917-1937, op. cit.*, page 271.

3 *O pêrêstrojkê litêraturno-hudožêstvênnyh organizacij*

4 En 1932, les trois premiers prix sont attribués au vétéran de l'architecture néo-palladienne Ivan Žoltovskij, au jeune représentant du courant « prolétarien » de l'architecture soviétique Boris Iofan et à un inconnu, Hector O. Hamilton, architecte britannique travaillant aux États-Unis. En mai 1933, le quatrième et dernier tour retient le projet de l'équipe de Boris Iofan, Vladimir Ŝûko et Vladimir Gêl'frêjh. Cf. Jean -Louis Cohen, *Le Corbusier et la mystique de l'URSS, op. cit.*, pages 226 – 232 et Charlotte Perriand, *Une vie de création*, éd. Jacob, Paris, 1998, page 61.

5 *Prêzidium CIK SSSR*

6 *Otčët sobraniâ prêzidiuma Akadêmii* (Compte rendu de la réunion de la direction de l'Académie), Archives Nationales Russes de l'Économie, fonds 293, catalogue 1, inventaire 9, dossier N 3916, page 1712. En 1936, l'Académie passe sous l'administration du Comité des affaires culturelles auprès du Soviet des Commissaires du peuple de l'URSS (*Komitêt po dêlam iskusstv pri SNK SSSR*). En 1943, l'Académie est rattachée au Comité pour l'architecture (*Komitêt po dêlam arhitêktury pri SNK SSSR*). Après la dissolution de celui ci en 1949, elle est transférée sous la tutelle du Ministère de la construction dans les villes, puis à partir de 1951 sous la direction du Gosstroj.

7 Ateliers supérieurs d'art et de technique

8 A. Opočinskaâ, « *Čem my obâzany Akadêmii ?* » (Que doit-on à l'Académie ?), *Arhitêktura*, le 21 avril 1985, page 6.

9 S. Han-Magomêdov, *op. cit.*, page 661.

10 *Filosofskij slovar'* (Le dictionnaire philosophique), sous la rédaction de Rozêntal et Ûdine, éd. *Polititčêskaâ litêratura*, Moscou, 1963.

11 Anatole Kopp, « 1937 : le premier congrès des architectes de l'URSS », in J-L Cohen, Marco de Michelis, Manfredo Tafuri, *URSS 1917-1918, op. cit.*, pages 316-332.

12 Statuts de l'Union des architectes, 1937

13 *Pêrvyj Vsêsoûznyj S''êzd sovêtskih arhitêktorov* (Premier Congrès des architectes soviétiques. Documents et arrêtés), éd. Vsêsoûznoj Akadêmii Arhitêktury, Moscou, 1937, page 6.

14 Il est erroné de considérer uniquement l'architecture « stalinienne » comme celle du réalisme socialiste. En URSS, la méthode du réalisme socialiste n'a jamais été abolie. Khrouchtchev, qui ordonne la construction des grands ensembles préfabriqués, milite pour le respect du réalisme socialiste.

15 N. Mêsêrêkov (dir.), *Malaâ sovêtskaâ ènciklopêdiâ* (Petite encyclopédie soviétique), éd. OGIZ, 1932, volume 9, pages 367-370.

16 « Dêlêgaciâ S''êzda arhitêktorov v Sovnarkomê SSSR » (Délégation du Congrès des architectes au Soviet des Commissaires du peuple de l'URSS), *Pêrvyj Vsêsoûznyj S''êzd sovêtskih arhitêktorov*, (Premier Congrès des architectes soviétiques. Documents et arrêtés), éd. Akadêmii Arhitêktury, Moscou, 1937, page 25.

17 N. Bylinkin et alii, *Istoriâ Sovêtskoj arhitêktury 1917-1954*, (Histoire de l'architecture soviétique, 1917-1954), Strojizdat, Moscou, 1985, page 114.

18 voir S. Khan-Magomedov, « Les nouveaux types dans l'habitat et les équipements », in J-L Cohen, Marco de Michelis, Manfredo Tafuri, *URSS 1917-1918 : La ville, L'Architecture, op. cit.*, pages 234-247.

19 Richard Stites, *Revolutionary Dreams*, *op. cit*, pages 200-204.

20 I. Hlebnikov, « L'Architecture de la commune ouvrière », in J-L Cohen, Marco de Michelis, Manfredo Tafuri, URSS 1917-1918 : *La ville, L'Architecture*, *op. cit.*, pages 248-267.

21 Escalier de service

22 Walter Benjamin, *Journal de Moscou*, L'Arche éditeur, Paris, 1980, page 157.

23 O rabotê po pêrêstrojkê byta

24 R. Higêr, *Problêma žil'â v arhitêktyrê* (Problème de l'habitat dans l'architecture soviétique), éd. OGIZ, Moscou, 1935, page 193.

25 Milutin écrit en 1931 *: Notre habitat contemporain doit être un habitat à caractère transitoire dans lequel, d'une part, le travailleur et la travailleuse auront la possibilité de vivre dans n'importe quel groupe, y compris une famille et, d'autre part, pourront profiter des services communs, mêmes les plus élémentaires... En concevant les cellules, il faut prendre en considération qu'elles serviront non seulement pour y dormir, comme l'espéraient les auteurs de projets trop « à gauche » mais pour le repos, la lecture, le rangement des affaires et l'hygiène personnelle.* Pour une cellule destinée à loger une personne, Milutin propose d'appliquer les dimensions suivantes : largeur 2,8 m, profondeur 3 m, hauteur 2,6 m. N. Milutin, « Žilišno-bytovoê stroitêl'stvo » (La construction des logements et des équipements), *Arhitêktura SSSR*, N° 1-2, 1931, pages 1-2.

26 *O tipê žilogo doma*, arrêté du Présidium du Soviet de Moscou (Mossovêt)

27 R. Higêr, *Problêma žil'â v arhitêkturê, op. cit.*, Moscou, page 195.

28 *Ob ulučšênii žiličnogo stroitêl'stva* (Sur l'amélioration de la construction d'habitat), le décret N° 945, adopté par le Soviet des Commissaires du peuple, le 23 avril 1934, signé par V. Molotov président du Soviet des Commissaires du peuple, Archives Nationales de la Fédération de Russie, fonds 5446, inventaire 1, dossier 85, pages 354-359.

29 P. Blohin, « *O proêktê stoitêl'nyh norm* » (Sur le projet des normes pour la construction), *Žilišê, voprosy proêktirovaniâ i stroitêl'stva žilyh zdanij, Matêrialy II plênuma pravlêniâ Soûza Sovêtskih arhitêktorov, 23-27 dêkabrâ 1937*, (L'habitat, les questions de la conception et de la construction des immeubles d'habitation. Les documents de la II e session plénière de la direction de l'Union des architectes de l'URSS. Le 23-27 décembre 1937), éd. de l'Académie d'Architecture, Moscou, 1938, page 47.

30 Cet immeuble de logements était destiné à loger des familles du gouvernement soviétique, des généraux de l'armée, etc. La plupart de ses habitants ont péri durant la purge de 1937. Voir le roman de Û. Trifonov, *La maison du quai*, éd. Gallimard, Paris, 1978; Û. Trifonov, *Dom na nabêrêjnoj*, éd. Slovo, Moscou, 1999.

31 M. Barchtch, « *Individual'naâ kvartira* » (Un appartement individuel), *Arhitêktura SSSR*, N° 3-4, 1937, page 37.

32 Voir l'appendice « Normalisation de l'habitat en URSS, 1917-1991 »

33 Dans un appartement communautaire était attribué à chaque famille son propre nombre ou son caractère de sonnerie : un, deux, trois, long ou court, etc. Sur le palier d'escalier, près de la sonnerie, on lisait les noms de famille des habitants de l'appartement avec le nombre de coups de sonnette à leur intention. Ceci permettait à chacun de reconnaître si la sonnerie était pour lui. Il y avait en outre un

coup de sonnette général indifférencié adressé à tous les locataires. Pour la majorité des gens qui ont vécu dans un appartement communautaire, ce chiffre est resté gravé pour toujours dans leur mémoire, devenant même un nombre « magique ».

34 P. Blohin, « O proêktê stoitêl'nyh norm » (Sur le projet des normes pour la construction), *op. cit.*, page 48.

35 *Vrêmênnyê normy stroitêl'nogo proêktirovaniâ*, S. Borisov, « Ûgo-Zapad Moskvy » (Le sud-ouest de Moscou), *Socialističêskaâ rêkonstrukciâ Moskvy*, N° 1, éd. Moskovskij rabočij, Moscou, 1937.

36 D'après la statistique d'époque 35 % de familles avaient une bonne qui vivait avec eux. Dans leur majorité, ce sont des paysannes. Être engagée comme bonne est le moyen le plus simple de quitter la campagne, où la vie est extrêmement dure (les paysans n'ont même pas droit au passeport) et trouver par la suite un emploi dans une usine.

37 B. Rubanênko et alii, *Žilaâ âčêjka v budušêm* (La cellule d'habitation dans le futur), éd. Strojizdat, Moscou, 1982, page 24.

38 L. Vygodskij, « Meždunarodnaâ vystavka proêktov žiliša sootvetstvuûšêgo prožytočnomu minimomu », *Stroitêl'naâ promyšlênnost'*, N° 4, avril 1930, pages 323-328. Voir Jean-Louis Cohen, *La Corbusier et la mystique de l'URSS*, *op. cit.*, page 156.

39 N. Markovnikov, « Opytnoê stroitêl'stvo » (La construction expérimentale), *Žilišê, voprosy proêktirovaniâ i stroitêl'stva žilyh zdanij, Matêrialy II plênuma pravlêniâ Soûza Sovêtskih arhitêktorov, 23-27 dêkabrâ 1937, op. cit.*, page 103.

40 N. Markovnikov, « Novyê ustanovki po proêktirovaniû žilyh domov » (Les nouveaux objectifs dans la conception des immeubles de logements), *Arhitêktura SSSR*, N° 6, 1939, pages 19-21.

41 Moïse Guinzbourg, « Tipovoê proêktirovaniê » (La conception des projets types), *Matêrialy II plênuma pravlêniâ Soûza Sovêtskih arhitêktorov, 23-27 dêkabrâ 1937, op. cit.*, page 107.

42 *Žilišê, voprosy proêktirovaniâ i stroitêl'stva žilyh zdanij, Matêrialy II plênuma pravlêniâ Soûza Sovêtskih arhitêktorov, 23-27 dêkabrâ 1937, op. cit.*, page 125.

43 A. Zaltsman, « *Klassifikaciâ žilyh domov* » (La classification des immeubles de logements), *Soobšêniê instituta massovyh sooruženij* N° 3 (*Le bulletin de l'Institut des bâtiments publics N° 3*), éd. de L'Académie d'Architecture, 1943, page 13.

44 *Normy proêktirovaniâ žilyh domov kvartirnogo tipa dlâ posêlkovogo i gorodskogo stroitêl'stva*, Moscou, 1944.

45 Voir l'article de P. Blohin « L'appartement durant la reconstruction », *L'immeuble de logement, l'architecture et la construction, N° 1*, éd. L'Académie d'Architecture, 1948, page 22.

46 M. Garštêjn, B. Blohin, « Pêrspêktiva krupnobločnogo stroitêl'stva » (La perspective de la construction en grands blocs de béton), Stroitêl'stvo Moskvy, N° 19-20, 1939, pages 22-25.

47 Voir l'article de A. Novikov, « Krupnobločnoê žilišnoê stroitêl'stvo » (La construction de logements à partir de grands blocs en béton), *Arhitêktura SSSR*, N° 4, 1937, pages 26-27.

48 Voir l'ouvrage de Û. Volčok, R. Kacnel'son et alii, *Konstrukcii i forma v sovêtskoj arhitêkturê* (La structure et la forme en architecture soviétique), éd. Strojizdat, Moscou, 1980, 262 p.

49 N. Bylinkin, « Arhitêktura massovogo žilišnogo stroitêl'stva », (L'architecture de la construction de l'habitat de masse), *Žilišê, voprosy proêktirovaniâ i stroitêl'stva žilyh zdanij, Matêrialy II plênuma pravlêniâ Soûza Sovêtskih arhitêktorov, 23-27 dêkabrâ 1937, op. cit.*, page 9.

50 *Ob ulučšênii stroitêl'nogo dêla i ob udêšêvlênii stroitêl'stva* (Sur l'amélioration de la construction et l'abaissement du coût de la construction), le décret N° 261 signé par V. Molotov et I. Staline, Archives Nationales de la Fédération de Russie, fonds 5446, inventaire 1, dossier 111, page 301-306.

51 *O tipovyh proêktah žilišnogo stroitêl'stva* (Sur des projets types dans la construction de l'habitation), décret N° 1082 du Soviet des Commissaires du peuple, Archives Nationales de la Fédération de Russie, fonds 9432, inventaire 1, dossier 382, page 19-20.

52 N. Bylinkin, « Tipovoê žilišnoê stroitêl'stvo » (La construction des logements types), *Arhitêktura SSSR*, N° 11, 1937, page 11.

53 K. Sokolov, « Moskovskij opyt proêktirovaniâ krupnobločnogo stroitêl'stva » (L'expérience moscovite de la construction en blocs), *Stroitêl'stvo Moskvy*, N° 3-4, 1939, pages 18-21.

54 Dans les années 1930, sont édifiés à Moscou deux autres immeubles de logements en blocs de béton d'après les projets de ces architectes, rue Vêlozavodskaâ et rue Polânka. Les architectes n'accentuent pas le calepinage des blocs et cherchent plutôt à les cacher, soit en imitant des facettes, soit en polissant et en traitant la surface des blocs.

55 A. Burov, *Ob arhitêkturê* (Sur l'architecture), éd. Gosstrojizdat, Moscou 1960, page 60. Voir aussi l'article de K. Sokolov « Uspêhi krupnobločnogo stroitêl'stva (Les succès de la construction en grands blocs), Stroitêl'stvo Moskvy, N° 14, 1939, pages 22-26.

56 *O sozdanii industrial'noj basy dlâ massovogo žilišnogo stroitêl'stva*

57 *O snižênii stoimosti stroitêl'stva* (Sur l'abaissement du coût de la construction), décret N° 1911 du Soviet des Ministres de l'URSS, signé par Staline, le Président du Soviet des Ministres de l'URSS et M. Pomaznêv, directeur des affaires du Soviet des Ministres de l'URSS, le 9 mai 1950. Archives Nationales de la Fédération de Russie, fonds 5446, inventaire 1, dossier 415, pages 162-179.

58 Jean-Louis Cohen, *L'architecture européenne et la tentation de l'Amérique*, *op. cit.*, page 161.

59 collaborateur de Guinzbourg sur la maison commune de Narkomfin

60 *Iz vystuplêniâ I. Milinisa na sobranii aktiva moskovskoj organizacii SA SSSR* (Extrait d'allocution de I. Milinis à la réunion d'active de la section de Moscou de l'Union des architectes de l'URSS), *Central'nyj gosudarstvênnyj arhiv litêratury SSSR*, fonds 674, inventaire 2, dossier 80, pages 37, 38, 39. Cité dans K. Afanas'êv (dir.), *Iz istorii sovêtskoj arhitêktury 1941-1945*, éd. Nauka, Moscou 1978, page 26.

61 *Iz vystuplêniâ arhitêktora A. Burova na XI plênumê Pravlêniâ SSA SSSR* (Extrait d'allocution de A. Burov à la IX cession plénière de la direction de l'Union des Architectes soviétiques), *Central'nyj gosudarstvênnyj arhiv litêratury SSSR*, fonds 674, inventaire 2, dossier 109, pages 37, 38, 39. Cité dans K. Afanas'êv, *op. cit.*, page 88.

62 V., Grossman, « Zavodskoê domostroêniê v SSA », *Sbornik arhitêkturno-stroitêl'noj informacii*, Moscou, 1944, pages 36-44 ; N. Pêrêl'štêjn, *Proêktirovaniê i stroitêl'stvo promyšlênnyh i žilyh zdanij v SŠA*, Moscou, 1944 ; L. Vrangêl, « Novoê v arhitêkturnoj praktikê SŠA », *Arhitêktura SSSR*, 1943, deuxième édition, pages 31-36 ; R. Higêr, « Maloètažnyê zilyê doma v SŠA. Planirovka kvartir », Moscou, 1944, (série *Opyt žulišnogo stroitêl'stva v SŠA*, sous la rédaction de K. Alabân).

63 Jean-Louis Cohen, *L'architecture européenne et la tentation de l'Amérique*, *op. cit.*

64 *Komitêt po dêlam arhitêktury* (Comité des affaires d'architecture près du Soviet des Ministres), tous les bureaux d'études et d'architecture sont soumis au contrôle de ce Comité, indépendamment de leur tutelle immédiate. Il surveille la qualité de l'architecture, donne son approbation aux plans masse des villes, élabore et agrée les projets types pour l'habitation et les bâtiments publics, s'occupe de la restauration des monuments historiques. Le Comité a pour vocation de mettre en œuvre la politique architecturale et urbaine du Parti et du gouvernement. Le travail législatif est accompagné d'un travail théorique et pratique des architectes sur la préfabrication.

65 Des bâtiments publics types et des logements types conçus par le SAKB seront édifiés sur tout le territoire de l'URSS et jusqu'en Somalie et République Centrafricaine. En 1961, le SAKB fut réorganisé en MITEP – *Moskovskij institut tipovogo i èkspêrêmêntal'nogo proêktirovaniâ* (Institut moscovite de la conception de projets types et expérimentaux). En 1966, celui-ci fut réorganisé en MNIITEP – *Moskovskij naučno-isslêdovatêl'skij institut tipovogo i èkspêrêmêntal'nogo proêktirovaniâ* (Institut moscovite de recherche et de conception de projets types et expérimentaux). Le MNIITEP existe encore, bien que les effectifs aient considérablement diminué et qu'il n'ait plus ses laboratoires de recherche. Cet institut, où travaillent 560 personnes, conçoit toujours des projets types. Voir l'article de J. Grigor'êv, dirécteur actuel du MNIITEP, dans *Promyšlênnoê i graždanskoê stroitêl'stvo* (La construction industrielle et civile), N° 10, 1996.

66 En 1937, la mission éducative de l'Académie d'Architecture est accomplie et elle devient le centre des recherches architecturales. Sous la tutelle de l'Académie sont créés des Instituts de recherches : Institut de la théorie et de l'histoire de l'architecture, Institut d'urbanisme, Institut de l'architecture de l'habitat (créé en 1949), Institut des bâtiments publics, Institut de l'architecture agricole et Institut des bâtiments industriels. Elle possède sa propre maison d'édition. En 1948-1954 l'Académie mène des recherches théoriques et pratiques, elles ont des attributions qui rappellent celles du CSTB et de l'AFNOR.

67 *Les Objectifs dans la conception des logements, bâtiments publics types pour les années 1949-1950*, Archives Nationales Russes de l'Économie, fonds 9432, inventaire 1, dossier 382, pages 19-20.

68 *Les propositions sur l'industrialisation et la mise en œuvre de la nouvelle technique dans le Bâtiment pour les années 1951 - 1955*, Académie de l'Architecture, Archives Nationales Russes de l'Économie, fonds 339, inventaire 1, dossier 259, page 135.

69 « V. Vêsnin, discours au cours de la VIIème session de l'Académie d'Architecture », *Pravda*, 27 novembre 1946.

70 Il n'a pas été possible de connaître le mode de calcul des coûts de construction appliqué par Komisarov.

71 V. Komisarov, *La construction des logements, rapport d'étude*, Archives Nationales Russes de l'Économie, fonds 339, inventaire 1, dossier 1122, pages 38-105.

72 *Plan de travail de l'Académie de l'Architecture pour l'année 1954*, Archives Nationales Russes de l'Économie, fonds 339, inventaire 1, dossier 769, page 6.

73 Les immeubles à hauteur réunis visuellement en « chaîne » devaient soutenir la principale dominante finalement jamais réalisée : le Palais des Soviets. En tout, sept immeubles de hauteur seront construits, abritant des hôtels, des ministères, des logements et une université.

74 La guerre froide supprime les références aux techniques américaines. C'est seulement à l'époque de Nixon que les relations entre l'URSS et les États-Unis se rétablissent et c'est ainsi qu'est créée « La commission soviéto-américaine dans le domaine de la construction de logements ».

75 De façon étrange s'ajoute à cette liste le grand maître du classique Ivan Žoltovskij. Nous ne sommes pas en mesure d'expliquer les raisons de la grâce et de la disgrâce de Žoltovskij : critiqué en 1948, il reçoit en 1950 le prix le plus prestigieux, le prix Staline pour son immeuble d'habitation de la rue Kalužskaâ à Moscou. Mais, en 1951, il se bat contre la fermeture de son agence - école.

76 En 1950, A. Mordvinov est nommé Président de l'Académie d'Architecture.

77 *Gorodskoê hozâjstvo Moskvy*, N° 2, 1948, pages 9-18.

78 En 1948, à Moscou, on fabrique la première grue pivotante destinée à monter des éléments préfabriqués. Cf. *Gorodskoê hozâjstvo Moskvy*, N° 3, 1948, page 26.

79 Le rôle de l'ingénieur Lagutênko fut très important dans la mise en place de la préfabrication en URSS. Les premières séries de bâtiments préfabriqués furent conçues par lui. Son objectif était de réaliser en usine 80 % des opérations nécessaires pour bâtir un immeuble.

80 Musée d'architecture Ŝusêv, département des documents graphiques, M. Posohin, A. Mdoânc, *La perspective du chantier des bâtiments en poutres - poteaux - panneaux*, dimension 62,5 cm sur 1 m 77, cote 9944 I a.

81 L. Vrangêl', « Iz praktiki stroitêl'stva novyh krupnopanêl'nyh domov v Moskvê » (De la pratique de la construction des bâtiments en grands panneaux à Moscou), *Arhitêktura SSSR*, N° 4, 1955, pages 12 –17.

82 Z. Nêstêrova, « Opyt krupnopanêl'nogo stoitêl'stva v Magnitogorskê » (L'expérience de construction en grands panneaux à Magnitogorsk), *Arhitêktura SSSR*, N° 4, 1955, page 8.

83 Archives Nationales Russes de l'Économie, fonds 339, inventaire 3, dossier 550, page 8.

84 L. Vrangêl', « Iz praktiki stroitêl'stva novyh krupnopanêl'nyh domov v Moskvê », *op. cit.*, page 15.

85 Andrêj Burov, *Ob arhitêkturê* (Sur l'architecture), éd. Gosstrojizdat, Moscou, 1960, page 65.

86 Andrêj Konstantinovic Burov, *Pis'ma, dnêvniki, bêsêdy s aspirantami, suždêniâ sovrêmênnikov* (Andrêj Konstantinovič Burov, lettres, journaux intimes, entretiens), éd. Iskusstvo, Moscou, 1980, page 165.

87 P. Blohin, « Važnêjšaâ zadača arhitêktorov i konstruktorov » (L'objectif majeur des architectes et des ingénieurs), *Arhitêktura SSSR*, N° 7, 1953, page 1.

88 I. Žoltovskij, « O nêkotoryh principah krupnopanêl'nogo domostroêniâ » (Sur quelques principes de la construction en grands panneaux), *Arhitêktura SSSR*, N° 7, 1953, page 5.

89 Idem., pages 4 - 5.

90 Glavapu : *Glavnoê Arhitêkturno-Planirovočnoê upravlêniê* (Direction Générale d'Architecture et de l'Urbanisme), service de l'Architecte en Chef de Moscou (*glavnyj arhitêktor goroda*), organisme de tutelle de tous les agences d'architecture de Moscou.

91 V. Bogomolov, « Itogi pêrvogo tura proêktirovaniâ krupnopanêl'nyh domov (Les résultats du premier tour de la conception des bâtiments en grands panneaux), *Arhitêktura SSSR*, N° 7, 1953, page 7.

92 Archives des documents graphiques du Musée d'architecture Ŝusêv, fonds Ivan Žoltovskij, perspective, cote 9109/8, dimensions 86,5 cm sur 156,5 cm ; schéma des dalles de plancher, cote 9109, dimensions 48 cm sur 73 cm ; plan, cote 9109/1, dimensions 48 cm sur 78,5 cm.

93 P. Blohin, « *Važnêjšaâ zadača arhitêktorov i konstruktorov* » L'objectif majeur des architectes et des ingénieurs), *Arhitêktura SSSR*, N° 7, 1953, page 2.

94 Archives des documents graphiques du Musée d'architecture Ŝusêv, fonds Ivan Žoltovskij, cote PIA 9108.

95 Voir Jacques Lucan , *France. Architecture 1965 - 1988*, Électra Moniteur, Paris, 1989.

3

13 novembre 1959, Nikita Khrouchtchev visite la Maison centrale d'architecture où sont exposés les projets du concours pour le Palais des Soviets, *Arhitêktura SSSR*, N 12 1959.

La politique de l'architecture et de la construction de Khrouchtchev – ouverture vers un modèle nouveau 1954-1958

3.1. La lettre de Gêorgij Gradov à Nikita Khrouchtchev, février 1954

Depuis 1945, les architectes sont unanimes: pour exploiter tous les avantages de la préfabrication, il est nécessaire de renoncer à concevoir des projets dans un style d'inspiration académique. Dans le système soviétique cette décision ne peut pas être prise unilatéralement par les architectes, elle doit être énoncée depuis une tribune officielle. Les changements radicaux dans une société peuvent être prévisibles, mais rarement prédits avec exactitude. Le 5 mars 1953 Joseph Staline décède. En septembre Nikita Khrouchtchev est nommé Premier Secrétaire du Parti. L'imminence des changements dans la vie de la société est partout pressentie. Le 12 février 1954, l'architecte Gêorgij Gradov, jeune architecte de l'Institut des bâtiments publics de l'Académie d'Architecture, rédige une lettre à Nikita Khrouchtchev[1]. Ce document, par sa forme - la division en chapitres et sous chapitres, ainsi que par sa taille - plus de cent pages, est plutôt un rapport sur l'état général de l'architecture et de la construction en URSS. Konstantin Ivanov, chercheur à l'Institut de la théorie et de l'histoire de l'architecture de l'Académie d'Architecture est officieusement l'inspirateur et coauteur de cette lettre[2]. À la différence de Gradov, Konstantin Ivanov connaît bien le problème des logements - il s'en occupait dans les années 1920 ; sa thèse y est également consacrée[3]. Il est d'autre part à l'aise dans la lutte politico - corporatiste. En 1929, il signe la « Déclaration de VOPRA », document qui précède la création de l'Union des architectes prolétariens (avec K. Alabân, A. Mordvinov. I. Maca, et autres). Le texte de cette déclaration est un mélange entre un credo artistique très flou et des accusations politiques contre les constructivistes[4]. Dans sa lettre Gêorgij Gradov met en question l'architecture soviétique des deux dernières décennies. Ceci peut paraître une démarche très audacieuse car Staline reste encore en dehors de toute critique. Cependant, le contexte politique de 1954 n'est plus le même qu'en 1937 ou 1948. Selon Gradov :

> *La création architecturale, en dépit des consigne du Parti de créer une nouvelle architecture socialiste, continue depuis 20 ans à piétiner sur place en reproduisant des procédés et des styles architecturaux périmés. La méthode des « villages Potëmkin » est largement répandue en architecture, c'est-à-dire la tendance à créer par des moyens truqués, décoratifs, pompeux, l'impression de la richesse au détriment du souci du bien être du peuple, en dépit des exigences de l'économie nationale et du progrès technique... En architecture l'esprit novateur n'est pas encouragé, au contraire, il est sanctionné.*[5]

Gradov décrit les conditions désastreuses dans lesquelles vivent les gens : des appartements surpeuplés ; des milliers de taudis érigés dans des ravins ou sur des terrains marécageux ; la carence catastrophique en hôpitaux et en écoles. Pour résoudre ces problèmes il prône la révision du style de l'architecture soviétique :

Il est impossible de résoudre le problème du logement en renforçant uniquement la « base matérielle et technique de l'industrie de construction », sans avoir ni à changer ni à toucher à l'essence de la tendance créative de l'architecture.[6]

Gradov évoque l'isolement dans lequel se trouve l'architecture soviétique, l'hostilité à l'égard de l'expérience occidentale, due en particulier à la dernière campagne contre les « cosmopolites ». Il écrit :

Depuis de nombreuses années, la liquidation totale des nouvelles recherches artistiques dans notre architecture nous a isolé de l'architecture et de la construction mondiales. L'étude des pratiques étrangères est arrêtée depuis plusieurs années. Tout ce qui était fait à l'étranger était d'avance considéré comme vicié ou comme ne méritant pas l'attention.

Gradov évoque aussi l'enseignement de l'architecture et les restrictions qui pèsent sur les étudiants: « Les rares tentatives pour trouver des solutions nouvelles en architecture sont perçues comme une récidive du constructivisme et sont sanctionnées »[7]. En s'adressant au Premier secrétaire du Parti, l'auteur ne peut mettre en cause ni le Parti ni l'État - principaux commanditaires de la politique architecturale dans le pays. Pour cette raison il soutient que la crise de l'architecture et de la construction est due à « l'ignorance et à l'altération des indications du Parti dans la pratique architecturale ». Gradov donne l'impression qu'il existe certaines forces qui, en dépit des indications du Parti, empêchent l'architecture soviétique d'atteindre son objectif social. C'est une ruse qui fait partie de la règle du jeu de la société. Afin de relancer la discussion il faut désigner des coupables. Ceux-ci ne doivent pas être trop haut placés : ni les décideurs eux mêmes ni leur politique ne doivent être mis en cause. La responsabilité incombe aux architectes et aux petits fonctionnaires du Parti qui eux-mêmes sont des exécuteurs d'ordres : « Les fonctionnaires de l'appareil du Parti qui dirigent l'architecture au nom du Comité Central [...] soutiennent cette tendance viciée en architecture et les gens qui la mènent »[8]. Parmi les architectes, c'est un « groupe monopolistique » (*monopol'naâ grupa*) qui est un « porteur de l'idéologie bourgeoise » et par son action « retarde, freine le développement de l'architecture soviétique et entrave le développement de la production et de la culture socialiste »[9]. Le « groupement monopolistique » est constitué des architectes suivants : S. Čërnyšov, N. Bylinkin, N. Kolli, A. Vlasov, P. Blohin et B. Rubanênko. L'Académie d'Architecture, avec Arkadij Mordvinov à sa tête, est accusée par Gradov d'avoir freiné pendant vingt ans le développement de l'architecture soviétique. De plus, il reproche à Mordvinov « de ne pas avoir intégré dans ses discours les tendances « d'État », parce que, lors de leur rédaction, il avait recours à des gens qui n'étaient pas membres du Parti »[10]. Gradov s'attaque aux architectes dont les oeuvres «n'expriment pas l'essence du socialisme». Parmi ceux-ci se trouvent E. Rybickij qui a obtenu pour l'immeuble de logements de la rue Čkalov à Moscou le prix Staline en 1949, L. Polâkov qui « copie le style classique », I. Žoltovskij dont l'immeuble d'habitation de la rue Mohovaâ a «percé une fenêtre vers le passé»[11]. En dénonçant ses confrères, Gradov utilise des arguments empruntés au débat politique. Cette méthode rappelle la persécution des constructivistes par VOPRA dans les années 1930, à cette différence près que maintenant, les architectes visés travaillent dans le style académique. Dans la lettre de Gradov, parmi les principaux responsables des « abus décoratifs en architecture » sont cités les anciens de VOPRA : A. Mordvinov, K. Alabân, A. Vlasov et I. Maca[12]. Pour résoudre le problème urgent du logement, Gradov suggère de mettre en application un nombre réduit de projets types réalisés selon les procédés de la préfabrication. À la fin de sa lettre, Gradov dresse à Khrouchtchev la liste des mesurwes à prendre afin de sortir l'architecture et la construction de la crise. En voici quelques unes :

- *Éliminer les perversions bourgeoises et dégénérées en architecture.*
- *Porter un coup écrasant aux vestiges conservateurs du XIX è siècle en architecture et dans la construction.*
- *Adopter un décret du CC du PCUS et du gouvernement sur les mesures d'élimination du retard en architecture et en construction.*

- Convoquer le deuxième congrès des architectes sous le signe du tournant à prendre dans l'activité des architectes et des constructeurs.
- Créer une Académie de l'Architecture et de la Construction.
- Dans le domaine de l'architecture, ne pas attribuer le prix Staline dans la section de l'art, mais dans la section de l'architecture et de la construction. Dans l'attribution de ce prix, être guidé par les exigences du Parti envers l'architecture.[13]

3.2. La Conférence des Constructeurs : Nikita Khrouchtchev inaugure la nouvelle politique de l'architecture, décembre 1954

L'architecture est l'autobiographie du système économique et des institutions sociales.
Bruno Zevi[14]

Nikita Khrouchtchev reçoit la lettre de Gradov, dont les propositions constituent le support idéal pour ses objectifs politiques. Critiquer le style académique imposé par Staline, permet de préparer l'opinion publique à une attaque directe contre celui-ci. Les projets types associés à la préfabrication lourde réduisent la durée et le coût de conception et de construction, contribuant ainsi à la réussite de sa politique sociale du logement. Il décide aussitôt d'agir. En premier lieu Khrouchtchev rédige deux lettres, la première le 3 juin 1954, intitulée « Sur les causes du retard et du coût élevé de la construction de logements et d'équipements »[15]. Ces lettres sont envoyées à des organismes du Parti (comme le Comité du Parti de Moscou), aux dirigeants de l'Académie d'Architecture, de l'Union des Architectes, etc.[16] Les destinataires de ces lettres organisent des débats et envoient des réponses[17].

Nikita Khrouchtchev décide de convoquer un congrès qui réunira les principaux acteurs de la construction : architectes, ingénieurs, directeurs d'entreprises. Au cours de ce congrès, il prononcera un discours sur l'état de l'architecture et de la construction dans le pays. Ainsi, le Comité Central du Parti, le Soviet des Ministres et le Gosstroj[18] annoncent la convocation de la « Conférence Nationale des constructeurs, architectes, techniciens du bâtiment, des constructions routières et du matériel roulant, des organismes de recherche scientifique»[19]. Le 1e Octobre 1954, la commission de préparation de cette Conférence (dite des « Constructeurs ») est créée[20]. La commission est chargée entre autres d'approuver les candidatures des futurs intervenants. Ceux-ci doivent déposer les textes de leur discours afin que la commission les examine, et elle peut exiger certaines modifications de leur contenu[21]. La commission refuse par exemple d'accorder la parole aux représentants de l'Académie d'Architecture, et en particulier à P. Blohin, directeur de l'Institut de l'habitat de l'Académie qui est mentionné dans la lettre de Gradov parmi les membre du « groupement monopolistique ». P. Blohin est obligé de solliciter l'instance suprême, qui est le Comité Central du Parti, pour que la commission laisse les représentants de l'Académie prendre la parole. La Conférence des Constructeurs se tient à Moscou au grand palais du Kremlin du 30 novembre au 7 décembre 1954. Nikita Khrouchtchev prononce le discours de clôture : « À propos d'une large introduction des méthodes industrielles, de l'amélioration de la qualité et de l'abaissement du coût de la construction »[22], où il évoque deux thèmes majeurs : le style en architecture et la technique de la construction. Khrouchtchev condamne sévèrement le style classique, s'attaque aux « immeubles de hauteur », passant sous silence le fait que c'est Staline qui soutenait ce style et qui a ordonné la construction à Moscou de ces gratte-ciel. Khrouchtchev reproche à ces immeubles d'avoir favorisé la « fausse décoration des façades » :

Sur les façades des immeubles d'habitation on accroche souvent beaucoup de décorations inutiles, qui révèlent l'absence de goût chez certains architectes. [...[La construction des immeubles de hauteur a joué un rôle important dans cette affaire. [...]En concevant des immeubles de hauteur, les architectes s'intéressaient principalement à la création de silhouettes de bâtiments et ne pensaient pas au coût de la construction et à l'exploitation de ces édifices.

Khrouchtchev rappelle que tout récemment encore on admirait ces bâtiments :

Peut-être ces immeubles de hauteur sont-ils beaux, peut-être sont-ils critiqués injustement aujourd'hui, alors qu'on les avait couverts de louanges autrefois. Selon nous, il vaut mieux soumettre les défauts à la critique car si nous ne le faisons pas maintenant, nous continuerons à reproduire les immeubles de hauteur.[23]

Nikita Khrouchtchev désigne les architectes et leurs institutions, en particulier l'Académie d'Architecture, comme les seuls responsables du manque de logements et d'équipements. Les personnes et les institutions critiqués par Khrouchtchev sont les mêmes que celles que Gradov énumère dans sa lettre, en particulier les architectes membres du soit disant « groupement monopolistique », ainsi que le Président de l'Académie, Arkadij Mordvinov. Selon Khrouchtchev :

> *Les personnalités éminentes de l'architecture soulignent sans cesse le côté artistique et ne parlent que très peu de l'économie et du confort des immeubles et autres ouvrages. [...] Il faut que les architectes apprennent à compter l'argent du peuple. Cette question est très sérieuse. Mon intervention touche un point sensible chez les architectes. Et c'est pour cela que j'ai pris la parole ; je ne peux pas me contenter de parler à demi-mot, il faut aller au fond des choses. Sauvegarder l'amitié, se sourire les uns aux autres et en même temps gaspiller les fonds publics, c'est une mauvaise amitié. Il faut être ami avec les hommes qui augmentent les forces de l'État socialiste, il faut soutenir les hommes qui travaillent dans l'intérêt du peuple.*

D'après Nikita Khrouchtchev, les architectes ne poursuivaient qu'un seul but, ériger un « monument » à leur propre gloire :

> *Suivant l'exemple de nombreux maîtres de l'architecture, de nombreux jeunes architectes, ayant à peine franchi le seuil de leur école et ne volant pas encore correctement de leurs propres ailes, ne veulent établir des projets d'édifices qu'en leur donnant un caractère personnel, ils sont pressés de se faire ériger des monuments. Alors que Pouchkine s'est dédié à lui-même un monument construit par des mains célestes,[24] bon nombre d'architectes, quant à eux, veulent absolument se faire dresser des monuments commémoratifs, construits par des mains d'hommes, sous forme d'édifices, bâtis d'après leur propre projet individuel. Il faut comprendre que si nous bâtissions tous les ouvrages industriels, tous les immeubles d'habitation et autres bâtiments selon des projets individuels, cela abaisserait sensiblement les rythmes de construction et augmenterait dans une proportion immense leur prix de revient.*

Le seul architecte évoqué par Khrouchtchev dans le contexte positif est Gêorgij Gradov qui est le « seul à souligner la nécessité de combattre les perversités formalistes en architecture ». Dans son allocution Khrouchtchev confirme le dogme du réalisme socialiste comme la « méthode fédératrice de la création » et emploie le mot constructivisme dans un sens péjoratif :

> *On ne peut plus s'accommoder du fait que de nombreux architectes, sous le couvert des préceptes du réalisme socialiste dans l'architecture et de la lutte contre le constructivisme dépensent sans compter les fonds publics. Certains architectes, partisans de la lutte nécessaire contre le constructivisme passent à l'autre extrême en décorant les façades des édifices avec des éléments décoratifs superflus, et souvent inutiles qui entraînent le gaspillage des fonds de l'État.*

Ses propos démontrent une incompréhension des problèmes de l'architecture, celle-ci ne serait qu'un tremplin vers des objectifs politiques. Khrouchtchev émet des recommandations quant au style architectural et impose une technique de construction déterminée : le procédé utilisé pour ériger la structure et son enveloppe devient aussi important que l'expression plastique du bâtiment. Les thèmes spécifiques du processus de la construction, tels que la technique, la planification, la main-d'œuvre, la productivité, sont abordés par Khrouchtchev de manière détaillée et professionnelle, ce qui ne laisse pas de doute sur le fait qu'il suit à la lettre les indications de ses conseillers (de Gradov ?). Il désigne la préfabrication lourde en usine comme l'unique procédé de construction. Les panneaux préfabriqués doivent évincer la brique et le béton banché, qui demandent trop de « travail manuel » et ne correspondent guère à « l'image de la technique moderne » :

> *L'utilisation dans les travaux de construction du béton banché, qu'entraîne-t-elle ? Elle entraîne inévitablement la boue sur le chantier, l'emploi de coffrages de tout genre, l'excédent de dépenses de fer, l'éparpillement du ciment, la perte de matériaux inertes et du béton. Que donne, par contre, l'utilisation des composants préfabriqués ? L'utilisation des constructions préfabriquées en béton armé permet de fabriquer les composants de la même manière qu'on le fait dans les constructions mécanisées, la préfabrication permet d'appliquer les méthodes industrielles dans le bâtiment. [...] Quand nous disposons de béton, de moteurs électriques, de grues et d'autres mécanismes, nous ne pouvons plus continuer à travailler comme autrefois.*

La décision de Khrouchtchev de mettre en place la préfabrication lourde est définitive et n'admet pas d'objections. Il dit :

Les constructeurs savent que jusqu'à maintenant il y avait des discussions sur la voie qu'il fallait emprunter dans le Bâtiment. Fallait - il utiliser les constructions préfabriquées ou bien le béton banché ? Nous n'allons pas dénoncer et poursuivre les travailleurs qui persistaient sur la voie de la construction en béton banché. Je pense que ces camarades voient à présent, eux - mêmes, qu'ils défendaient des positions erronées. Il me semble qu'actuellement tout le monde voit clairement que nous devons suivre une voie plus progressiste, la voie de l'utilisation des constructions et pièces préfabriquées en béton armé.

Les conseillers de Khrouchtchev sont sûrs qu'avec la préfabrication lourde ils font un bon choix mais leur choix est plus incertain concernant la structure des bâtiments préfabriqués. Les chantiers expérimentaux menés depuis la fin des années 1940 ne permettent pas encore de savoir quel type de structure de bâtiment préfabriqué est avantageux : panneaux - voiles ou poteaux - poutres - panneaux. Khrouchtchev admet donc l'existence des deux types de structure :

Il me semble, que pour l'instant, il ne faut porter un jugement définitif sur aucun de ces deux types. Il faut laisser se développer l'un et l'autre. [...] C'est dans la pratique que l'on pourra savoir lequel des deux répond le mieux aux besoins.

Le projet type est le dispositif qui facilite la mise en place de la préfabrication lourde. Il diminue le temps et le coût de la conception, facilite la production de pièces toutes standardisées :

L'utilisation des projets types dans la construction aura un effet énorme aussi bien dans le domaine de l'économie des moyens que dans l'accélération et dans l'amélioration de la qualité de la construction. Il ne peut y avoir le moindre doute.

Khrouchtchev propose de retenir une quantité réduite de projets types afin de les diffuser dans tout le pays :

Prenons la construction des immeubles d'habitation. Pourquoi donc ne pas choisir les meilleurs projets de ces immeubles et ne pas répéter leur construction un grand nombre de fois ? [...] Il faut choisir un nombre limité de projets types pour immeubles d'habitation, écoles, hôpitaux, jardins d'enfants, crèches, magasins et ouvrages divers et engager la construction massive d'après ces projets pendant, mettons, cinq ans. Une fois ce délai écoulé, il faudra les réexaminer et, s'il n'y a pas de meilleurs projets proposés, prolonger l'utilisation de ces mêmes projets pendant cinq nouvelles années. Qu'y-a-t-il de mauvais dans cette façon d'agir, camarades ?

En vue d'inciter les architectes à concevoir des projets types et à renoncer aux projets individuels, Nikita Khrouchtchev suggère de réviser le système de leur rémunération :

Il est nécessaire d'encourager et de soutenir par tous les moyens le bon travail dans la conception des projets et, en particulier, dans la conception des projets types. Il faut réfléchir et peut-être modifier le barème établi de la rémunération des concepteurs. Il faut établir une rémunération qui arriverait à mieux stimuler leur travail.

Les éventuels opposants aux projets types ont peu de chances de défendre leur cause car Khrouchtchev a fait savoir que :

Afin d'introduire largement l'utilisation des projets types il faudra faire preuve de volonté et de persévérance car il se peut que nous nous heurtions à une résistance dans ce domaine. Il nous faudra, probablement, bien expliquer à certains la nécessité de cette manière de procéder.

Un extrait tiré de l'intervention de Khrouchtchev sera repris par la suite dans de nombreux discours et publications :

Nous ne sommes pas contre la beauté, nous sommes contre les excès. Les façades des bâtiments doivent avoir un bel aspect et être attrayantes grâce aux bonnes proportions de tout le bâtiment, aux bonnes proportions des ouvertures des fenêtres et des portes, à une bonne disposition des balcons, à l'utilisation correcte de la facture, de la couleur des matériaux de revêtement, à la mise en évidence réelle des éléments de murs et des éléments constructifs dans les constructions à partir des grands panneaux.

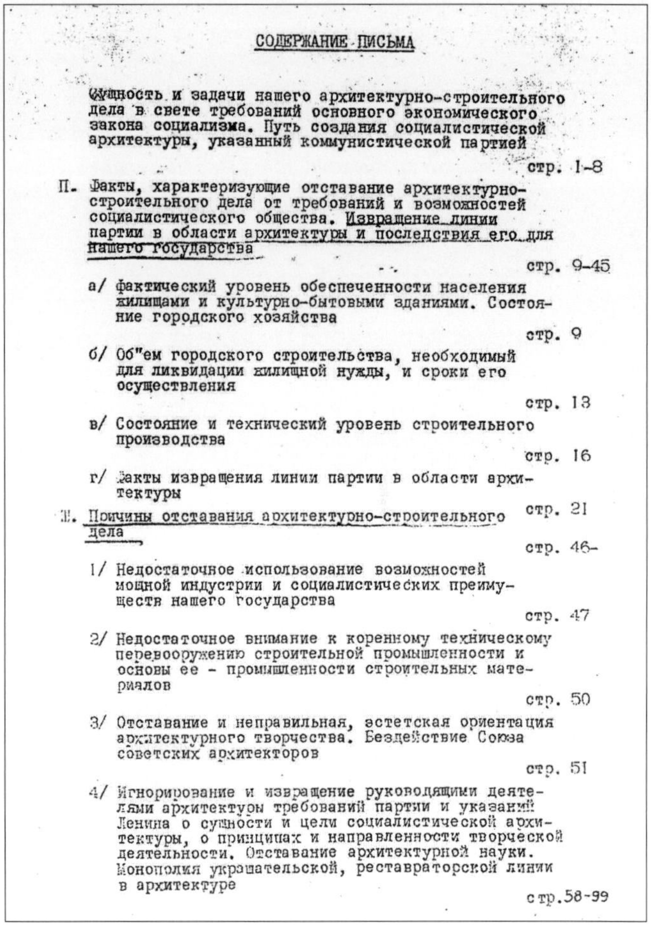

СОДЕРЖАНИЕ ПИСЬМА

Сущность и задачи нашего архитектурно-строительного дела в свете требований основного экономического закона социализма. Путь создания социалистической архитектуры, указанный коммунистической партией
стр. 1-8

П. Факты, характеризующие отставание архитектурно-строительного дела от требований и возможностей социалистического общества. Извращение линии партии в области архитектуры и последствия его для нашего государства
стр. 9-45

а/ фактический уровень обеспеченности населения жилищами и культурно-бытовыми зданиями. Состояние городского хозяйства
стр. 9

б/ Об"ем городского строительства, необходимый для ликвидации жилищной нужды, и сроки его осуществления
стр. 13

в/ Состояние и технический уровень строительного производства
стр. 16

г/ Факты извращения линии партии в области архитектуры
стр. 21

Ш. Причины отставания архитектурно-строительного дела
стр. 46-

1/ Недостаточное использование возможностей мощной индустрии и социалистических преимуществ нашего государства
стр. 47

2/ Недостаточное внимание к коренному техническому перевооружению строительной промышленности и основы ее - промышленности строительных материалов
стр. 50

3/ Отставание и неправильная, эстетская ориентация архитектурного творчества. Бездействие Союза советских архитекторов
стр. 51

4/ Игнорирование и извращение руководящими деятелями архитектуры требований партии и указаний Ленина о сущности и цели социалистической архитектуры, о принципах и направленности творческой деятельности. Отставание архитектурной науки. Монополия украшательской, реставраторской линии в архитектуре
стр.58-99

Fig. 46 : ***Le contenu de la lettre*****, sommaire de la lettre de G. Gradov à N. Khrouchtchev.**

Fig. 47: «Vers un nouveau rivage», ***Arhitêktura SSSR*****, N12, 1955**

Après la clôture de la Conférence des Constructeurs le décret Sur les mesures pour la réalisation des propositions de la Conférence Nationale sur la construction est promulgué[25].

À la suite du discours de Khrouchtchev, la communauté architecturale n'a plus d'illusions, elle se rend compte qu'elle assiste à une nouvelle vicissitude idéologique qui se déroule selon le scénario habituel : condamnation du style, désignation et sanction des coupables. Une caricature intitulé « Vers un nouveau rivage »[26] publiée par *Arhitêktura SSSR* en décembre 1955, témoigne de ce que les architectes sont bien conscients du rapport de forces dans le monde de l'architecture (fig. 47). Le dessin représente l'élite de l'architecture soviétique qui abandonne précipitamment la rive des « excès architecturaux » et vogue vers le rivage de l'architecture industrialisée. Le navire « L'Architecte de Moscou » est en cours de chargement. Les « excès architecturaux » : colonnes, corniches et chapiteaux sont abandonnés. Au loin, sur l'autre rive, on aperçoit déjà les usines de la préfabrication, les grues et les bâtiments préfabriqués. Gêorgij Gradov dirige personnellement l'embarquement. Il est assis devant un bureau avec une petite pancarte « présentez les billets ». Les architectes : Žoltovskij et ses élèves, Barhine avec sa nombreuse famille sont en train de monter à bord. Le dessin est accompagné d'un texte :

[...] Après une longue et coûteuse relâche près de l'île des Excès, le vaisseau amiral de la flottille architecturale se prépare enfin à partir vers les rives de la Typisation et de

l'Industrialisation de la construction. Ivan Žoltovskij termine l'embarquement de ses écoliers ; ces espiègles ont promis de ne pas prendre avec eux de jouets trop chers, en revanche ils emportent ouvertement devant Gradov un compas proportionnel.

[...] Čěčulin, Polâkov et Mordvinov [en bas à droite] disent adieu aux « excès » chers à leur cœur, auxquels il est interdit de monter à bord.

[...] Devant la cheminée sont assis les ex-vice-amiraux Čěrnyšov et Gêgêllo, évoquant le souvenir des campagnes architecturales de l'époque des projets individuels et de la construction en un seul exemplaire.

L'Académie d'Architecture critiquée par Khrouchtchev pour avoir indiqué des « solutions architecturales erronées » est représentée comme un « rafiot théorique à moitié coulé » ; Konstantin Ivanov « sonne le carillon » :

> *Vlasov, Baranov et Rubanênko en personne pompent l'eau d'un rafiot théorique à moitié coulé. Celui-ci, à cause des malveillances de Mordvinov, est changé de bateau - pilote en restaurant flottant et se traîne à la remorque de la pratique. Konstantin Ivanov, après avoir atteint la cloche, fait sonner le carillon sur la péniche théorique...*
> *... Bruit... Agitation... Émotion...*
> *La traversée sera difficile... Mais tous sont persuadés que le bateau atteindra à temps cette côte nouvelle et désirée...*

3.3. La lutte contre les « excès » en architecture, 1955. La dévaluation du métier d'architecte

Désignés comme principaux responsables de la crise du logement dans le pays, les architectes apprennent le verdict final avec la promulgation, le 4 novembre 1955, par le Comité Central du Parti Communiste et par le Soviet des Ministres, du décret sur « Le rejet des excès dans les projets architecturaux et dans le Bâtiment »[27]. Le texte du décret reprend certains passages de l'allocution de Khrouchtchev au cours de la Conférence des Constructeurs. On peut y lire : « De nombreux architectes, par leur engouement pour le côté spectaculaire, s'occupaient principalement de la décoration des façades des édifices ». Les « innombrables colonnades décoratives, les portiques et autres excès architecturaux ont grevé les ressources de l'État » ; avec ces sommes il aurait été possible de construire des « milliers de mètres carrés de surface habitable pour les travailleurs ». Ce « luxe d'excès » n'a jamais correspondu à la « ligne du Parti et du gouvernement en matière d'architecture et de construction » :

> *Le Comité Central du PCUS et le Conseil des Ministres de l'URSS, condamnent résolument les erreurs commises en architecture dans l'élaboration des projets types et dans la construction, comme contraires à la ligne du Parti et du gouvernement dans ce domaine, comme portant un préjudice considérable à l'économie nationale et freinant l'amélioration des conditions de logement et des conditions de la vie matérielle et culturelle des travailleurs.*

Le décret veut être punitif. Il inflige des sanctions aux architectes qui ont conçu des bâtiments avec un « trop grand nombre d'excès architecturaux ». Paradoxalement, toutes les opérations citées sont des exemples « ordinaires », faites dans le respect du style courant de l'époque, et le maître incontesté du style classique Ivan Žoltovskij ne figure pas sur la liste des coupables. Le décret ordonne le retrait du titre de « lauréat du prix Staline » aux architectes Polâkov et Borêckij[28] pour le projet de l'hôtel Leningrad (l'un des immeubles à hauteur de Moscou) et à l'architecte Rybickij[29] pour l'immeuble d'habitation rue Čkalov situé également à Moscou (fig. 49). Parmi ceux qui avaient aidé à l'épanouissement des « excès » dans l'architecture sont cités l'Académie d'Architecture, le Gosstroj, la section d'architecture du Comité du prix Staline et l'Union des architectes. Celle-ci ne portait pas « l'attention voulue aux questions de la construction en série et n'orientait pas les architectes membres de l'Union vers une participation active à l'élaboration des projets types ». Ses dirigeants : Čêrnyšov, Rzânin et Zaharov « ne comprenaient pas la nécessité d'éliminer les excès dans la construction et, sous la bannière de la lutte contre le constructivisme, contribuaient à la propagation de ces excès ». À l'Académie d'Architecture, il est reproché d'avoir « orienté les architectes vers la priorité donnée aux aspects extérieurs de l'architecture, au détriment de la distribution intérieure, de la rationalité technique, de l'économie de la construction et de l'exploitation des édifices ».

Les architectes reconnaissent ensemble leur responsabilité dans le « gaspillage des fonds publics ». La lettre de Bylinkin directeur de Institut de la théorie et de l'histoire d'architecture de l'Académie en témoigne. En janvier 1956, pour éviter la fermeture de son Institut de recherche, Bylinkin adresse une lettre à Khrouchtchev, où il écrit : « L'une des causes essentielles des fautes en architecture fut le retard théorique de l'architecture et les prescriptions erronées de l'Académie d'Architecture de l'URSS ».[30]

Pour réparer les « erreurs » commise par l'Académie d'Architecture, à la suite du décret sur « Les mesures pour l'industrialisation, l'amélioration de la qualité et l'abaissement du coût de la construction »[31], adopté le 12 avril 1956, celle-ci est rebaptisée « Académie de Construction et d'Architecture ». Ce subtil changement marque la mise en place d'une nouvelle hiérarchie : la construction commence à prévaloir sur l'architecture. V. Koučêrênko, un ingénieur, devient le Président de l'Académie. (A. Mordvinov, Président de l'Académie d'Architecture depuis 1950, critiqué par Khrouchtchev au cours de la Conférence des Constructeurs est demis de son poste le 13 mai 1955.)

Trois semaines après la publication du décret sur la « lutte contre les excès », se tient au Kremlin le deuxième Congrès des architectes soviétiques (le premier en 1937, coïncidait également avec un changement de politique architecturale en URSS). Le congrès adopte le nouveau Statut de l'Union des architectes. Parmi les buts de l'Union on trouve : « L'assistance à la création des projets types de haute qualité et le développement des méthodes industrielles dans la construction de bâtiments ». Le journal *Pravda* publie un « Appel au deuxième congrès des architectes soviétiques » :

48

49

50

Fig. 48: « Comment pourrait être une ville, si les constructeurs d'automobiles partageaient les goûts de certains de nos architectes ». Dessin tiré du journal satirique *Krokodil*, N35, 1954.

Fig. 49: Architecte Ê. Rybickij, immeuble de logements, Moscou, photo années 1950.

Fig. 50 : « Dans la course à la décoration des façades, les architectes oublient souvent que la distribution intérieur doit être pratique.» Le dessin est accompagné d'un commentaire: « Effectivement, habiter dans cet immeuble n'est pas pratique mais il paraît qu'il est vraiment beau de l'extérieur. » Dessin tiré du journal satirique *Krokodil*, N1, 1955

Fig. 51 : Le conducteur des travaux répond à l'architecte perplexe : « Tout a été investi dans les colonnes, il ne reste plus d'argent pour achever le bâtiment ». Dessin tiré du journal satirique *Krokodil*, N1, 1955.

Fig. 52 : Immeuble de logements, rue Oktâbor'skoê polê, Moscou. Le projet initial et le bâtiment achevé après la sortie du décret « Sur le rejet des excès ».

— Издержались на колоннах — на достройку дома денег не осталось!

51

52

La conception des projets types permet une grande liberté dans la manifestation de l'initiative créative des architectes, elle constitue l'occasion d'éliminer les perversités formalistes et les excès en architecture sous la forme de décorations inutiles et une approche non critique de l'héritage architectural.[32]

La promulgation du décret « Sur le rejet des excès », et la campagne de presse portent un coup dur à la profession, qui, jusque-là, avait réussi à garder un certain prestige. Les purges des années 1930, qui touchaient les écrivains, hommes de théâtre et de cinéma, avaient globalement épargné les architectes. Durant la guerre, beaucoup d'entre eux avaient été exemptés de service militaire et s'occupaient des projets de reconstruction des villes et de la conception des monuments. Du fait de cette campagne contre les « excès », les architectes sont mis au pilori dans leur vie professionnelle. Ridiculisés, ils se retrouvent dans la situation de boucs émissaires, coupables de « dépenses somptuaires aux dépens des ressources » de l'État. Khrouchtchev les accuse comme dans les grands procès politiques des années 1930 : « Depuis le mouvement des mineurs, personne d'autre que les architectes n'a causé de tels dégâts à l'échelle de la nation ». Désormais, il est indispensable de les surveiller, car ils sont préoccupés par l'idée de « se construire un monument commémoratif ». La lutte contre les excès en architecture aboutit à des situations grotesques. Comme il est difficile de définir avec exactitude ce qu'est un excès architectural, les bâtiments en chantier au moment de la sortie du décret sont dépouillés précipitamment par leur auteurs de tout ce qui peut être perçu comme une « fausse décoration »[33]. L'exemple le plus connu est celui de Mihail Posohin qui n'ose pas installer le reste des balustres sur le toit d'un immeuble d'habitation rue Tchaïkovski[34] à Moscou, dont la construction s'achève au moment du déclenchement de la campagne de lutte contre les excès (à la place des balustres on pose des barreaudages métalliques.) L'autre exemple est celui de l'immeuble de logements préfabriqué de la rue Oktâbor'skoê polê à Moscou (fig. 52). Le projet est mis au point en 1953, dans l'esprit du style « classisant » : plan symétrique en « U », arches voûtées entres les ailes, corniches, portail d'entrée décoré. Le démarrage du chantier coïncide avec la Conférence des Constructeurs ; le bâtiment sera dépouillé de tout le décor prévu par le projet.

Le zèle dont les gens font preuve pour obéir aux directives du Parti est très bien décrit par l'écrivain Andreï Makine dans son livre « Le testament français » :

La maison [...] de trois étages, construite dans les années dix devait inaugurer, selon le projet d'un gouverneur ambitieux, toute une avenue portant l'empreinte du style moderne.35 [...] C'est surtout la campagne officielle de lutte « contre les surabondances architecturales » (dont, tout jeunes enfants, nous avions été témoins) qui lui avait porté le coup fatal. Tout paraissait « surabondant » : les ouvriers avaient arraché les tiges des rosiers, condamné les œils-de-bœuf... Et comme il se trouve toujours des personnes qui veulent faire du zèle (c'est grâce à elles que les campagnes réussissent vraiment), le voisin du dessous s'était évertué à détacher du mur le surplus architectural le plus flagrant : deux visages de jolies bacchantes qui se souriaient mélancoliquement de part et d'autre du balcon de notre grand - mère. Il avait dû, pour y parvenir, accomplir des prouesses très risquées, dressé sur le rebord de sa fenêtre, un long outil d'acier à la main. Les deux visages, l'un après l'autre, s'étaient décollés du mur et étaient tombés à terre. L'un d'eux s'était brisé en mille fragments sur l'asphalte, l'autre, suivant une trajectoire différente, avait plongé dans la végétation touffue des dahlias, amortissant sa chute.[36]

Il existe cependant un décalage entre le discours propagandiste et les actes des décideurs. En 1955, à l'apogée de la lutte contre les « excès » et les projets « individuels », le gouvernement se fait construire des villas « palladiennes » sur les Vorob'ovy gory à Moscou (architecte Sinâvskij).

La réforme de l'enseignement de l'architecture

La campagne de « modernisation » de l'architecture déclenchée par Khrouchtchev impose la réforme de l'enseignement professionnel. Depuis vingt ans l'Institut de l'Architecture de Moscou (École d'architecture) bâtit son programme sur les valeurs de l'architecture classique. Ivan Žoltovskij participe notamment à l'élaboration de la méthode d'enseignement.

L'architecture moderne est bannie des publications, les ouvrages des constructivistes sont retirés des bibliothèques.

De ce fait, les élèves n'ont jamais vu les projets de l'avant-garde soviétique et ne sont pas au courant de la production contemporaine en Occident. D'après le témoignage d'un ancien élève de l'Institut d'Architecture admis en 1953, sa référence architecturale était le VDNH[37]. Un an après l'allocution de Khrouchtchev au cours de la Conférence des Constructeurs, les élèves de l'Institut d'Architecture continuent à dessiner des détails de chapiteaux et de bases de colonnes à l'échelle 1 sur 1. La promulgation du décret « Sur le rejet des excès » donne le signal d'un changement dans le programme d'enseignement. Dans un premier temps, les enseignants ressentirent un certain désarroi : empêchés d'utiliser l'exemple des temples grecs mais devenus incapables de « s'exprimer en langage moderne», bien que Barchtch, Duškin et Barhin se trouvent parmi ceux de l'Institut d'Architecture de Moscou[38]. Le dépouillement des projets d'étudiants des années 1950-1960, aux archives de l'Institut d'Architecture de Moscou, permet de faire d'intéressantes constatations. Entre 1949 et 1955, l'esprit académique préside à la réalisation des projets. Entre 1955 et 1956, à la sortie du décret « Sur le rejet des excès », apparaît une certaine confusion, on n'a plus le droit de faire du style académique mais on a oublié comment faire du moderne. La première réaction des professeurs est de « gommer » le moindre décor des façades : la volumétrie des façades est classique mais les attributs décoratifs sont absents. Le retard est rattrapé très vite. La jeune génération commence à connaître la production occidentale dans la mesure où les publications architecturales de l'ouest se mettent à pénétrer en URSS. Des projets apparaissent où les auteurs accumulent les « citations » de tout ce que l'architecture moderne a produit. On y retrouve : Le Corbusier et Oscar Niemeyer, Frank Lloyd Wright et R. Neutra, A. Aalto et J. L. Sert....

3.4. Le cadre législatif de la nouvelle politique. La construction de Novyê Čërëmuški, premier ensemble-modèle soviétique, 1955-1958

Nikita Khrouchtchev choisit le champ de l'architecture pour marquer la première rupture avec le stalinisme. Un coup politique au culte de personnalité est porté en février 1956, au cours du XXe congrès du Parti, quand Khrouchtchev en dénonce les crimes dans le « rapport secret », suivi par le décret sur l' « Élimination du culte de la personnalité et ses conséquences », adopté le 30 juin 1956. Alors s'opère la vraie prise du pouvoir par Khrouchtchev[39]. Pour rendre opérationnelle la nouvelle politique de l'architecture et de la construction, le Comité Central du Parti et le Soviet des Ministres adoptent une série de décrets dans les domaines suivants : la conception (projets types), la technique (usines) et le type de logement (appartement monofamilial). Le 2 août 1955, le Comité Central du Parti Communiste de l'URSS et le Soviet des Ministres adoptent le décret « Sur les mesures pour l'industrialisation, l'amélioration de la qualité et l'abaissement du coût de la construction »[40]. Selon ce décret :

> *Dès le début de la deuxième moitié de 1956, la construction des immeubles d'habitation, des écoles, hôpitaux, crèches, cinémas, magasins, cantines et maisons de repos doit être effectuée d'après des projets types. Des projets individuels seront autorisés dans des cas particuliers. Prochainement, sera établie la liste des édifices industriels, de transports et agricoles dont la construction doit être faite uniquement d'après des projets types.*

Le décret interdit « aux Ministères, bureaux d'études et d'architecture, Soviets locaux, architectes voyers en chef des villes d'apporter des modifications aux projets types ». Désormais personne ne peut changer quoi que ce soit dans les projets types homologués, sauf des modifications insignifiantes, liées à l'adaptation du projet au site. Le décret adopté le 20 février 1956 « Sur l'amélioration de la conception dans la construction »[41] renforce la « typisation » des projets. De nouvelles constructions d'immeubles d'habitation, d'écoles et hôpitaux d'après des projets « individuels » sont interdites. La durée de vie des projets types est fixée :

> *Dans le but d'assurer une vaste industrialisation de la construction et l'utilisation des éléments préfabriqués en usine, tous les projets types des immeubles d'habitation, bâtiments publics, industriels, de transport et agricoles doivent être utilisés sans modifications durant au moins cinq ans. [...]Dans leur création, les architectes doivent être guidés par les principes du réalisme socialiste en architecture, avoir une approche critique en assimilant l'héritage classique et le développer de manière créative.*

Fig. 53, 54 : Projet des étudiants de l'Institut d'Architecture de Moscou au début des années 1950.

Fig. 55 : Projets des étudiants de l'Institut d'Architecture de Moscou vers 1957 - 1958.

53

54

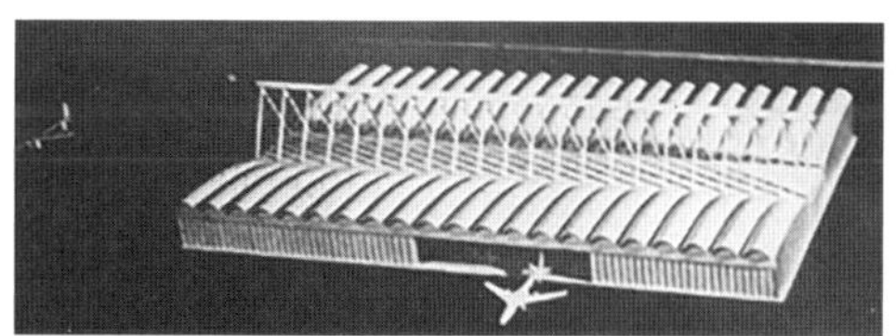

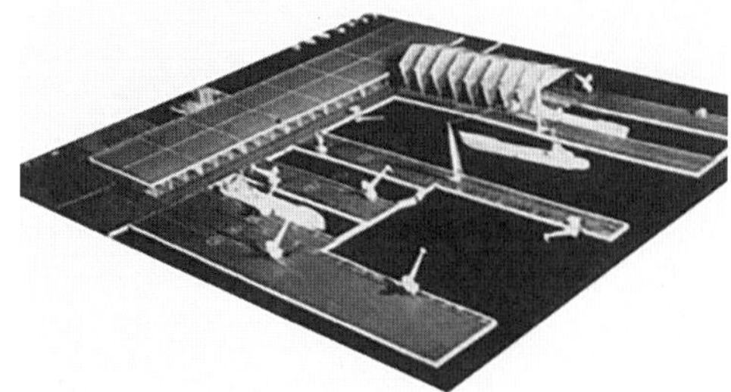

55

Les directives du XXe Congrès du Parti prévoient que le « passage à la construction d'immeubles d'habitation et de bâtiments publics, d'après les projets types devrait être terminé en 1956-1957 »[42]. L'idée de la conception des projets types est ainsi poussée à l'extrême, le slogan est lancé : « Un seul type d'immeuble pour tout le pays »[43]. Le décret considéré comme capital dans la mise en place de la nouvelle politique de l'architecture et de la construction est intitulé « Sur le développement de la construction d'habitation en URSS »[44] il est promulgué le 31 juillet 1957. Ce décret détermine à la fois le type du logement (appartement monofamilial), définit les réglementations d'urbanisme et organise la construction des usines de préfabrication. L'État s'engage financièrement à résoudre le problème du logement, en utilisant les procédés de la préfabrication et au moyen des projets types. Il reste à décider quel type de logements : appartement communautaire ou monofamilial ? Finalement l'État tranche en faveur de la construction des logements de « petite surface », à condition que le coût du logement d'une famille y soit égal à celui de son logement dans un appartement communautaire. Le décret préconise :

> *Dès le début de 1958, dans des immeubles d'habitation, qui sont construits dans les villes ainsi qu'à la campagne, il faut prévoir des appartements économiques et confortables destinés à être occupés par une seule famille.*

Pour tous ces logements économiques : « la construction doit être effectuée d'après des projets types ». Le décret évoque les nouvelles exigences de la conception urbaine. Un plan masse libre doit remplacer le bâti en bande continue. Il est imposé : « D'effectuer la construction des immeubles d'habitation par îlots entiers, et non par bâti continu au long des rues, de faire des coupures entre les bâtiments et d'y aménager des espaces verts »[45]. Le décret réglemente la hauteur des immeubles d'habitation : de 4 à 5 niveaux dans les grandes villes, de 2 à 3 niveaux dans les petites villes et les bourgades.

Ainsi l'État parvient à formuler auprès des architectes son programme pour la construction des logements: appartements monofamiliaux de « petite surface », conçus d'après des projets types et réalisés en préfabriqué. Le premier concours « pour la conception de nouveaux projets types d'immeubles de logements de trois, quatre et cinq niveaux » qui tient compte de ces objectifs est lancé en 1956, par le Gosstroj et l'Union des architectes. Le programme du concours impose des surfaces inférieures à celle des normes en vigueur (« SNIP II - B 54 »)[46]. *Arhitêktura SSSR* constate que :

> *L'étude des expériences nationale et étrangère dans la conception et la construction des immeubles de logements, effectuée par l'Académie d'Architecture en 1955, a démontré que les normes de conception de logements en vigueur nécessitent des corrections majeures.*[47]

La hauteur sous plafond est abaissée à 2,7 m ; les unités de cellules doivent être composées d'appartements d'une, deux et trois pièces. On exige une surface habitable de 18 m^2 pour un appartement d'une pièce, 27 m^2 pour un deux pièces et 36 m^2 pour un trois pièces. La surface moyenne par un logement doit être égale à 27 m^2. Dans la distribution des appartements, le programme admet que les chambres et les pièces de service soient desservies par la pièce principale et le W.C. incorporé dans la salle de bains. Le programme demande que la nomenclature des composants soit la plus réduite possible et que « la beauté et l'attrait des façades soient recherchés avec des moyens simples »[48]. Par ailleurs, le programme du concours « prend en considération l'utilisation de ce qu'il y a de mieux dans l'expérience nationale et étrangère en terme de construction de logements »[49].

Le premier prix du concours « fermé » est décerné[50] aux projets conçus par le Gorstrojproêkt en collaboration avec l'Institut de l'habitat de l'Académie de Construction et d'Architecture. La tendance générale des projets consacre un modèle d'immeuble préfabriqué : une barre de quatre-cinq niveaux sans ascenseur, avec une structure panneaux-voiles et une façade au décor dépouillé (fig. 56). Les cellules sont élaborées sur le principe dit «de Vêsnin» et composées : d'un sas d'entrée, d'un bloc d'eau (W.C. incorporé dans la salle d'eau), d'une cuisine (desservie par un dégagement dans le séjour) et de chambres desservies par la pièce principale (fig. 57). Dans certaines versions la cuisine a un accès indépendant à partir du couloir.

L'impact du concours sur la conception des cellules de « petite surface » est considérable. Les cellules primées sont d'abord construites à différentes échelles, équipées et aménagées pour être exposées au jugement du public à l' « Exposition permanente nationale de construction ».[51]

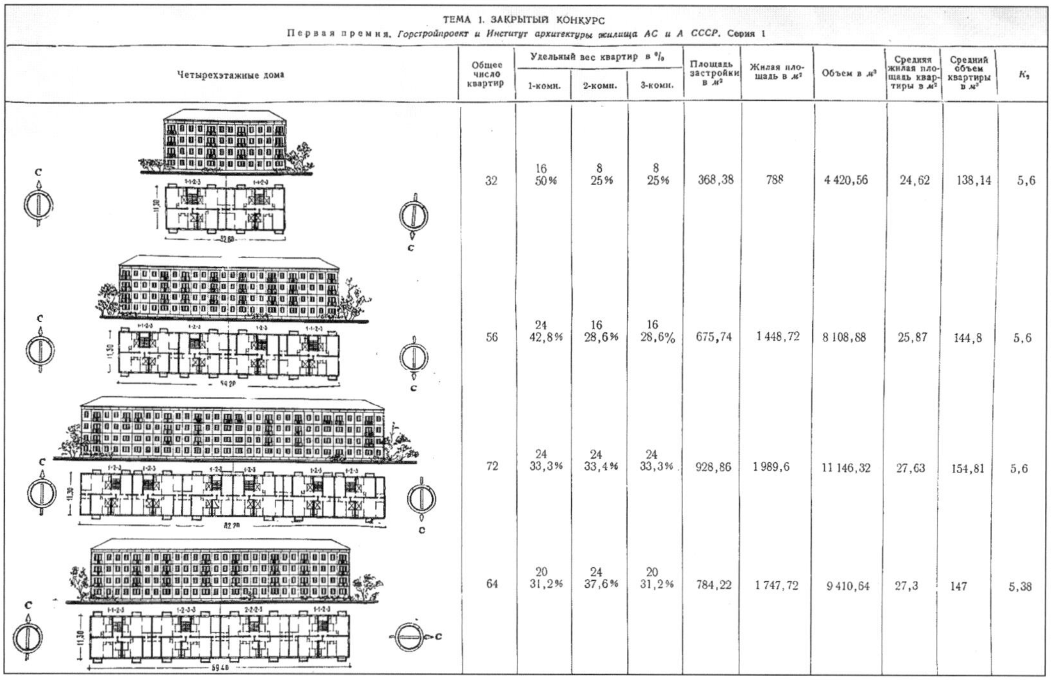

ТЕМА 1. ЗАКРЫТЫЙ КОНКУРС

Первая премия. *Горстройпроект и Институт архитектуры жилища АС и А СССР.* Серия 1

Четырехэтажные дома	Общее число квартир	Удельный вес квартир в %			Площадь застройки в $м^2$	Жилая площадь в $м^2$	Объем в $м^3$	Средняя жилая площадь квартиры в $м^2$	Средний объем квартиры в $м^3$	$К_э$
		1-комн.	2-комн.	3-комн.						
	32	16 50%	8 25%	8 25%	368,38	788	4 420,56	24,62	138,14	5,6
	56	24 42,8%	16 28,6%	16 28,6%	675,74	1 448,72	8 108,88	25,87	144,8	5,6
	72	24 33,3%	24 33,4%	24 33,3%	928,86	1 989,6	11 146,32	27,63	154,81	5,6
	64	20 31,2%	24 37,6%	20 31,2%	784,22	1 747,72	9 410,64	27,3	147	5,38

Fig. 56: Concours d'idée pour la conception de «nouveaux projets types d'immeubles de logements de trois, quatre et cinq niveaux», 1956. Projets primés, Gorstrojproêkt en collaboration avec l'Académie d'Architecture.

Le programme du concours et les projets primés servent de support au programme de Novyê Čërëmuški - première opération d'envergure lancée dans le cadre de la politique khrouchtchevienne de construction de l'habitat de masse. Un site de 1500 ha est trouvé au Sud-Ouest de Moscou, occupé par des usines, baraques et décharges. L'objectif de l'opération est de tester les divers types d'ossature préfabriqués en usine ainsi que la distribution des appartements, enfin de choisir le procédé de construction et le mode d'organisation intérieure les plus rationnels en vue d'une production de masse. Pour sa réalisation un bureau spécialisé d'architecture et d'études est créé sous la direction des architectes N. Ostêrman et S. Lâšênko (il résulte de la coopération entre le SAKB, l'atelier N 12 de l'Institut Mosproêkt et l'Académie de Construction et d'Architecture.) L'ensemble Novyê Čërëmuški est constitué de quatre *kvartals*[52] qui reçoivent les numéros 9, 10, 11 et 12 (fig. 58, 59). Le chantier de la première tranche – *kvartal* N° 9 se déroule entre 1956-1958. Le *kvartal* est bâti sur 11,85 ha, dont 8,85 ha sont occupés par 16 immeubles d'habitation[53] d'une surface totale habitable de 27,267 m² ; la densité de construction est de 3,710 m² à l'ha.[54] Parmi ces 16 immeubles de logements, huit sont en briques, deux en bloc de briques (briques de plus grande dimension), quatre en blocs de béton et deux en panneaux préfabriqués. Les cellules de « petite surface » sont conçues sur la base des recherches déjà effectuées par l'Institut de l'habitat de l'Académie de Construction d'Architecture, par le Gorstrojproêkt, par le SAKB et sur la base de « l'analyse d'expériences étrangères »[55].

Nombre d'étages et d'appartements par bâtiment:

Nombre de bâtiments	Nombre d'étages	Nombre d'appartements par bâtiment
12	R+3	64
1	R+3	48
3	R+7	64
Total 16		Total 1008

Source: *Arhitêktura SSSR*

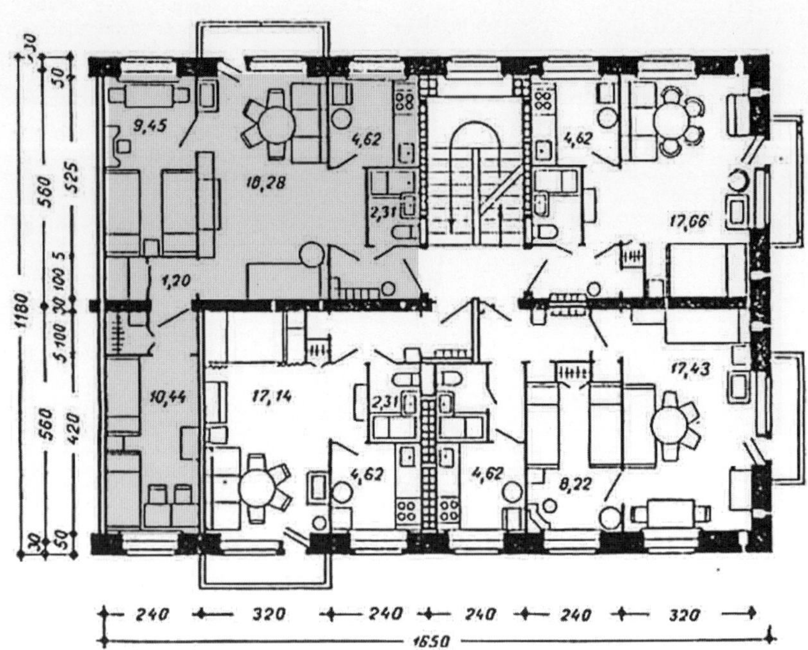

Fig. 57 : Gorstrojproêkt, Académie de Construction et d'Architecture, cellule type dite « *vêsninskiy* » primée au concours de 1956.

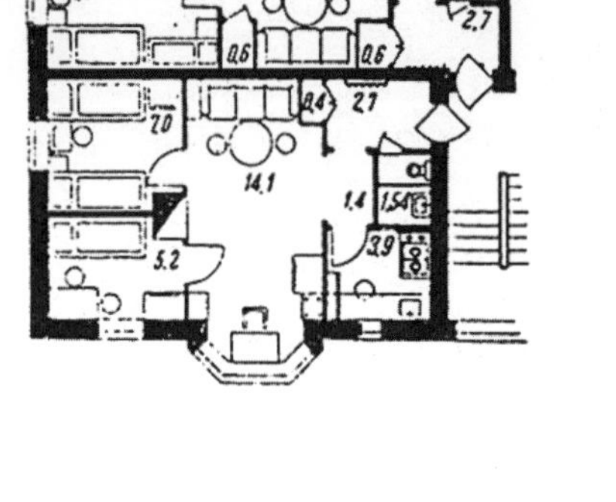

V. Vêsnin, plan des cellules de « petite surface », 1944.

Le bâtiment en grands panneaux préfabriqués (numéro 14) présente un intérêt particulier (fig. 61). Conçu par l'ingénieur V. Lagutênko, l'un des principaux protagonistes de la préfabrication en URSS, il servira de modèle dans la conception des immeubles de logements préfabriqués. Le principe de base de Lagutênko consiste à alléger le poids du bâtiment et à utiliser au maximum la résistance physique des matériaux[56]. L'immeuble a une structure panneaux - voiles. Les murs de refend, dénommés murs - poutres, sont constitués d'une ossature périphérique portante et d'un panneau de remplissage de 4 centimètres. Les panneaux de façade décorés avec des carreaux céramiques s'accrochent aux murs de refend. Le *kvartal* N° 9 est divisé en deux zones : d'habitation et de service. Selon *Arhitêktura SSSR* cette répartition « diminue le coût de construction des commerces et contribue à la tranquillité et au confort de vie »[57]. La séparation des commerces et des logements « assure l'uniformité du principe constructif des immeubles de logement »[58]. Dans la zone publique du *kvartal* se trouvent une école de 880 élèves, des garderies, une cantine de 250 places, un cinéma de 875 places, des magasins. La capacité des services dépasse les besoins des 3,030 habitants du *kvartal*. Ceci s'explique par le manque des équipements dans les quartiers adjacents[59]. Tous les bâtiments sont construits en retrait de 10 à 12 m par rapport à l'alignement.

Les espaces verts bordés par des immeubles de logements sont nommés les *cours*, au nombre de 5 (fig. 60). Ces cours sont prévues par les concepteurs comme des lieux de détente pour les habitants. La cour N° 1 est considérée comme « privée » car destinée uniquement aux habitants des immeubles qui l'entourent, tandis que les cours 2, 3, 4 et 5 sont considérées comme « publiques », leurs aménagements devant profiter à tous les habitants de l'ensemble N° 9.

Le *kvartal* N° 9 de Novyê Čêrëmuški devient l'image de marque du nouvel urbanisme et de la nouvelle architecture soviétique. Le secrétaire de l'Union des architectes P. Abrosimov revendique pour chaque ville un *kvartal* semblable[60]. Novyê Čêrëmuški est montré aux délégations étrangères, notamment aux participants du Ve congrès de l'Union Internationale des architectes qui se tient à Moscou en 1958. Van Eesteren estime : « qu'ici l'on a voulu faire sentir à l'homme que ce bâtiment, ce quartier, sont pour lui »[61]. Mais malgré le rôle

58

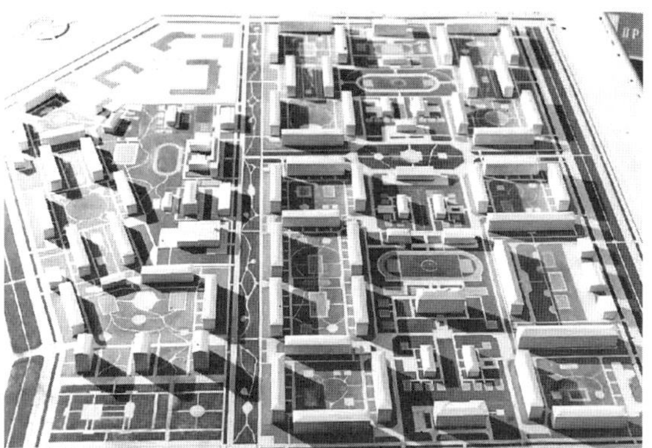

59

60

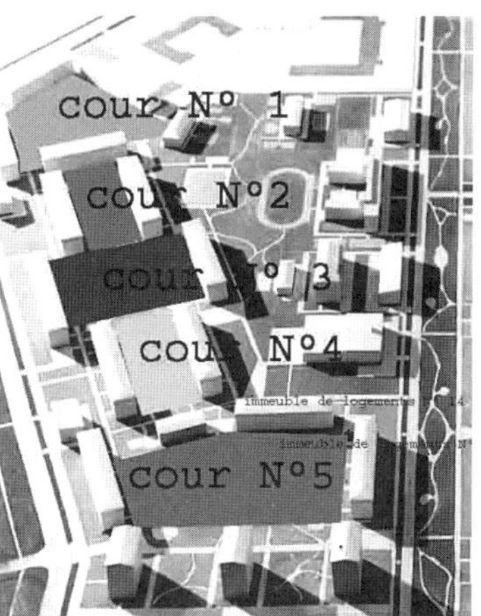

Fig. 58 : Novyê Čërëmuški, plan de cadastre, années 1960, 1. *Kvartal* N9, 2. *Kvartal* N12, 3. *Kvartal* N11, 4. *Kvartal* N10 « Maison nouveau mode de vie ».

Fig. 59 : Novyê Čërëmuški, *Kvartals* N9, N11, N12 photo de la maquette, années 1950.

Fig. 60 : Novyê Čërëmuški, *Kvartals* N9, N11, N12. Les espaces verts bordés par des immeubles de logements sont nommées les cours, au nombre de 5. Ces cours sont prévues par les concepteurs comme des lieux de détente pour les habitants. La cour N1 est considérée comme « privée » car destinée uniquement aux habitants des immeubles qui l'entourent, tendis que les cours 2,3,4 et 5 sont considérées comme « publiques », leurs aménagements devant profiter à tous les habitants de l'ensemble N9.

social important que joue la construction de ces appartements de « petite surface », l'idée de leur donner une priorité absolue ne reçoit pas un accueil unanime. Au début de 1959, l'ensemble N° 9 de Novyê Čërëmuški est sélectionné pour le prix le plus prestigieux de l'état, le prix Lénine[62] (ex-prix Staline). Le Comité du prix Lénine juge de façon négative la construction d'appartements trop petits, avec des pièces commandées, un W.C. incorporé dans la salle de bains et des espaces de service réduits. L'académicien Bêrg déclare : « pour la construction de tels appartements il ne faut pas primer mais il faut punir »[63]. L'académicien Sobolêv caractérise lui aussi les appartements de petite surface, devant être attribués par famille, avec des pièces commandées, « comme inadaptés à la vie normale d'une famille »[64]. Le président de l'Académie des Sciences A. Nêsmêânov au cours de sa visite de l'ensemble juge les appartements de petite surface « inappropriés à la construction de masse »[65]. Dans ces conditions le Comité du prix ne retient pas les candidatures des auteurs du projet. Stupéfait par l'attitude des membres du Comité, le président du Gosstroj adresse une lettre au président de l'Académie des Sciences A. Nêsmêânov, où il écrit :

> *En laissant de côté la question de savoir si le kvartal N° 9 mérite ou ne mérite pas le prix Lénine, ce qui est entièrement l'affaire du Comité des prix Lénine, le Gosstroj proteste catégoriquement contre le comportement et les appréciations de certains membres du Comité vis-à-vis des types économiques d'habitat de masse qui sont destinés à être construits dans tout le pays et validés par les organismes de direction.*[66]

Pour défendre la cause de ces appartements de petite surface, le Président du Gosstroj rappelle les raisons de l'existence de ce type de logements :

> *Il est connu, qu'avant 1958, [...] la majorité des appartements étaient attribués à deux - trois familles. Etant donné que les logements communautaires ont des défauts aussi bien dans l'organisation du mode de vie que dans l'hygiène, il a été fixé comme objectif la création de tels types d'appartements (avec des normes d'occupation très basses : 6-7 m² par personne) ; leur conception d'espace intérieur a exclu la possibilité de leur attribution à deux familles en les réservant exclusivement à une seule famille et ils seront moins chers que les appartements communautaires.*[67]

Fig. 61 : Novyê Čërëmuški, *Kvartals* N9, immeuble de logements N14, ingénieur V. Lagutênko, architecte Hanin.

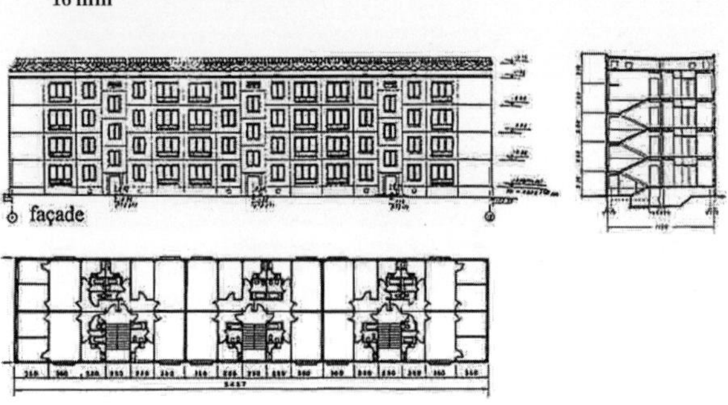

3.5. La normalisation des appartements de « petite surface ». Le SNIP - Normes et règles de construction du 1er mars 1958

La mise en œuvre des grands programmes de construction financés par l'État est inopérante en l'absence d'une politique claire de normalisation. La normalisation est un outil qui permet à l'État de planifier la construction de logements de masse en fonction des crédits qu'il fournit, de gérer l'attribution de ces logements, de s'assurer que les demandeurs de logements bénéficieront d'un certain type de confort. Les normes qui tiennent compte de la politique khrouchtchevienne du logement (« SNIP II. B. 10 – 57 »), sont promulguées le 31 décembre 1957 et entrent en vigueur dès le 1e mars 1958. Pour la première fois les normes définissent un seul mode d'attribution de logements : par famille. Le chapitre trois de ce SNIP intitulé « Les immeubles de logements » stipule que : « dans des immeubles de logements il faut prévoir des appartements économiques bien aménagés pour y loger une seule famille »[68]. Les surfaces habitables moyennes des logements passent de 22 m^2 à 18 m^2 pour une pièce, de 32 m^2 à 22 m^2 pour deux pièces et de 50 à 30 m^2 pour trois pièces. La hauteur sous plafond est abaissée de 3 m à 2,5 m. Les surfaces des pièces de service sont réduites : la surface de cuisine passe de 7 m^2 à 4,5 m^2, le W.C. est incorporé dans la salle de bains, le couloir est remplacé par un sas d'entrée. Le SNIP de 1958, établit un nouveau mode de calcul de la surface habitable. Désormais on additionne non seulement les surfaces des pièces d'habitation mais aussi celles des alcôves, des garde-robes, des placards muraux qui s'ouvrent dans les pièces, ainsi que la surface de cuisine lorsqu'elle dépasse 6 m^2. L'entrée en vigueur de ce SNIP exige la révision du mode de calcul du loyer. Jusqu'à présent la majorité de la population vit dans des appartements communautaires où toutes les installations sanitaires et la cuisine sont partagées entre plusieurs colocataires d'un appartement. Le loyer est calculé en fonction de la surface effective occupée par la famille (toute les parties communes : les couloirs, cuisine, sanitaire, salle de bains ne sont pas pris en compte dans le loyer.) L'Académie d'Architecture suggère d'estimer le loyer des logements monofamiliaux en fonction de la surface totale de l'appartement puisque les gens qui habitent dans ces appartements profitent réellement de toute la surface du logement : la porte des pièces sur le couloir est toujours ouverte car il n'y a plus de gens extérieurs - de voisins qui viennent perturber l'intimité

Fig. 62 : Novyê Čêrëmuški, cour N5, vue sur les immeubles N14 et 8.

familiale. L'espace réellement occupé par un ménage est donc augmenté. Cette proposition est rejetée par l'administration sous prétexte que les habitants des appartements monofamiliaux « s'indigneront de devoir payer le loyer en fonction de la surface totale de leur logement » et non pour la seule surface habitable comme les locataires d'appartements communautaires. Il est vraisemblable que sous prétexte de « justice sociale » se cache la mauvaise volonté de la bureaucratie soviétique de toucher à l'ordre établi des choses. Le Gosplan qui planifie le budget de la construction établit ses estimations sur le coût du m^2 de surface habitable. Il n'a aucun intérêt à modifier ce mode d'estimation, pour ne pas être obligé d'établir des données chiffrées sur la surface totale des logements de l'ensemble du pays. Ceci représente un travail énorme, voire techniquement impossible à l'époque. L'estimation du loyer sur la base de la surface habitable du logement est donc conservée. Le coût de m^2 carré de surface habitable devient le critère d'efficacité économique (*èkonomičêskaâ èffêktivnost'*) d'une cellule. Dans les années 1960, pour obtenir le montant du coût du m^2 on divise le coût de construction de l'immeuble par la surface habitable de toutes les appartements. Pour que ce chiffre soit au plus bas il faut réduire au maximum les surfaces de services qui échappent à un loyer. À partir des années 1970, l'efficacité économique sera calculée en tenant compte la surface totale des appartements. Afin d'illustrer les conséquences de ces modifications sur la conception de la cellule en fonction de son « efficacité économique » (calculée soit sur la base de sa surface habitable, soit sur sa surface totale) prenons deux exemples de cellules F+2 avec la surface totale de 41,3 m^2 chacune (fig. 67). La première cellule est conçue en fonction de l'efficacité économique estimée par rapport au coût du m^2 carré de la surface habitable. Ce type de logement est construit dans les années 1957 - 1965. Sa surface habitable s'élève à 29 m^2. Les espaces de service sont réduits au minimum : la cuisine fait 5,4 m^2, le W.C. est incorporé dans la salle de bains. La circulation intérieure est réduite à un dégagement d'entrée ; la chambre (12,9 m^2) est desservie par le séjour (16,1 m^2). Notre deuxième exemple est celui d'une cellule conçue dans les années 1970, quand l'efficacité économique sera estimée selon le coût du m^2 carré de la surface totale. La surface habitable de la cellule passe de 29 m^2 à 24,1 m^2. Le dégagement à l'entrée est agrandi et il dessert le séjour, une chambre (avec une surface réduite à 8,7 m^2) et une cuisine (agrandie à 7,5 m^2). La salle de bains est séparée du W.C., les rangements font leur réapparition.

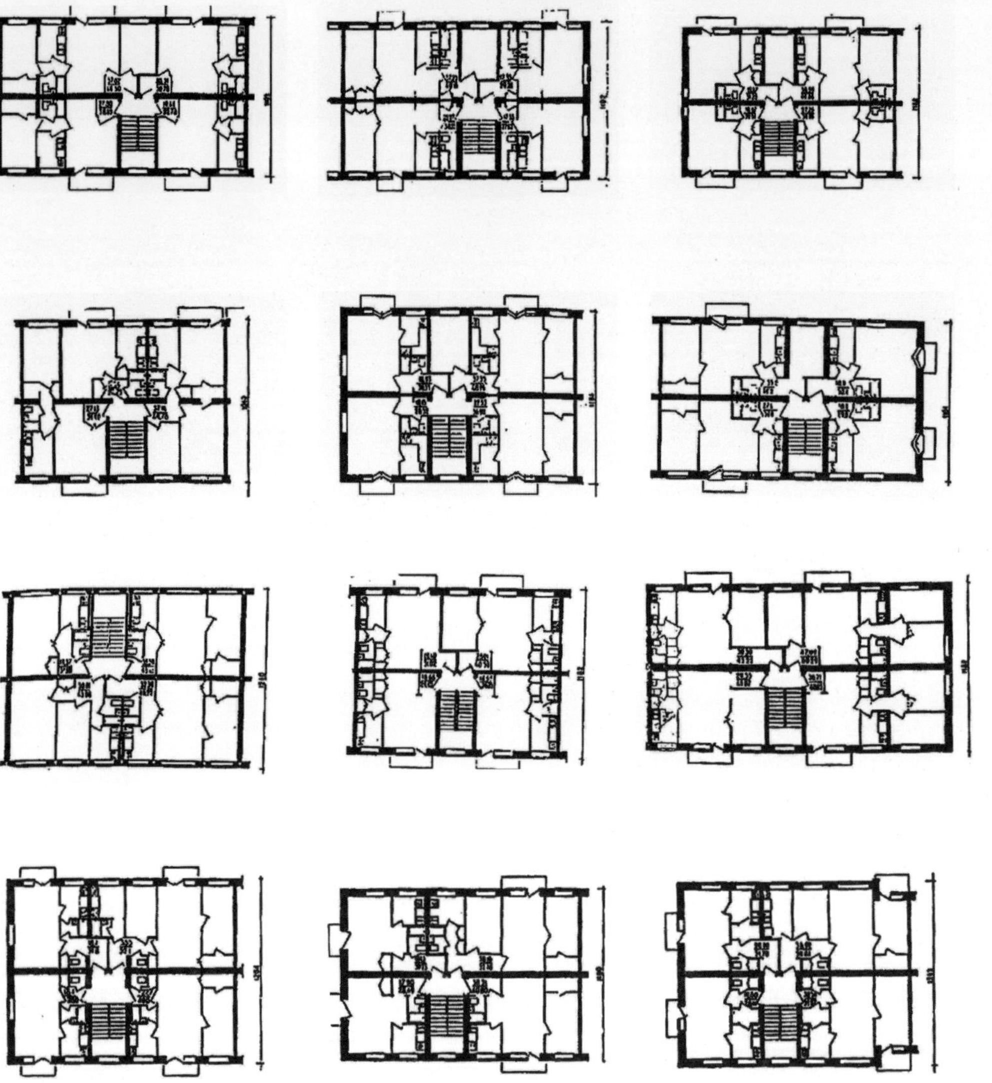

1	2	3
4	5	6
8	9	9a
10	11	12

Numération des immeubles

Fig. 63 : Novyê Čërëmuški, *Kvartals* N9, étages courants des immeubles de logements. Dans le *kvartal* N° 9 sont testés les divers types d'appartements de "petite surface". Les unités de cellules sont constituées d'appartements d'une, deux et trois pièces, avec des surfaces habitables de 18,27 et 36 m2, (soit des surfaces tota1es de 30, 40 et 50 m2 respectivement). La surface de la pièce principale est de 15 a 18 m2, celle des chambres de 8 a 10 m2, celle de la cuisine de 4 a 6 m2. La distribution à l'intérieur des cellules dépend de la position dans l'appartement du bloc "cuisine / salle de bains / W.C. II peut y avoir trois emplacements: à l'entrée, au milieu ou au fond de la cellule. L'accès a la cuisine s'effectue soit par un couloir d'entrée, soit par la pièce principale. Les chambres sont toujours desservies à partir de la pièce principale. Le W.C. est incorporé à la salle de bains. Les nouveaux équipements sanitaires de taille plus petite permettent de réduire les dimensions des salles de bains.

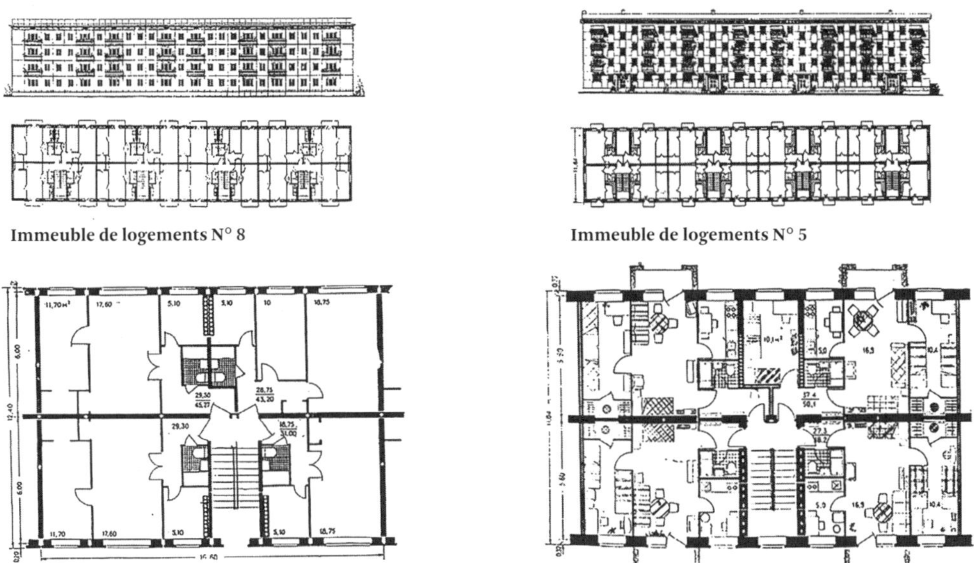

Fig. 64 : Novyê Čêrëmuški, *Kvartals* N9, immeubles de logements N8 et N5. Dans les cellules de l'immeuble N° 8 (architectes E. Iohêlês, E. Hlystova) le bloc de "service" est situé a l'entrée de la cellule. Un dégagement à l'entrée dessert la cuisine (5, 1 m2), la salle de bains avec un W.C. incorporé et la pièce principale (17,6 m2). La chambre de 11,7 m2 (dotée d'une garde-robe) est desservie par la pièce principale. Dans l'immeuble N° 5 (architectes E. Dêmcênko, N. Komilova, G. Karlsên) le principe de distribution est pratiquement le même, sauf pour la cuisine, desservie par la pièce principale.

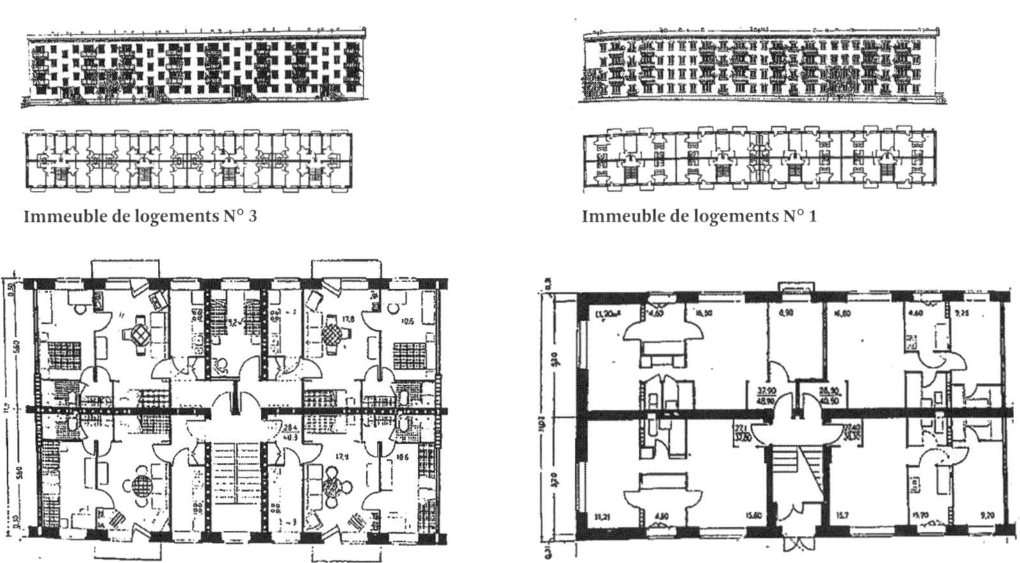

Fig. 65 : Novyê Čêrëmuški, *Kvartals* N9, immeubles de logements N3 et N1. Dans l'immeuble N° 3 (architecte G. Bocarov) la cuisine se trouve à I 'entrée de l'appartement. La salle d'eau et le W.C. incorporé sont placés au fond: on y accède par un dégagement entre la pièce principale et la chambre. Dans l'immeuble N° 1 (architectes O. Subbotin) la pièce principale et la chambre sont séparées par le "bloc de service": cuisine, salle de bains, W.C. et une garde-robe qui assure en même temps le rôle de couloir desservant la chambre.

3.6. Le Ve congrès de l'Union Internationale des architectes à Moscou, juillet 1958

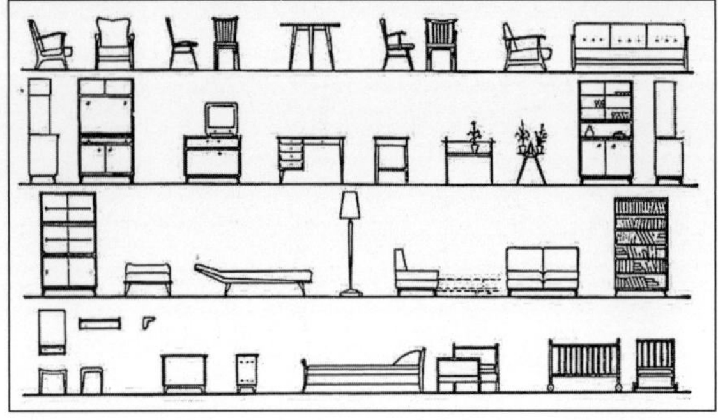

Fig. 66 : La petite surface des logements oblige les architectes à envisager leur équipement par des meubles de "petit gabarit" (*malogabaritnaâ mêbêl'*) notamment des chaises pliables ou des canapés convertibles. Des meubles de "petit gabarit" sont fabriqués à titre expérimental et vendus aux locataires de l'ensemble.

- Assortiment de meubles pour aménagement d'un appartement de trois pièces.

- Croquis d'aménagement intérieur d'un appartement d'une pièce.

Nikita Khrouchtchev, après avoir dénoncé avec le culte de la personnalité, tente une inflexion du modèle de croissance au profit de la consommation et révise le mode de financement de la construction des logements[69]. Jusqu'alors, les sommes assignées par le budget de l'État à la construction des logements étaient fixées selon le principe « résiduel », traitement réservé à tous les secteurs classés comme « non productifs », la meilleure part revenant aux constructions industrielles[70]. Pendant une courte période, de 1957 à 1964, un effort budgétaire plus important est consenti dans le logement, entraînant une amélioration notable des conditions d'habitation pour une grande partie de la population. Le tableau ci-dessus illustre les augmentations de financement[71] :

	1948	1949	1950	1951	1952	1953	1954	1955	1956	1957	1958
Investissement (en Mds Roubles)				V^{e} quinquennat 101,6 milliards					28,6	40,6	47,7
Surface construite (millions m²)	21,1	21,9	24,2	27,6	27,4	30,8	32,5	33,4	41	52	71,2

Dans la sphère sociale, Khrouchtchev ne se limite pas à la politique de l'habitat. En 1956, il abolit la loi de 1940 qui attache les ouvriers à leur usine : ainsi ils deviennent libres de rechercher un emploi. Il augmente les salaires; l'âge de la retraite est abaissé à 60 ans pour les hommes et à 55 pour les femmes. La durée de travail hebdomadaire passe de 48 h à 46 h. Les emprunts obligatoires d'État, qui représentent jusqu'alors 1/12 du salaire mensuel sont également abolis. Le 22 mai 1957, Khrouchtchev prononce un discours devant les représentants des kolkhozes, où il lance le célèbre slogan : « Atteindre et dépasser l'Amérique ». Sous la pression de Khrouchtchev, le XXIe congrès du Parti (27 janvier-5 février 1959) adopte le plan septennal pour les années 1959-1965, dans lequel l'URSS doit atteindre et dépasser les États-Unis dans tous les secteurs de production et en 1965 occuper la première place tant dans la production globale que dans la production par tête. Par ailleurs, le congrès déclare que la construction du socialisme en URSS est achevée et annonce pour 1980 l'édification du communisme. Malgré les aspirations irréalistes, Khrouchtchev met en place une politique sociale et « soulève le rideau de fer ». Les échanges internationaux reprennent, les contacts personnels se rétablissent. Les manifestation internationales se succèdent à Moscou : le Festival International des jeunes et des étudiants, le Congrès des étudiants en architecture, les salons nationaux de la Grande-Bretagne, de la France (1961). Nikita Khrouchtchev prend le patronage le Ve congrès de l'Union Internationale des architectes qui se déroule à Moscou du 21 au 27 juillet 1958[72] (contrairement à ce qui s'était passé en 1932, où le IVe congrès du CIAM prévu à Moscou n'avait pu s'y tenir, en raison d'enjeux politiques multiples[73]). Khrouchtchev attend sans doute du congrès de l'UIA « l'approbation internationale » de sa politique d'industrialisation. De plus, dans la situation de guerre froide qui est particulièrement marquée dans les années 1948-1962, le congrès de l'UIA permet à Moscou de marquer un point dans l'opinion publique internationale. La décision d'organiser ce congrès est prise en 1955. Initialement il doit se dérouler en 1957 mais à la suite des «événements» de Hongrie il est reporté d'une année.[74] Le thème choisi est «La construction et la reconstruction des villes 1945-1957». Au cours du Congrès sont évoquées les questions de « l'industrialisation et de la technique de la construction ». Aux travaux participent 1478 délégués, avec 38 délégations de pays « capitalistes » et 12 de « démocraties populaires ». Parmi toutes les délégations étrangères, la France est la plus représentée : 195 délégués. Un ouvrage en trois volumes préparé à l'avance par les Soviétiques, intitulé « Construction et reconstruction des villes 1945-1957 »[75], rassemble les rapports documentaires des divers pays participants.

L'un de ces volumes est consacré à la préfabrication : questions et réponses des pays participants. Dans les résolutions du Ve congrès, sous le titre « Aspect technique de la réalisation », il est noté que :

> *Les architectes s'engagent résolument dans la voie de l'industrialisation du bâtiment. Elle seule permet de tirer le meilleur parti des ressources en hommes et en matériaux. En prenant la tête de ce mouvement, ils affirment que la construction est un moyen au service des valeurs humaines de l'architecture et qu'une esthétique nouvelle pourra naître de l'industrialisation.*[76]

L'ouverture officielle du congrès se tient au Kremlin et une garden - party est offerte dans les jardins à la suite de la séance de clôture. Le Comité Exécutif de l'UIA est reçu en audience par Khrouchtchev qui tient à s'entretenir personnellement avec les représentants de « l'architecture internationale ». L'entrevue se prolonge pendant plus d'une heure et porte sur « les problèmes de l'architecture et de l'urbanisme de la Russie contemporaine ». Le compte rendu du Congrès préparé par A.- G. Heaume pour *L'Architecture d'Aujourd'hui* mentionne que : « Le chef du gouvernement soviétique manifesta un intérêt certain pour les opinions exprimées par les délégués des différents pays, montrant ainsi à quel point l'architecture préoccupait les dirigeants de l'URSS »[77]. Après sa clôture, P. Abrosimov, le président du Ve Congrès, qui est également le secrétaire de l'Union des architectes soviétiques, adresse le compte rendu au Comité Central du Parti Communiste. Le rapport, en date du 5 septembre 1958, s'intitule : «Bilan du Ve congrès de l'UIA» et porte la mention « secret »[78] (dès janvier 1956, le comité soviétique d'organisation du congrès de l'UIA avait rédigé des rapports pour le Comité Central du PC[79]).

Le gouvernement de l'URSS voit dans ce rassemblement des enjeux politiques et veut en profiter. Il espère que l'Union des architectes soviétiques parviendra à convaincre le Congrès de l'UIA de voter une résolution spéciale sur la paix. Le Comité d'organisation soviétique du Congrès et le secrétariat de l'Union des architectes de l'URSS rédigent le projet de cette résolution et décident qu'un « représentant d'un pays neutre annoncera cette proposition ». Il est évident que le secrétariat de l'UIA est informé des intentions du Comité d'organisation soviétique et essaie, « diplomatiquement », d'écarter cette résolution. Le Comité exécutif de l'UIA craignait l'éventualité d'un tel incident ; en 1956, à l'initiative des représentants de l'UIA (Jean Tschumi son Président et Pierre Vago son Secrétaire général) le règlement du Congrès avait été complété d'une clause signifiant « qu'aucune résolution, ni suggestion n'ayant de rapport direct avec le travail du congrès, ne sera prise en considération »[80]. Après la lecture en russe et en français du projet des résolutions générales, M. H. Larrain de la délégation chilienne prend la parole et se prononce pour la « détente internationale et la réduction des dépenses militaires ». Le Suédois M. V. Olssen enchaîne en se prononçant pour « l'arrêt des expériences de l'arme thermonucléaire et l'interdiction de son emploi ». Comme le dit dans son rapport, Abrosimov, le texte de l'intervention sur la paix d'Olssen est « presque identique à notre résolution » et son intervention est « soutenue par la

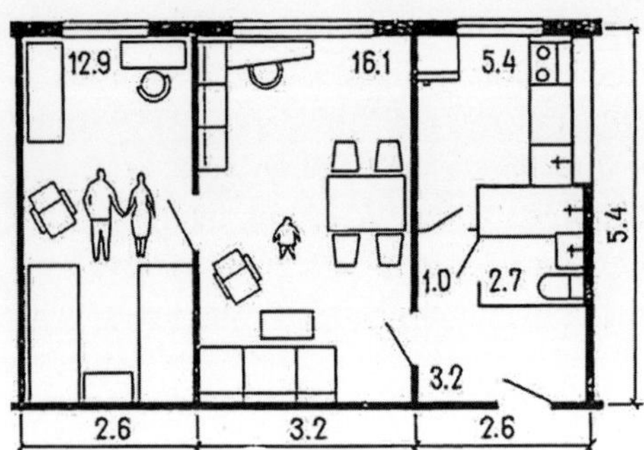

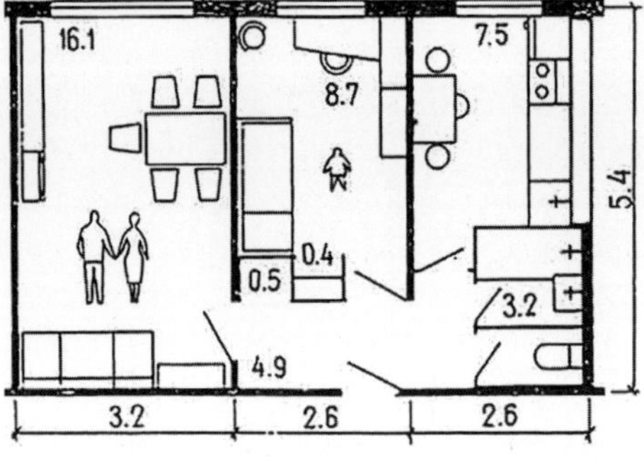

Fig. 67:

Appartement conçu dans les années 1960, son « efficacité économique » est calculé sur la base de la surface habitable:
– surface habitable 29 m2,
– surface totale 41,3 m2

Appartement conçu dans les années 1970, son « efficacité économique » est calculé sur la base de la surface totale:
– surface habitable 24,1 m2,
– surface totale 41,3 m2

majorité de la salle »[81]. Abrosimov rapporte que : « Vago, Tschumi et Gutton ont développé une activité vive, pour que la résolution d'Olssen ne soit pas publiée, malgré l'éventuel schisme ». Il rapporte une conversation entre Pierre Vago et D. Hodžaev[82], le secrétaire du Comité d'organisation, qui avait eu lieu après la clôture du congrès. Pierre Vago dit :

Avant notre départ pour le congrès, beaucoup de gens nous prévenaient : vous allez chez les bolcheviks, ils vont essayer de faire du congrès une démonstration politique. Nous répondions : ce n'est pas vrai, le congrès poursuit des objectifs purement professionnels, communs à tous les pays. Jusqu'à présent tout allait vraiment bien. Mais si le monde entier, sachant que nous nous sommes entretenus avec Khrouchtchev, lit quelque part dans la presse, dans « l'Humanité », une résolution du congrès, qui reprend entièrement les dernières propositions soviétiques... Ce n'est absolument pas tolérable, ni pour Tschumi, ni pour moi, ni pour Van der Broek, Van Hove ou Vouga.[83]

Le discours d'Olssen est inclus dans le sténogramme du congrès avec la mention « approbation du congrès ». Comme décrit Abrosimov dans son compte rendu : « une nouvelle résolution sur la paix fut rédigée par les membres du Comité exécutif de l'UIA au cours de leur voyage dans le Sud de l'URSS ». Par ailleurs, dans son rapport Abrosimov distingue entre les membres de l'UIA deux groupes qu'il appelle : les « réactionnaires » et les « loyaux ». Parmi les « réactionnaires » il classe : Tschumi, Gutton, Vago, Van der Broek, Lebret et parmi les « loyaux »: Van Eesteren, Robert Matthew. Abrosimov rapporte les appréciations des architectes étrangers sur l'architecture de Moscou :

Avant tout, les architectes ont critiqué le bâti à Moscou le jugeant trop monumental (Marot, Olivier, Sirvin) ils ont également critiqué la monotonie du bâti (conséquence de l'industrialisation et de la « typisation » de la construction) et la qualité des travaux de gros œuvre et de finition. [84]

Marot, au cours de son intervention, se pose des questions à propos de l'urbanisme de Moscou :

Comment s'adaptera l'homme à cette ville - monument, qui semble plus faite pour l'impressionner que pour l'y faire vivre ? Sera-t-il possible d'allier dans cette capitale les deux qualités : le monumental et l'humain à l'échelle de la civilisation mécanique que nous allons vivre de plus en plus et qui est déjà assez monumentale en elle-même ?[85]

N. Baranov, en tant que rapporteur général du Congrès répond à cette question au cours de la séance du clôture :

Certains de nos amis sont effrayés par les grandes dimensions des places, des rues et des édifices de Moscou mais les moscovites n'éprouvent pas de telles craintes. Les Soviétiques considèrent avant tout comme leur propriété, leur apanage tout ce qui se construit sur les places et dans les rues de la ville.[8]

Fig. 68 : Tiercé sur les vaches entre une kolkhozienne et un fermier américain *Krokodil*, N34, 1958. Le dessin est accompagné d'un texte: « Cette année, l'Union Soviétique atteindra les États-Unis dans la production du lait.»

Fig. 69 : « Le Ve congrès de l'UIA », compte rendu sténographique. « La réception par le Président du Soviet des Ministres de l'URSS, le camarade N.S. Khrouchtchev des membres du Comité exécutif de l'Union International des architectes au cours du Congrès.»

3.7. Conclusions du chapitre III. Les années 1954-1958, dénonciation du modèle stalinien et ouverture vers un modèle nouveau

La Conférence des Constructeurs qui s'est tenue en décembre 1954, a marqué un tournant dans la stylistique de l'architecture et les techniques de construction. L'État s'engage alors financièrement dans la résolution du problème du logement. À partir de là, la notion d'un logement économique à la portée de tous devient un composant majeur de la politique de l'habitat. Les mutations dans l'architecture soviétique qui se sont produites à la suite de la Conférence des Constructeurs, ainsi que les décrets adoptés, ont clos une page de l'histoire de l'architecture soviétique, connue sous le nom de style « stalinien », et en ouvert une autre, baptisé le « modernisme ». Bien que les architectes soviétiques aient alors redécouvert l'architecture moderne, le passage de l'architecture « classique » à une architecture « moderne » s'est déroulé dans le cadre rigide et limité des projets types et de la préfabrication lourde. La censure technologique prit la place de la censure stylistique. Dans le dilemme opposant « expression architecturale » et « technologie », les problèmes plastiques et spatiaux ont cédé devant l'offensive de la technologie. Le mode de planification de la construction de logements en m^2 « abstraits » (qu'il s'agisse de surface totale, ou de surface habitable) ne permettait pas de répondre à la diversité de la demande d'habitat. En effet, l'objectif de loger des familles réelles de composition différente s'éclipsait derrière la planification de surfaces impersonnelles à bâtir. Par ailleurs, le calcul de « l'efficacité économique du logement », qui entraînait la réduction des surfaces de services et les normes qui définissaient les surfaces maximales, bloquaient les recherches spatiales sur le logement. La ferveur et la détermination avec lesquelles l'État s'est lancé dans la préfabrication font partie de ce sentiment de frustration lié au retard de l'URSS par rapport à l'Occident et manifestent la volonté « d'atteindre et de dépasser » l'Occident.

1 Dans le contexte soviétique, envoyer une lettre au Comité Central du Parti Communiste est le moyen le plus efficace d'attirer l'attention sur un problème, et d'accélérer sa résolution. Lettre adressée à Nikita Khrouchtchev, le 12 février 1954, signée : « Gêorgiï Gradov, lieu de travail : Académie d'Architecture, Institut des Bâtiments Publics, membre du PCUS ». Centre de conservation de la documentation contemporaine (ЦХСД), fonds N°5, inventaire 41, rouleau (du microfilm) 7256, dossier 6, pages 47-160.

2 Konstantin Ivanov et Gêorgij Gradov n'en sont pas à leur première lettre adressée aux dirigeants du Parti. Nous avons trouvé une référence à une lettre qu'ils envoient en février 1952 à Jdanov au Département de la Science du Comité Central du Parti.

3 A. Opočinskaâ, « Čêm my obâzany Akadêmii ? » (Que doit-on à l'Académie ?), *Arhitêktura SSSR*, le 21 avril 1985, page 6.

4 Dans les débats professionnels les membres de VOPRA, font appel à des arguments issus du débat politique. A. Mordvinov et K. Alabân jouent un rôle important dans la persécution des architectes d'avant-garde. Mordvinov est à la tête des persécutions de Lêonidov. Il l'accuse en 1930 de « détourner par ses utopies fantastiques les étudiants de la réalité au lieu de les aider à surmonter les difficultés de la vie quotidienne ». Karo Alabian participe personnellement à la persécution d'Ohitovič, rédigeant des lettres « secrètes » à Kaganovič où il dénonce les « constructivistes camouflés ». Jean-LouisL Cohen, Marco de Michelis, Manfredo Tafuri, *URSS 1917-1918 : La ville, L'Architecture*, op. cit., page 304 ; S. Han-Magomêdov, *Arhitêktura sovêtskogo avangarda, kniga pêrvaâ*, op. cit., pages 610-626 ; Hugh D. Hudson, *Blueprints and blood : the Stalinization of Soviet architecture*, 1917-1937, op. cit.

5 Lettre de Gradov à Khrouchtchev, op. cit., pages 47, 59.

6 Idem., page 53.

7 Ibidem., page 95.

8 Ibidem., pages 47-48.

9 Ibidem., page 152.

10 Ibidem., page 138.

11 Ibidem., page 86. Ici Gradov fait allusion à Pierre le Grand qui avec la construction de Saint-Pétersbourg perça une « fenêtre sur l'Europe », ce qu'on considéra comme un événement progressiste.

12 Il est certain que Gradov et Ivanov profitent tous deux de l'occasion pour calomnier leurs adversaires. Cependant, la raison pour laquelle Ivanov, qui avait adhéré à VOPRA en 1929, orchestre la persécution de ses camarades, en 1954 n'est pas claire.

13 Lettre de Gradov à Khrouchtchev, op. cit., pages 156, 159, 160.

14 Bruno Zevi, *Apprendre à voir l'architecture*, éd. Minuit, Paris 1993, page 95.

15 *«O pričinah otstavaniâ, vysokoj stoimosti žilišnogo i kul'turno-bytovogo stroitel'stva».*

16 Nous avons retrouvé des renvois à ces deux lettres (pas les lettres elles-mêmes) parmi les documents du Service du Comité Central du Parti chargé de la construction, Centre de conservation de la documentation contemporaine (ЦХСД), fonds N°5, inventaire 41, rouleau (du microfilm) 7255, dossier N° 2, pages 29-32. Les lettres sont datées du 3 juin 1954 et portent les numéros : II 1113 et 18283.

17 La réponse de l'Académie d'Architecture, signée par son président A. Mordvinov s'intitule : «Des propositions sur les questions de la conception de logements et d'équipements d'après des projets types (réponse aux lettre de Khrouchtchev N° 18283 et 1113)». Mordvinov, étant lui-même un « fonctionnaire de l'architecture » écrit sa lettre en respectant les « règles du jeu » de la société. Au nom de l'Académie il reconnaît la responsabilité des architectes dans la situation désastreuse de l'habitat de masse. Il écrit : « Les architectes s'étaient laissés emporter par les formes extérieures du bâti, aux dépens de l'essentiel : la conception de bâtiments confortables et économiques. Un décalage entre les méthodes industrielles de la construction et les formes architecturales était apparue ». Beaucoup d'architectes se hâtent de rédiger des lettres à Nikita Khrouchtchev. Les uns, veulent probablement, « barrer la route » aux démarches de Gradov car ses révélations sur l'état de l'architecture ne sont une découverte pour personne, tandis que les autres se dépêchent de rejoindre le camp de celui-ci. (Mordvinov envoie plusieurs lettres, des lettres sont signées par Simbircêv, Požarskij.) Des propositions sur les questions de la conception de logements et d'équipements d'après des projets types (réponse aux lettres de Khrouchtchev N° 18283 et 1113), Centre de conservation de la documentation contemporaine (ЦХСД), fonds N°5, inventaire 41, rouleau (du microfilm) 7260, dossier N° 26, page 15-18. Centre de conservation de la documentation contemporaine (ЦХСД), fonds N°5, inventaire 27, dossier N 109, pages 21-46. «La lettre de l'architecte Simbircêv à Khrouchtchev», octobre 1954, Centre de conservation de la documentation contemporaine (ЦХСД), fonds N°5, inventaire 41, rouleau (du microfilm) 7256, dossier N 6, page 191. La lettre de Požarskij ressemble à celle de Gradov, (ЦХСД), fonds N°5, inventaire 41, rouleau 7256, dossier N 6, page 167.

18 Comité d'État des affaires de construction près du Soviet des Ministres .

19 *«Vsêsoûznoê sovêšaniê stroitêlêj, arhitêktorov, rabotnikov promyšlênnosti stroitêl'nyh matêrialov, stroitêl'nogo i dorožnogo mašinostroêniâ, proêktnyh i naučno-isslêdovatêl'skih organizacij».*

20 Compte rendu de la commission, Archives Nationales Russes de l'Économie (ЦХСД), fonds 339, inventaire 1, dossier 1031.

21 Compte rendu de la commission, Archives Nationales Russes de l'Economie (РГАЭ), fonds 339, inventaire 1, dossier 1033, page 18.

22 Nikita Khrouchtchev, *«O širokom vnêdrênii industrial'nyh mêtodov, ulučšênii kačêstva i snižênii stoimosti stroitêl'stva»*, *Pravda*, le 28 décembre 1954.

23 En critiquant de manière ferme des « fausses décoration en architecture » qui aboutissent à un « gaspillage des fonds publics », Khrouchtchev omet que lui-même comme « apparatchik » rigoureux a supervisé en 1935 la construction du métro de Moscou où ont été utilisés les matériaux les plus recherchés. Dans ses mémoires en 1971, il admire ce chantier et n'évoque guère ni son coût ni son style : « Le marbre coûtait cher, mais le métro représentait pour nous une valeur historique. Son décor était très riche. » Nikita Khrouchtchev, *Vospominaniâ* (Mémoires), éd. Vagrius, Moscou, 1997, page 369.

24 Khrouchtchev fait allusion à un vers célèbre d'Alexandre Pouchkine : *«Â pamâtnik vozdvig sêbê nêrukotvornyj»...*

25 O mêrah po rêalizacii prêdložênii Vsêsoûznogo Sovêšaniâ po stroitêl'stvu, le décret porte le numéro 2469.

26 G. Šukin, I. Kadina, « K novomu bêrêgu » (Vers un nouveau rivage), *Arhitêktura SSSR*, N° 12, 1955.

27 «Ob ustranênii izlišêstv v proêktirovanii i stroitêl'stve», *Pravda*, le 10 novembre 1955.

28 Le 8 avril 1948, est adopté le décret du Soviet des Ministres de l'URSS, sur l'attribution des prix Staline pour les « travaux remarquables dans le domaine de la littérature et de l'art pour 1948 ». Dans le domaine de l'architecture les prix sont attribués aux « immeubles de hauteur », dont certains sont au stade de projet. C'est la première fois que les prix Staline sont attribués à des projets, ce qui témoigne de l'importance que le gouvernement attache à ces bâtiments. Parmi les lauréats se trouvent les architectes Lêonid Polâkov et Alexandre Boreckij auxquels on attribue le « prix de deuxième degré, dont le montant est de 50 000 roubles pour le projet de l'hôtel de 17 étages à Moscou, rue

Kalančëvskaâ ». Quelques années plus tard, le décret « Sur le rejet des excès dans les projets architecturaux et en construction condamne ce projet et ses auteurs » : « D'importants excès ont été tolérés dans l'élaboration des projets et dans la construction des immeubles de hauteur». Ainsi, pour la construction de l'hôtel Leningrad, place Kalančëvskaâ à Moscou, hôtel de 354 chambres (architectes Polâkov et Borêckij), on a dépensé autant que pour la construction d'un hôtel de 1.000 chambres à plan économique. La superficie des chambres dans cet hôtel ne représente que 22 % de la surface totale. Dans la décoration intérieure, on a toléré un luxe excessif, que rien ne justifie (dorure et décoration des plafonds, des corniches, panneaux coûteux en bois précieux, grilles décoratives dorées, etc.). Les dépenses d'exploitation pour l'entretien d'une place dans cet hôtel dépassent d'une fois et demie les dépenses analogues à l'hôtel « Moskva ». Le décret ordonne: « Tenant compte du fait que les auteurs du projet de l'hôtel Leningrad, après que le prix Staline leur eut été attribué pour leur projet initial, ont commis dans leur élaboration ultérieure du projet des excès importants dans les solutions de volume et de plan et dans la décoration architecturale de l'édifice, de priver les architectes Polâkov et Borêckij du titre de lauréats du prix Staline qui leur avait été attribué pour le projet de cet édifice ». Le titre de lauréats leur est retiré, il est même demandé que les architectes remboursent l'argent versé. La disgrâce de Polâkov ne s'arrête pas là, le même décret préconise de le destituer de la direction de l'atelier d'architecture de Mosproêkt. Le décret limoge aussi l'architecte Duškin de son poste d'architecte en chef du Mosgiprotrans ; Grêčiškin et Krykin de leurs postes d'architectes en chef de Gorki et de Kharkov.

29 Le 8 mars 1950, le journal *Pravda* publie le décret sur l'attribution des prix Staline pour « les travaux remarquables dans le domaine d'architecture pour 1949 ». Le troisième prix est attribué à « l'architecte Evgênij Rybickij, pour l'architecture de l'immeuble d'habitation N° 46-48, rue Čkalov à Moscou ». Quelques années plus tard, Gradov, dans sa lettre à Khrouchtchev, mentionne ce bâtiment en tant qu'exemple typique d'immeuble avec des « excès décoratifs ». Ceci nous paraît injustifié car dans l'architecture de ce bâtiment il n'y a pas de « superflu » particulier. C'est un exemple « ordinaire » du style « néo – classique stalinien ». La « grâce » de l'État s'est changé en « disgrâce ». Dans le décret du Comité Central du PC et du Soviet des Ministres Sur le rejet des excès dans les projets architecturaux et en construction, cet immeuble est évoqué : «Des excès particulièrement grands ont été tolérés par l'architecte Rybickij dans un immeuble construit rue Čkalov, pour la décoration duquel on a utilisé des matériaux coûteux, des ornements architecturaux compliqués et des arcades décoratives ; dans les plans de logements on a augmenté d'une manière inadmissible les superficies des entrées, des corridors et des autres locaux auxiliaires». Le décret ordonne de retirer le prix Staline à l'architecte : « Priver l'architecte Rybickij du titre de lauréat du prix Staline qui lui avait été attribué pour un immeuble d'habitation rue Čkalov à Moscou, dans le projet duquel ont été commis d'importants excès et des défauts dans les solutions architecturales et de plan ».

30 Lettre de Bylinkin à Khrouchtchev du 12 janvier 1956, Centre de conservation de la documentation contemporaine (ЦХСД), fonds N°5, inventaire 41, rouleau (du microfilm) 7269, dossier N° 71.

31 *«O mêrah po dal'nêjšêj industrializacii, ulučšêniû kačêstva i snižêniû stoimosti stroitêl'stva»* (Les mesures pour l'industrialisation, l'amélioration de la qualité et l'abaissement du coût de la construction), § 87, Archives Nationales Russes de l'Economie (РГАЭ), fonds 339, inventaire 1, dossiers, 1388.

32 « Appel au deuxième congrès des architectes soviétiques », Pravda, le 27 novembre 1955.

33 Et c'est la deuxième fois dans l'histoire de l'architecture soviétique que le changement de la politique architecturale pousse à « habiller » ou « déshabiller » les façades. Lorsque le « classique monumental » devient le style officiel, on ajoute un décor sur les façades qui semblaient trop austères. C'est à cette époque que l'on « valorise » par des colonnes la banque construite d'après le projet de Vêsnin à Ivanovo ; il était également prévu d'ajouter des colonnes à la bibliothèque d'Alvar Aalto à Vyborg.

34 désormais Novinskij boulvard.

35 En russe style moderne signifie art nouveau. L'immeuble dont l'auteur parle fut construit dans le style art nouveau.

36 Andreï Makine, *Le testament français*, Mercure de France, Paris, 1995, pages 34 - 35.

37 Parc d'exposition des réalisations de l'Union Soviétique construit dans un style d'inspiration classique.

38 En effet, l'Institut donne refuge à ceux qui étaient rejetés de la culture « officielle » : Ivan Lêonidov travaille à l'Institut en tant que maquettiste ; A. Dêjnêka, artiste célèbre, préside une chaire de dessin.

39 François Furet, *Le passé d'une illusion*, éd. Robert Laffont / Calmann-Lévy, Paris, 1995, pages 512-520.

40 *O mêrah po dal'nêjšêj industrializacii, ulučšêniû kačêstva i snižêniû stoimosti stroitêl'stva*, décret N° 1548. Archives Nationales Russes de l'Economie (РГАЭ), fonds 339, inventaire 1, dossiers 1374, 1130, 1387, 1388.

41 *Ob ulučšênii proêktnogo dêla v stroitêl'stvê*, Archives Nationales Russes de l'Economie (РГАЭ), fonds 339, inventaire 1, dossier 1391, page 10.

42 *Directives du XXe congrès du Parti Communiste concernant le sixième plan quinquennal du développement de l'Economie nationale pour les années 1956 - 1960*, «Pravda», le 26 février 1956.

43 «Dlâ vsêj strany odin tip doma»

44 «O razvitii žilišnogo stroitêl'stva v SSSR» (Sur le développement de la construction d'habitation en URSS), décret du Comité Central du PCUS et du Soviet des Ministres de l'URSS, Pravda, le 2 août 1957.

45 Ce passage du décret rappelle les postulats 27 et 29 de la Charte d'Athènes: «L'alignement des habitations le long des voies de communication doit être interdit. (27) Les constructions hautes implantées à grande distance l'une de l'autre, doivent libérer le sol en faveur de larges surfaces vertes. (29)»

46 SNIP : *Stroitêl'nyê normy i pravila* (Les normes et les règles de construction). Le SNIP devient le premier ouvrage de normalisation dont l'application est obligatoire pour toutes les constructions et sur tout le territoire de l'URSS. Les premières normes - le « SNIP II - B 54 » entrent en vigueur le 1e janvier 1955. Voir l'appendice « La normalisation de l'habitat en URSS, 1917-1987 ».

47 *Itogi vsêsoûznogo konkursa na tipovyê proêkty žilyh domov* (Les résultats du concours national pour la conception de projets types des immeubles de logements), *Arhitêktura SSSR*, N° 11, 1956, page 1.

48 Idem., pages 1-16.

49 Ibidem.

50 Il y avait deux jurys différents : pour un concours « fermé » sur invitation et pour un concours « ouvert ».

51 *Postoânnaâ Vsêsoûznaâ stroitêl'naâ vystavka*

52 Nous reprenons et nous analysons la notion de kvartal dans la ville soviétique dans le chapitre V.

53 B. Rubanênko et alii, *9 kvartal v Novyh Čërëmuškah* (L'ensemble N° 9 de Novyê Čërëmuški), éd. Izdatêl'stvo litêratury po strojtêlstvu, arhitêkture i stroitêl'nym matêrialam, Moscou, 1959, page 15.

54 S. Turgênêv, « Ekspêrêmêntal'naâ zastrojka žilogo komplêksa » (La construction expérimentale d'un complexe d'habitation), *Arhitêktura SSSR*, N° 1, 1958, page 3.

55 B. Rubanênko et alii., *9 kvartal v Novyh Čêrëmuškah*, op. cit., page 4.

56 V. Lagutênko, « Polnêê ispol'zovat' vozmožnosti novoj têhniki v žilišnom stroitêl'stvê » (Utiliser davantage les possibilités de la technique nouvelle dans la construction des logements), *Arhitêktura SSSR*, N° 1, 1958, pages 15-19.

57 S. Turgênêv, «Èkspêrêmêntal'naâ zastrojka žilogo komplêksa », op. cit., page 14.

58 Idem.

59 B. Rubanênko et alii, op. cit., page 18.

60 P. Abrosimov, « Važnyj ètap v razvitii sovêtskoj arhitêktury » (Une étape importante dans le développement de l'architecture soviétique), *Arhitêktura SSSR*, N° 5, 1958, page 3.

61 *Compte rendu du congrès*, Centre de conservation de la documentation contemporaine (ЦХСД), fonds N°5, inventaire 41, rouleau (du microfilm) 7276, dossier 102.

62 En 1957, « le prix Staline » est rebaptisé en « prix Lénine ».

63 Lettre de Président de Gosstroj V. Kučêrênko au Président de l'Académie de Science A.Nêsmêânov au sujet d'attribution de prix Lénine du 20 février 1959, Archives Nationales Russes de l'Économie (РГАЭ), fonds 339, inventaire 3, dossier 807, pages 4-8.

64 Idem.

65 Ibidem.

66 Ibidem.

67 Ibidem.

68 Gosstroj, SNIP II.B.10-57, Moscou, 1958, page 19.

69 L'URSS de l'après-guerre se caractérise par une reprise de la production. Toutefois, au milieu des années cinquante, on constate un renversement de cette tendance. On multiplie les directives, les normes et les indices tendant à limiter les gaspillages de matières premières et d'équipements. Charles-Etienne Lagasse, *L'entreprise soviétique et le marché*, éd. Economica, Paris 1979.

70 Michèle Kahn, « Le logement dans l'ex-URSS », *Le courrier des pays de l'Est*, N° 371, juillet – août 1992.

71 «Narodnoê hozâjstvo SSSR za 70 lêt» (70 ans d'économie de l'URSS), éd. Finansy i Statistika, Moscou, 1987, page 636.

72 La décision de créer l'Union Internationale des architectes est prise en 1947, au cours de Rencontres Internationales d'Architectes. Les architectes K. Alabân et N. Baranov participent à cette manifestation. Le premier congrès de l'UIA a lieu en 1948, à Lausanne.

73 Hans Schmidt, « I rapporti tra l'architettura sovietica e quella dei paesi occidentali tra il 1918 e il 1932 », in Manfredo Tafuri et alii., *Socialismo, città, architettura, URSS 1917-1937*, op. cit., page 257 ; Jean-Louis Cohen, Marco de Michelis, Manfredo Tafuri, *URSS 1917-1918 : «La ville, L'Architecture»*, op. cit., pages 92-108.

74 « Compte rendu de commission », Centre de conservation de la documentation contemporaine (ЦХСД), fond N°5, inventaire 41, rouleau (du microfilm) 7276, dossier 102, pages 113-149.

75 *La construction et la reconstruction des villes 1945-1957*, P. Abrosimov (dir.), édition d'État de la construction et l'architecture, Moscou 1958.

76 «Résolution du Ve congrès le l'UIA», publication du Secrétariat et du Bureau de presse, bulletin d'information.

77 « Compte rendu du congrès par A.-G. Heaume », *L'Architecture d'Aujourd'hui*, 1958, N°74, page XI.

78 *Itogi V kongrêssa mejdunarodnogo soûza arhitêktorov* (Le bilan du Ve congrès de l'UIA), compte rendu du Congrès rédigé par P. Abrosimov, Centre de conservation de la documentation contemporaine (ЦХСД), fond N°5, inventaire 41, rouleau (du microfilm) 7276, dossier 102, pages 113-149.

79 Centre de conservation de la documentation contemporaine (ЦХСД), fond N°5, inventaire 41, rouleau (du microfilm) 7266, dossier 53, page 132.

80 «Rapport sur le déroulement du congrès », Centre de conservation de la documentation contemporaine (ЦХСД), fond N°5, inventaire 41, rouleau (du microfilm) 7276, dossier 102, page 125.

81 Idem., page 126.

82 Hodžaêv était entre autre directeur du département de la construction du Gosplan.

83 Ibidem., page 127.

84 Ibidem., page 135.

85 *Le Ve Congrès de l'UIA, compte rendu sténographique*, édition d'État de la construction et l'architecture, Moscou 1960.

86 *Résolution du Ve congrès le l'UIA*, publication du Secrétariat et du Bureau de presse, bulletin d'information.

4

Raymond Camus présente à Vienne ses procédés de préfabrication, début des années 1960. Il tient entre ses mains la photo de la cité Barhen construite pour les houillères du bassin de Lorraine.
Archives Michel Camus

L'expérience française : une référence pour la préfabrication soviétique

4.1. Le cadre législatif de la Reconstruction en France, 1944-1956

La pénurie de logements dans la décennie qui suit la deuxième guerre mondiale est un problème commun à la France et à l'URSS. En France, les destructions provoquées par la guerre sont importantes : 420 000 bâtiments d'habitation sont détruits, 1 900 000 endommagés[1]. La crise du logement s'explique également par la politique de l'habitat menée en France dans l'entre-deux-guerres. Durant cette période, l'État n'encourage pas le secteur privé à construire des logements neufs ou à rénover les immeubles existants et lui-même n'intervient pas pour mettre en place une politique active. En 1918, le gouvernement établit un moratoire des loyers qui sera maintenu jusqu'à la fin de la deuxième guerre mondiale. Les revenus des loyers sont insuffisants et les immeubles ne sont pas entretenus. La moyenne annuelle de construction stagne : 90 000 logements par an de 1920 à 1940. La Statistique Générale évalue à douze millions le nombre de logements insalubres en 1939[2]. La pénurie liée aux destructions de 1939-1945 est aggravée par le renouveau démographique et l'exode rural. Au début des années 1950, le flux de populations immigrées : 40 000 en moyenne par an jusqu'en 1954, 55 000 de 1955 à 1961, et 984 000 pieds noirs en 1954[3], s'ajoute à la population en quête d'un logement. Dans les années 1950, s'amorce un véritable engagement public et un décollage des financements, comme en témoigne ce tableau :

	1948	1949	1950	1951	1952	1953	1954	1955	1956	1957	1958
Investissement (en Mds Francs)			37		60	53	90	130		132	
Logements construits (milliers)	40	51,5	70,6	76,9	83,9	115	162	210	238	270	270

À titre comparatif, les investissements en URSS en même période sont les suivants:

	1948	1949	1950	1951	1952	1953	1954	1955	1956	1957	1958
Investissement (en Mds Roubles)				V^e^ quinquennat 101,6 milliards					28,6	40,6	47,7
Surface construite (millions m²)	21,1	21,9	24,2	27,6	27,4	30,8	32,5	33,4	41	52	71,2

Source : « Loi du 21 juillet 1950 relative au développement des dépenses d'investissement pour l'exercice 1950 », Journal Officiel, le 23 juillet 1950 ; « Loi N° 53-1324 du 31 décembre 1953 relative au développement des crédits affectés aux dépenses du Ministères de Reconstructions et du Logement pour exercice 1954 », Journal Officiel, le 5 janvier 1954 ; « Loi de finances pour 1957 (N° 56-1327 du 20 décembre 1956) », Journal Officiel, le 30 décembre 1956, page 12646. «Narodnoê hozâjstvo SSSR za 70 lêt» (70 ans d'économie de l'URSS), éd. Finansy i Statistika, Moscou, 1987, page 636.

Dès son installation en 1944, le Gouvernement Provisoire de la République Française proclame sa volonté de diriger l'ensemble des travaux de déblaiement et de reconstruction, et de surveiller l'utilisation des indemnités[4]. L'État s'engage financièrement dans la Reconstruction et met en place un certain nombre de mesures qui réglementent : le droit d'accès au commandes publiques, la normalisation des surfaces de logements, l'utilisation des projets types et des procédés de construction qui « économisent les mains-d'œuvre ». En novembre 1944, par décret du Gouvernement Provisoire, le Ministère de la Reconstruction et de l'Urbanisme (MRU), avec Raoul Dautry[5] à sa tête, est créé. Le programme de construction de logements réalisé par les services publics ou les entreprises nationales est placé sous le contrôle technique de ce ministère. L'État applique le système des agréments aux architectes et aux entreprises pour pouvoir accéder aux commandes publiques, mis en place sous Vichy. Dès 1945, les entreprises de BTP désireuses de travailler pour la Reconstruction doivent être agréées par le MRU qui, « maître des critères de ses choix, mêle économie et politique »[6]. Pour être agréées, les entreprises doivent être « politiquement insoupçonnables ou blanchies de toute accusation de collaboration avec l'Allemagne ». Elles doivent, également, posséder un outillage et un matériel suffisants. Les agréments aux architectes sont délivrés par une commission créée en 1946, composée de huit membres, dont trois représentants du conseil de l'Ordre des architectes et deux de l'administration du MRU[7]. La commission attribue six types d'appréciations : « TF très favorable », qui permet d'exercer sur tout le territoire ; les titulaires de la mention de « F1 bon architecte de talent » ont le droit de construire hors de leur département. Les mentions « F2 bon architecte courant », « F3 architecte passable », « FD favorable débutant », « FC favorable collaborateur » attachent leurs bénéficiaires à leur seul département. Les refus d'agrément sont fondés sur les critères suivants : motifs politiques, non appartenance à l'Ordre, défaut de compétence, manquement à la déontologie professionnelle, défaillances morales. Le taux de non - agrément est non négligeable - et s'élève à 15%.

Les grandes institutions financières, comme la Caisse des dépôts et consignations qui jouent un rôle capital durant la Reconstruction, exercent une pression considérable sur l'architecte. Comme l'écrit Georges Candilis dans ses mémoires :

> *La standardisation, établissant les conditions répétitives et schématiques d'un système appliqué pour tous, et dont il fallait impérativement tenir compte pour obtenir un permis de construire, était devenue la nouvelle bible sacro-sainte de l'architecture.*[8]

Dès 1947 le MRU lance des concours au titre de « chantiers expérimentaux » dans le but d'améliorer les procédés de construction des bâtiments. Eugène Claudius-Petit, qui devient le Ministre de la Reconstruction et de l'Urbanisme en 1948[9], lance la campagne d'industrialisation de la construction. En 1951, il ordonne « la constitution d'une commission chargée d'apprécier les différents procédés constructifs susceptibles de permettre la réalisation, dans la région parisienne, d'un programme de constructions industrialisées »[10](parmi les membres de la commission se trouvent le gouverneur du Crédit Foncier, le directeur général de la Caisse des dépôts et consignations, le président de la Fédération nationale des offices d'HLM). En 1951, un arrêté exige l'approbation par le MRU de tous les programmes, les plans, les projets et les devis des logements financés par l'État[11]. Dans les constructions qu'il finance, l'État tente d'intervenir et de donner ses consignes dans le domaine de l'architecture. Dans une instruction concernant les demandes de permis de construire et les projets d'HLM, datée du 17 décembre 1952, adressée aux préfets et aux délégués départementaux et interdépartementaux par le Ministre de la Reconstruction Claudius-Petit, il est précisé :

> *Je vous rappelle également que la critique du projet au point de vue esthétique ne peut intervenir que par application des dispositions d'un projet d'aménagement ou, plus généralement, de l'article 5 de l'ordonnance du 27 octobre 1945, c'est-à-dire lorsque, malgré l'observation des règlements précités, les constructions par leurs dimensions, leur situation ou leur aspect extérieur, seraient de nature à porter atteinte à la salubrité ou à la sécurité publique, au caractère ou à l'intérêt des lieux avoisinants.*[12]

Dans le même document, les traitements particuliers des façades, dénommés en URSS comme des « excès architecturaux », sont aussi évoqués :

> *Toujours dans le même esprit de compréhension, vous conseillerez la suppression des surfaces inutiles qui accroissent le prix de construction sans améliorer l'habitabilité et vous recommanderez l'abandon des dispositions compliquées de façades ou de toitures qui n'ajoutent rien à la valeur architecturale de l'ensemble ou même l'enlaidissent et qui pèsent presque immanquablement tant sur le prix de construction que sur les frais d'entretien.*[13]

En 1953, plusieurs textes viennent augmenter les capacités d'intervention de l'État et des constructeurs. Pierre Courant, Ministre de la Reconstruction et de l'Urbanisme pendant six mois seulement, prépare la réforme de la construction. Le 15 avril 1953, la loi *Facilitant la construction de logements économiques*[14] est adoptée (dite loi Courant). L'objectif de l'État est de construire 240 000 logements au minimum chaque année. Pour la première fois depuis la loi Loucheur[15], un ensemble cohérent de mesures est proposé pour créer de nouveaux logements. La loi Courant veut faciliter la construction de « logements économiques normalisés » (les LOGECO sont non seulement des logements locatifs, mais aussi d'accès à la copropriété). La politique de Pierre Courant touche à la fois au financement, à la normalisation et à la mise en place des nouveaux procédés de construction. Elle prévoit la « réduction sensible des prix de revient du bâtiment par des mesures techniques, financières et éventuellement fiscales » et une aide à l'artisanat du bâtiment «afin de lui permettre de s'adapter aux nouveaux procédés de construction»[16]. La loi envisage la formation professionnelle des jeunes et des adultes pour résorber le chômage et assurer « la main-d'œuvre qualifiée nécessaire à la réalisation du plan ». Le programme LOGECO consiste à accorder une aide financière particulière à condition que l'on fasse appel à des plans types homologués par le MRU pour la construction de pavillons individuels (isolés, jumelés ou en bande) ou d'immeubles collectifs de logements de deux, trois, quatre et cinq pièces. Le but est d'abréger les phases d'étude et de favoriser la continuité et la répétition. Les plans types voient ainsi le jour :

> *L'utilisation de plans types et de projets types permettra de simplifier l'instruction des demandes de permis de construire, puisque, pour les projets types, cette instruction ne portera que sur le choix de terrain et les conditions d'implantations sur la parcelle.*[17]

Auprès du MRU est créée une commission d'agrément des plans types[18]. Cependant, les plans types ne sont «assortis d'aucune coupe ni d'aucune façade» et « il devra y en avoir un nombre suffisant pour que, dans chaque région, les candidats constructeurs aient certaines possibilités de choix »[19]. Une loi foncière du 6 août 1953 complète la loi Courant, elle donne « aux collectivités publiques la possibilité d'exproprier les terrains nécessaires à la réalisation de zones d'habitation ». Cette loi multiplie les possibilités d'expropriation pour cause d'utilité publique : les municipalités et les promoteurs vont désormais trouver des terrains à bâtir.
En 1953, pour favoriser la construction, le Ministère de la Reconstruction lance successivement plusieurs concours : Opérations Million et LOPOFA (LOgement POur FAmille). Ils portent sur un nombre total de 50 000 logements environ, répartis en 610 opérations. L'objectif de l'Opération Million est de :

> *Mettre à la disposition des catégories sociales aux ressources modestes des logements HLM, dont la dépense « de construction seule » n'excède pas 1 million pour un logement moyen de 3 pièces et de 48 mètres carrés de surface utile aux conditions économiques correspondant à un CAD moyen pondéré de 17,6. Les prix des logements, toutes dépenses confondues, seront ainsi compris entre 1.200.000 et 1.500.000 (Région Parisienne).*[20]

Le problème est donc d'apporter aux couches sociales les plus modestes de la population une prestation logement, dont la rentabilité corresponde à un loyer dont le niveau est compatible avec celui de leurs ressources. La formule adoptée au concours Opération Million est celle du concours conception/construction assortie des mesures suivantes : programme détaillé, dossier type, standardisation de certains éléments, volume important des chantiers. Il est lancé parmi des équipes qui associent architectes, entrepreneurs, ingénieurs, industriels ou producteurs, techniciens de voirie et de réseaux. Le but est d'obtenir des projets qui ne s'attachent pas uniquement à la réalisation du lot ou du groupe de lots, mais qui pourront devenir des projets types pour être construits sur d'autres sites. Le jury est représenté par les services du M.R.L.[21] et les représentants des différents offices d'H.L.M. agissant comme maître d'œuvre. Le classement général est basé sur la note moyenne obtenue par chaque équipe pour les différents projets étudiés en fonction des terrains proposés.

D'après ce classement, le maître d'œuvre (office H.L.M.) choisit l'équipe qui l'intéresse[22]. L'État affiche son soutien à l'industrialisation du bâtiment. Roger Duchet[23], Ministre de la Reconstruction, annonce en 1955 au cours d'une conférence de presse :

> *La technique du bâtiment en France est à la veille d'une révolution. Nous savons qu'à côté des moyens traditionnels il existe désormais des moyens nouveaux et que l'industrialisation du bâtiment est non seulement possible, mais nécessaire. Le Ministère appuiera résolument toutes les initiatives susceptibles de faire progresser dans cette direction la technique du bâtiment.*[24]

En 1956, le Ministère de la Reconstruction et du Logement lance le concours « Économie de main-d'œuvre ». Son but est de créer un marché réservé à certains procédés économisant la main-d'œuvre qualifiée, et de permettre à ceux qui appliqueraient ces procédés de faire les investissements nécessaires en outillage et en ateliers de préfabrication. Un jury sélectionne les procédés. Il sera réalisé environ 12000 logements à la suite de cette initiative. L'État français qui s'engage financièrement dans la construction des logements, est obligé d'avoir des normes de surfaces bien définies[25]. Pour établir les besoins en logements à construire et leur surface, il est fondamental de définir la notion de promiscuité. Les statistiques françaises retiennent pour apprécier le surpeuplement d'un logement non pas le nombre de m² par personne, comme c'est le cas en URSS, mais le nombre d'habitants dans chaque pièce. En 1946, elles adoptent les chiffres suivants : un logement est considéré comme « surpeuplé », s'il y a trois / quatre personnes dans la même pièce ; comme « insuffisant » pour trois / quatre personnes en deux pièces ; « suffisant » pour trois / quatre personnes en trois pièces ; et enfin « large » au-dessus d'une pièce par personne. Sur ces bases, le recensement de 1946 indique que, dans les villes françaises de 100 000 habitants et au-dessus, 14,6 % de la population vit en logements « surpeuplés »; 27,6 % en logements « insuffisants »; 32 % en logements « suffisants » et 25,8 % en logements « larges »[26]. Le décret intitulé *Caractéristiques auxquelles doivent répondre les immeubles construits au titre de la législation sur les loyers modérés*[27], promulgué le 7 mai 1951, énumère sept types de logements financés par l'État (les numéros de type correspondent au nombre de pièces dans l'appartement), avec les surfaces totales suivantes :

– type I, 30 m² ;
– type II A, 45 m² ;
– type III A, 57 m² ;
– type IV A, 68 m².[28]

La hauteur sous plafond est fixée à 2,5 m. Un arrêté du Ministère de la Reconstruction du 15 septembre 1952, intitulé *Caractéristiques techniques des logements économiques édifiés par les offices et sociétés d'habitation à loyer modéré*[29] précise : « Les immeubles doivent avoir le caractère de bâtiments définitifs, susceptibles d'une durée minimum de soixante-cinq ans dans les conditions d'un entretien normal ». Cet arrêté distingue trois régions climatiques : « méditerranéenne », « région de l'Est », région de « montagne », « autres » région et fixe quatre types de cellules ainsi que leurs surfaces :

Type de cellule	Désignation des pièces	Surface totale
E1	pièce principale, salle d'eau avec un W.C., cuisine	23 m²
E2	pièce principale, chambre, salle d'eau avec W.C. incorporé ou indépendant, cuisine	34 m²
E3	pièce principale, deux chambres, salle d'eau, W.C. indépendant, cuisine	44 m²
E4	pièce principale, trois chambres, salle d'eau, W.C. indépendant, cuisine	53 m²

Dans le cadre du lancement du programme LOGECO, Pierre Courant généralise un système de normes (surfaces des pièces et des logements, hauteur sous plafond, équipement des logements, etc.), valable aussi bien pour les logements collectifs, que pour les logements individuels groupés. En 1953, l'arrêté du MRU : *Caractéristiques auxquelles doivent répondre les logements économiques et familiaux* définit les surfaces pour ces logements[30]. Il précise les surfaces minimales et maximales.

L'arrêté énumère les appartements de types suivants :

Type d'appartement	Nombre de pièces	Surface totale en m²
F2	2	34-35
F3	3	44-57
F4	4	53-68
F5	5	63-82

En juin 1953, cette nomenclature de cellules est complétée par deux autres types d'appartements de six et sept pièces :

> *À titre exceptionnel, les personnes ayant respectivement six enfants et sept enfants à charge au moins peuvent construire des logements répondant aux caractéristiques suivantes : type F 6 : six pièces principales, 77-96 m²; type F 7 : sept pièces principales, 91-110 m².*[31]

La Circulaire du 29 novembre 1955 relative aux logements économiques et familiaux (création de logement d'une pièce) ajoute au répertoire de logements économiques et familiaux deux nouveaux types de logements[32] :
« 1° Le logement F 1, comportant une pièce principale avec cuisine, salle d'eau et W.C. et ayant une surface habitable comprise entre 26 et 30 m². » Ce nouveau type de logement doit répondre aux besoins des « célibataires, des personnes âgées et, le cas échéant, des jeunes ménages ».
« 2° Le logement F 1 bis, comportant une pièce isolée de 12 à 13 m² de surface habitable comprise dans un ensemble destiné à l'habitation principale de personnes logées en commun. »
Pour les logements économiques et familiaux[33], la surface des chambres est établie à 9 m². La surface de séjour est :

Type d'appartement	Surface de séjour en m²
F2, F3	12
F4, F5	14
F6, F7	16

Dans le cas de la cuisine incorporée dans le séjour, la surface de ce dernier peut être agrandie. Par ailleurs, la surface de la cuisine ne peut pas être inférieure à 5 m². L'habitation à loyer modéré ordinaire de trois pièces doit avoir une surface de 52 m² et des éléments d'équipements tels qu'évier, bac à laver, douche, lavabo, vide-ordure, cave, eau chaude, électricité.[34] Cependant, en 1955, Roger Duchet, Ministre de la Reconstruction et du Logement annonce que : « la règle si impopulaire des 52 m² de surface maximum est supprimée, ce qui permettra de construire des logements mieux adaptés aux besoins tout en les dotant d'un meilleur équipement »[35]. En 1955, le MRU réalise une étude des normes appliquées aux diverses catégories de logements bénéficiant d'une aide financière d'État en vue de procéder à leur unification. Cette unification s'avère nécessaire :

> *D'une part pour augmenter la productivité dans l'industrie du bâtiment par le développement de la normalisation et de la préfabrication ; d'autre part, pour simplifier la tâche du constructeur et permettre l'utilisation d'un projet établi quel que soit le mode de financement envisagé.*[36]

Le bénéficiaire d'un logement social est lui aussi un sujet d'étude, afin de définir un « usager type ». Dans ses mémoires Georges Candilis raconte :

> *L'administration tissait un canevas d'ordonnances et de recettes, établissait le « portrait robot » des conditions de vie de l'homme, schématisait la famille. Cette famille type était composée d'un père, d'une mère et de deux enfants. A partir de là, on déterminait un logement type, schématisant la vie quotidienne. Il devait comporter un séjour, deux chambres, une salle de bains et une cuisine. Ensuite, on définissait des normes dimensionnelles : 12 m² pour le séjour, 9 m² pour la chambre, 5 m² pour la salle de bains et 6 m² pour la cuisine.*[37]

4.2. Les chantiers expérimentaux en France, 1946-1955

L'objectif des opérations expérimentales en France et en URSS est de susciter des concepts nouveaux afin de dégager des solutions permettant, par l'emploi de méthodes industrialisées, d'abaisser le coût de la construction et de réduire les délais d'exécution. En URSS, seuls les immeubles collectifs font l'objet d'expérimentations, en France trois types d'habitations sont étudiés : maisons individuelles isolées à un seul niveau, bandes de cinq maisons individuelles à un étage, et immeubles collectifs. En septembre 1945, le chantier de 50 maisons individuelles de démonstration du MRU démarre à Noisy-le-Sec (Cité du Merlan). L'objectif de cette opération est de comparer différents procédés présentés par des constructeurs français et étrangers qui mettent en œuvre les matériaux les plus divers : bois, métal, béton armé, et de rassembler les avis des usagers[38].
En 1946, à Orléans, est lancée sur une vaste échelle une opération ayant pour objet la construction d'immeubles collectifs, réalisés avec des éléments préfabriqués. Les principes généraux de cette opération ont été élaborés pendant l'occupation, au Service Technique du Commissariat à la Reconstruction qui œuvrait en faveur de l'industrialisation et qui en 1943, organisait

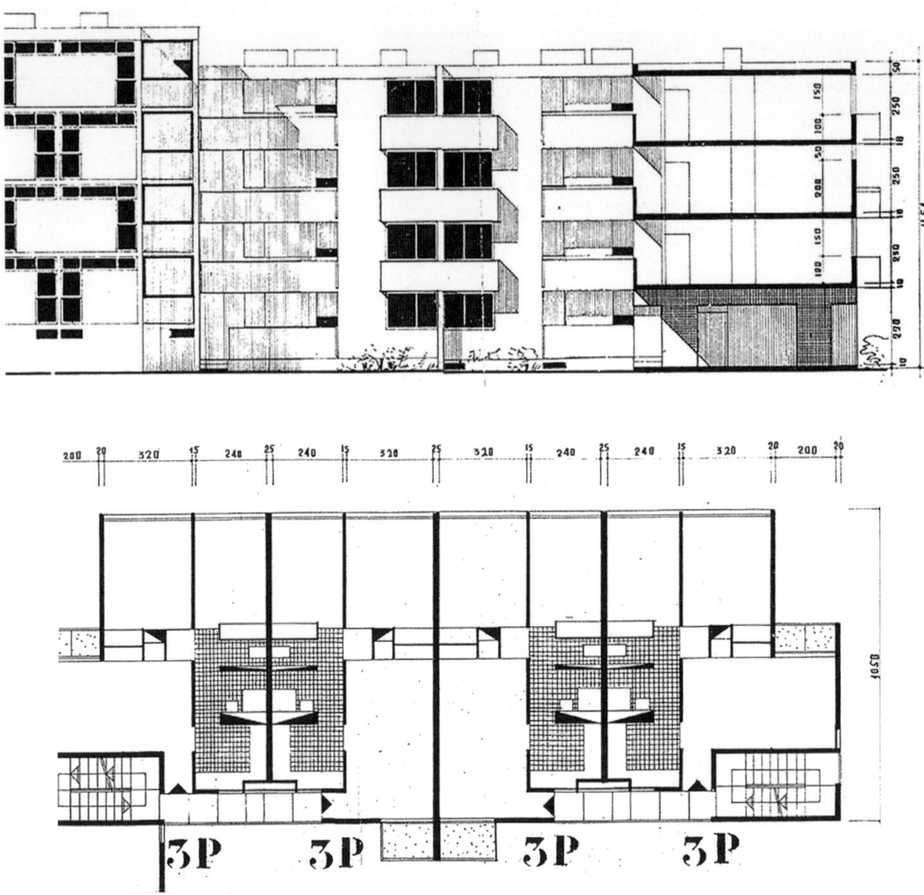

Fig. 70 : Georges Candilis, projets de logements pour la société Emmaüs, 1956. En 1956, dans le cadre de l'Opération Million, l'atelier de Georges Candilis conçoit des logements pour la société Emmaüs. Ces logements sont construits dans plusieurs communes de la région parisienne. Les appartements ont une hauteur sous plafond de 2,5 m. Dans l'appartement de trois pièces le séjour a une surface de 16 m2, les chambres de 8,5 m2 et 11 m2, la cuisine était de 5 m2. La salle d'eau, le w.c. et la cuisine sont regroupés dans un « bloc d'eau » qui assure non seulement ses fonctions directes, mais permet d'avoir une double circulation dans l'appartement. La circulation « d'honneur »s'effectue par le séjour, la circulation de service par la salle d'eau et le coin - cuisine. La largeur des chambres est de 2,4 m et 3,2 m (égale à deux dimensions de portée entre les refends). Les fenêtres en bande : une bande horizon tale située à 2 m de plancher et verticale (largeur 80 cm, hauteur 2,5 m), assurent l'éclairage conforme aux normes (1 /6 de la surface de pièce mesurée au sol) et permettent en plus d'installer facilement un lit derrière le panneau de façade.

Opération Villeneuve-Saint-Georges, 1949, architectes Marc et Léo Solotareff:

Fig. 71 : Vue d'ensemble, photo 1949

Fig. 72 : Plan d'étage courant

Fig. 73 : Plan masse

Fig. 74 : Opération Villeneuve - Saint - Georges, architectes B. Zehrfuss et J. Sebag, deuxième prix.

Fig. 75 : Opération Pont de Sèvres, architectes B. Zehrfuss et J. Sebag.

71

72

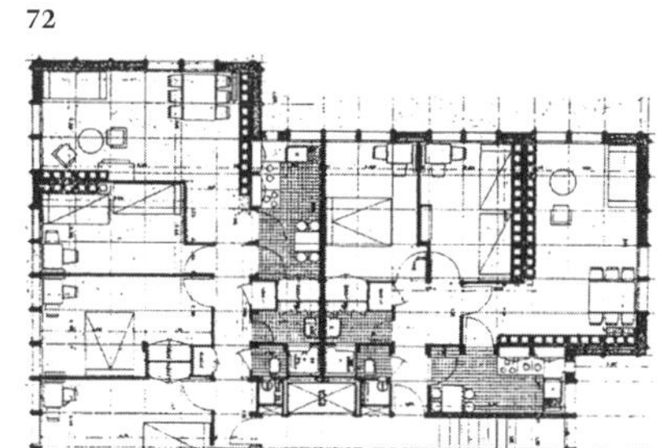

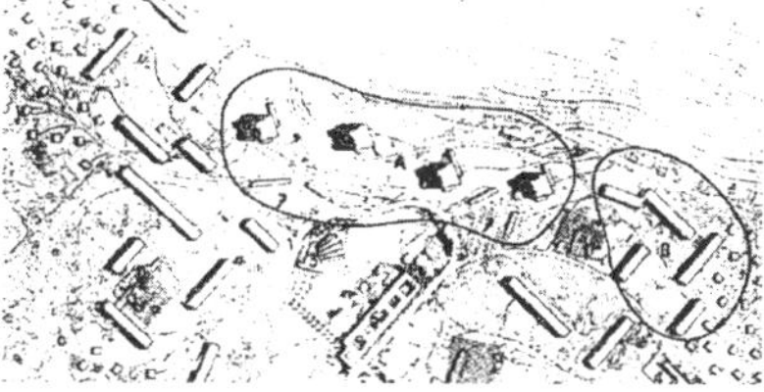

73

74

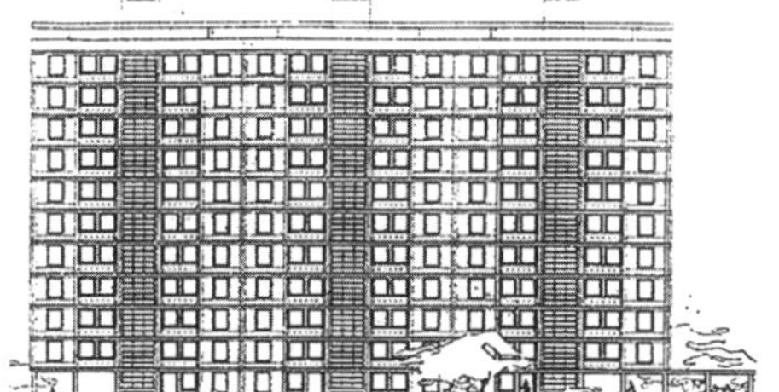

Façade Nord-Est

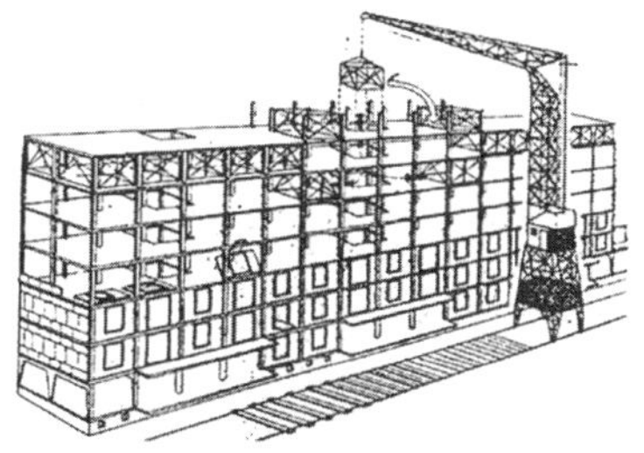

Schéma de mise en œuvre

75

Immeuble en voie d'achèvement

Montage des panneaux

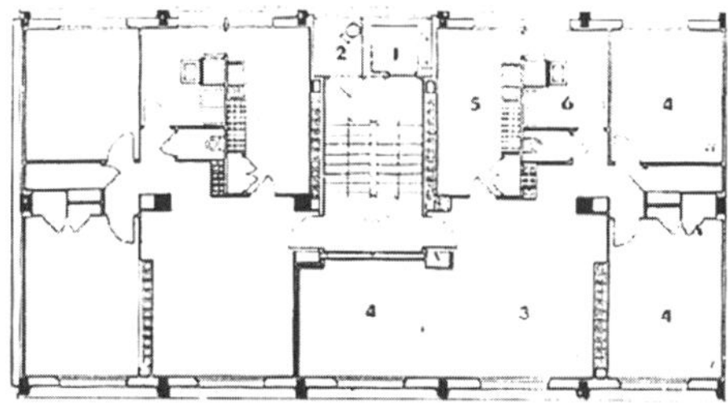

Plan d'étage courant

les « Concours pour l'amélioration des procédés de construction des bâtiments » (jugés en 1944). Les procédés retenus par le Commissariat sont alors testés dans ce chantier d'Orléans[39]. Les murs des bâtiments sont fabriqués selon le même procédé : le mortier en général non armé est coulé en sandwich entre des dalles de revêtement fabriquées en usine[40]. Les façades des bâtiments s'inspirent de l'architecture régionale[41]. Selon Pol Abraham, ce détour vers l'architecture vernaculaire s'explique par la proximité de bâtiments « témoins du passé », de « quelques uns assez beaux pour qu'il fût impossible de concevoir une architecture qui ne tînt pas compte de l'ambiance »[42]. En avril 1949, le MRU lance un concours pour la « réalisation de grands chantiers expérimentaux ». L'objet de ce concours est :

> *[...] De susciter des idées nouvelles, de mettre en concurrence tous les procédés de construction, traditionnels ou nouveaux, sous réserve que ces derniers aient été agréés par le CSTB[43] et de faire apparaître les solutions les plus intéressantes du point de vue du confort des occupants et de l'esthétique, et en même temps les plus économiques.[44]*

Le concours fait appel à des équipes qui regroupent architectes, ingénieurs et entreprises[45]. Trois terrains sont proposés aux équipes : Villeneuve-Saint-Georges, Creil-Compiègne et Chartres ; sur chacun le programme prévoit la construction de 200 logements. Sur chaque site, le projet classé en tête doit être suivi d'exécution. Les dimensions des différentes parties des projets doivent répondre aux normes AFNOR[46] et suivre les directives du REEF[47]. Le premier prix sur le terrain de Villeneuve-Saint-Georges est remporté par l'équipe des architectes Marc et Léo Solotareff (entreprise pilote Lajoinie). Les architectes proposent quatre tours de 9 à 12 étages sur rez-de-chaussée de 50 logements chacune (fig. 71,72, 73). L'ossature poutres-poteaux en béton armé, et un seul modèle de fenêtre, permettent une économie de 4 à 7 %[48]. Le deuxième prix sur ce site est attribué aux architectes B. Zehrfuss et J. Sebag avec l'entreprise Balency et Schuhl (légèrement modifié, ce projet sera repris au chantier du Pont de Sèvres à Paris, fig. 74, 75). Le groupe de 200 logements comporte trois immeubles de 10 étages sur rez-de-chaussée et caves. L'ossature en béton armé (travée de 3,8 m sur 4,8 m) est exécutée avec des outils répétitifs spéciaux. Les panneaux de façade sont moulés horizontalement sur le plancher d'étage, puis relevés verticalement à l'aide d'un treuil spécial prenant appui sur le plancher supérieur[49]. Le programme de Creil-Compiègne prévoit la construction de 200 logements répartis dans des immeubles de 2 à 3 étages sur rez-de-chaussée à Creil et des immeubles de 2 à 4 étages à Compiègne. Le concours est remporté par l'architecte M. Gravereaux (entreprise Société Cogetravoc). L'ossature du bâtiment primé est en béton armé ; les panneaux de murs et de cloisons qui ont la hauteur d'un étage et la longueur d'une pièce sont préparés à l'avance[50]. Eugène Beaudouin qui remporte le deuxième prix sur ce terrain, suggère d'utiliser la pierre pré-taillée pour la façade et des éléments préfabriqués en béton pour les toitures-terrasses[51]. Le programme pour du troisième site, à Chartres, prévoit la construction de maisons individuelles à simple rez-de-chaussée ou à un étage sur rez-de-chaussée. Ces deux types peuvent se combiner et donner naissance à des maisons jumelées. Le premier prix est attribué aux architectes Camelot, Sainsaulieu, Rivet (entreprise Société nouvelle de construction et de travaux) pour des maisons à un niveau ; le deuxième à l'architecte J. Riot et à l'entreprise Phénix pour des maisons R+1 (fig. 76, 77).

L'ossature des bâtiments construits dans le cadre des chantiers expérimentaux du MRU est dans la plupart des cas à type de poutres-poteaux-panneaux. Camus est l'une des premières entreprises qui mettent au point la structure panneaux-voiles. Breveté en 1948 et expérimenté au Havre en 1951, le procédé Camus est repris pour l'opération du SHAPE-Village à Saint-Germain-en-Laye (1951-1952). En juillet 1951, l'entreprise reçoit une commande du Ministère de la Reconstruction pour la construction en quelques mois des logements pour les familles d'officiers du SHAPE à Saint-Germain : un ensemble de 8 bâtiments comprenant 163 logements de 7 types différents, au total 30000 m² de surface bâtie. La société Raymond Camus et Cie ne dispose pas encore des moyens matériels qui permettent le démarrage immédiat d'un tel programme. Elle traite donc avec les entreprises Dumez et Froment-Clavier. Les architectes de l'opération sont Jean Dubuisson et Jacques Bordes. Une usine provisoire est montée à Colombes, dans les bâtiments désaffectés de la fabrique d'avions Amiot. Les premiers panneaux sortent de l'usine fin septembre 1951, le chantier est terminé fin avril 1952. Peu de temps après, l'entreprise est appelée à réaliser un autre ensemble pour le SHAPE à Fontainebleau : 4 immeubles de 8 étages, 260 appartements (40000 m² de planchers). Les architectes de l'opération sont

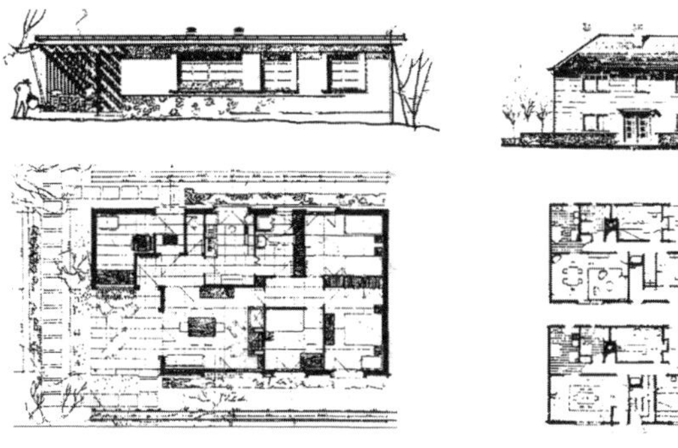

76

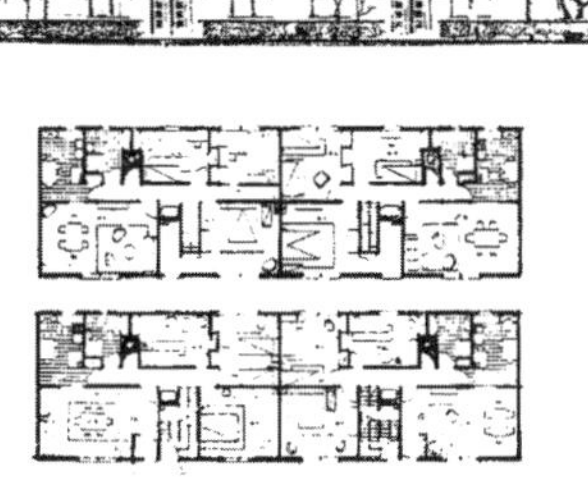

77

Fig.76 : Chartres, architectes Camelot, Sainsaulieu, Rivet, premier prix.

Fig.77 : Chartres, architecte J. Riot, procédé Phénix, deuxième prix.

Fig.78 : Concours du MRU pour la construction de 800 logements à Strasbourg (Cité Rotterdam), architecte Eugene Beaudouin, premier prix et exécution.

78

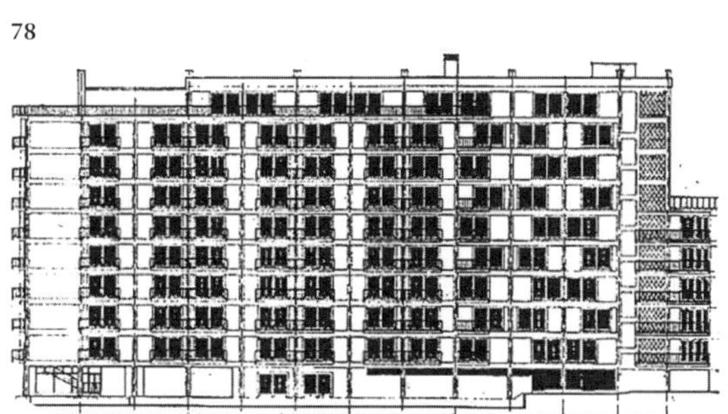

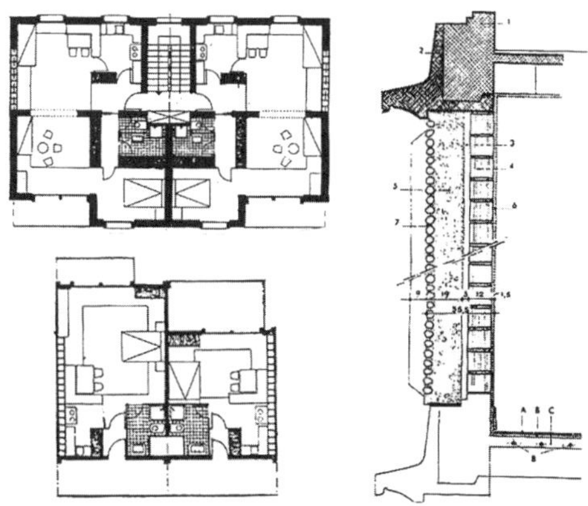

Marcel Lods et Cammas, l'entreprise - pilote Froment-Clavier. Raymond Camus installe ses locaux de production dans de vieux wagons, sur les voies de l'ancienne ballastière de Melun[52]. Après les opérations de Villeneuve-Saint-Georges, Compiègne et Chartres qui comprenaient chacune 200 logements, le MRU organise en décembre 1950 un concours de grande envergure pour un chantier de 800 logements à Strasbourg. Il s'adresse à des équipes regroupant architectes, ingénieurs, industriels et entrepreneurs qui doivent s'engager sur un prix ferme et des délais d'exécution ne dépassant pas dix-huit mois. Vingt-quatre projets sont alors rendus[53]. Retenu pour exécution, le projet d'Eugène Beaudouin (entreprise Boussiron), maintenant dénommé Cité Rotterdam, fait appel à des procédés industrialisés, à une rationalisation et à une standardisation des composants (fig. 78). Les murs porteurs des bâtiments bas sont constitués par des dalles préfabriquées en béton à parement extérieur en gros galets lavés. Dans les bâtiments élevés l'ossature est faite en béton armé et le remplissage entre les éléments d'ossature est réalisé en plaques préfabriquées légères en béton. Les planchers sont préfabriqués en béton armé, avec dalle de compression enrobant les tubes du chauffage[54]. Le deuxième prix est attribué aux architectes B. Zehrfuss et J. Sebag avec l'entreprise Balency et Schuhl. L'entreprise propose un système de préfabrication plus étendu avec un outillage déjà très industrialisé : moules automatiques, durcissement par chauffage, etc.[55] Le Corbusier qui obtient le quatrième prix dispose deux « unités d'habitation » au milieu du terrain, avec une stricte orientation nord-sud.

4.3. Opération « 4.000 logements dans la région parisienne », 1956

En 1952, le Parlement décide de tenter l'expérience dite des 4.000 logements[56]. Cette décision n'a pas pour objet d'expérimenter un nouveau procédé mais de tirer le maximum d'un procédé « présentant des possibilités d'industrialisation, en lui offrant un champ et une échelle suffisants »[57]. La décision du Parlement suit la réunion de la commission créée par Claudius-Petit (1951) chargée de donner un avis sur le procédé qui paraît présenter les possibilités d'industrialisation les plus larges. Cette commission se prononce pour le choix du procédé Camus. Le programme de l'opération, élaboré par le Ministère de la Reconstruction et de l'Urbanisme, est étudié par un collège de sept architectes : Camelot, Crevel, De Mailly, Ricome, Zehrfuss, Lods et Cammas en qualité d'architectes coordinateurs. Le Ministère de la Reconstruction confie l'exécution aux entreprises : Balency et Schuhl, Campenon-Bernard, Dumez, Dumont et Besson, Génie Civil et Travaux Publics, Raymond Camus et Cie. Pour exploiter les procédés Camus ces entreprises constituent la Société d'Etudes et de Réalisation de Procédés Économiques de Construction (SERPEC)[58]. L'autorisation de construire une usine à Montesson à l'ouest de Paris pour fabriquer des composants est donnée en octobre 1954. En juin 1955, la fabrication démarre à une cadence de production de 8 logements par jour. En 1956, elle passe à 10 logements par jour. Pour l'opération des « 4.000 logements » sont mis au point trois types de bâtiments :

- le bâtiment semi-double, dit « bâtiment D », à 5 niveaux habitables, comporte une majorité de cellules à une seule orientation (fig. 79) ;
- le bâtiment haut, dit « bâtiment H », comporte 9 niveaux habitables identique à ceux de « D » (fig. 81) ;
- le bâtiments simple, dit « bâtiment S », à 5 niveaux habitables, comporte des cellules à double orientation (fig. 80).

Les grandes lignes constructives sont fixées sur la base du procédé Camus tel qu'il est alors utilisé sur des chantiers expérimentaux en prévoyant la préfabrication totale des superstructures. La structure est de type panneaux-voiles : l'ossature portante des bâtiments est constituée par des panneaux de refend transversaux en béton, espacés de 5,9 m entr'axe en partie courante et de 2,62 m sur cage d'escalier. Ces panneaux sont contreventés par des refends longitudinaux situés dans l'axe des bâtiments et par les façades. Les refends longitudinaux sont préfabriqués en grands éléments de 16 cm d'épaisseur, de 2,5 m de hauteur et d'une longueur variant de 2,4 m à 5,2 m. Les façades sont formées de grands panneaux préfabriqués dont les dimensions générales extérieures sont celles de la trame d'ossature : hauteur de 2,78 m, longueur de 5,86 m et 2,58 m.[59] Les bâtiments « D », « H », « S » comportent des appartements de dix-huit types différents. En tout 52 immeubles sont construits, répartis en cinq îlots sur des communes de la région parisienne, ce qui correspond aux 4.012 logements : 2 580 logements à Nanterre, 159 à Boulogne Peupliers, 180 à Boulogne Gallieni, 352 à Clichy et 741 à Bagnolet.[60] Le coup global de l'opération (montant des dépenses budgétaires) s'élève à 9,8 milliards d'anciens francs.[61] Les surfaces totales des appartements correspondent aux surfaces établies pour des logements économiques. La surface moyenne dans œuvres par logement ne peut pas dépasser 52 m². Compte-tenu de cette disposition, le projet architectural comprend une surface moyenne dans œuvres par logement de 50 m², avec une surface supplémentaire de 4 m², comptée pour 2 m², réservée aux loggias, bow-windows ou séchoirs extérieurs. Les surfaces dans œuvres visées comprennent les pièces d'habitation: séjour et chambres ; les pièces de service (cuisine, salle d'eau, W.C., débarras et placard); les circulations propres au logement[62]. Pour chaque type d'appartement la surface totale et le nombre d'occupants sont déterminés de façon suivant[63] :

Nombre de pièces	Surface totale en m²	Nombre d'occupants
1	24	1-2
2	34	2-3
3	44-45	3-4
4	56	4-5
5	66	7-8

La surface de cuisine va de 4 m² (appartements d'une à trois pièces) à 6 m² (appartements de quatre - cinq pièces). La hauteur sous plafond est fixée à 2,5 m. La surface moyenne par habitant est de 10 m². Les murs de refend transversaux, espacés de 5,9 m, laissent une certaine liberté dans la conception de la cellule. L'appartement de deux pièces est organisé autour du « bloc d'eau » qui regroupe cuisine, salle d'eau et W.C. (fig. 82). La cuisine (4,8 m²) n'a pas d'accès direct vers le couloir,

Fig.79 : Opération « 4.000 logements dans la région parisienne », bâtiment «D» architectes Camelot, Crevel, De Mailly, Ricome, Zehrfuss, Lods et Cammas.

Fig.80 : Opération « 4.000 logements dans la région parisienne », bâtiment «S» architectes Camelot, Crevel, De Mailly, Ricome, Zehrfuss, Lods et Cammas.

Fig.81 : Opération « 4.000 logements dans la région parisienne », bâtiment «H»architectes Camelot, Crevel, De Mailly, Ricome, Zehrfuss, Lods et Cammas.

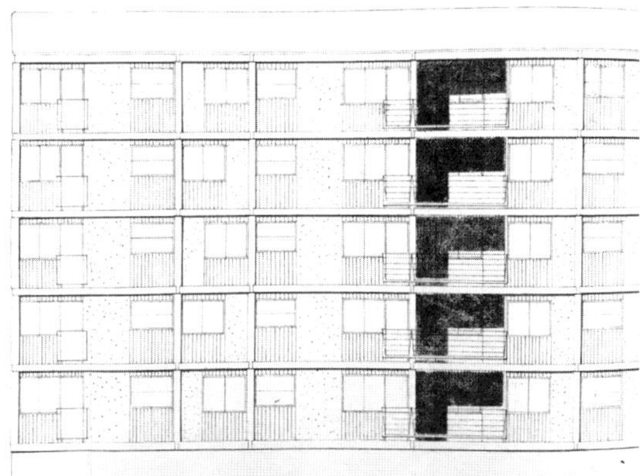

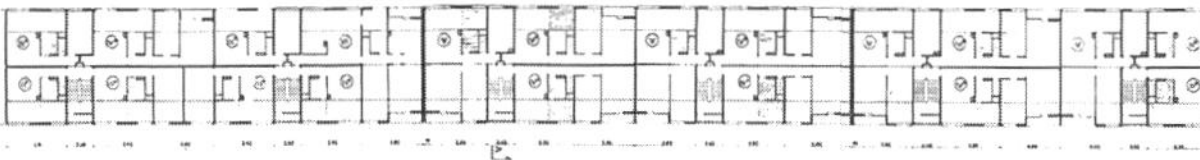

79

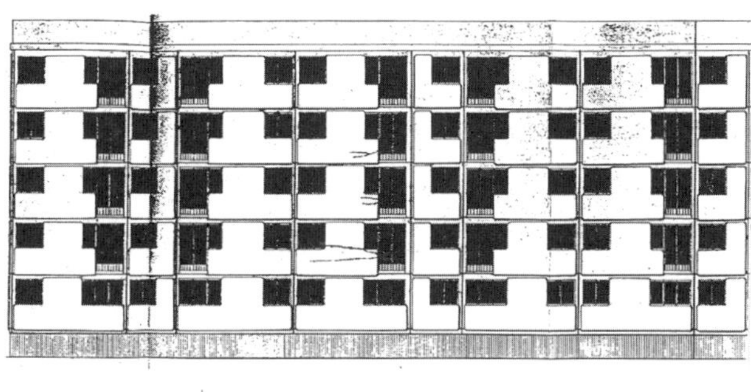

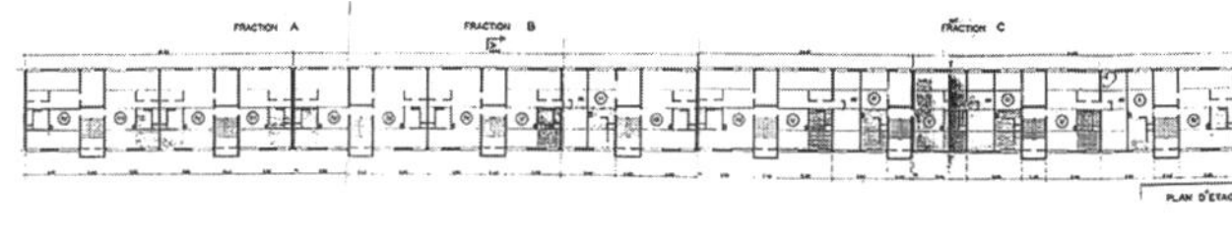

80

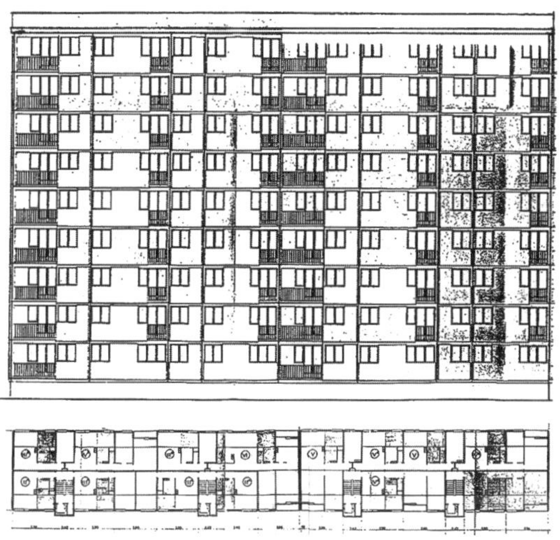

81

elle est desservie par la salle d'eau ou par la pièce principale (17 m²). La surface totale de la cellule s'élève à 39,11 m². Une chambre de 8,85 m² (largeur de 2,46 m) est desservie par le couloir d'entrée. Les bâtiments peuvent se décomposer en deux ou trois fractions différentes (A, B, C) séparées par des joints de dilatation (fig. 83). La longueur des bâtiments dépend du nombre de fractions, et va de 40,96 m à 58,19 m. Le montage des éléments s'effectue à l'aide de grues qui prennent les panneaux sur les semi-remorques pour les poser directement aux endroits où ils doivent être placés. Le cycle de montage d'un étage est de six jours.[64] Le chantier de montage est sensible aux conditions « locales » de l'îlot : plan masse, terrain, accès, éloignement de l'usine. Les grues posent environ quarante panneaux par jour, ce qui constitue un peu plus de deux appartements (fig. 84). Pour obtenir les rendements maximaux elles doivent travailler sur des groupes de bâtiments de 100 m de façade environ. Le passage d'une grue d'un bâtiment à l'autre se fait en une demi-heure, à condition qu'on utilise les même rails en évitant le démontage et le remontage de la grue. A Clichy, cinq bâtiments sont édifiés sans démontage de la grue[65].

CH
W
SH
S
C

82

83

3e ETAGE
8.40
2e ETAGE
5.60
1e ETAGE
2.80
REZ-DE-CHAUSSEE
0.00
SOUS-SOL
2.60
1.50

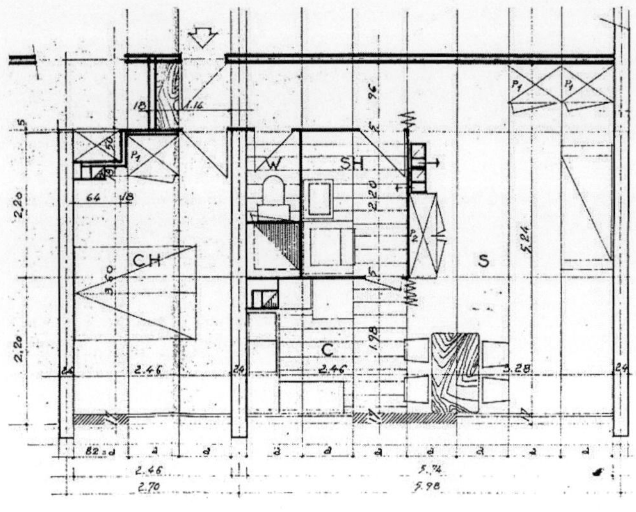

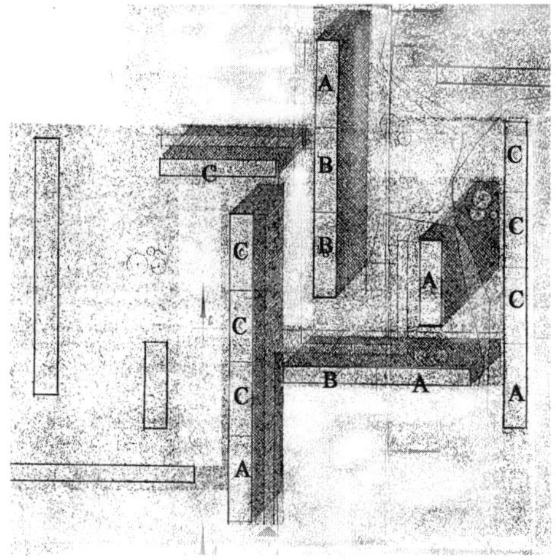

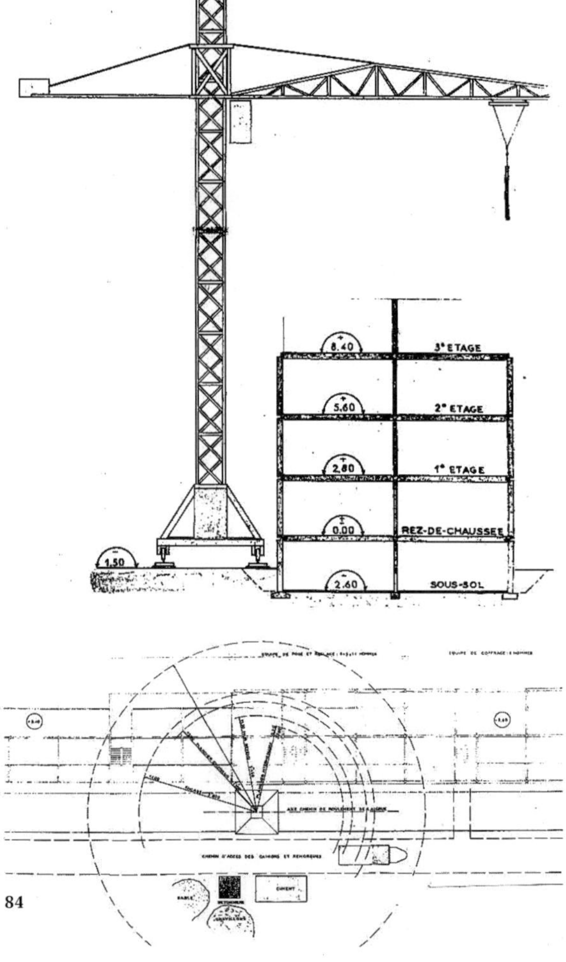

84

Fig. 82 : Opération « 4 000 logements dans la région parisienne », plan d'appartement de 39,11 m2 construit à Nanterre.

Fig. 83 : Opération « 4 000 logements dans la région parisienne », Nanterre, groupement type.

Fig. 84 : Opération « 4 000 logements dans la région parisienne », entreprise SERPEC, plan de montage sur le chantier

Fig. 85 : Opération « 4 000 logements dans la région parisienne », Nanterre, plan masse.

85

4.4. France-URSS, les échanges dans le domaine du Bâtiment, 1955-1959

La politique khrouchtchevienne d'ouverture permet de renouer les échanges économiques avec la France[66]. L'URSS est désormais en pleine campagne d'industrialisation et les émissaires soviétiques peuvent venir voir en France les opérations lancées durant la Reconstruction. Ces échanges y sont bienvenus. En premier lieu, le savoir-faire dans le domaine des Travaux Publics et du Bâtiment en France est traditionnellement un objet d'exportation[67]. D'autre part, dans le contexte de la guerre froide, les contacts rétablis avec l'URSS permettent de prendre de la distance avec les États-Unis. Marqués par la résistance, les intellectuels français sont majoritairement à gauche et expriment une sympathie active envers l'URSS (de nombreux échanges entre les représentants de l'intelligentsia des deux pays seront organisés par l'intermédiaire du Parti Communiste français et les « organismes de masse », Mouvement de la paix, France-URSS, etc.). Au cours de l'année 1955 trois délégations officielles soviétiques effectuent ainsi des voyages d'études en Europe Occidentale, et deux d'entre elles s'arrêtent plusieurs semaines en France. La première, conduite par Ûdin, Ministre de l'Industrie des Matériaux de Construction de l'URSS, et qui comprend douze techniciens, séjourne en France du 7 au 25 juillet 1955. La seconde est composée de trois personnes parmi lesquelles Promyslov, chef du service de la construction de Moscou et par la suite secrétaire du comité du Parti Communiste de Moscou. La troisième délégation, conduite par Kučêrênko, Vice-président du Conseil des Ministres de l'URSS, président du Gosstroj, comprend huit personnes parmi lesquelles Lovêjko, architecte en chef de Moscou. Cette délégation, qui visite également l'Italie et les Pays Bas[68], séjourne en France du 1e au 16 octobre 1955[69]. À la suite de ces visites, Kučêrênko adresse en mars 1956 des invitations à la Société Raymond Camus, à la Société STUP (Société d'études pour travaux utilisant le béton précontraint), à Camille Bonnome, Inspecteur Général au Secrétariat d'État à la Reconstruction et au Logement, auteur d'un ouvrage sur la préfabrication. À son tour, en 1955, le Conseil Economique français envoie en URSS une mission de 5 membres de sa « Commission des Travaux Publics, de la Reconstruction et de l'Urbanisme » pour étudier sur place les « conditions techniques, juridiques, financières et sociales des réalisations de l'Union Soviétique en matière de logements »[70]. La mission est chargée de collecter des informations sur le statut de l'habitat existant, le financement de la construction de logements, la réalisation des constructions, la politique foncière, l'urbanisme, l'aménagement du territoire, l'habitat rural et l'indemnisation des dommages de guerre en matière d'habitation. Répondant à l'invitation de Kučêrênko, Raymond Camus se rend en URSS en juin 1956, où « il est consulté sur l'installation des machines-outils » (en novembre 1956, une délégation soviétique visite l'usine Camus à Montesson[71]). La délégation conduite par Bonnome séjourne à son tour en URSS du 20 juillet au 6 août 1956[72]. À la suite de cette mission, Camille Bonnome rédige un rapport sur l'état de la construction en URSS. Il remarque que :

> *Paradoxalement, l'équipement en matériel ne présente pas de difficultés essentielles. D'une manière générale, les installations que nous avons visitées sont techniquement très au point, certaines même sont en avance. Les chantiers sont largement équipés en matériel.*[73]

Les échanges entre architectes sont également renoués. L'association France-URSS, crée une « commission de l'architecture et de la construction » qui organise des voyages d'architectes français en URSS[74]. C'est dans le cadre de cette commission que les architectes André Brisset, Robert Camelot, Anatole Kopp, Jean Perrottet, Guy Pison, Jacques Tournant et Georges Huisman se rendent à Moscou au mois d'août 1956. À la suite de ce voyage, Guy Pison rédige un rapport pour le Ministère de la Construction[75] et publie un article dans *L'Architecture d'Aujourd'hui*[76]. En 1958 et 1959, les échanges entre la France et l'URSS deviennent très intenses. Entrepreneurs, ingénieurs et hommes politiques français se succèdent à Moscou. En 1958, le MRU propose au Gosstroj d'échanger des « groupes de spécialistes dans le domaine du bâtiment ». Le Gosstroj donne une réponse positive : les français viendront en juin, les soviétiques iront en France en septembre[77]. La délégation française est dirigée par l'ancien Ministre de la Reconstruction et du Logement Eugène Claudius-Petit. Les quartiers modernes de Moscou, comme le Novyê Čêrëmuški et du Sud - Ouest, sont montrés aux français, qui remarquent la « qualité très basse des travaux de finition »[78]. En 1959, le

Ministre de la Construction Pierre Sudreau[79], accompagné de Camille Bonnome et du préfet Georges Hutain, viennent en visite officielle en URSS. Dans leur emploi du temps est prévue une rencontre avec Nikita Khrouchtchev, la visite de Novyê Čërëmuški et d'une usine de préfabrication lourde[80]. Les entrepreneurs français comme Louis Burta, PDG de la Société d'exploitation du procédé Freyssinet et M.G. Tonetti de la Fédération française des producteurs de béton prennent eux-mêmes des contacts avec les autorités soviétiques[81]. Le Groupement patronal du Cambrésis propose au Gosstroj ses procédés de préfabrication lourde, l'entreprise de carreaux de plâtre préfabriqués Eclair cherche à exporter ses produits en URSS[82].
Les archives du Ministère de la Construction contiennent des rapports rédigés par les missions françaises en URSS. Ainsi les documents : « Rapport de la mission d'études de la commission des travaux publics, de la Reconstruction et de l'Urbanisme sur le logement en URSS »[83] ou « Mission en Union Soviétique de représentants des administrations et organismes français intéressés à la construction de logements »[84], décrivent de manière détaillée le fonctionnement du Bâtiment en URSS. Ce qui frappe les membres de ces missions est « l'intention des soviétiques de donner à la préfabrication d'éléments de béton armé en usine un développement sans précédent »[85]. La fréquence des voyages des délégations soviétiques en France place ce pays en deuxième position après la Grande Bretagne. Les autres destinations sont l'Italie, la Belgique, la Suède, l'Autriche et les Etats-Unis[86]. En 1957, un groupe de spécialistes soviétiques, dirigé par l'un des initiateurs de la préfabrication en URSS, G. Gradov, visite la France[87]. La même année, une délégation soviétique visite le Salon du Bâtiment à Lyon du 27 avril au 9 mai[88]. En mai 1958, une délégation participe à deux manifestations simultanées : la Conférence Internationale sur l'habitat (Paris) et le Congrès sur l'utilisation d'équipements modernes dans la construction (Le Bourget)[89]. En 1958, les architectes et les ingénieurs de SAKB, séjournent en France afin « d'étudier les procédés français de préfabrication lourde »[90]. En 1959, un groupe de représentants des entreprises de construction visite la France ; les soviétiques sont également présents à Paris au salon international « Le monde bâtit »[91]. En 1960, des spécialistes soviétiques assistent à une exposition d'équipements pour la construction[92].
Les sites qui reçoivent le plus de visites sont les usines Camus à Montesson (Yvelines) et à Forbach (Moselle), ainsi que les usines des sociétés Coignet et Balency[93]. Les représentants soviétiques sont accueillis au MRU, où on leur projette des films sur la préfabrication lourde[94].

L'éventail des intérêts des spécialistes soviétiques est très large, depuis la technique et la conception architecturale, jusqu'à la gestion des HLM. Aux archives du Gosstroj se trouvent entre autres le compte rendu du XIX e congrès des sociétés d'HLM, qui s'est tenu en juin 1958 à Lyon[95], des documents concernant l'activité de l'AFNOR[96], des données statistiques sur la construction en France[97], la description de l'activité du Syndicat National des Fabricants de ciments et chaux hydrauliques[98] et de la Compagnie Française d'Entreprises (spécialisée dans les ouvrages d'art et où travaillait d'ailleurs Caquot)[99].
Après ces voyages d'études, les membres des missions rédigent des comptes rendus pour le Gosstroj. Celui-ci préconise même de « déposer, dans un délai d'un mois après le retour en URSS, un rapport sur les résultats de la mission avec des propositions concrètes sur la mise en œuvre dans la pratique nationale des meilleurs acquis techniques vus à l'étranger »[100].
Le document intitulé «Sur les résultats de l'utilisation d'expériences étrangères dans la construction de logements et d'équipements en URSS»[101], fait référence à des opérations observées en Occident et qui dans une certaine mesure ont influencé la pratique soviétique.

> *À la suite des voyages dans les pays étrangers des délégations, sous la direction de V. Kučërênko (France, Italie, Pays Bas en septembre - octobre 1955 ; Suède, Danemark, Finlande - octobre 1958), de V. Svëtličnyj (Finlande, Suède, Danemark, Autriche - août 1955, États-Unis et France en mai 1956, RFA - septembre - octobre 1957) et d'autres, un certain nombre de mesures progressistes furent mises en œuvre dans le domaine de la construction de logements et d'équipements, en se basant sur la pratique occidentale et américaine de construction.*[102]

Le rapport intitulé « L'utilisation de l'expérience étrangère en URSS dans le domaine de la conception et de la production de structures en béton armé, obtenue à la suite des voyages à l'étranger de spécialistes soviétiques en 1955-1958 »[103] fait état de procédés techniques « importés » par des soviétiques. Ce rapport précise :

		1953	1954	1955	1956	1957	1958	1959	1960	1961
fontes, fers, aciers	Quintal mét.	1.019.539	662.177	377.279	901.280	1.694.88	2.519.062	1.707.027	1.716.896	
	mille fr.	3.795.425	2.610.323	1.797.950	5.096.592	9.250.227	1.6192.772	16.382.840	20.291.178 dit NF.	
aciers alliés de construction	Quintal mét.		18.701	55.778						
	mille fr.		166.673	547.522						
générateurs, moteurs transformateurs électriques, piles	Quintal mét.	3.455	54.296	16.472						
	mille fr.	135.682	945.554	395.292						
voitures, automobiles, cycles	Quintal mét.		3.165	18.524	331	573	2.675	4.016	16.568	
	mille fr.		124.740	630.008	20.836	40.680	184.219	330.200	1.337.173 dit NF.	
constructions métalliques, cuves, emballages, articles de pointe	Quintal mét.	14.569		31.341						
	mille fr.	88.980		526.965						
appareils de levage, de broyage	Quintal mét.			58.076						
	mille fr.			1.285.986						
chaudières, machines, appareil s et engins mécaniques	Quintal mét.				76.313	16.661	39.784	148.328	123.889	240.800
	mille fr.				1.814.227	1.377.454	3.944.457	9.732.507	14.467.020 dit. NF	21.469.457 dit. NF
machines et appareils électriques et objets servant à des usages électrotechniques	Quintal mét.				7.972	82.115	130.782	97.031	81.666	51.883
	mille fr.				213.080	2.092.164	3.856.774	3.814.968	7.030.365 dit NF.	5.943.311 dit NF.

Exportation des produits français en URSS.

Il est difficile d'établir réellement quels documents concernant le béton armé, parmi ceux collectés par nos spécialistes au cours des voyages à l'étranger, ont été utilisés et dans quelle mesure par les entreprises, car l'on s'inspire beaucoup de la documentation publiée dans la presse étrangère. On ne peut qu'énumérer les structures sur lesquelles la pratique étrangère a exercé la plus forte influence. Dans le domaine de la conception de projets certaines structures étaient empruntées à la pratique étrangère, notamment : panneaux précontraints (Allemagne) ; bâtiments en grand panneaux lourds type Camus (France) ; panneaux creux, avec des alvéoles (USA) ; béton pressé (Autriche) ; panneaux avec des poutrelles précontraintes (Pologne) ; lift slab (USA).[104]

Le rapport énumère certains procédés étrangers de production des composants préfabriqués en béton armé. Parmi ceux-ci, se trouvent les procédés Camus qui influencent le développement de la « production des grands panneaux sur des tables basculantes et l'expédition des bétons par air comprimé »[105]. L'expérience occidentale et américaine influence en grande partie la politique urbaine, le choix technique et la normalisation de l'habitat en URSS. La décision de construire la ville nouvelle de Zêlênograd, à une quarantaine de kilomètres de Moscou, a un rapport direct avec la visite par des autorités soviétiques de villes satellites de Stockholm, de Londres et de Manchester[106]. Dans les projets types, conçus en URSS après 1956, les normes de surfaces appliquées sont celles qui étaient « couramment pratiquées dans la plupart des pays de l'Europe de l'Ouest »[107]. Les soviétiques achètent des machines - outils françaises. Les contrats les plus importants sont signés en 1958. Les deux usines Camus sont achetées comme « échantillons d'équipements nouveaux de la production d'éléments en béton armé »[108]. La société FIVES-Lille exporte les équipements nécessaires à une usine de production de ciment d'une capacité de 5.500 tonnes par jour[109]. Cependant, le volume d'importation soviétique reste limité, comme en témoignent les données statistiques de la Douane française. Entre 1953 et 1959 (même si la nature des équipements n'est pas précisée) les exportations françaises vers l'URSS ne sont pas très importantes[110]. Le contrat avec Camus est signé en 1958 sous le N° 56/0474-09[111]. Il prévoit la construction de deux usines : à Tachkent (Ouzbékistan) et à Bakou (Azerbaïdjan), avec une capacité annuelle de production de 60400 m3 de composants préfabriqués[112].

Il convient de préciser que Raymond Camus[113] jouit d'une autorité certaine auprès des hauts fonctionnaires soviétiques. En 1958, le Président du Gosstroj, V. Kuцêrênko, au cours d'un entretien privé, lui demande de « lui indiquer un ingénieur de valeur, qui puisse donner des consultations sur des ouvrages d'art et l'organisation de travaux, ou même prendre des commandes pour faire des projets »[114]. Camus recommande Léon Dubois, ingénieur, responsable de la Compagnie Française d'Entreprises (Anciens Établissements Léon Dubois) et précise que « dans 20 ans il aimerait atteindre le niveau de Dubois ». Il ajoute qu'il ne souhaite pas « que cette recommandation soit connue de beaucoup de monde »[115]. La conception des usines elles-même est établie dans une coopération entre la société Camus et l'institut soviétique Giprostrojindustriâ ; à cet effet les spécialistes soviétiques suivent un stage de formation en France[116]. Les descriptifs d'usines de préfabrication lourde élaborés par l'Institut Giprostrojindustriâ se basaient sur les descriptifs de la société Camus, et étaient examinés avec les représentants de cette société. Un certain nombre de questions concernant la conception de ces usines étaient ainsi évoquées. Une documentation supplémentaire pour la conception des projets d'usines fut fournie. Les descriptifs des usines, élaborés par Giprostrojindustriâ reçurent l'approbation de la société Camus[117]. En mars 1959, le projet d'immeuble de logements Camus pour l'URSS est prêt. L'une des usines est installée à Tachkent, et, à partir de 1960, démarre la production d'immeubles préfabriqués montés sur le chantier du nouveau quartier d'habitation Čilanzar.

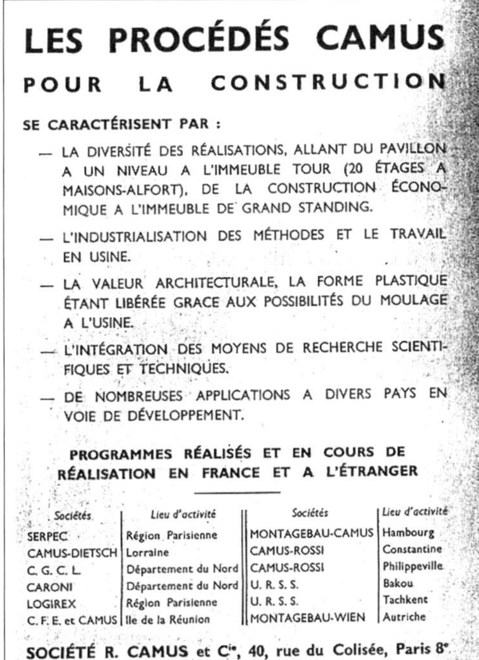

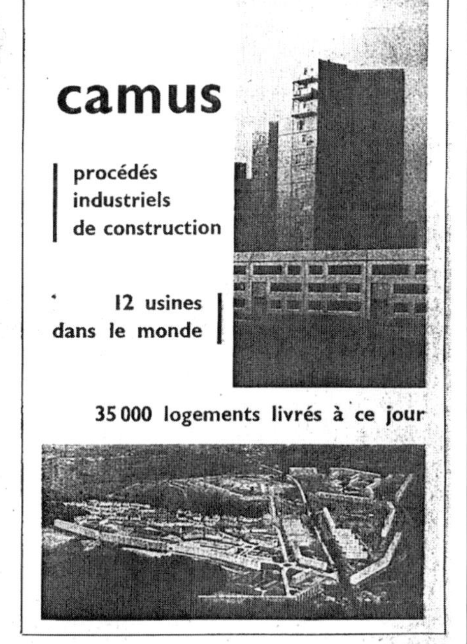

Publicité pour le procédé Camus dans les années 1960.

Les échanges entre les deux pays s'accompagnent de publications sur la préfabrication française dans *Arhitêktura SSSR*. La première publication est datée de 1955 et s'intitule « L'architecture et la structure dans la construction de logements en France »[119]. Les opérations citées sont celles de Toulon, Pont de Sèvres, Sotteville, Brest, Le Havre et Villejuif. Les auteurs de ces opérations ne sont pas mentionnés, à l'exception de Perret, Heaume et Persitz. En 1958, paraît un article sur André Lurçat, intitulé « Les villes Maubeuge et St. Denis : exemples de l'organisation de l'espace »[120]. C'est la première apparition d'un architecte occidental dans les pages de *Arhitêktura SSSR* depuis 1937. Dans le numéro suivant est publié un article intitulé « Quelques exemples de logements préfabriqués à l'étranger »[121]. Les procédés Tiro-Morelle, Camus, Coignet y sont présentés avec ceux des anglais, américains, tchèques et norvégiens. Cet article évoque notamment la prise en considération du chemin de grue dans la conception de plans masse. En 1960, la revue publie un article « La construction de logements en panneaux lourds préfabriqués en France »[122] entièrement consacré aux procédés Camus et Coignet. En 1961 se tient une exposition française à Moscou. Côté architecture, sont présentés : La Cité Radieuse, Bagnols-sur-Cèze, Le Havre, Maubeuge, le CNIT, l'immeuble de la Porte des Lilas et la maquette d'un appartement d'un HLM de type F4 (86 m2 prévus pour six personnes, conçu par le Syndicat des Architectes de la Seine et décoré par le magazine «Elle»). L'article de *Arhitêktura SSSR* : « L'Architecture française à l'exposition nationale de Moscou »[123] fait une critique favorable des œuvres présentées, en appréciant particulièrement les procédés Camus. À la fin des années 1970, la France s'impose comme le second exportateur mondial dans le domaine du génie civil, derrière les États-Unis mais devant la République Fédérale d'Allemagne, l'Italie et la Grande-Bretagne. Parmi les plus importants exportateurs français dans le Bâtiment, on relève les sociétés Phénix, Le Chalet idéal, Estiot, Balency et Schuhl, Camus, Coignet, Alsetex, Lécorché Frères et Constructions métalliques Fillod. L'URSS, après avoir « atteint et dépassé » la France dans l'ampleur de la préfabrication lourde, se met à exporter son savoir-faire dans les pays satellites. La commission permanente chargée de la construction près du COMECON dirige « l'intégration socialiste » dans le domaine de la construction des logements. Cette commission dirige l'élaboration des politiques dans la construction des logements, les études communes dans le domaine de la standardisation, les techniques de la préfabrication et les « méthodes de construction des grands ensembles »[124].

4.5. Deux types d'usines de préfabrication : le DSK soviétique et l'usine fixe française

La taylorisation appliquée au Bâtiment est d'abord une tentative d'assimiler le chantier à l'usine, de le rationaliser par le transfert des méthodes de l'usine. La production du bâtiment sur le chantier, lieu non clos, avec la présence simultanée de plusieurs entreprises, contraste avec celle de l'usine, structure fixe, durable, limitée dans l'espace, bénéficiant d'une direction unique. Le but sera ensuite de transférer les tâches du chantier vers l'usine déjà taylorisée, ce qui correspond à l'industrialisation lourde. En France et en URSS, à des systèmes économiques et politiques différents correspondent deux types d'usines de préfabrication : le DSK soviétique - usine d'État, et l'usine fixe française liée en général à une entreprise de Travaux Publics réorientée vers le Bâtiment. En France, durant la Reconstruction, ce sont les entreprises de Travaux Publics qui s'avèrent capables de répondre à la demande des pouvoirs publics et de consentir aux efforts nécessaires à la construction de logements en grande quantité selon des méthodes industrielles. Les procédés de préfabrication sont adoptés ou conçus par les entreprises elles mêmes[125]. Les entreprises de Travaux Publics sont bien organisées : elles font des prévisions, des plannings et réalisent les plans d'exécution en temps voulu. Elles sont également mieux équipées et plus accoutumées à conduire de très grands chantiers, ce qui n'est pas le cas dans le Bâtiment , où les entreprises emploient souvent moins de 10 ouvriers et utilisent des matériels peu mécanisés[126]. L'entreprise peut se permettre d'investir dans une usine fixe si elle a des commandes importantes, réparties sur plusieurs années : il faut l'équivalent d'une commande de 600 à 1000 logements par an, dans un rayon de 50 km, par tranches minimales de 100 logements[127]. L'amortissement d'une usine se fait en quatre ou cinq ans, le coût de l'amortissement dans le prix du logement ne dépasse pas 6 %. C'est donc un taux d'amortissement très faible, sans aucun rapport avec celui pratiqué dans d'autres industries. Durant la Reconstruction c'est l'État qui assure la continuité des commandes

des entreprises et adopte des mesures d'aide à l'égard de celles qui investissent en outillage et en ateliers de préfabrication. À la question, posée au cours de la discussion sur la construction de 4 000 logements dans la région parisienne (procédés Camus), « Est-ce que l'industrialisation du bâtiment ne risque pas d'être compromise par le blocage de prix ? », A. Spinetta, Directeur du Cabinet du Secrétaire d'État à la Reconstruction et au Logement répond :

> *Il est certain qu'un blocage, dans une conjoncture qui peut être évolutive, n'est pas sans conséquence pour l'avenir d'une entreprise ayant fait des investissements importants, dans un esprit de continuité et de durée. C'est un problème dont la solution appartient aux pouvoirs publics.*[128]

En 1967, en France fonctionnent 75 usines de construction dont la capacité varie entre deux et huit logements par jour. L'usine Camus la plus importante a une capacité de production de 2 000 logements par an. Avec la disparition des marchés favorables à la préfabrication lourde et avec le déclin de la politique des modèles, les usines voient leurs cahiers de commandes réduits à la moitié ou au tiers de leur capacité de production, alors que la plupart d'entre elles se trouvent encore en parfait état de fonctionnement. Certaines de ces usines, et notamment les plus petites, ferment leurs portes. Durant cette période, un marché pour un procédé s'identifie bien souvent à un chantier. On construit une usine, dite de « préfabrication fermée », pour ce chantier, et cette usine est facilement amortie lorsque sur ce chantier on réalise 3 000 ou 4 000 logements, comme c'est le cas dans nombre d'opérations. La dernière usine de préfabrication lourde est construite en 1973 à Houplin - Ancoisne près de Lille par la Société Coignet qui vise surtout le marché des panneaux de façade relativement élaborés.

L'URSS, doit son haut niveau d'industrialisation du Bâtiment aux usines publiques. La stabilité de leur fonctionnement est une conséquence de la continuité des commandes d'État. Le système de l'économie planifiée les libère des contraintes de la concurrence, de la recherche des commandes et du problème de la rentabilité du transport des composants sur le chantier. Camille Bonnome qui séjourne en URSS avec une « Mission de spécialistes français de la construction», en 1956, remarque :

> *La succession des divers corps d'État se fait exactement suivant le planning préétabli. C'est là un des avantages du système de la planification socialiste et en particulier, de l'inexistence des appels à la concurrence ou autres adjudications.*[129]

Cependant, les règles trop centralisées de gestion aboutissent à des erreurs économiques. Bonnome constate : « L'absence de concurrence enfin, jointe à l'insuffisance de contrôle, ne favorise ni l'amélioration de la qualité ni l'abaissement du prix de revient »[130]. La première usine spécialisée dans la fabrication des grands panneaux de façade est construite en 1942-1944 à Bêrêzovsk en Oural. Les panneaux de façade ont une dimension de 3 m sur 3 m et sont destinés à l'assemblage des maisons R+1. L'usine est financée par le Ministère de la construction des stations électriques d'Oural (Glavuralènêrgostroj). Les premiers immeubles sont érigés en 1946. L'usine et les logements qu'elle fabrique sont entièrement conçus par des ingénieurs[131]. Ceux ci, emportés par les aspects techniques, ne s'intéressent pas à la distribution dans les cellules et à l'aspect esthétique du bâtiment. En 1948, l'Académie d'Architecture et l'atelier de l'architecte Ê. Iohêlês sont chargés d'améliorer ces logements (fig. 86). En 1949, la capacité de cette usine atteint 18 000 m² de surface habitable par an[132].

Fig. 86 : Premier immeuble de logements en grands panneaux préfabriqués produits par l'usine de Bêrêzovsk, 1946.

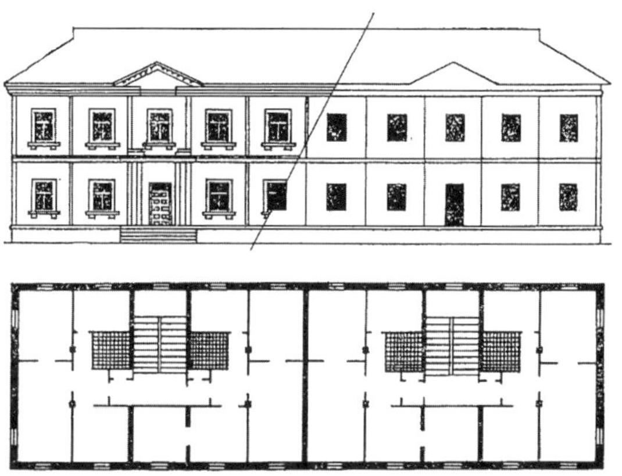

En 1952, en banlieue de Moscou, deux usines de préfabrication Lûbêrêckij et Šêlêpihinskij[133] sont construites, ayant chacune la capacité de produire 120 000 m3 de composants préfabriqués par an[134]. La réussite du programme social lancé par Khrouchtchev demande la restructuration et l'augmentation de la taille des entreprises de construction. Dans les années 1940, et le début des années 1950, les entreprises militaires, mieux organisées et dotées d'équipements plus performants, participent aux chantiers expérimentaux. Pour permettre la réalisation de ce programme ambitieux, il est envisagé de créer d'importantes structures capables d'assurer à la fois la production de tous les composants d'un immeuble, d'effectuer son montage sur le chantier et de réaliser les travaux de finition. Le décret « Sur le développement de la construction d'habitations en URSS », promulgué le 31 juillet 1957, donne un coup d'envoi à la construction des « combinats de construction des bâtiments » : les DSK (*domostroitêl'nyê kombinaty*). Le décret adopté le 2 avril 1959 « Sur le développement de la construction en 1959-1964 à partir des panneaux préfabriqués »[135], classe ces combinats parmi les entreprises les plus « importantes qui soient en construction ou en reconstruction ».
Les DSK sont des entreprises géantes qui assurent donc le cycle complet de la construction : la production des composants, leur montage, les travaux de finitions, seul le terrassement et les fondations sont réalisés par des entreprises spécialisées. Le premier DSK est crée en 1959 à Leningrad. Au début des années 1960, trois DSK spécialisés en logements sont construits à Moscou. En 1971, la capacité de production de chacun est portée à 1,2 millions de m² de surface totale par an. Le DSK peut être spécialisé soit dans la production d'un type d'immeuble de logements, soit d'équipements : cinémas, écoles, magasins, etc. De 1959 à 1962, environ 200 DSK sont créés, avec une capacité de production totale de 15 millions de m² de surface habitable par an. En 1967, ils sont au nombre de 300 avec une capacité de production de plus de 25 millions de mètres carrés par an (500 000 appartements), quinze ans plus tard, on en compte 471, d'une capacité de production totale de 58,4 millions de mètres carrés par an (1,168 millions d'appartements).
Le DSK se soucie peu de la qualité et de l'aspect extérieur de bâtiments qu'il produit et construit. Il est préoccupé par le volume des composants à produire qui lui est fixé dans le plan quinquennal. La situation économique de l'entreprise dépend uniquement de la réalisation ou du dépassement du plan en volume et en argent. La mise en route de la fabrication d'un nouveau type de bâtiment n'entraîne que des ennuis. L'entreprise enregistre la baisse de production en volume : il faut du temps pour tester le « produit » et le mettre en fabrication. Par conséquent l'entreprise prend du retard dans l'accomplissement du plan, l'argent n'est pas versé et la direction est sanctionnée. Un autre dispositif qui empêche les DSK de moderniser leur production est la limitation de l'achat de matières premières et d'équipements qui est définie par le Gosplan. Les directeurs des entreprises qui reçoivent les moyens de production de l'État, bien loin de devenir leurs propriétaires, sont considérés comme des agents de l'État dans l'utilisation des moyens de production, conformément aux plans établis[136]. Si la direction d'une usine veut améliorer la qualité et l'aspect esthétique de panneaux préfabriqués, et si cela demande de nouveaux équipements ou plus de matières premières, elle doit solliciter une dotation complémentaire qui est difficile à obtenir. Pour ces raisons en 1967, la majorité de DSK continuent à fabriquer le même type d'immeubles de logements qu'en 1959, et 40% seulement commencent alors la production de nouvelles séries.

Au niveau de fonctionnement économique, les contrastes entre les DSK et les entreprises de Bâtiment et de Travaux Publics paraissent évidents. Sont-ils aussi conséquents quand on les compare au niveau technique ? Les panneaux sont les composants essentiels de la préfabrication lourde[138]. En France, on différencie cinq familles de grands panneaux en béton[139]:

- les panneaux sandwichs où des plaques de béton enserrent un isolant ;
- les panneaux en béton et blocs de terre cuite, où des blocs creux de terre cuite filée sont réunis par le béton coulé ;
- les panneaux en béton plein ordinaire, plats ou formés en coque, complétés par un isolant et un contre - mur intérieurs ;
- les panneaux en béton plein ordinaire plats complétés par un isolant extérieur et un bardage.

En URSS, on différencie deux familles de panneaux en béton :
- les panneaux pleins ordinaires (les panneaux à une couche : *odnoslojnyê panêli*);
- les panneaux sandwichs (les panneaux à couches multiples : *mnogoslojnyê panêli*)[140] (fig. 87).

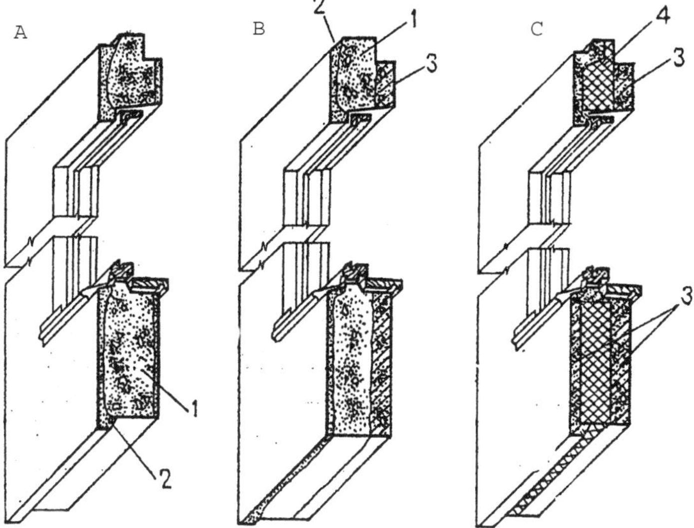

Fig. 87: Panneaux de murs extérieurs fabriqués en URSS

A. panneau plein ordinaire
B. panneau «sandwich» constitué de deux couches
C. panneau «sandwich» constitué de trois couches

1. béton porteur avec des qualités d'isolant
2. enduit
3. béton porteur
4. isolant

Le panneau plein ordinaire est constitué d'une couche « principale » en granulat léger homogène et de deux couches sur les faces extérieures et intérieures. Le revêtement est en béton étanche de 2,5 cm d'épaisseur, le parement intérieur en enduit de mortier de 1,5 cm. Les panneaux sandwichs sont constitués d'une ou deux couches de béton formant les murs porteurs, et d'une couche d'isolation thermique, en tout l'épaisseur est de 3 à 3,5 cm. Par rapport aux panneaux pleins ordinaires, les panneaux sandwichs sont plus solides, durables, possèdent une meilleure isolation thermique et protègent mieux l'armature de la corrosion. Cependant, les panneaux pleins sont d'exécution plus facile. La production des panneaux sandwichs est plus difficile à mécaniser en raison du nombre de couches à disposer dans le moule ; chacune d'elle doit être disposée en respectant les dimensions indiquées dans le projet de panneau. Le non respect de ces exigences provoque la diminution des qualités thermiques des panneaux[141]. Les panneaux en béton, dans leur aspect final, peuvent avoir la surface lisse du béton nu ; ils peuvent être « embellis » par des carreaux de grès céramique, des mosaïques de pâte de verre, de la pierre pelliculaire posée au fond du moule ou par des effets de bouchardage et de sablage. À titre de comparaison, le panneau sandwich fabriqué par la société Camus « type lorraine N° 3 » est constitué de deux couches de béton porteur, séparées par une épaisseur d'isolant thermique. Les revêtements extérieur et intérieur du panneau est en enduit de mortier, en tout l'épaisseur du panneau est de 25 cm[142] (fig.88).

Le problème d'étanchéité des joints entre les panneaux, ainsi que leur accrochage avec les murs de refend et le plancher représente une difficulté pour les concepteurs. En URSS, on distingue deux types de joints « fermé » et « ouvert » (fig. 89). L'étanchéité dans le joint « fermé » est obtenue en bouchant l'ouverture par du mastic. Celle du joint « ouvert » est assurée par un élargissement faisant coupe-capillarité[143]. Les panneaux sandwichs, français ou soviétique, sont faits selon le même principe : couches de béton porteur et d'isolant. En dehors de la qualité et du type des matériaux utilisés dans les deux pays, bétons, isolants, enduits, armature etc., la différence majeure se situe dans la conception des joints « fermés » et « ouverts ». Chaque procédé en France et chaque série d'immeuble préfabriqué en URSS, ont leur propre conception des joints. Avec le temps, il est apparu que les propriétés les plus « sensibles » des bâtiments en grands panneaux sont l'isolation thermique, l'étanchéité des joints, les risques de corrosion de l'armature et le vieillissement des mastics. Il existe deux modes de fabrication des composants : soit dans des moules horizontaux à plat, soit dans des moules verticaux (en batterie). Le processus de la fabrication dans

Fig. 88 : Panneau de mur extérieur, procédé Camus type « Lorraine », 1958.

Fig. 89 : Les joints « fermés » et « ouverts »

Fig. 90: Fabrication des panneaux, dans des moules verticaux usine Camus, Montesson

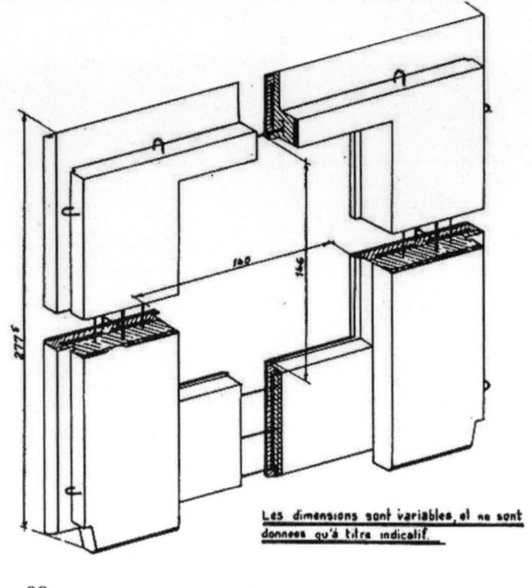

88

89

Joint ouvert, URSS

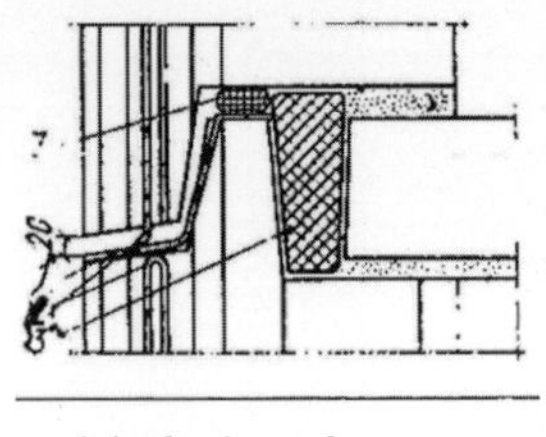

joint horizontal

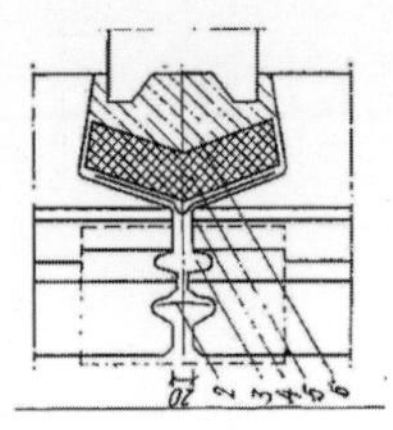

joint vertical

Joint ouvert, procédé Prodilog, France

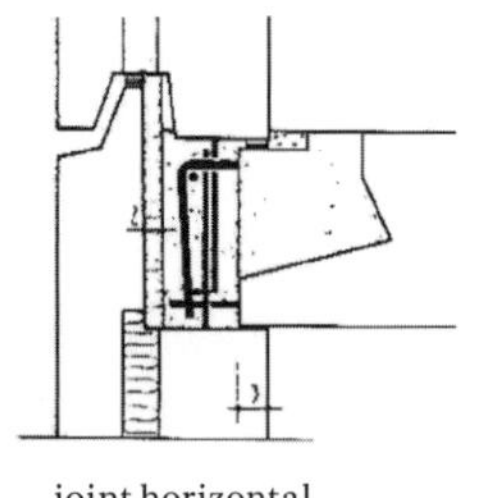

joint horizontal

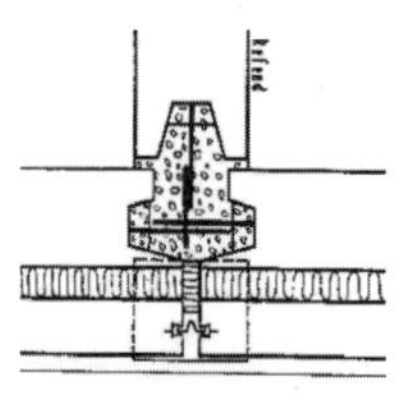

joint vertical

Joint fermé, URSS

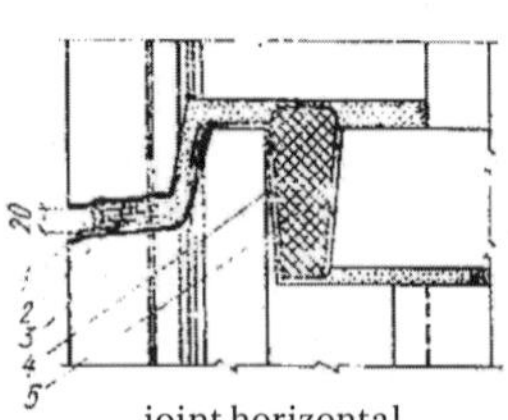

joint horizontal

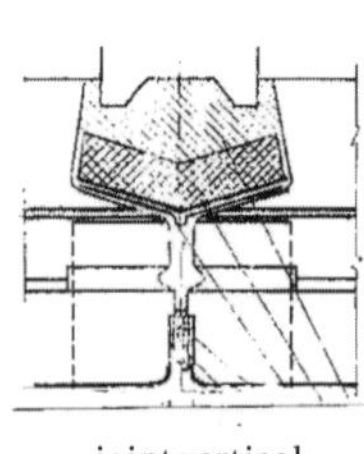

joint vertical

Joint fermé, procédé Camus, France

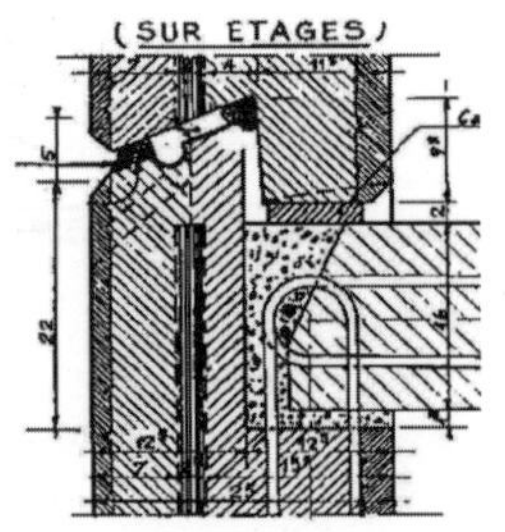

joint horizontal

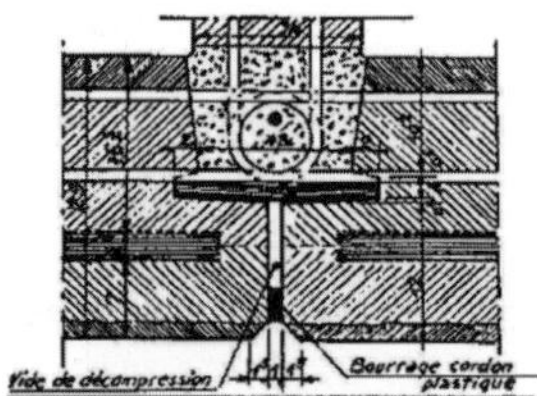

joint vertical

90

Cloche d'étuvage, usine Camus Montesson

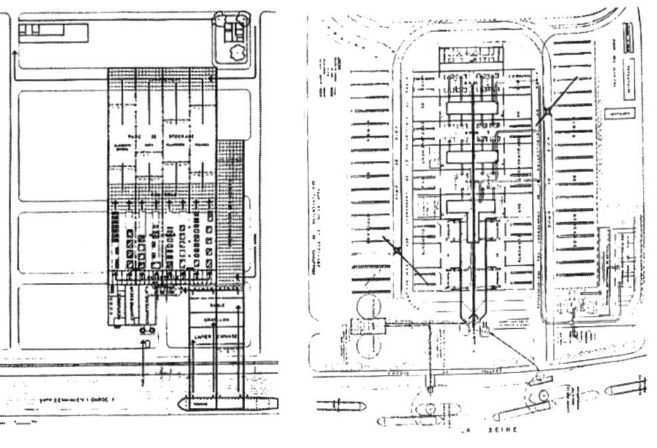

Fig. 91:
– Plan d'usine Coignet, Rotterdam
– Plan d'usine Camus, Montesson

des moules horizontaux ou verticaux comporte les mêmes phases : la pose des armatures, la mise en place du béton, la vibration, le régalage (pour enlever les excédents et régulariser les bords), l'étuvage, le démoulage et le stockage[144]. Les moules horizontaux conviennent bien pour la fabrication des panneaux de façades car ils permettent d'utiliser des bétons différents dans un seul panneau, d'incorporer facilement les menuiseries, les isolations thermiques et de confectionner le revêtement de panneau soit en fond de moule, soit en dessus de moule. Les moules verticaux conviennent bien aux éléments qui ne comportent ni revêtement spécial ni éléments incorporés et qui sont composés d'une seule qualité de béton. C'est le cas des murs de refend et des planchers[145]. En règle générale, les moules verticaux sont formés de coffrages indépendants, accolés les uns aux autres en « batterie »[146].

La différence entre les usines qui fabriquent les composants se situe au niveau du degré de mécanisation des opérations, de la conception, de la qualité des moules[147], du mode de coulage du béton, du système de vibration et de traitement thermique. Les usines de l'entreprise Coignet sont équipées de machines performantes, dont tous les mouvements sont actionnés mécaniquement[148]. Ces machines sont constituées pour la plupart d'un socle et d'un moule mobile permettant le coulage du béton en position horizontale et le démoulage en position verticale. Le moule est constitué de parois métalliques creuses qui permettent la circulation d'un fluide chauffant. L'étuvage dure ainsi deux heures. Les moules d'acier des panneaux de façade sont de haute qualité, ils ont des joues latérales et basses mobiles ce qui permet de modifier la taille des composants en fonction des commandes. L'entreprise Camus utilise dans ses usines le coulage du béton horizontal aussi bien que vertical. Les pièces composites, comme les panneaux de façade, planchers carrelés sont fabriqués horizontalement sur des tables métalliques parfaitement polies[149]. Quand la mise en place des bétons est terminée, on coiffe l'ensemble avec une cloche d'étuvage. Le traitement thermique s'effectue par deux circuits, l'un dans la table, l'autre dans cette cloche chauffée[150] (fig. 90). La résistance indispensable pour permettre la manipulation des panneaux est obtenue après trois heures d'étuvage. Il est donc possible d'utiliser moules et tables plusieurs fois par jour. Les tables sont pivotantes sur un axe excentré afin de permettre le démoulage des pièces dans le sens vertical. Les éléments composés d'une seule qualité de béton, comme les refends, cloisons et planchers non carrelés sont coulés dans des batteries[151]. L'usine Camus à Montesson était implantée sur un terrain de 5 hectares situé en bordure d'une voie d'eau, et reliée à la voie ferrée par un embranchement direct. Le bâtiment principal était composé de dix travées juxtaposées de 15 m de large et de 46 m de long ; la surface couverte était de 7 000 m²[152] (fig. 91). Les éléments étaient coulés dans 59 moules métalliques. L'usine Coignet à Rotterdam était reliée à la voie maritime et à la route et pouvait utiliser les deux moyens de transport aussi bien pour la réception des matériaux que pour la livraison des produits[153]. L'usine était édifiée sur un terrain de 3 hectares. La surface bâtie était de 12 300 m² (fig. 91). Notons, qu'en France, existaient aussi des usines du type Soproma qui étaient des usines semi-fixes susceptibles d'un démontage et d'un transport rapides.

92

93

Fig. 92 :
– Fabrication d'un composant de grande dimension dans un moule horizontal fixe, Moscou, années 1960.
– Fabrication des panneaux dans les moules verticaux usine Rostokinskij, années 1960.

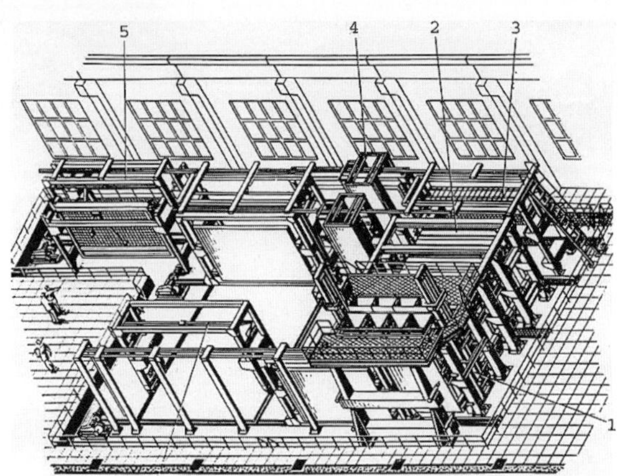

Fig. 93 : Moules verticaux déposés sur rails
1. poste de mise en place du béton
2. poste d'étuvage
3. poste de décoffrage
4. poste de nettoyage des moules
5. poste de pose des armatures et des éléments incorporés
6. chariot pour acheminer les moules vers le poste de mise en place du béton

En URSS, la fabrication des panneaux dans des moules verticaux - en batterie (*kassêtnyj mêtod*) est expérimentée pour la première fois en 1948-1950. Ce mode de moulage des panneaux est largement utilisé pour la fabrication des murs de refend et des planchers (fig. 92). Le coût du moulage vertical est moins élevé que le moulage horizontal. Mais en même temps, les batteries sont plus chères et demandent beaucoup plus d'acier. L'objectif est de raccourcir la durée de l'étuvage afin de pouvoir se servir du même moule de 2,5 à 3 fois en 24 h[154].

La fabrication des composants en béton armé dans des moules horizontaux (*stêndovyj mêtod*) était déjà employée en URSS dans les années 1920. Les panneaux (en général ceux de façade) sont coulés dans des moules pivotant sur un axe. La vibration est effectuée par des vibreurs mobiles, le régalage est fait de façon manuelle. Après la mise en place du béton en batterie, on coiffe l'ensemble par une cloche mobile d'étuvage. Le moulage à plat est resté très peu mécanisé. Dans les années 1960-1970, cette méthode n'est utilisée que pour la fabrication des composants de grande dimension « hors série » (fig. 92).

La fabrication des composants dans les moules fixes est très peu utilisée en URSS. Le mode de fabrication le plus répandu est celui de moules « ambulants », disposés soit sur rail, soit sur chariot, ou sur chaîne automatique. Dans cette technique, le moule vertical disposé sur rail (méthode dite *konvêêrno-kassêtnyj*), ou le moule horizontal sur roulette (méthode dite *agrêgatno-potočnyj*) se déplacent d'un poste technologique à l'autre (poste de chaînage, de mise en place du béton, d'étuvage etc.)[155]. Ainsi le moule horizontal passe par 9 à 10 postes de fabrication (fig.93). Les premières chaînes de fabrication (*konvêêrnyj mêtod*) sont installées dans les usines « Moskovskij» et Lubêrêckij» en 1952-1953. Chaque usine est équipée de quatre chaînes : deux « larges » et deux « étroites ». Les « larges » sont destinées à la fabrication des panneaux de façade et de plancher, les « étroites » , aux petits éléments de structure (fig. 94). Sur chaque chaîne circulent 90 moules horizontaux disposés sur chariots. En 15 minutes le chariot passe par tous les postes de la chaîne et atteint le tunnel d'étuvage[156]. Dans les années 1960, apparaît la chaîne à deux niveaux,

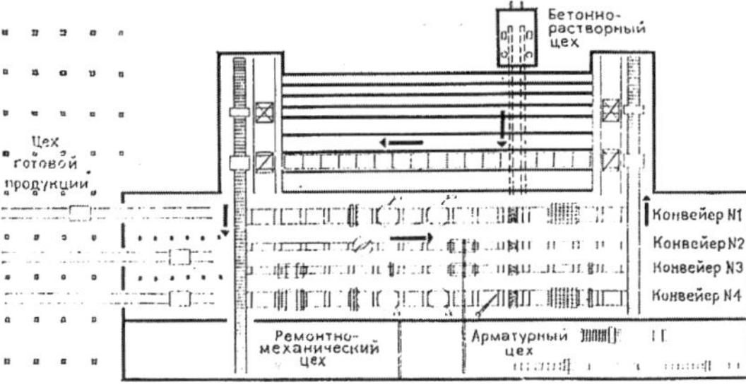

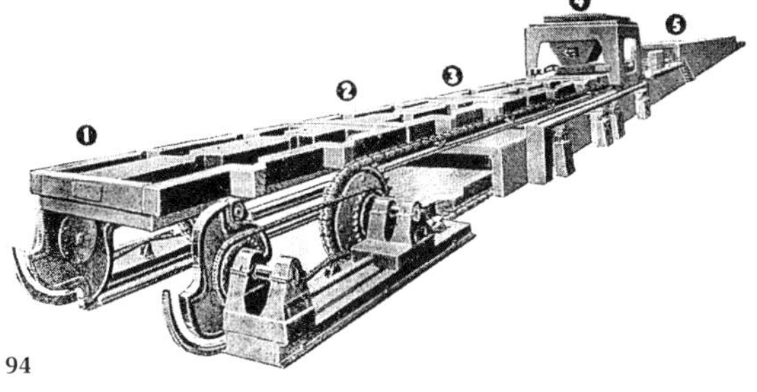

94

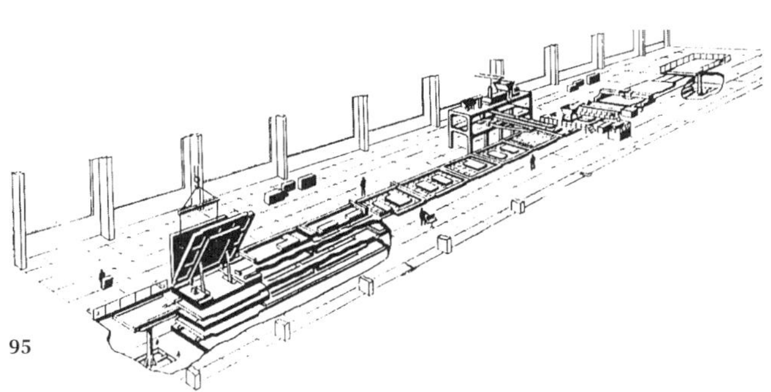

95

Fig. 94 :
– Chaîne de fabrication des composants en béton armé
– Chaîne de fabrication des poteaux

Fig. 95 : Chaîne à deux niveaux destinée à la fabrication des panneaux de façade.

destinée à produire les panneaux de murs de refend et de plancher (fig. 95). Les moules sur chariots posés sur la chaîne se déplacent dans le sens vertical. Le niveau supérieur de chaîne comporte sept postes et est réservé aux opérations de moulage ; sur le niveau inférieur s'effectue le traitement thermique. La durée du cycle sur le niveau supérieur est de 20 minutes, l'étuvage sur le niveau inférieur dure de 40 à 80 minutes[157]. Cependant, c'est l'invention de l'ingénieur Nikolaj Kozlov qui donne aux ateliers soviétiques de préfabrication une allure d'industrie lourde. En 1959, Kozlov met au point un laminoir pour la fabrication des panneaux en béton[158]. Cet équipement sera largement utilisé dans toute l'URSS. La partie principale du laminoir est une bande métallique de 3,6 m de large qui avance en continu et sur laquelle s'effectuent toutes les opérations technologiques de fabrication d'un panneau (pose d'armature, coulée, vibration, étuvage, fig. 96)[159]. Cette bande est composée de chaînons en acier, et selon le type de panneau fabriqué, ils peuvent avoir une surface lisse (pour des panneaux plats), ou la forme d'un tronc de pyramide (pour des panneaux avec une surface en caisson). L'armature est posée sur la bande en mouvement, puis à partir d'une bétonnière située sur le laminoir, on coule le béton. Le béton est vibré à l'aide d'une poutre vibrante ; des cylindres roulants effectuent le régalage des panneaux. Une fois laminé, le panneau arrive dans une zone d'étuvage par la vapeur, dont la longueur est de 60 m. Dans cette zone les panneaux sont recouverts par une bande en caoutchouc, qui s'avance à la même vitesse que la bande de laminoir. La durée du cycle thermique est de deux heures ; le panneau quitte le laminoir avec 60% de la résistance finale. Tout au début, le laminoir confectionne des parements en caisson de 85 mm d'épaisseur. La vitesse d'avancement de la bande du laminoir est de 20 m par heure. Dans le prolongement du laminoir, des machines assemblent deux parements autour d'un isolant, l'ensemble constituant un panneau. Ces panneaux constituent la façade des séries I-511 et I-513 d'immeubles de logements (fig. 97). Par la suite on met au point la fabrication de panneaux pleins ordinaires avec une épaisseur de 20 à 350 mm[160].

Fig. 96 :
Schéma de fabrication des panneaux composés de deux parements en caisson.

Vue générale du laminoir Kozlov pour la fabrication des panneaux en béton.
1. bétonnière
2. bande métallique
3. moulage de panneau
4. zone d'étuvage

Fig. 97: Immeuble de logements (série I-511) fabriqué sur laminoir Kozlov.

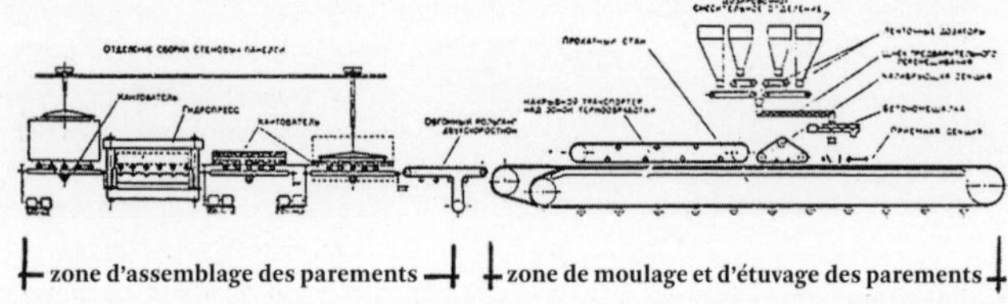

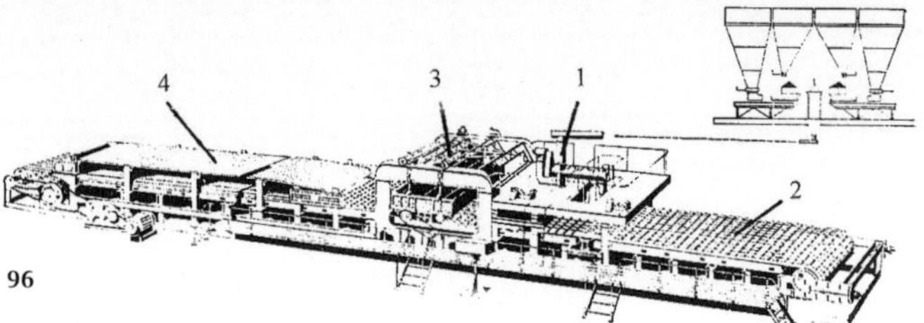

96

97

laminoir Kozlov, photo années 1960

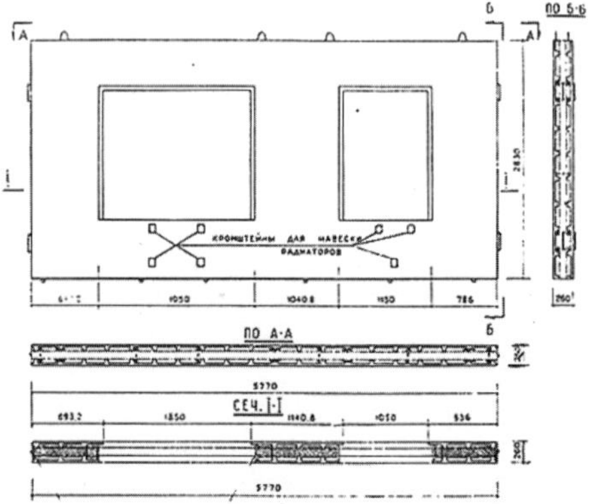

panneau de façade

À l'opposé de la France, où chaque industriel édifie une usine suivant ses propres conceptions, la plupart des usines de préfabrication en URSS sont alors conçues en fonction des projets types. Nous prendrons l'exemple d'une usine type conçue dans les années 1960, par un institut spécialisé[161]. Le bâtiment principal de l'usine, d'une capacité de production de 2800 logements par an est composé de six travées : cinq de fabrication et une de ferraillage (fig. 98). Chaque travée est spécialisée dans l'une des fabrications suivantes :

- chaîne pour les panneaux de murs extérieurs ;
- moules verticaux en batterie pour refends et cloisons ;
- moules verticaux en batterie pour planchers ;
- composants de petite dimension (garde corps, volées d'escalier, etc.). ;
- moules pour la fabrication de grands éléments et en trois dimensions (salle de bains).

Les moules sont prévus pour la production d'un composant prédéterminé. Lancer par la suite la production d'un nouveau type de bâtiment devient pratiquement impossible. En France, les moules s'adaptent aux diverses dimensions des composants ; les usines peuvent plus facilement s'adapter à des logements conçus selon d'autres modèles. La pénurie de main-d'œuvre qualifiée est l'une des contraintes qui poussent les acteurs de la construction à recourir à la préfabrication, aussi bien qu'en France qu'en URSS. Le fondement essentiel de la préfabrication est de substituer la machine aux « ouvriers de métier », ou aux « professionnels ». La machine impose de greffer de nouvelles méthodes de travail : la simplification et la parcellisation des tâches. Les ouvriers qualifiés qui sont dotés d'une grande autonomie dans la préparation et l'exécution de leur travail (maçons, cimentiers, plâtriers, charpentiers, ainsi que les métiers de la pierre), sont remplacés par des ouvriers déqualifiés, spécialisés dans le travail « à la chaîne ». L'industrialisation fait apparaître ainsi un nouveau métier : le monteur, ce qui facilite les tâches des ouvriers et demande peu de temps pour leur formation[162]. À l'usine de Camus, à Montesson, travaillent 164 ouvriers, dont seulement 24 sont qualifiés, en provenance du secteur du bâtiment[163]. Raymond Camus constate :

> *Ainsi libérée de la dépendance d'une main-d'œuvre spécialisée qui fait défaut, sauvée de la précarité des chantiers, organisée, mécanisée et rassemblée, l'entreprise devient industrie et l'industrie produit des logements.*[164]

Durant la Reconstruction, en France, le Bâtiment puise sa main-d'œuvre parmi les chômeurs occasionnels d'autres professions - souvent des agriculteurs - ou des immigrants poussés par les grands mouvements démographiques ; le gouvernement a également recours à l'immigration d'Afrique du Nord et d'Italie[165]. Le problème de la main-d'œuvre est finalement plus difficile à résoudre que celui du financement de la construction[166]. En 1955, on trouve des financements pour le lancement anticipé de programmes d'HLM, mais la carence de main-d'œuvre persiste. Pour lever cet obstacle, Roger Duchet, Ministre de la Reconstruction et du Logement, suggère les mesures suivantes : mettre à la disposition des entreprises des ouvriers qualifiés, actuellement sous les drapeaux ; recruter en Algérie des ouvriers sans emploi et les former en métropole ; importer de façon temporaire quelques milliers de spécialistes italiens[167]. La situation précaire des logements pousse les gens à bâtir eux-mêmes leur maison. C'est ainsi que le mouvement des « Castors » est né. Les « Castors » se regroupent en associations, ils sont souvent patronnés par l'Administration qui leur cède des terrains. En URSS, les ouvriers du bâtiment sont recrutés parmi les agriculteurs et parmi les citadins de province[168]. Ceux-ci sont souvent attirés par la perspective d'obtenir une « domiciliation officielle » (*propiska*) dans les grandes villes[169]. L'utilisation de la main-d'œuvre féminine dans la construction est aussi très fréquente. En 1956, une délégation française dirigée par Camille Bonnome s'étonne de voir autant de femmes sur un chantier :

> *Nous fûmes frappés par l'utilisation généralisée de la main-d'œuvre féminine. Son importance, qui atteint 40 % de l'effectif dans le bâtiment, où elle est employée à tous les travaux de manœuvre, maçon et conducteur d'engin, donne aux chantiers un aspect inaccoutumé à nos yeux occidentaux.*[170]

Dans leur majorité, les ouvriers du bâtiment sont assez mal rémunérés. Bonnome remarque :

> *Comme chez nous d'ailleurs, le bâtiment est moins bien payé que l'industrie mécanique ou électrique et connaît de ce fait, bien plus grave que chez nous, une crise aiguë dans la qualité de sa main-d'œuvre*[171].

De 1950 à 1988, on assiste à une forte augmentation de la quantité de travailleurs employés dans le bâtiment, passant de 3,2 % à 9,5 % grâce à l'immigration intérieure[172].

Fig. 98 : Usine type de préfabrication lourde d'une capacité de production de 2 800 logements par an.

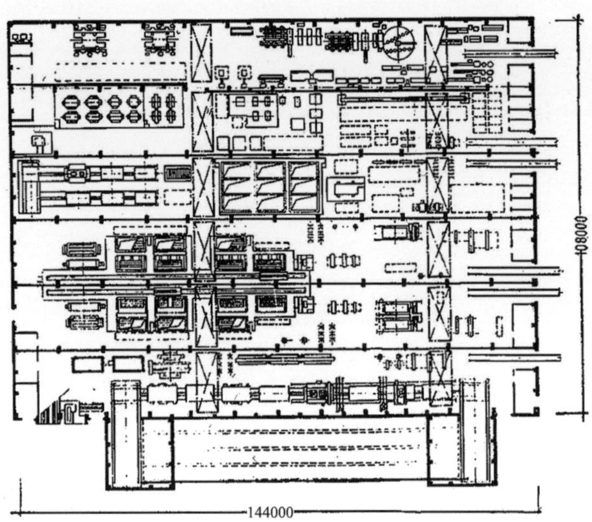

IV.6. Conclusions du chapitre IV

En France, durant la Reconstruction, l'État s'engage financièrement afin de résoudre le problème du logement. Un travail législatif intense se déploie vis-à-vis de la normalisation, des procédés et de la politique foncière. L'État marque sa présence et son intervention à différents niveaux : politique (dirigeants), appareil technique (ingénieurs, architectes agrées par le MRU) et institutions chargés du contrôle technique et réglementaire (CSTB, AFNOR). La mise en place de la préfabrication passe par le système des concours et chantiers d'expérimentation lancés par le MRU. Pour les opérations qu'il finance, l'État instaure le système des projets types et donne des consignes sur l'aspect architectural des bâtiments. L'État soutient les entreprises en leurs assurant la continuité des commandes et met en place un système favorisant leurs investissements dans les machines-outils. En même temps, les entreprises restent capables de « diversifier » leurs produits. En URSS, la planification « paralyse » les DSK, dont le premier souci est l'accomplissement quantitatif du plan, en privilégiant le volume au détriment de la qualité des bâtiments produits. Les usines fixes de la préfabrication remplacent les relations architecte / chantier par architecte / usine. La pénurie de main-d'œuvre oblige les deux pays à recourir à la main-d'œuvre immigrée de l'extérieur en France et de l'intérieur en URSS. La prééminence de la préfabrication lourde amène à une certaine déqualification des métiers du Bâtiment. Après trente ans d'isolement et de variations sur le style académique, les architectes soviétiques renouent les contacts avec l'Occident. Les industriels français s'intéressent à ce nouveau marché au grand potentiel. Cependant, le volume d'exportation des équipements vers l'URSS reste faible, il s'agit plus d'une exportation de « matière grise ». Les voyages de spécialistes soviétiques à l'étranger, notamment en France, leur permettent de prendre connaissance et de s'inspirer de la production architecturale européenne contemporaine. Le contact avec des « réseaux de projets qui constituent une aire des pratiques européennes »[173] permet aux architectes soviétiques de renouer avec le projet moderne. L'adoption de la préfabrication devient ainsi pour l'architecture soviétique une sorte de symbole de l'adhésion à la pratique architecturale européenne.

1 «La Reconstruction française. 1945-1962. Bilan d'activité», Paris, Ministère de la Construction, 1962, cité dans Jacques Lucan, «Architecture en France (1940-200)», Paris, Le Moniteur, 2001, page 36.

2 «Logement social 1950-1980», *Bulletin d'informations architecturales*, supplément au N° 95, mai 1985, IFA. Roger Quillot, Roger-Henri Guerrand, Cent ans d'habitat social en France. Une utopie réaliste, éd. Albin Michel, Paris, 1989, page 110.

3 J - P Rioux, *La France de la Quatrième République*, éd. du Seuil, Paris, 1980.

4 L'État se présente comme l'administrateur du parc d'habitat. Le décret du 19 octobre 1945, institue le droit de réquisition des logements inoccupés au bénéfice des familles sans abri. Il est cependant difficilement applicable car les propriétaires ont le droit d'enrayer la procédure de réquisition. L'État est conduit à organiser l'indemnisation des sinistrés de guerre. Le 5 octobre 1946 est adoptée la loi sur les dommages de guerre : «Art. 1er. La République proclame l'égalité et la solidarité de tous les Français devant les charges de la guerre.» «Art. 2. Les dommages certains, matériels et directs causés aux biens immobiliers ou mobiliers par les faits de guerre dans tous les départements français et dans les territoires d'outre-mer ouvrent droit à réparation intégrale, à l'exception des personnes condamnées pour collaboration, commerce avec l'ennemi, et condamnées à vie à l'indignité nationale qui ne pourront donc bénéficier de cette loi.» « Sur les dommages de guerre », *Journal Officiel*, le 28 octobre 1946.

5 Raoul Dautry sera Ministre de 1944 à 1946.

6 Danièle Voldman, *Histoire d'une politique: La reconstruction des villes françaises de 1940 à 1954*, thèse de doctorat d'État, Paris I, décembre 1994, page 385.

7 Idem.

8 Georges Candilis, *Bâtir la vie*, éd. Stock, Paris, 1977, page 159.

9 Eugène Claudius-Petit, Ministre de 1948 à 1953, puis en 1954.

10 *Journal Officiel*, 1951, page 11009.

11 *Journal Officiel*, 11 juillet 1951, page 6969.

12 Instruction des demandes de permis de construire et des projets d'HLM, circulaire du Ministère de la Reconstruction et de l'Urbanisme, signé par Claudius-Petit le 17/12/1952, Centre des archives contemporaines, versement 820695/003 C5429.

13 Idem.

14 « Loi N° 53-318 du 15 avril 1953 facilitant la construction de logements économiques », *Journal Officiel*, le 16 avril 1953, pages 3530-3531.

15 La loi Loucheur est adoptée le 13 juillet 1928 ; l'État s'engage clairement et offre nombre d'avantages aux aspirants à la petite propriété.

16 «Loi N° 53-318 du 15 avril 1953 facilitant la construction de logements économiques», op. cit., Art. 1er, § 4.

17 « Circulaire du 8 avril 1953 relative aux plans types », *Journal Officiel*, le 11 avril 1953, page 3424.

18 « Constitution d'une commission d'agrément de plans types », signé par Pierre Courant, *Journal Officiel*, le 13 mars 1953, page 2383.

19 Idem.

20 HLM économiques normalisés, « Opération Million », mémorandum, signé par A. Spinetta, le 14 septembre 1954, Centre des archives contemporaines, versement 771097/002, C 2461.

21 En 1954, le Ministère de la Reconstruction et de l'Urbanisme fut rebaptisé le Ministère de la Reconstruction et du Logement (MRL).

22 Par la suite, le MRL lance un nouveau programme améliorant l'Opération Million. Le Programme est basé sur le concours de l'Opération Million mais est amélioré au point de vue de l'équipement Programme LOPOFA (LOgements POpulaires FAmiliaux) dont le prix plafond s'élève à 1 400 000 francs.

23 Roger Duchet, Ministre de la Reconstruction et du Logement de 1955 à 1956.

24 Roger Duchet, Ministre de la Reconstruction et du Logement, Conférence de presse, Bilan 1955 et perspectives, le 7 novembre 1955, Centre de la documentation française.

25 Comme le remarque le délégué français au cours du cinquième congrès de l'UIA à Moscou en 1958 : « Pour les surfaces, comme pour les types de logements, nous constatons le rôle des législations nationales, particulièrement important là où la majeure partie des logements est construite au moyen de crédits publics. » J. Fayeton, architecte en chef des bâtiments civils et palais nationaux, ingénieur des arts et manufactures, intervention au cours du cinquième congrès de l'UIA, Moscou 1958, Thème II b. «La Réalisation. Son aspect technique : apport de l'industrie à la construction de bâtiments», page 5, Archives de l'UIA, France.

26 Pierre Lavedan, «Histoire de l'urbanisme, époque contemporaine», éd. Henri Laurens, Paris, 1952, pages 328.

27 «Caractéristiques auxquelles doivent répondre les immeubles construits au titre de la législation sur les loyers modéré», décret du MRU adopté le 7 mai 1951, signé par Maurice Petsche Ministre des Finances, Edgar Faure Ministre du Budget, Claudius-Petit Ministre de la Reconstruction, *Journal Officiel*, le 9 mai 1951, page 4839-4840.

28 Les types II B, III B, IV B sont des logements de même surface et d'un même nombre de pièces, équipés d'un chauffage central.

29 «Caractéristiques techniques des logements économiques édifiés par les offices et société d'habitation modéré», adopté le 15 septembre 1952, signé par Claudius-Petit Ministre de la Reconstruction, Henri Yrissou le directeur du cabinet du Ministère des Finances, Jean-Moreau le Secrétaire d'État au Budget, *Journal Officiel*, le 17 mai 1952, pages 9120-9121.

30 «Caractéristiques auxquelles doivent répondre les logements économiques et familiaux», arrêté du MRU, *Journal Officiel*, le 18 mars 1953, page 2562.

31 «Modification de l'arrêté du 17 mars 1953 fixant les caractéristiques auxquelles doivent répondre les logements économiques et familiaux», adopté le 25 juin 1953 par le MRU, signé par Pierre Courant Ministre de la Reconstruction, *Journal Officiel*, le 27 juin 1953, pages 5735-5736.

32 «Circulaire du 29 novembre 1955 relative aux logements économiques et familiaux (création de logement d'une pièce)», signé par Roger Duchet, Ministre de la Reconstruction, *Journal Officiel*, 2 décembre 1955, page 11696.

33 «Document provisoire relatif à l'application du règlement sanitaire aux logements individuels, économiques et familiaux», Centre des archives contemporaines, versement 790652/01.

34 Différence des caractéristiques et des équipements admis dans les trois opérations : « Secteur industrialisé », « HLM économiques normalisés », « Opération Million », Centres des archives contemporaines, versement 771097/002 C 2461.

35 Roger Duchet, Ministre de la Reconstruction et du Logement, Conférence de presse, «Bilan 1955 et perspectives», le 7 novembre 1955, Centre de la documentation française.

36 Idem.

37 Georges Candilis, op. cit., page 159.

38 Jean-Pierre Epron et alii, «Architecture et constructeurs. Anthologie 8. Les politiques techniques face à la demande», IFA/SCIC, Paris, 1990, page 27.

39 Pol Abraham, « Le chantier expérimental d'Orléans », *L'Architecture d'Aujourd'hui*, N° 9, 1946, page 7.

40 Idem., page 8.

41 Sur le retour aux « traditions régionales » en architecture dans les années 1940 en France, voir Anatole Kopp et alii, «L'Architecture de la Reconstruction en France», Moniteur, Paris, 1982, pages 37-38.

42 Idem.

43 Centre Scientifique et Technique du Bâtiment
44 MRU, « Concours 1949 au titre des chantiers expérimentaux », *L'Architecture d'Aujourd'hui*, N° 30, 1950, page XI.
45 « Programme résumé du concours », *L'Architecture Française*, N° 103-104, 1950, page 5, in Jean-Pierre Epron et alii, op. cit., page 32.
46 Association Française de Normalisation, créée en 1926
47 Répertoire des Élément et Ensembles Fabriqués du bâtiment
48 Bruno Vayssière et alii, *Ministère de la Reconstruction et de l'Urbanisme 1944-1954. Une politique du logement*, IFA/PCA, Paris, sans date, page 95.
49 Cf. Camille Bonnome, Louis Léonard, « Industrialisation du bâtiment (titre III) », librairie Aristide Quillet, Paris, sans date, page 1404 ; « Chantier expérimental. Pont de Sèvres. Paris », *L'Architecture d'Aujourd'hui*, N° 45, 1952, page 1.
50 MRU, « Concours 1949 au titre des chantiers expérimentaux, Villeneuve-Saint-Georges », *L'Architecture d'Aujourd'hui*, N° 30, 1950.
51 Idem.
52 A. Spinetta, « SHAPE village, une expérience française d'industrialisation », *Techniques et Architecture*, N° 11-12, 11ème série, 1952, pages 6-15.
53 « MRU le concours de Strasbourg », *Techniques et Architecture*, N° 9-10, septembre 1951.
54 « Chantier expérimental de Strasbourg », *L'Architecture d'Aujourd'hui*, N° 45, 1952, page 4-8.
55 Camille Bonnome, Louis Léonard, «Industrialisation du bâtiment», (titre III), op. cit., page 1404.
56 Article 24 de la Loi N° 62-5 du 3 janvier 1952.
57 Allocution de Spinetta au cours de la conférence « Fabrication industrielle de huit logements par jour dans la région parisienne », *Annales de l'Institut Technique du Bâtiment et des Travaux Publics*, N° 101, mai 1956, page 428.
58 Idem., pages 431-432.
59 «Programme de construction de 4.000 logements économiques dans la région parisienne. Devis descriptif tous corps d'État», Centre des archives contemporaines, versement 771075 (C1665), pages 10-12.
60 «Bilan de l'opération des 4.000 logements de la région parisienne», Centre des archives contemporaines, versement 771075/003 (1.41.412.), page 3.
61 Idem.
62 Ministère de la Reconstruction et de l'Urbanisme. «Programme pour la construction de 4 000 logements économiques dans la région parisienne sur la base de procédé Camus», Centre des archives contemporaines, versement 771075/006 1.41.412.
63 «Renseignements relatifs aux surfaces des logements et aux capacités d'occupation des immeubles», Centre des archives contemporaines, versement 771075/006 1.41.412.
64 Exposé de Raymond Camus PDG de « Raymond Camus et Cie » au cours de la conférence « Fabrication industrielle de huit logements par jour dans la région parisienne », *Annales de l'Institut Technique du Bâtiment et des Travaux Publics*, op. cit., page 444.
65 Idem.
66 Au début du siècle, la France est le premier investisseur étranger dans l'économie russe : 687,9 millions de roubles en 1915, devant l'Angleterre : 535,4 millions de roubles. Cependant, la quantité de produits exportés en Russie reste alors peu élevée. En 1913, elle représente 4,1 % des importations russes et 2,8 % en 1930. Cf. Golubničij, «Narodnoê hozâjstvo SSSR v cifrah» (Economie nationale de l'URSS en chiffres), éd. Moskovskij rabočij, Moscou, 1940 ; Direction centrale de la statistique de l'URSS, «Narodnoê hozâjstvo SSSR» (Economie nationale de l'URSS), éd. Statistika, Moscou, 1932.
67 Au XIXe siècle, c'est Ferdinand de Lesseps - entrepreneur de génie autant qu'habile diplomate qui ouvre le canal de Suez et commence la réalisation du canal de Panama. Vers 1825, Brunel invente le « bouclier » pour creuser les galeries d'un des premiers tunnels sous la Tamise. Eiffel construit le viaduc Douro au Portugal, de nombreux ponts, ports et chemins de fer en Amérique du Sud et en Afrique du Nord. En Russie, le pont Troitskij à Saint-Pétersbourg (1903) et certaines parties du chemin de fer Transsibérien sont construits par des compagnies françaises de travaux publics.
68 «Rapport du Bureau des relations extérieures de Gosstroj», Archives Nationales Russes de l'Économie, fonds 339, inventaire 3, dossier 890, pages 28, page 36.
69 «Mission des spécialistes français de la construction en URSS», Centre des archives contemporaines, versement 840554, article 126.
70 «Compte-rendu de la mission», Centre des archives contemporaines, versement 85038, article 43. Cette mission d'études a eu lieu du 27 août au 10 septembre 1955. A la tête de la mission se trouvait Marcel Lecoeur Président de la Commission, représentant l'artisanat. Les membres de la mission étaient : Jean Garnier, représentant les chefs d'entreprises, Robert Gondouin, représentant la Confédération Générale des cadres, Guy Houist, représentant l'Union Nationale des Associations Familiales, Pierre Liénart, représentant la Confédération Française des Travailleurs Chrétiens.
71 «Lettre de N. Bêhtin au Comité central du Parti Communiste, Centre de conservation de la documentation contemporaine, fonds N°5, inventaire 41, rouleau (du microfilm) 7269, dossier 71, page 125.
72 Camille Bonnome, «Mission des spécialistes français de la construction en URSS», Centre des archives contemporaines, versement 840554, article 126. La délégation de Bonnome était constituée de M.M. Brouillard, inspecteur Général au SERL, Rebolle, ingénieur en chef des Ponts et Chaussées et Burgeat, PDG de la STUP.
73 «Camille Bonnome, Mission des spécialistes français de la construction en URSS», op. cit.
74 «Rapport du bureau des relations extérieures de Gosstroj», Archives Nationales Russes de l'Économie, fonds 339, inventaire 3, dossier 879, pages 28.
75 Guy Pison, «Voyage en URSS de cinq Architectes Français, août 1956», Centre des archives contemporaines, versement 840554, article 126.
76 Guy Pison, « Voyage d'architectes français en URSS », *L'Architecture d'Aujourd'hui*, N° 67/68, 1956, page XIII.
77 *Rapport du bureau des relations extérieurs du Gosstroj*, Archives Nationales Russes de l'Économie, fonds 339, inventaire 3, dossier 648, pages 3-4.
78 Idem., page 170.
79 Pierre Sudreau, Ministre de la Construction de 1959 à 1962
80 *Rapport du bureau des relations extérieurs du Gosstroj*, Archives Nationales Russes de l'Économie, fonds 339, inventaire 3, dossier 891, page 6.
81 Archives Nationales Russes de l'Économie, fonds 339, inventaire 3, dossier 641, page 45 ; fonds 339, inventaire 3, dossier 648, pages69, 70.
82 Archives Nationales Russes de l'Économie, fonds 339, inventaire 3, dossier 648, page 237 ; fonds 339, inventaire 3, dossier 648, page 170.
83 «Rapport de la mission d'Études de la commission des travaux publics, de la Reconstruction et de l'Urbanisme sur le logement en URSS», Conseil Economique, Centre des archives contemporaines, versement 850386, article 43.
84 «Mission en Union Soviétique de représentants des administrations et organismes français intéressés à la construction de logements», rapport rédigé par André Pierard, Maître des Requêtes au Conseil d'État, Directeur du Cabinet de Monsieur Pierre Garet, ancien Ministre de la Construction et du Logement, juin 1958, Centre des archives contemporaines, versement 850386, article 43, page 177.

85 Idem.

86 «Notes du bureau de relations extérieures», Archives Nationales Russes de l'Économie, fonds 339, inventaire 3, dossier 641, page 45.

87 «Comptes rendus des missions à l'étranger», le 1-21 juin 1957, Archives Nationales Russes de l'Économie, fonds 339, inventaire 11, dossier 418, page 69.

88 «Comptes rendus des missions à l'étranger», Archives Nationales Russes de l'Économie, fonds 339, inventaire 9, dossier 29, page 126.

89 «Comptes rendus des missions à l'étranger», Archives Nationales Russes de l'Économie, fonds 339, inventaire 3, dossier 648, pages 49-57.

90 «Comptes rendus des missions à l'étranger», Archives Nationales Russes de l'Économie, fonds 339, inventaire 3, dossier 641, page 48.

91 «Comptes rendus des missions à l'étranger», Archives Nationales Russes de l'Économie, fonds 339, inventaire 9, dossier 94, page 267.

92 «Comptes rendus des missions à l'étranger», fonds 339, inventaire 9, dossier 145, page 344.

93 «Comptes-rendus des missions à l'étranger», Archives Nationales Russes de l'Économie, fonds 339, inventaire 3, dossier 925, page 52.

94 «Comptes-rendus des missions à l'étranger», Archives Nationales Russes de l'Économie, fonds 339, inventaire 3, dossier 648, page 27. Les soviétiques cherchent même à acheter des films. Les français suggèrent les films suivants :
I. société Camus, un film de 1956-57, prix de la copie 15 000 F, film qui sera achevé en 1958, prix de la copie 45 000 F.
II. société André Balency-Béarn, a) Le film Construction d'immeubles de 13 étages au Pont de Sèvres ossature moulée sur place dans des coffrages, prix de la copie 80 000 F ; b) le film Construction d'un groupe d'habitations entièrement préfabriqués par panneaux de grandes dimensions en usine foraine, prix de la copie 80 000 F ; c) Un film de 1958, Construction d'habitations préfabriquées par panneaux de grandes dimensions en usine fixe à Villeneuve-le-Roi, prix de la copie 80 000 F ; d) Société Coignet, un film de 1957, prix de la copie 100 000 F.
Lettre de l'attaché commercial en France au Gosstroj, Archives Nationales Russes de l'Économie, fonds 339, inventaire 3, dossier 925, pages 55, 56.

95 Archives Nationales Russes de l'Économie, fonds 339, inventaire 3, dossier 648, page 136.

96 Archives Nationales Russes de l'Économie, fonds 339, inventaire 3 volume II, dossier 418, pages 39, 42.

97 Archives Nationales Russes de l'Économie, fonds 339inventaire 3, dossier 648, page 136.

98 Archives Nationales Russes de l'Économie, fonds 339, inventaire 3 volume II, dossier 419, page 150.

99 Archives Nationales Russes de l'Économie, fonds 339, inventaire 3, dossier 648, page 131.

100 «Programme de travail de la mission des spécialistes d'ouvrage d'art soviétiques en France», mars 1958, Archives Nationales Russes de l'Économie, fonds 339, inventaire 3, dossier 648, page 76.

101 «Sur les résultats d'utilisation d'expériences étrangères dans la construction de logements et d'équipements en URSS», Archives Nationales Russes de l'Économie, fonds 339, inventaire 3, dossier 890, page 36.

102 Idem.

103 Ibidem, page 23.

104 Ibidem, pages 23 - 24.

105 Ibidem, page 26.

106 Ibidem, page 36.

107 Ibidem, page 37.

108 Ibidem, page 27.

109 *Procès-verbal de la rencontre avec les représentants de la société française FIVES - Lille à Gosstroj, le 10 mars 1958*, Archives Nationales Russes de l'Économie, fonds 339, inventaire 3, dossier 648, pages 23-32.

110 Retrouver les chiffres de vente de brevets vers l'URSS ne nous paraît pas possible.

111 *Rapport du bureau des relations extérieurs du Gosstroj,* Archives Nationales Russes de l'Économie, fonds 339, inventaire 3, dossier 648, page 247.

112 *Rapport du bureau des relations extérieurs du Gosstroj,* Archives Nationales Russes de l'Économie, fonds 339, inventaire 3, dossier 925, page 81.

113 Raymond Camus, qui d'après A. Spinetta, pense les « logements, comme il pense les voitures », devient le leader sur le marché de la préfabrication. Diplômé de l'École Centrale, il entre chez Citroën en 1937, pour connaître le monde de l'industrie, et il est chargé d'étudier la question du logement ouvrier. En 1948, il dépose des brevets de procédés de construction. En 1949, il crée avec ses frères et quelques amis la société Raymond Camus et Cie. Il obtient un marché du MRL de 4000 logements en région parisienne ce qui lui permet, avec l'aide de l'État, de construire une usine à Montesson, en bordure de Seine.

114 *Lettre de V. Kučêrênko,* datée du 2 juin 1958, Archives Nationales Russes de l'Économie, fonds 339, inventaire 1, dossier 875, page 66.

115 Idem.

116 *Rapport du bureau de relations extérieurs de Gosstroj*, Archives Nationales Russes de l'Économie, fonds 339, inventaire 3, dossier 648, page 247.

117 Dossier technique, Archives Nationales Russes de l'Économie, fonds 339, inventaire 3, dossier 925, page 52.

119 « Arhitêktura i konstrukcii v žilišnom stroitêl'stvê Francii » (L'architecture et la structure dans la construction de logements en France), *Arhitêktura SSSR*, N° 10, 1955, pages 36-44.

120 André Lurçat, « Organizaciâ prostranstva v gorodah na primêrê Mobêja i Sên-Dêni » (Les villes Maubeuge et St. Denis : exemples de l'organisation de l'espace), *Arhitêktura SSSR*, N° 3, 1958, pages 54-66. C'est en effet la traduction de « L'organisation des espaces urbains », voir Jean-Louis Cohen, André Lurçat 1894-1970, autocritique d'un moderne, éd. Mardaga, Liège, 1995.

121 L. Vrangêl', Z. Nêstêrova, « Iz parktiki krupnopanêl'nogo domostroêniâ za rubêžom » (Quelques exemples de logements préfabriqués à l'étranger), *Arhitêktura SSSR*, N° 4, 1958, pages 55-62.

122 N. Rozanov, « Krupnopanêl'noê domostroênié vo Francii » (La construction de logements en panneaux lourds préfabriqués en France), op. cit., pages 41-46.

123 Ž. Rosênbaum, « Arhitêktura na nacional'noj francuzskoj vystavkê v Moskvê » (L'Architecture française à l'exposition nationale de Moscou), *Arhitêktura SSSR*, N° 11, 1961, pages 49-54.

124 Les relations commerciales avec la France s'élargissent vers 1968 et la France devient le premier partenaire occidental de l'URSS. Le 30 juin 1966 à Moscou, le Général de Gaulle et N. Podgornyj signent la déclaration franco-soviétique qui institue la Commission mixte permanente franco-soviétique, dite « Grande Commission », et qui est l'instance principale des relations économiques. Est créée également la commission mixte de coopération scientifique, technique et économique, dite « Petite Commission ». Cf. Harris Puisais, « Les Relations économiques Franco-Soviétiques », Revue des deux mondes, février 1984, N° 2, pages 321-332.

125 En 1950, la société de construction Edmond Coignet adopte les procédés Freyssinet. Le bon déroulement des chantiers encourage les sociétés à mettre au point leurs propres procédés auxquels elles attachent leurs noms : Balency et Schuhl, Costamagna, Fiorio, Camus...

126 En France, beaucoup de grands entrepreneurs doivent en partie leur succès à leur réseau de relations. Ils comptent de nombreux amis dans

les milieux industriels et bancaires - à l'exemple de Bouygues, entretiennent des liens étroits avec nombre de hauts fonctionnaires, ou même se lancent en politique comme Loucheur et J - M Lovel, qui seront tous deux Ministres. Cf. Dominique Barjot, « La grande entreprise française de travaux publics (1883 - 1974) : Contraintes et stratégies », Thèse de doctorat d'État, Université de Paris IV, 3 e volume, 1989.

127 Gérard Blachère, *Technologie de la construction industrialisée*, Eyrolles, Paris, 1975.

128 « Fabrication industrielle de huit logements par jour dans la région parisienne », *Annales de l'Institut Technique du Bâtiment et des Travaux Publics*, op. cit., page 452.

129 Camille Bonnome, *Mission des spécialistes français de la construction en URSS*, op. cit.

130 Idem.

131 *Descriptif du projet pour une maison préfabriquée*, rédigée par l'architecte E. Iohêlês, septembre 1948, Archives Nationales Russes de l'Économie, fonds 9432, inventaire 1, dossier 15, pages 280-287.

132 *Descriptif du projet pour une maison préfabriquée*, Archives Nationales Russes de l'Économie, fonds 9432, inventaire 1, dossier 388, pages 183-186.

133 Les projets des ces usines sont élaborés par l'équipe des ingénieurs V. Kalačêv, V. Girskij, M. Vasil'êv, E. Cêjtlin et l'architecte N. Rozanov, voir N. Rozanov, «Krupnopanêl'noê domostroênіê» (La construction en grands panneaux), éd. Strojizdat, Moscou, 1982, page 9.

134 « Sovêtskoê zodčêstvo na urovên' novyh zadač » (L'architecture soviétique au niveau de nouveaux objectifs), *Sovêtskaâ Arhitêktura*, N° 4, 1953, page 7.

135 *O razvitii krupnopanêl'nogo domostroêniâ v 1959-1964*

136 Charles-Etienne Lagasse, «L'entreprise soviétique et le marché», éd. Economica, Paris 1979, page 237.

138 En 1889, l'architecte Sauvage avait breveté un panneau préfabriqué en béton intégrant d'importantes parts d'équipements techniques. Comme beaucoup d'inventions prématurées, celle-ci est tombée dans l'oubli le plus total.

139 Gérard Blachère, «Technologies de la construction industrialisée», op. cit., page 172.

140 K. Šêvcov (dir.), «Arhitêktura graždanskih i promyšlênnyh zdanij», tom II, «Žilyê zdaniâ» (Architecture des bâtiments publics et industriels, volume III, Les immeubles de logements), éd. Strojizdat, Moscou, 1983, page 113.

141 Û. Dyhovičnyj, V. Maksimênko, «Optimal'noê stroitêl'noê proêktirovaniê» (La conception optimale dans la construction), éd. Strojizdat, Moscou, 1990, page 103.

142 «Gros œuvre Camus type Lorraine N° 3, décision N° 1163», Cahiers du CSTB, N° 35, 1958.

143 Û. Dyhovičnyj, V. Maksimênko, op. cit., page 127.

144 Gérard Blachère, «Technologies de la construction industrialisée», op. cit., pages 191-198.

145 Camille Bonnome, Louis Léonard, «Industrialisation du bâtiment», op. cit., page 1398.

146 Idem.

147 Le panneau fabriqué dans un moule rigide possède des joints droits qui s'articulent bien avec les joints des panneaux adjacents. Ceci permet d'obtenir une meilleure qualité thermique du logement.

148 E. Fougea, PDG de la Société Constructions Edmond Coignet, « L'opération Etincelle. Exemple de construction de bâtiment suivant les méthodes industrielles », *Travaux*, N° 305, mars 1960, pages 115-117.

149 Exposé de Raymond Camus PDG de Raymond Camus et Cie au cours de la conférence « Fabrication industrielle de huit logements par jour dans la région parisienne », op. cit., page 437.

150 Camille Bonnome, Louis Léonard, «Industrialisation du bâtiment», (titre III), op. cit., page 1398.

151 «Programme de construction de 4000 logements dans la région parisienne. Chapitre II organisation d'ensemble et principe de montage», Centre des archives contemporaine, versement 771087 (C 2305).

152 Exposé de Raymond Camus, op. cit., page 435. Voir aussi « La préfabrication lourde en France - les Procédés Camus », *L'Architecture d'Aujourd'hui*, N° 64, 1956, page 96.

153 E. Fougea, Commissaire de la Dura-Coignet, « Usine de fabrication de logements de Rotterdam », Travaux, N° 309, juillet 1960, page 501.

154 N. Rozanov, «Krupnopanêl'noê domostroênіê» (La construction en grands panneaux), op. cit., page 183.

155 Idem., page 178.

156 Ibidem., page 186.

157 Ibidem., page 188.

158 L'ingénieur Nikolaj Kozlov, autodidacte, mécanicien de talent et personnalité très active, part à la recherche des moyens de réaliser ses inventions et passe beaucoup de temps à solliciter les administrations. Il parvient à obtenir un rendez-vous avec Khrouchtchev pour lui présenter son « faramineux » laminoir qui fabrique des panneaux. Son invention est soutenue par Khrouchtchev qui débloque des financements pour la construction d'une usine équipée par les machines - outils conçues par cet ingénieur.

159 V. Promyslov, «Razvitiê industrial'nogo stroitêl'stva v Moskvê» (Le développement de la construction industrialisée à Moscou), éd. Strojizdat, Moscou, 1967, page 223. Le livre est signé par Promyslov, Secrétaire du Comité du Parti Communiste de Moscou, ancien conducteur de travaux, dont le pouvoir était plus importants que celui du Maire de Moscou, en réalité l'ouvrage est écrit par Û. Dyhovičnyj, ingénieur brillant, mentionné dans le livre comme le « rédacteur scientifique ».

160 N. Rozanov, «Krupnopanêl'noê domostroênіê» (La construction en grands panneaux), op. cit., page 191. Voir aussi l'article de l'ingénieur B. L'vovskij et de l'architecte V. Sêrgêêv, « Novyj ètap v razvitii sbornogo domostroêniâ » (Nouvelle étape dans l'évolution de la construction à partir des composants préfabriqués), *Arhitêktura SSSR*, N° 7, 1958, pages 7-12.

161 L'Institut Giprostrommaš Minstrojdormaša, était depuis 1958 le principal concepteur des projets types d'usine. N. Rozanov, «Krupnopanêl'noê domostroênіê» (La construction en grands panneaux), op. cit., page 193.

162 La substitution des métiers du Bâtiment par celui de monteur est un réel désastre pour les ouvriers qualifiés restants. D'après le témoignage d'un architecte soviétique, trouver un bon plâtrier qui sache faire des moulures était devenu quasiment impossible dans les années 1970. Il s'en trouva un, qui avait dû changer sa qualification en monteur de panneaux préfabriqués. L'ouvrier se mit « à pleurer de joie » quand on lui proposa de reprendre son métier.

163 Allocution de Spinetta au cours de la conférence « Fabrication industrielle de huit logements par jour dans la région parisienne », op. cit., page 431.

164 Conférence de M. Raymond Camus « Fabrication industrielle de huit logements par jour dans la région parisienne », op. cit., page 450.

165 L'enquête *Au sujet de la désaffection des jeunes Mosellans pour les métiers du Bâtiment conduite en 1954 par la Direction Départementale de la Santé de la Moselle*, évoque « l'impopularité des métiers du Bâtiment parmi les jeunes ». Certaines de ses causes sont évoquées : les jeunes sont attirés par la mécanique ; les métiers du Bâtiment sont des métiers saisonniers ; les parents craignent les dangers de l'alcoolisme car « les ouvriers travaillant sur les chantiers sont habitués à boire » et ils mettent en cause « la promiscuité sur les chantiers avec la main-d'œuvre nord-africaine ». Enquête «Au sujet de la désaffection des jeunes Mosellans pour les métiers du bâtiment», Ministère de la Santé Publique, Direction Départementale de la Santé de la

Moselle, le 2 septembre 1954, Centre des archives contemporaines, versement 790652/01.

166 Dans une conférence de presse, qui dresse le bilan de 1955, Roger Duchet, Ministre de la Reconstruction et du Logement dit :
Le problème de la main-d'œuvre paraît être plus difficile à résoudre dans l'immédiat en raison du trop faible rythme de l'immigration et de la difficulté de faire jouer les mesures destinées aux militaires en raison des événements d'Afrique du Nord. Ainsi sur une première tranche de 9.000 jeunes spécialistes prévue, 4.000 seulement ont pu être conservés.
Roger Duchet, Ministre de la Reconstruction et du logement, Conférence de presse, «Bilan 1955 et perspectives», le 7 novembre 1955, Centre de la documentation française.

167 « M. Duchet propose de nouvelles mesures de recrutement de la main-d'œuvre », signé G. M., *Le Monde*, le 22 juin 1955.

168 Dans les années 1930 et jusqu'au début des années 1950, la main-d'œuvre pénitentiaire est largement utilisée dans la construction. (En 1935, cette main-d'œuvre représente 30% du chiffre global des travailleurs). Françis Seurot, «Le système de l'Économie de l'URSS», PUF, 1989, page 68. Dans son roman «V krugê pêrvom» (Le premier cercle), Alexandre Soljenitsyne raconte comment il travaillait comme ouvrier - prisonnier sur le chantier des immeubles de logements « Kalužskajâ zastava » à Moscou en 1951.

169 Un système de « domiciliation officielle » avait été mis en vigueur dans les années 1930. Pour pouvoir vivre et travailler dans les grandes villes, il était indispensable d'avoir une « domiciliation officielle ». A partir de 1970, fut établi un quota (« limite ») d'accueil pour les agriculteurs et les gens de province, qui venaient travailler à Moscou (on les appelait les limitčiki). Logés dans les foyers, embauchés pour des emplois précaires, leur statut social était très médiocre.

170 Camille Bonnome, *Mission des spécialistes français de la construction en URSS*, op. cit.

171 Idem.

172 I. Abramov, «Cikly v razvitii èkonomiki v SSSR» (Les cycles dans le développement de l'économie en URSS), Minsk, 1990, page 62.

173 Jean-Louis Cohen, in Yannis Tsiomis, «Ville - cité. Des patrimoines européens», éd. Picard, Paris, 1998, page 74.

5

Moscou, quartier d'habitation Ivanovo, architecte Viktor Lêbêdev, 1970.
photo N. Solopova, 2018

La mise en place de la préfabrication à l'échelle industrielle en URSS

5.1. Les séries des immeubles de logements préfabriqués R+4 sans ascenseur

Dans les années 1960, le « fonctionnement » de la préfabrication lourde en URSS passe par le système de projets types. Le projet est d'abord testé au cours d'un chantier expérimental. Ensuite le projet type est homologué pour une durée illimitée par le Gosstroj, qui lui attribue un numéro de série. Les premiers immeubles de logements conçus dans le cadre de la politique khrouchtchevienne de construction de l'habitat de masse sont des bâtiments R+4 sans ascenseur. À l'époque, on considère que le coût de la construction est moins élevé pour des bâtiments de cette taille. Par ailleurs, la maîtrise d'ossature panneaux-voiles (qu'on privilégie par rapport à celle des poutres-poteaux-panneaux) ne permet pas d'avoir un nombre d'étages plus important. L'ossature panneaux-voiles influence la conception de l'espace intérieur. Pour des raisons économiques, la portée transversale est réduite, entre 2,4 m et 3 m.

Des logements construits entre 1958 et 1964 sont conçus selon le SNIP (Les normes et les règles de construction) de 1958, qui fixe pour les appartements des surfaces très « serrées ».

La série type N° I - 510, fabrication de 1956 à 1966[1]

Le chantier des deux tranches de Novyê Čêrëmuški comporte les *kvartals* N° 12 et 11 et se déroule entre 1956-1959. Le *kvartal* N° 12 est divisé en trois zones: une zone centrale, occupée par des équipements et deux zones latérales occupées par des logements (fig. 99). Les espace verts considérés comme les lieux de « récréation des habitants du *kvartal* » séparent les habitations de la zone «publique». L'architecte A. Mandrikov écrit dans *Arhitêktura SSSR* :

> *Parmi les objectifs de la construction du kvartal N° 12 se trouvent la vérification de la rationalité du plan masse, et de la disposition des commerces et des bâtiments publics, mais surtout l'introduction de méthode de construction à la chaîne.*[2]

Le *kvartal* N° 12 est bâti avec un seul type d'immeuble R+4 en grands blocs de béton. Il comprend en tout 16 immeubles, ce qui représente au total 956 logements. L'épaisseur du mur extérieur est de 40 cm, ce qui le rapproche du mur traditionnel en briques. Le montage est donc plus compliqué et le coût d'immeuble plus élevé. Certains blocs de façade sont décorés par des bas-reliefs, obtenus au cours du moulage en disposant des

Fig. 99 : Plan masse de Novyê Čërëmuški. Les *Kvartal* N 9, 11 et 12.
4. Maison "Nouveau Mode de vie»

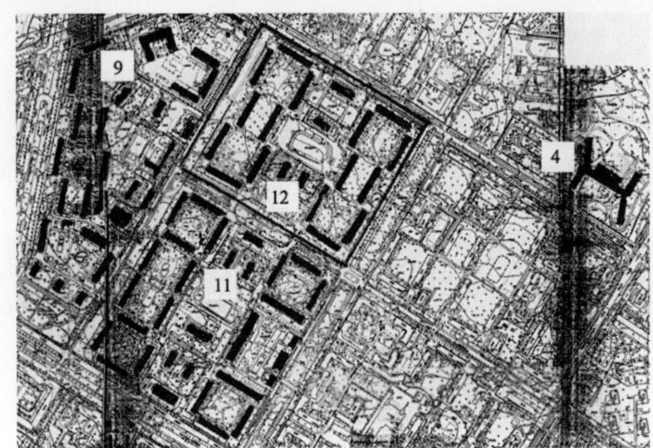

matrices en fond de moule. La profondeur du bas-relief est limitée car s'il est trop accentué, il diminue l'épaisseur du panneau, et réduit ainsi ses qualités isolantes.

L'immeuble en grand bloc de béton expérimenté dans le *kvartal* N° 12, après quelques modifications, est homologué pour la construction de masse sous le numéro de série I-510 (fig. 100, 101). Entre 1956 et 1966 il sera bâti environ 3 000 000 m² de surface habitable de logements de cette série[3].

La série type N° I – 515, fabrication de 1958 à 1968

La chantier du *kvartal* N° 11 de Novyê Čërëmuški se déroule de 1958 à 1959 (fig. 99). Dans la conception du plan masse, les architectes partent du même principe que dans le *kvartal* N° 12. La zone centrale occupée par des équipements est bordée de deux côtés par des immeubles de logements. Le *kvartal* est bâti avec un seul type d'immeuble R+4 en grands panneaux préfabriqués (fig. 102). Cet immeuble est homologué pour la construction de masse sous le numéro de série I-515. L'ossature d'immeuble de série I-515 est de type panneaux – voiles. Les panneaux de façade ont une largeur égale à celle d'une pièce, leur épaisseur est de 40 cm. Les voiles ont une épaisseur de 27 cm, les murs de contreventement - 14 cm. Les panneaux livrés de l'usine sont montés directement depuis les semi-remorques. En neuf jours on assemble un étage ; le bâtiment entier est monté en 52 jours. Avec les travaux de finition la durée globale de sa construction est de 100 jours[4]. Au cours de l'exploitation de cette série, de multiples défauts se révèlent. Les composants sont très lourds et peu économiques, l'étanchéité des joints pose également problème : l'eau pénètre à l'intérieur des panneaux et les détruit progressivement. La production de cette série s'arrête en 1968.[5]

La série type I-605, fabrication de 1959 à 1966 (env.)

En 1958, à Vyksa (région de Nižnij Novgorod) d'après le projet de l'architecte N. Rozanov et des ingénieurs V. Košêčkov, A. Rozênfêld et I. Polozov, on construit à titre expérimental un immeuble de logements préfabriqué de hauteur R+3 avec une structure de type panneaux-voiles. À la réception de l'immeuble, la commission constate :

> *Le bâtiment visité donne une impression satisfaisante. Les avis de ses habitants sont favorables. Bien que les travaux aient été exécutés par des ouvriers non qualifiés, les fissures sur les panneaux, dues aux chocs au cours du transport et du montage, sont minimes.* [6]

À partir de prototypes construits à Vyksa deux séries types sont lancées : I-605 et I-464. L'ossature de la série I-605 est de type de panneaux-voiles. Les dalles de plancher s'appuient sur les voiles et les panneaux de façade (fig. 103). Ces dalles ont une largeur de 3,40 m et 2,65 m leur épaisseur est de 10 cm. L'épaisseur des voiles est de 12 cm, celle des panneaux de façade est de 25 cm. Pour la fabrication de la série I-605 (R+4), des dizaines d'usines sont édifiées. 70% des composants sont coulés dans des moules verticaux. À Moscou plus d'un million de m² de surface habitable d'immeubles de logements de cette série sont bâtis[7].

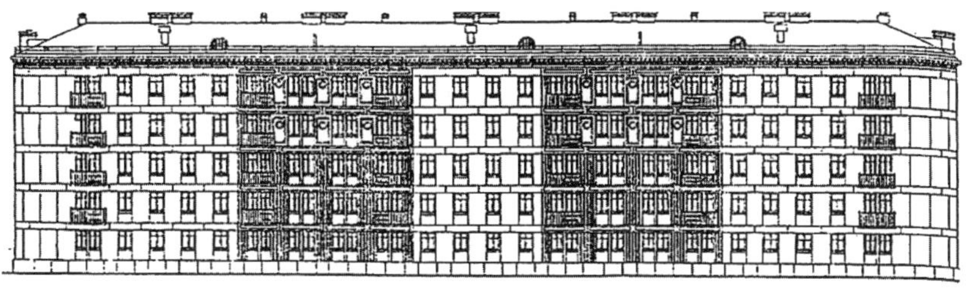

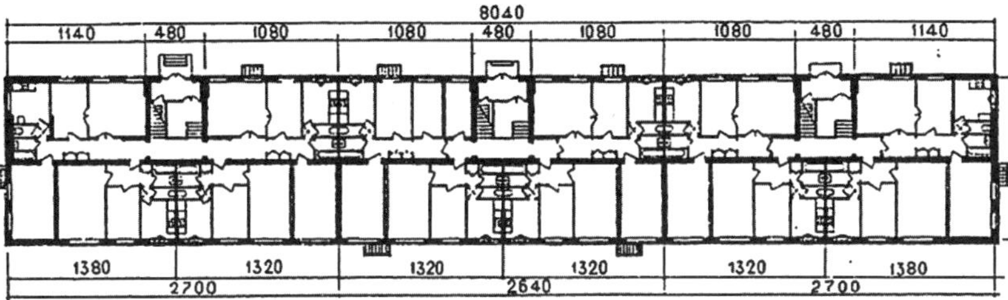

100

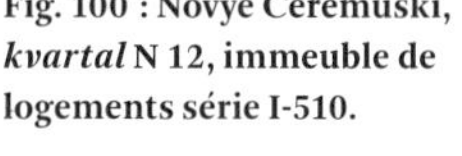

Fig. 100 : Novyê Čêrëmuški, *kvartal* N 12, immeuble de logements série I-510.

Fig. 101 : Immeuble de logements, série I-510.

Fig. 102 : Novyê Čêrëmuški, *kvartal* N 11, immeuble de logements série I-515.

Fig. 103 : Immeuble de logements, série I-605.

101

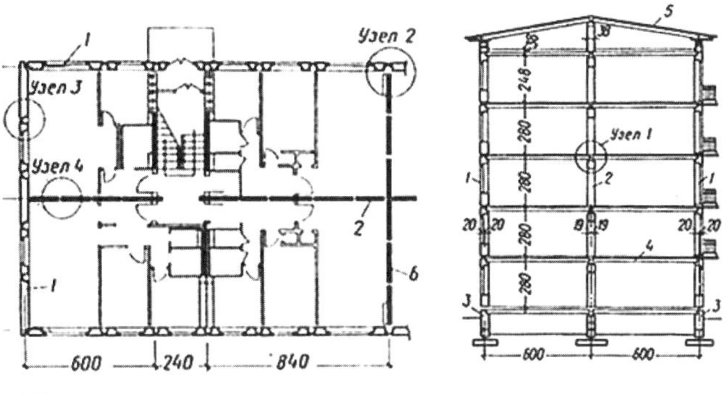

102

103

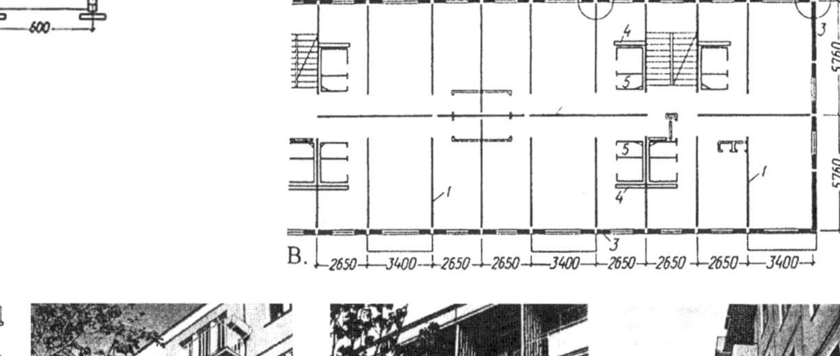

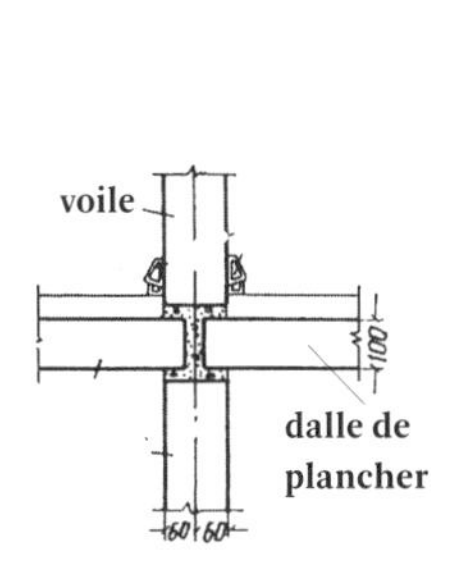

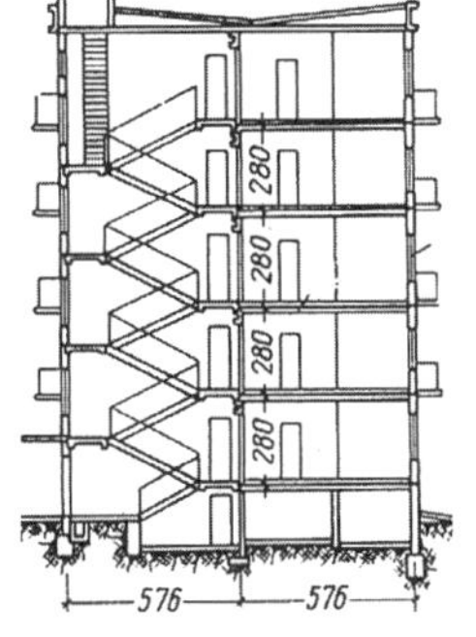

Fig. 104 : Immeuble de logements, série I-464, 1958.

Fig. 105 : Immeuble de logements, série I-464, plan d'étage courant.

Fig. 106: Nomenclature d'éléments préfabriqués, série I-464.

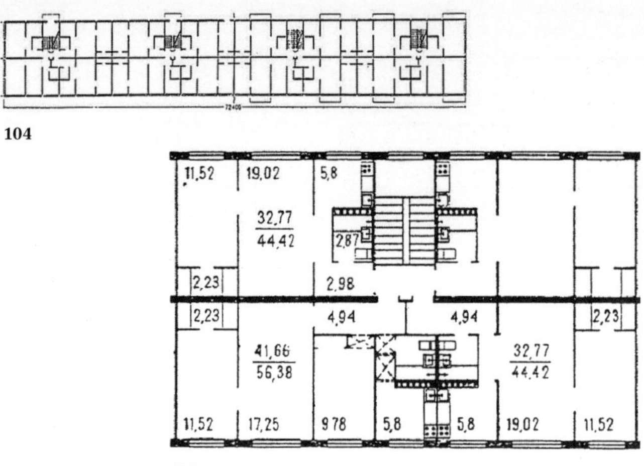

104

105

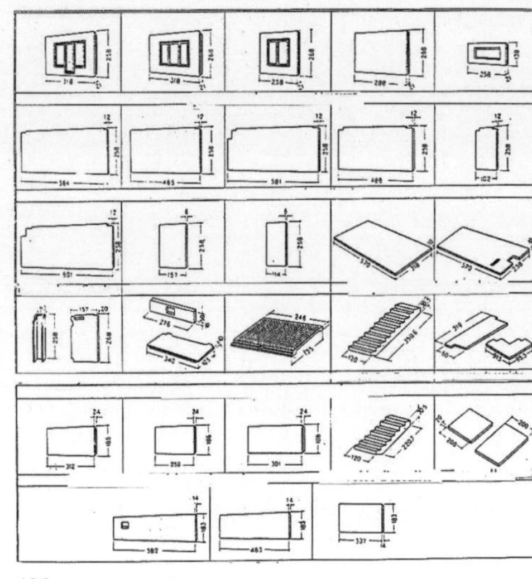

106

La série I-464, fabrication de 1958 à 1972 (env.)

La série I-464 est agréée pour la production de masse en 1959[8]. Elle devient l'une des plus reproduites en URSS (fig. 104). Entre 1959 et 1972, 60 % des immeubles de logements construits font partie de cette série, soit environ 3 000 000 d'appartements. Pour la fabrication de cette série, une usine type est conçue. Entre 1959 et 1962, deux cent usines de ce type sont mises en place[9]. L'ossature de la série I-464 est de type panneaux-voiles, le nombre de niveaux varie de R+3 à R+4. Selon la marque du béton utilisé, l'épaisseur du panneau de façade varie entre 25, 30 et 35 cm ; la menuiserie y est incorporée en usine. L'épaisseur des voiles est de 12 cm, celle des dalles de plancher de 12 cm. La hauteur de plancher à plancher est de 2,7 m. La portée longitudinale varie entre 2,6 m et 3,2 m. Les panneaux de façade et les dalles de plancher ont une dimension égale à celle de la pièce, ce qui permet d'avoir les joints dans les angles des pièces. Les composants sont coulés en usines dans des moules verticaux. Le poids maximal d'un composant est de 4,5 t. Leur montage s'effectue directement depuis la semi-remorque au moyen de grues de 5 t. La série I-464 comporte des appartements d'une, deux et trois pièces, dont la surface totale est respectivement de 32, 44 et 56 m^2 (fig. 105). La cage d'escalier dessert quatre unités de cellules par étage. La distribution intérieure des appartements respecte le SNIP de 1958 : cuisine de 5,8 m^2, W.C. incorporé dans la salle de bains. Les concepteurs tiennent compte de l'efficacité économique du logement qui est calculée en 1958 en fonction de la surface habitable. Par conséquent, la circulation intérieure est réduite à un sas d'entrée, la chambre de 11,52 m^2 est desservie par le séjour (19 m^2). Les appartements de deux pièces sont dotés d'une garde-robe de 2,23 m^2 dont la surface est additionnée à la surface habitable de l'appartement. (Cette garde-robe sera appelée par la population « chambre de belle-mère »). Il existe des modifications de série I-464. Certaines modifications permettent d'implanter cette série dans des zones géographiques différentes (résistance aux séismes, à l'affaissement des sols, etc.). Ces modifications n'ont pratiquement aucune incidence ni sur le plan des logements ni sur l'aspect extérieur des bâtiments (série IT-464 AC, par exemple, adaptée aux séismes).

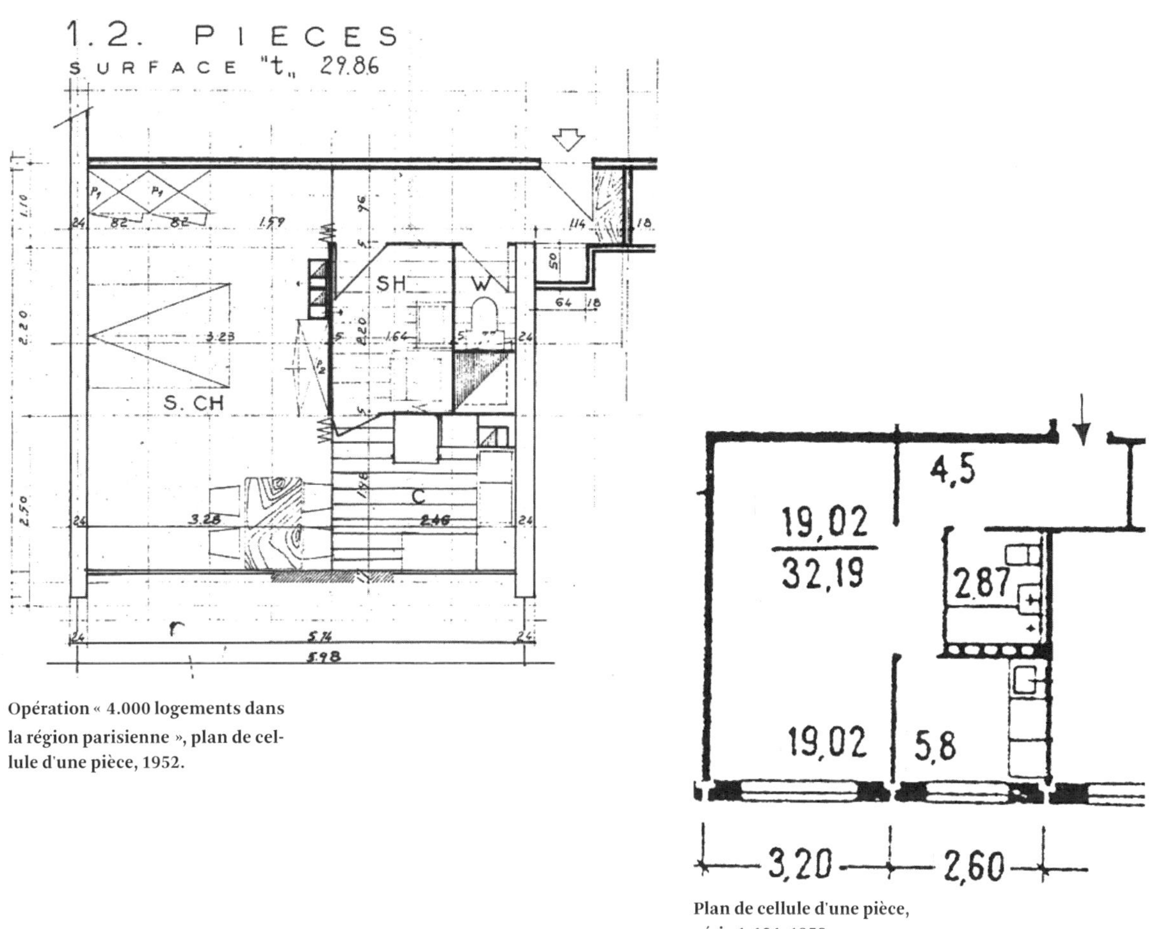

Opération « 4.000 logements dans la région parisienne », plan de cellule d'une pièce, 1952.

Plan de cellule d'une pièce, série 1-464, 1958.

Fig. 107 : Le principe de distribution appliqué dans l'appartement d'une pièce de la série 1-464 se retrouve pour un logement analogue construit dans le cadre de l'opération « 4.000 logements dans la région parisienne ». Les cellules sont composées des mêmes espaces : un couloir d'entrée (4,5 m2 en URSS et 3,7 m2 en France); un «bloc de service»: cuisine, salle d'eau, w.c.; une chambre (19,02 m2 en URSS et en France). La différence se situe dans la façon de penser la circulation à l'intérieur de la cellule. En France, la cuisine (4,8 m2) est desservie par la pièce principale et par la salle d'eau (3,6 m2) qui assure en même temps la fonction de couloir. Dans la version soviétique, un dégagement entre la pièce principale et l'entrée dessert la cuisine de 5,8 m2 . La surface totale de la cellule 1-464 est de 32,19 m2, celle de la cellule d'HLM de 29,86 m2.

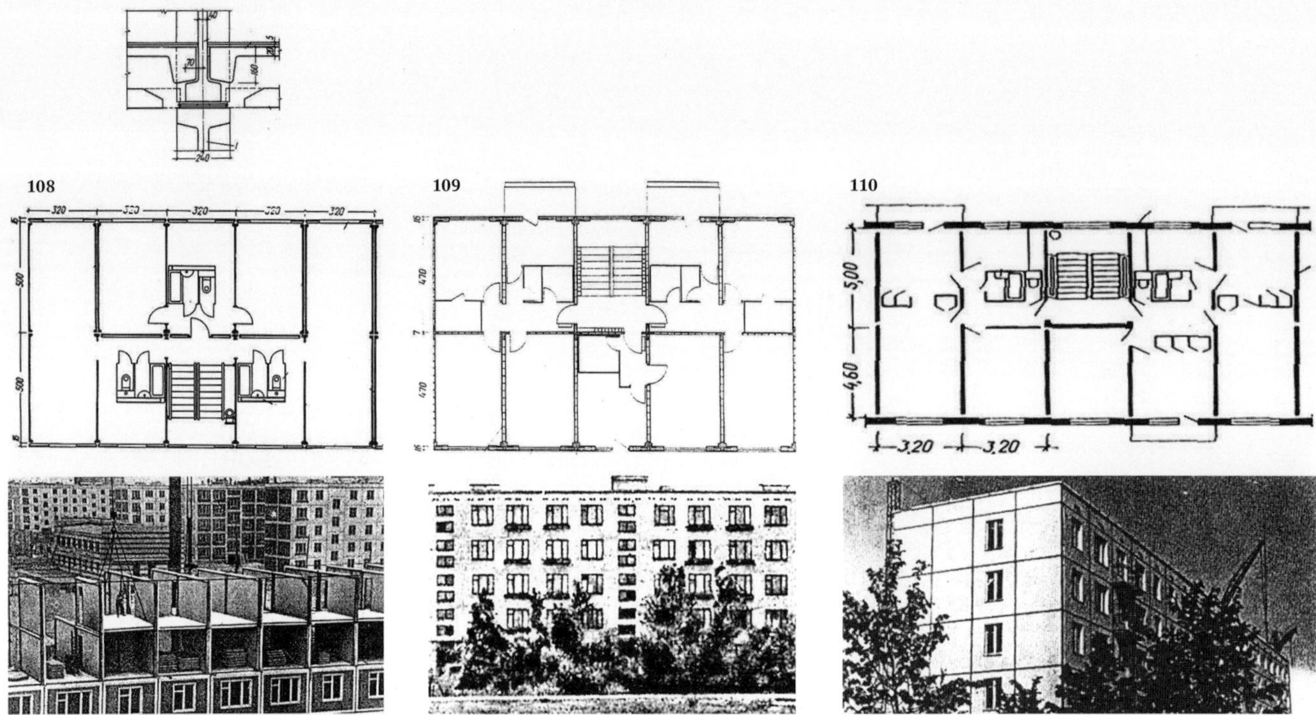

La série type K-7, fabrication de 1959 à 1976

La série K-7 est spécialement conçue pour Moscou par les ingénieurs Lagutênko et Bartašêvič (fig. 108). Son prototype est l'immeuble N° 14 construit au *kvartal* N° 9 de Novyê Čêrëmuški. L'ossature des bâtiments de cette série se distingue des autres structures de type panneaux-voiles. Les voiles sont en effet des murs-poutres, dont la portée entr'axes est de 3,2 m. Les panneaux de façade de type « sandwich » de 16 cm d'épaisseur s'accrochent aux voiles. La distribution dans les cellules est « mécaniquement » déterminée par l'ossature rigide du bâtiment. La trame, avec sa portée longitudinale de 3,2 m et transversale de 5 m, détermine les limites des pièces, toutes de la même taille de 16 m^2. L'une des « mailles » de la trame abrite un bloc de « service-circulation » (la cuisine, le W.C., la salle de bains et le couloir d'entrée). Au cours de l'exploitation de cette série, d'importants défauts apparaissent : protection insuffisante contre la corrosion des ancres des panneaux de façade, étanchéité défectueuse des joints verticaux et horizontaux, mauvaise isolation thermique et phonique. Pour corriger ces défauts, l'épaisseur des panneaux extérieurs est portée à 25 cm, l'armature des murs de refend est renforcée et les dimensions des dalles de plancher sont modifiées. À Moscou, une usine spécialisée dans la production de cette série est installée, avec une capacité annuelle de production d'un million de m^2 de logements[10].

La série II-35, fabrication de 1959 à 1962

La série II-35 est également conçue pour Moscou (fig. 109). La trame de 3,2 m sur 4,7 m détermine une dimension de pièces égale à 15 m^2. L'une des « mailles » de la trame est occupée par le bloc « service-circulation ». Dans l'appartement de trois pièces, la chambre est dotée d'une garde-robe.

Le *kvartal* N° 10 Novyê êrëmuški. Les séries 1MG-300, II-49 et MG-601D

La construction de la quatrième tranche du *kvartal* N° 10 de Novyê Čêrëmuški démarre en 1961. Sur une surface de

111

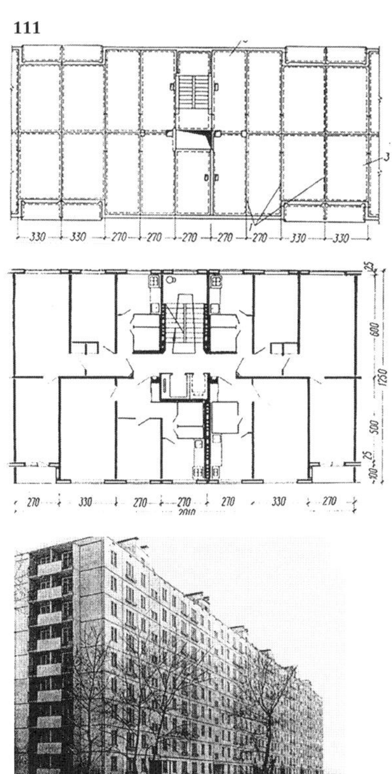

112

Immeuble de logements
Fig. 108: série K-7
Fig. 109: série II-35, 1959-1962
Fig. 110: série 1 MG-300
Fig. 111: série II-49
Fig. 112: série MG-601D

20 ha sont édifiés 30 immeubles de logements et 10 bâtiments d'équipements. Certains de ces derniers sont homologués pour la construction en série, ainsi une école pour 960 élèves, une crèche et un centre commercial. L'immeuble de logements R+4 avec ossature de panneaux – voiles est homologué sous le numéro de série 1MG-300 (fig. 110). Le *kvartal* N° 10 se distingue d'autres tranches de Novyê Čërëmuški par son « organisation du plan masse à partir de bâtiments de différentes hauteurs : 5, 9, 12, 14 et 16 niveaux »[11]. En effet, au début des années 1960, on constate que la construction des immeubles R+4 revient cher, le bénéfice de l'économie réalisée sur le coût de l'ascenseur est annulé par les pertes entraînées par la quantité et la longueur des réseaux. On décide ainsi de passer à la construction d'immeubles plus élevés. Après des études « techniques et économiques », des immeubles de 9 et 16 niveaux sont retenus. Ce choix est dicté notamment par les normes d'incendie. Les normes permettent de construire des immeubles d'habitation jusqu'à R+8 avec un seul ascenseur et un seul palier d'escalier par unité de cellules. Les normes d'incendie des « immeubles de hauteur » (qui exigent entre autre des traitements spéciaux de structures, des étages techniques, etc.) ne s'appliquent pas aux immeubles de logements R+15[12]. L'ossature des bâtiments de 9 et 16 niveaux est calquée sur celle des bâtiments de cinq étages, avec une structure de murs transversaux porteurs. Le détail « sensible » des immeubles en grands panneaux c'est-à-dire l'appui du plancher sur les voiles, est ainsi amélioré. Au cours du chantier du *kvaratl* N° 10 sont testés des immeubles R+8 homologués sous le numéro II-49 et R+15 produits sous le numéro de série « MG-601D ». L'ossature de la série II-49 est celle de panneaux – voiles. L'épaisseur des voiles et des dalles de plancher est de 14 cm. Les panneaux de façade sont autoporteurs d'une épaisseur de 32 cm, et de 2,7 m et 6 m de largeur (égale à deux pièces). Entre 1965 et 1968, il sera construit à Moscou 2.287.000 m² de surface habitable d'immeubles de cette série[13] (fig. 111). Un immeuble R+15 avec une structure poteaux–poutre–panneaux édifié dans le *kvartal* N° 10 est homologué pour la construction de masse sous le numéro de série MG-601D (fig. 112). Entre 1965 et 1968 il est édifié à Moscou 293 000 m² de surface habitable d'immeubles de cette série[14].

Pourtant, le *kvartal* N° 10 doit sa « célébrité » à un immeuble d'habitation - sorte de réincarnation de la maison-commune des années 1920, nommé « La maison du nouveau mode de vie » (*dom novogo byta*, fig. 113)[15]. La réapparition du concept de maison commune s'explique par la prise de position de Khrouchtchev qui annonce l'édification du communisme vers 1980. L'équipe dirigée par l'architecte N. Ostêrman (atelier N° 3 du MITEP) conçoit un immeuble d'habitation doté d'un réseau développé de services (garderie, cabinets de médecins, cantines, salle de sport, bibliothèque etc.) et destiné à abriter 2 200 à 2 300 personnes. Les appartements ont une surface habitable de 12,9, 19,5, 27 et 37 m² (respectivement pour une, deux, trois et quatre personnes) ; la cuisine est remplacée par une kitchenette ; le W.C. est incorporé dans la salle de bains. Ces surfaces sont justifiées par l'existence d'une chaîne développée de services au sein de l'immeuble. Au rez-de-chaussée se trouve une cantine de 250 couverts ; à chaque étage du bâtiment sont prévus prévu des cantines de 20 places, des cuisines, ainsi que des locaux destinés aux activités ménagères (lessive, repassage, couture) et des débarras[17]. Le plan masse de l'immeuble est composé de deux corps de 16 niveaux réunis au rez-de-chaussée par un bloc de deux niveaux. En raison de sa forme les architectes le surnomment *karakatica* (bancal). Pour l'ossature du bâtiment, on utilise la structure préfabriquée de la série MG-601D (poteaux - poutres - panneaux). Avant même son achèvement, les décideurs posent la question : « Comment les riverains de cette « maison du nouveau mode de vie » vont-ils admettre que ses habitants vivent à l'époque du communisme et non pas eux-mêmes ? »[18] Pour éviter tout « malaise social », l'immeuble est reconverti en foyer d'étudiants de l'Université de Moscou, avant même son inauguration en 1968.

Fig. 113: «Maison de nouveau mode de vie»

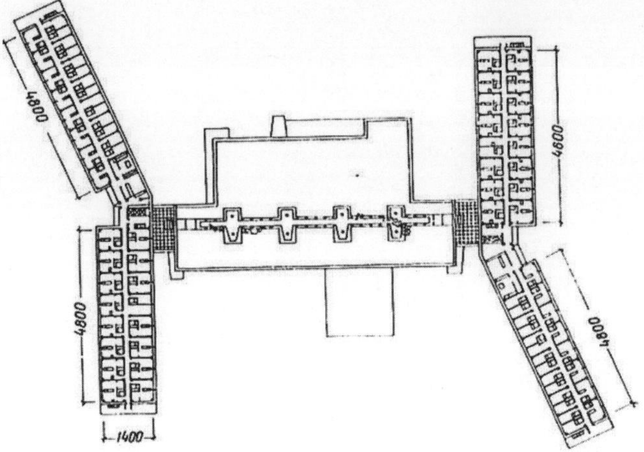

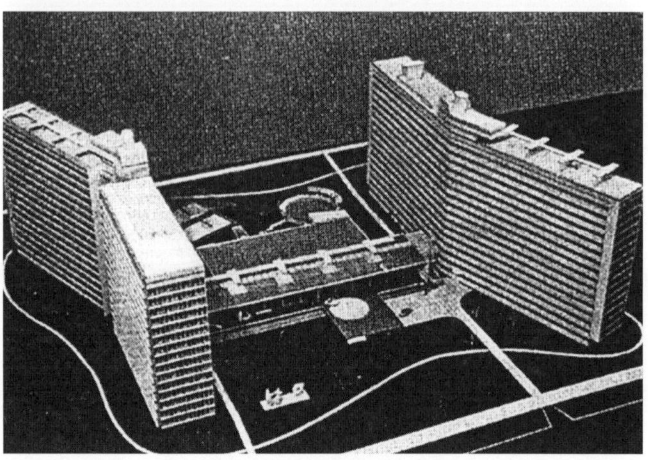

La série II-57, production depuis 1965

La série II-57 en panneaux-voiles à neuf niveaux est homologuée pour la construction de masse en 1965. Cette série comprend cinq variantes de bâtiments : à trois, cinq, sept et onze cages d'escalier. Toutes les variantes ont les mêmes portées : 3,2 m pour les murs transversaux et 5,6 m pour les murs longitudinaux. Les murs de refend sont en panneaux en béton armé de 14 cm d'épaisseur. Les panneaux de plancher ont également une épaisseur de 14 cm et une largeur égale à celle d'une pièce. Les panneaux extérieurs sont autoporteurs, leur épaisseur est de 32 cm et leur largeur égale à celle de deux pièces : 6,4 m (fig. 114). Les composants de cette série sont fabriqués sur le laminoir de type Kozlov. A Moscou on édifie une usine spécialisée dans leur production d'une capacité de 450 000 m² de surface habitable par an[19]. L'ossature rigide en poutres-panneaux détermine la conception du plan. La portée de 3,20 m entre les refends limite la largeur des pièces. Le bloc de service : cuisine, salle de bains et W.C. est situé à l'entrée. Toutes les pièces sont indépendantes et desservies par un couloir.

Fig. 114 : Immeuble de logements, série II-57.

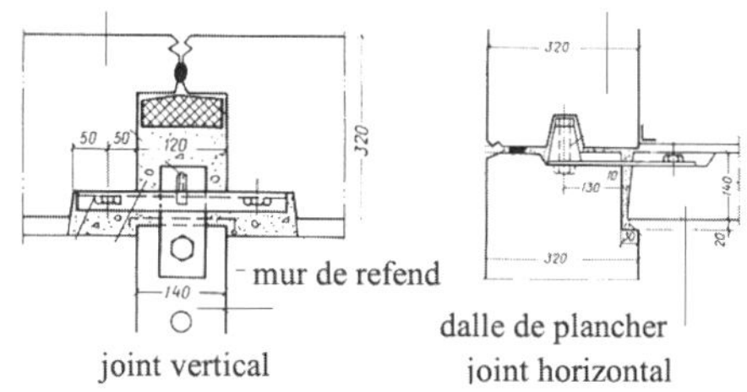

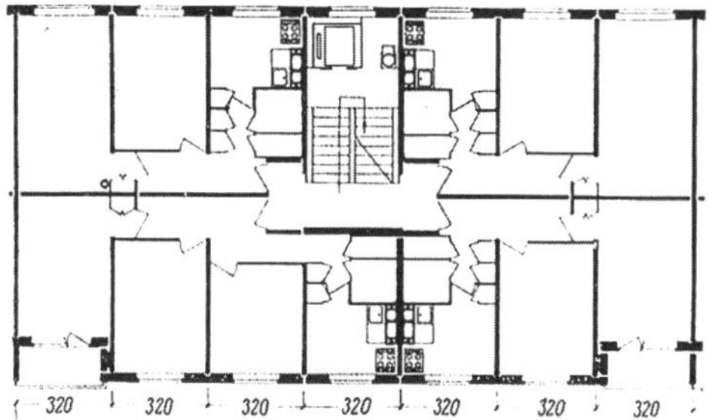

La série I LG-600

La série I LG-600 de panneaux-voiles à neuf niveaux est élaborée à Leningrad où par la suite un DSK spécialisé dans sa fabrication est créé (fig. 115). La portée transversale de 3 m et 3,30 m permet d'agrandir les pièces d'habitation et de service. La distribution intérieure est soumise au mode de calcul de « l'efficacité économique » : les pièces sont commandées, le W.C. est incorporé à la salle de bains.

L'immeuble d'habitation de dix-sept niveaux construit sur l'avenue Prospêkt Mira (Moscou 1965-1966) a des murs de refend porteurs d'une largeur d'entr'axe de 3,2 m (fig. 116). Les panneaux de façade s'accrochent aux voiles de 16 cm d'épaisseur. Les dalles de planchers ont une épaisseur de 14 cm. Les panneaux de façade ont une épaisseur de 32 cm et une longueur égale à deux portées (6,4 m).

En 1962, le SNIP est réexaminé, la nouvelle rédaction des normes des surfaces, le « SNIP II - L – 62 » est promulgué le 1e avril 1964. Les surfaces des appartements sont augmentées. Par ailleurs, les surfaces de placards et garde-robes ne s'additionnent plus à la surface des pièces d'habitation.

Type d'appartement	SNIP du 1 mars 1958 Surface habitable en m²	SNIP du 1 avril 1964 Surface habitable en m²
une pièces	18-22	28-36
deux pièces	25-32	36-45
trois pièces	36-50	45-56
quatre pièces	56-65	56-58

À la suite de l'adoption du nouveau SNIP II - L - 62 la distribution dans les cellules des séries existantes est révisée et leurs surfaces sont agrandies. Les séries dites « améliorées » voient le jour. Dans la série « I-464 A » (dérivée de la série I-464 mais «améliorée») l'utilisation plus fréquente de la portée longitudinale de 3,2 m permet d'agrandir les pièces et d'augmenter la quantité de types d'appartements : une, deux, trois et quatre pièces. Le W.C. est séparé de la salle de bains ; la cuisine est desservie par un couloir (fig. 117). La série I-464 « améliorée » est construite en très grand nombre dans toute l'URSS : de Vladivostok (séries I-464 A et I-464 D) aux Républiques Baltes (série I-464 LI).

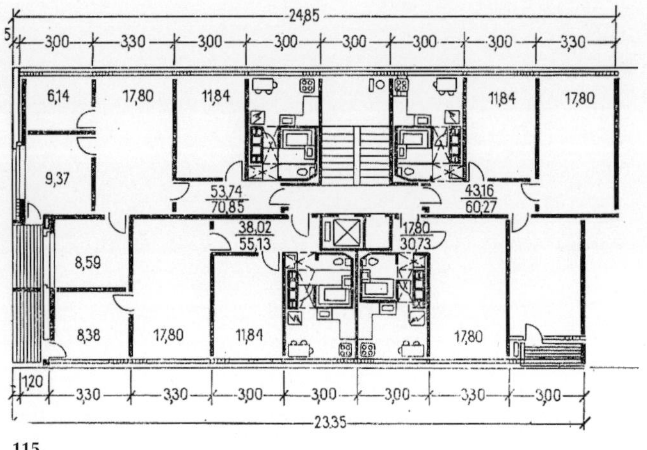

115

Fig. 115 : Plan d'unité de cellules, série I LG-600.

Fig. 116 : Immeuble de logements, avenue Prospêkt Mira, Moscou.

Fig. 117 : Série I-464 améliorée, architecte N. Rozanov, plan d'étage courant.

Fig. 118: «Copiste de l'École abstraite», *Krokodil*, N15, mai 1963
En 1962, Khrouchtchev visite l'exposition « 30 ans de MOSH » (Union des Artistes de Moscou), où il critique avec violence les jeunes artistes qui présentent des œuvres abstraites. *Krokodil* publie un dessin représentant un jeune artiste adepte de l'art abstrait qui copie les œuvres des maîtres à la Galerie Trétiakov à Moscou.

Fig. 119: *Krokodil*, N6, février 1967 « Utilisation des meubles de grand gabarit dans un appartement de petit gabarit ».

Fig. 120: *Krokodil*, N6, février 1968
Mais je t'avais juste demandé d'ouvrir la fenêtre!

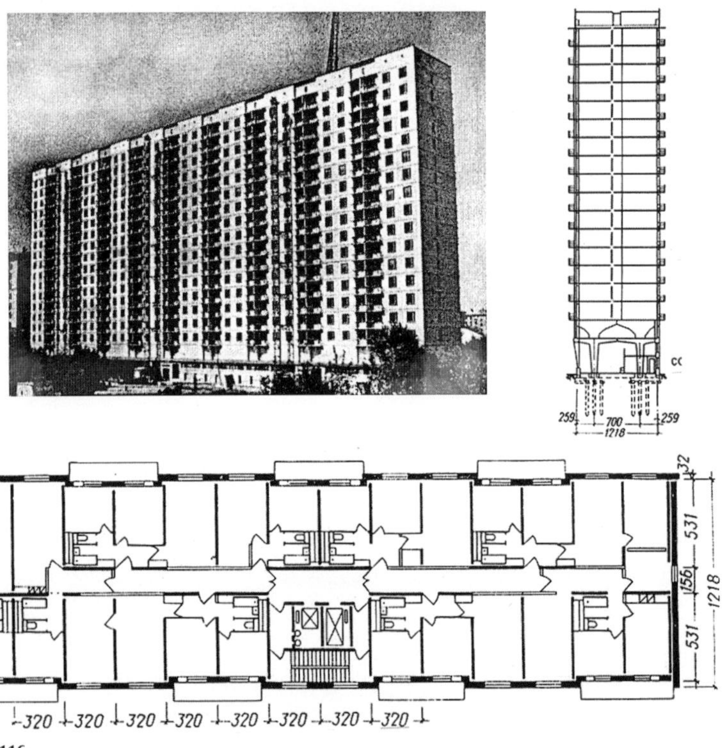

116

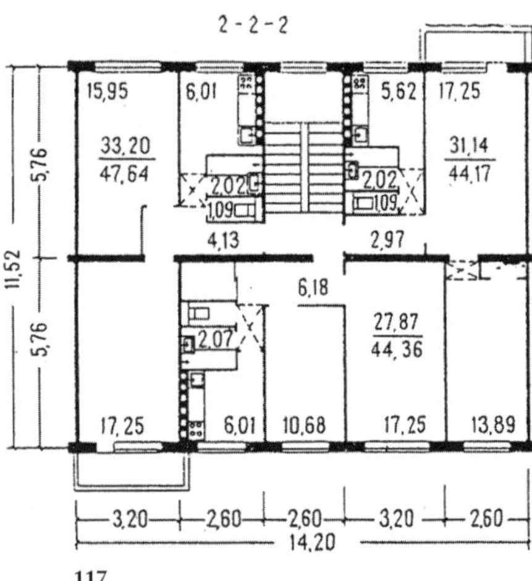

117

118

119

120

5.2. Représentation populaire des « khrouchtcheby »

La préfabrication prend une dimension idéologique et devient en outre un symbole du progrès technique. Le statut de la profession d'architecte ne cesse de s'abaisser. L'architecture n'est plus un art mais une partie de la construction. On évite même évoquer le mot architecte, mais on parle plutôt de « projeteur » (*proêktirovŝik*) ; le terme « architecture » est souvent remplacé par celui d'« élaboration du projet » (*proêktirovaniê*). Les «projeteurs» sont à la recherche des solutions les plus «économiques», « optimales » et « technologiques », avec une quantité réduite d'éléments préfabriqués. Celui qui emploie les procédés de construction traditionnelle est montré du doigt pour son « incompréhension du progrès ». Au début des années 1960, une nouvelle campagne « anti-cosmopolite » et « anti-formaliste » est déclenchée. En 1962, Khrouchtchev visite l'exposition « 30 ans de MOSH » (Union des Artistes de Moscou), la première exposition d'art contemporain depuis trente ans, où il s'acharne avec violence contre les jeunes artistes qui présentent des œuvres abstraites. En 1963, dans le cadre de cette campagne la session plénière de Comité Central du PCUS adopte une résolution intitulée : « Sur les objectifs immédiats du travail idéologique du Parti ». L'architecture est alors considérée comme un dispositif idéologique important. Khrouchtchev prononce un discours où il critique le constructivisme comme la manifestation du « formalisme en art »:

> *Le Parti Communiste a lutté et luttera contre l'art abstrait et contre n'importe quelle autre perversité formaliste dans l'art. Nous ne pouvons être tolérants à l'égard du formalisme. Voici quelques exemples de notre art architectural : à Moscou, à Sokol'niki, se trouve le club Rusakov, construit d'après le projet du camarade Melnikov. C'est un bâtiment laid, mal aménagé, qui ressemble à tous les diables. Mais en son temps il fut présenté comme une innovation architecturale. C'est à n'y rien comprendre : au nom de quoi des gens raisonnables, cultivés minaudent, font les pitres, font passer les bricoles les plus absurdes pour des chefs-d'œuvre.*[20]

Par obligation d'être à l'unisson avec la politique du moment, *Arhitêktura SSSR* consacre son éditorial aux « objectifs idéologiques de l'architecture soviétique ». On y lit :

> *Des édifices architecturaux entourent l'homme de tout cotés, influencent directement et à long terme la formation de ses goûts esthétiques, de sa mentalité. C'est pourquoi on ne peut pas sous-estimer l'impact idéologique des œuvres architecturales. La lutte contre les perversités formalistes et abstraites en architecture est une lutte contre l'idéologie bourgeoise, et pour l'affirmation des idéaux esthétiques de la société communiste.*[21]

Le 16 août 1963, l'Académie de Construction et d'Architecture est dissoute, toutes ses fonctions sont transmises au Gosstroj. Le 14 octobre 1964 Khrouchtchev est relevé de ses fonctions.

Grâce à la politique sociale mise en place par Khrouchtchev la population accède aux logements « monofamiliaux ». Jusqu'en 1958, 70% de la population est logée dans des appartements communautaires. Au premier janvier 1959, la surface habitable par personne à Moscou s'élève à 4,9 m^2.[22] Grâce à la construction des appartements de « petite surface » cette situation connaît une nette amélioration, et, vers 1965, 90% des familles moscovites bénéficient de logements « indépendants ».

Pour la majorité des soviétiques, les appartements de « petite surface » marquent une étape importante de leur vie. Pouvoir profiter de tout l'espace de l'appartement est une expérience sans précédent pour les familles. On peut laisser ouvertes les portes des pièces et être le seul utilisateur de la salle de bains et de la cuisine. Les gens enthousiasmés par la perspective d'accéder à un logement « indépendant » acceptent de quitter le centre ville pour aller vivre en banlieue, loin du métro et en dépit d'un réseau d'équipement quasi inexistant. En atteste le témoignage de cette femme, relogée avec sa famille de six personnes dans un F+3 de 32 m^2 de surface habitable : « Nous sommes ici depuis deux mois seulement, mais durant ce temps nous nous sentons renaître, nos nerfs se sont calmés »[23]. Un appartement de « petite surface », où les chambres sont desservies par le séjour, où la cuisine fait 5m^2 et où le W.C. est incorporé à la salle de bains, ne devait à priori pas poser de problèmes majeurs quant au déroulement de la vie familiale, à condition que l'attribution se fasse à raison de 1,5 personnes par pièce. Cependant, dans la majorité des cas, les appartements sont attribués à raison de 2,5 personnes par pièce. Beaucoup de familles sont dites « familles compliquées », constituées de plusieurs générations : les grands-parents, les parents, les enfants sont relogés tous ensemble dans l'appartement de « petite surface ». L'intimité des membres de ces familles n'est pas assurée, d'où l'aggravation des rapports familiaux. Par ailleurs, à cause des normes très strictes concernant l'attribution d'une surface habitable par personne, toute une partie de la population (célibataires, personnes âgées) ne peut pas bénéficier d'un appartement « indépendant ». Les appartements de « petite surface » leur sont attribués par « pièces ». Ainsi les gens se retrouvent dans des conditions de vie bien pires : il veut mieux partager un grand logement (appartement bourgeois ou appartement construit dans les années 30/50) qu'un appartement conçu aux normes d'un logement économique. Pour éviter la transformation des appartements de « petites surfaces » en appartements communautaires, les architectes proposent de faire des pièces commandées :

Fig. 121: «Khrouchtcheby», l'ensemble de logements Novyê Čërëmuški, kvartal N20, photo années 1960.

Fig. 122: Mikrorajon bâti avec les immeubles de série II-57, photo vers 1966.

> *Sans aucun doute, le partage d'un appartement monofamilial de petite surface est inadmissible. On peut, bien évidemment accuser l'administration locale [qui gère l'attribution des logements] et faire pression sur elle. Mais ceci se révèle toujours insuffisant. Les architectes au cours de la conception des cellules de petite surface doivent prendre en considération eux-mêmes l'éventualité de ces abus administratifs, et afin de les éviter, concevoir des pièces commandées dans les logements de deux et trois pièces.*[24]

La promiscuité fait naître des plaisanteries, comme la garde-robe qui donne dans la chambre, appelée «chambre de belle mère» (*komnata dlâ tëŝi*). Les premières séries des immeubles préfabriqués R+4, sans ascenseur sont baptisés des «khrouchtcheby», jeu de mots entre le nom Khrouchtchev et *truŝêby* - taudis, allusion à la qualité et aux prestations de confort de ces logements (fig. 121). Les premières séries types R+4 vont vieillir très vite, d'abord « moralement » – la joie de ne plus partager un logement avec les autres familles s'éclipse derrière les nuisances d'une distribution inadaptée à la taille de famille, puis « physiquement ». Les multiples défauts de conception des premiers immeubles d'ossature panneaux-voiles (problèmes des joints, d'étanchéité des panneaux, mauvaise isolation thermique, etc.) se révèlent. Ils sont aggravés par la piètre qualité de la fabrication des composants (ancres mal positionnées, bords des panneaux abîmés). En outre, les immeubles sont mal montés sur le chantier et les travaux de finition très médiocres. Les commissions d'État qui valident la fin du chantier ferment les yeux sur ces malfaçons. L'interdiction des projets « individuels » et l'obligation de construire selon les projets types, aboutit à la monotonie et l'appauvrissement du paysage urbain. Les nouveaux *kvartals*, ou, comme on les appelle dans les années 1960, les «micro quartiers» (*mikrorajony*), souffrent du manque d'équipements collectifs. Les travaux d'aménagement urbain restent souvent inachevés. La presse officielle reproche aux architectes de ne pas prévoir les équipements et les aménagements nécessaires. En réalité, le retard dans la construction des équipements incombe à la planification sectorielle (*otraslêvoê planirovaniê*) réalisée par le Gosplan : le nombre de logements, d'édifices scolaires, d'hôpitaux, etc., à construire y est planifié de façon totalement distincte, non coordonnée.

Les architectes établissent le projet du *kvartal*, qui comprend les logements, les équipements collectifs et les aménagements[25]. Comme le financement du même quartier relève de secteurs de planification différents, il est très fréquent que

Fig. 123 : ***Krokodil*, N11, avril, 166**
- Ce magasin est minuscule
- Parfait pour notre micro-quartier.

Fig. 124 : ***Krokodil*, N1, janvier 1968**
- Pas la peine de compter sur un atterrissage en douceur.

Fig. 125: ***Krokodil*, N13, mai 1967**
- Hum! Un peu tristounette la baraque!
- Est-ce qu'on s'autorise quelques excès architecturaux?

123

124

125

fassent défaut les moyens pour construire les commerces ou les espaces publics, alors que les immeubles de logements sont achevés. Ce n'est que dans les années 1970, que la voix des architectes s'élève pour repenser ce mode de planification. Ils prônent « l'élaboration du projet complet » (*komplêksnoê proêktirovaniê*), ce qui suppose de prendre comme « unité de financement » un quartier d'habitation avec l'ensemble de ses équipements collectifs et ses aménagements.

5.3. Les années 1970-1980 et les tentatives d'améliorer la qualité des immeubles préfabriqués

Dans les années 1970 en URSS, des voix s'élèvent contre la monotonie des grands ensembles. Les architectes tentent de diversifier les séries types, d'améliorer leur aspect extérieur, ainsi que la distribution interne des cellules. Leurs efforts se heurtent à la rigidité du système des DSK et au mode de gestion de l'économie qui ne permettent pas d'apporter plus de diversité dans la construction. Les architectes étudient ainsi plusieurs possibilités qui consistent à améliorer des séries types existantes, à préserver le relief et le paysage existants, et mettre en place le système de la préfabrication ouverte.

L'ensemble Lazdinaj, construit entre 1967 et 1972 dans la banlieue de Vilnius, capitale de la Lituanie, à partir des immeubles de la série I-464 « améliorée », suscite une vague d'admiration dans la presse soviétique spécialisée. En 1974, les architectes de l'ensemble Čêkanauskas, Balčunas, Brêdikis et Valuškis et les ingénieurs Klêjnotas, Šilêjka sont récompensés par le prestigieux prix Lénine, attribué pour la première fois en URSS à un grand ensemble[26].

Les 10 000 logements (une, deux, trois et quatre pièces) sont construits sur une surface de 174 ha. À partir d'une seule série I-464 LI et grâce à l'élargissement de la nomenclature des composants (jusqu'à 800), les architectes et les DSK parviennent à concevoir 15 différents types d'immeubles de logements, de 5, 9 et 12 niveaux. La largeur des pièces est déterminée par une portée transversale de 3,2 m (fig. 126). L'application de différentes portées dans le sens longitudinal (3,2 m, 4,74 m et 5,76 m) permet d'agrandir les espaces de service (une garderobe à l'entrée, des rangements dans le couloir, le W.C. séparé de la salle de bains).

Le *kvartal* reçoit un réseau d'équipements développés : écoles, garderies, grands magasins, cinémas. Le terrain occupé par l'ensemble est fortement en pente. Les concepteurs préservent ce relief, ce qui est exceptionnel car les constructions perpendiculaires à la pente sont rarement pratiquées pour des bâtiments préfabriqués. Les bâtiments s'élèvent en gradins et la différence de hauteur entre les deux côtés de l'immeuble peut atteindre 12 m. Ceci complique le montage qui est effectué soit par deux grues, soit par une seule, en rattrapant la pente par du sable, et en reconstituant le relief à la fin du montage (fig. 127). Pour rompre avec la monotonie lassante des grands ensembles, les architectes articulent des immeubles sous différents angles, font varier la couleur des murs, préservent les espaces verts existants. À Lazdinaj le relief devient un dispositif urbain majeur. Selon Andreêj Gozak, le « mariage de formes industrielles simples et du paysage est le seul moyen d'introduire une certaine diversité dans la monotonie de la préfabrication »[27].

Fig. 126 : Ensemble Lazdinaj, Lituanie, 1972. Plan d'immeubles de logements conçus à partir la série I-464.
– Immeuble de logements R+11, plan d'étage courant
– Immeuble de logements R+4, plan d'étage courant

Fig. 127 : Ensemble Lazdinaj, Lituanie, 1972.

Fig. 128 : Immeuble de logements, série 91, 1970.

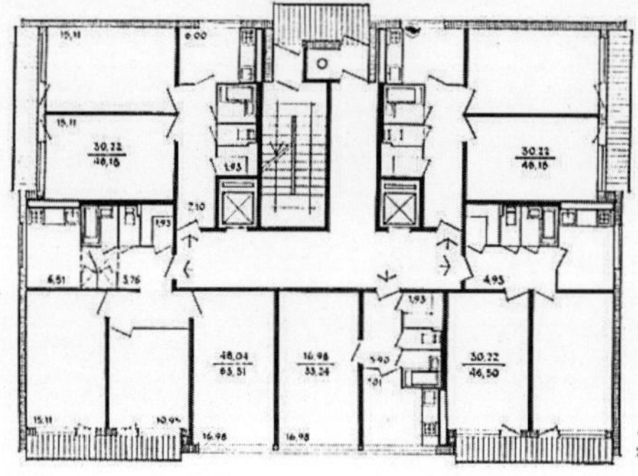

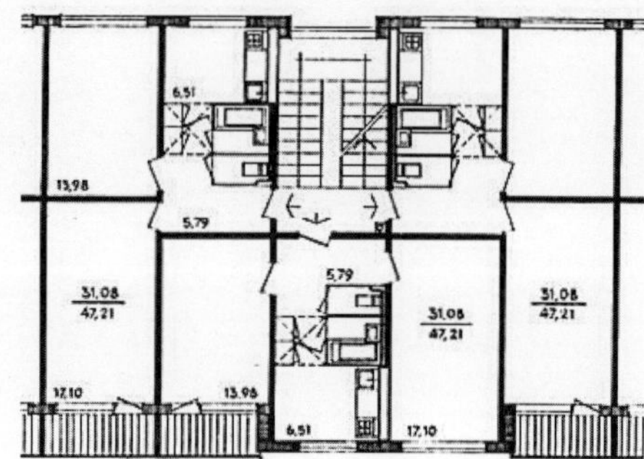

126

127

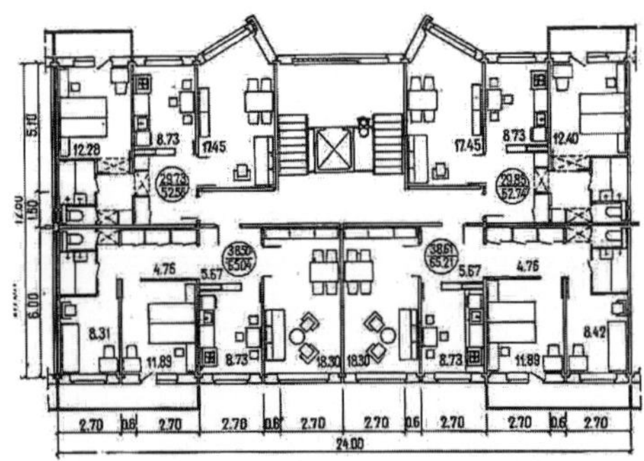

128

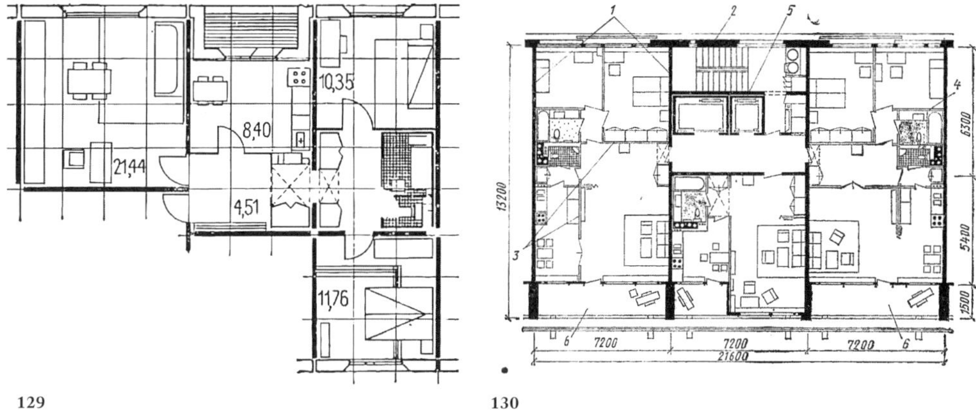

129 130

Fig. 129 : Immeuble de logements, série 137 plan de cellule.

Fig. 130 : Ensemble Čertanovo, immeuble de logements.

La construction des appartements de petite surface permet de désamorcer la crise du logement. Il est ainsi possible d'augmenter les surfaces et d'améliorer la distribution intérieure des logements. Le décret *Sur les mesures d'amélioration de la qualité dans la construction de logements*, promulgué le 28 mai 1969[28], évoque la nécessité de concevoir des appartements destinés à loger des familles de « tailles différentes, d'agrandir les pièces de service et de prévoir les emplacements pour les appareils ménagers ». En 1971, le Gosstroj met en vigueur une nouvelle rédaction des normes « SNIP II - L –71 »[29].

Type d'appartement	SNIP du 1 avril 1964 Surface habitable en m²	SNIP du 1 avril 1971 Surface habitable en m²
une pièce	28-36	28-36
deux pièces	36-45	41-48
trois pièces	45-56	58-63
quatre pièces	56-58	70-74

Les nouvelles séries types, comme «91» ou «137» tiennent compte de ce programme. Les appartements de la série «91», sont dotées d'une grande entrée et d'un espace de rangement développé, la séparation entre la parties « jour » et « nuit » est plus nette (fig. 128). L'augmentation de la portée transversale qui passe d'abord de 3,2 m à 4,2 m, puis va jusqu'à 7,2 m et 9 m contribue à améliorer la qualité spatiale des appartements. La série 137 est conçue à Leningrad en 1974, selon les nouvelles normes révisées (fig. 129). Les appartements de cette série sont dotés d'un grand hall d'entrée, de multiples rangements, la séparation entre la partie « nuit » et la partie « jour » est très nette. La portée transversale de 4,2 m permet de créer une pièce principale de 21,4 m². Une usine de préfabrication DSK-2 est bâtie spécialement pour sa fabrication. Dans l'ensemble Čertanovo (banlieue de Moscou) la portée utilisée est de 7,2 m (fig. 130). Un grand hall d'entrée et un sas séparent la partie « jour » de la partie « nuit ». La cuisine, desservie par un sas, communique par une porte coulissante avec le séjour.

Au début des années 1970, on tente de mettre en œuvre le système de la préfabrication ouverte. L'objectif est de concevoir les catalogues de composants qui seront produits dans des usines existantes sans faire appel à des investissements supplémentaires pour la modification des locaux, et pour l'achat des équipements. En 1972-1973, un « Catalogue exhaustif des composants unifiés »[30] est élaboré pour les constructions à Moscou. À chaque type de construction, logements, bâtiments publics et industriels, correspond un catalogue. Celui ci est fondé sur le principe de la coordination modulaire des dimensions des composants. Pour des immeubles de logements, on retient la structure panneaux-voiles, avec des portées de 3, 3,6 et 4,2 m ; pour des bâtiments publics et industriels on privilégie la structure poutres – poteaux - panneaux. À partir des éléments de catalogue, des projets types sont élaborés puis réalisés à Moscou. Avant la mise au point du catalogue les usines moscovites ne produisaient que 10 série types d'immeubles de logements[31].

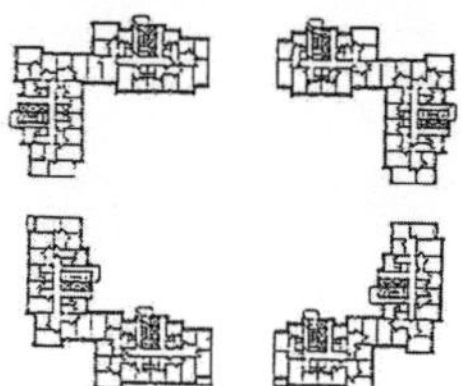

Fig. 131 : KOPÈ, catalogue des composants :
– unités des appartements
– unité de base
– variante d'assemblage des volumes

Le « Catalogue exhaustif des composants unifiés » sert de support au système nommé KOPÈ[32], qui est mis au point par l'Institut Mosproêkt-1 (maître d'œuvre) et Glavmosstroj (maître d'ouvrage) en 1980. Le système KOPÈ est fondé sur le principe de modules constitués soit par des appartements groupés, soit par des cages d'escalier, etc[33] (fig. 131). Chaque « élément du plan » est autonome, mais compatible avec les autres pour l'assemblage d'un immeuble. Ces éléments de base permettent d'articuler les bâtiments entre eux à 30° et 45°, de faire des retraits dans le plan, etc. Le module comportant la cage d'escalier, le palier et l'ascenseur, est une unité fédératrice de tout le système : elle est toujours située au milieu des groupements de cellules. Cet élément de circulation verticale et horizontale est le même pour toutes les modifications des bâtiments du système KOPÈ[34]. L'équipe dirigée par l'architecte A. Ročêgov, directeur du Mosproêkt-1, élabore 15 variantes d'immeubles de logements type KOPÈ. Leur construction démarre en 1981 dans les grands ensembles Âsênêvo, Voroncovo et Bibirêvo situés en banlieue de Moscou. Malgré de multiples projets qui aboutissent parfois à des chantiers expérimentaux, la tentative d'introduire une préfabrication ouverte reposant sur les catalogues et le système KOPÈ, ne réussit cependant guère à créer une architecture variée. Les grands combinats de la préfabrication ne parviennent pas répondre à la demande d'une architecture personnalisée et différenciée.

En 1985, les normes de surfaces sont révisées à nouveau, et le 16 décembre 1985, le Gosstroj adopte la nouvelle rédaction des normes le SNIP 2.08.01-85 qui entre en vigueur le 1er juillet 1986 (dernier SNIP de l'URSS). D'après ce SNIP il faut prévoir dans les logements des « pièces de service et des pièces d'habitation », aussi que des « loggias, terrasses ou balcons ». Au répertoire obligatoire de pièces de service comme cuisine, entrée, salle de bains, s'ajoute « un couloir à l'intérieur de l'appartement ». Dans les plans de logements conçus selon le SNIP 2.08.01-85 réapparaissent les grands halls d'entrée (de 5-8 m^2) et les couloirs de service.

Type d'appartement	SNIP du 1 avril 1971 Surface habitable en m^2	SNIP du 1 juillet 1986 Surface habitable en m^2
une pièce	28-36	36
deux pièces	41-48	53
trois pièces	58-63	65
quatre pièces	70-74	77

La série P 44 (dont la production continue en 2000 au DSK- 1 à Moscou[35]) est un exemple d'application du SNIP 2.08.01-85. Dans l'appartement de trois pièces (fig. 132) un grand hall d'entrée de 7,5 m^2 dessert les deux chambres et une pièce commune. Un couloir de service dessert la cuisine de 10 m^2 et le « bloc sanitaire ».

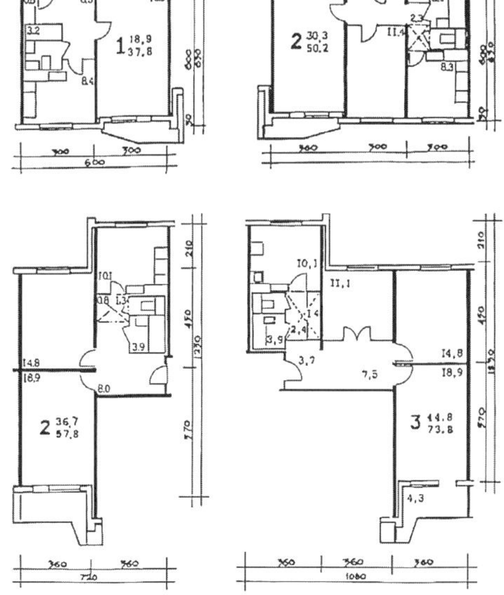

Fig. 132 : Immeuble de logements, série P-44.

5.4. URSS-France, la préfabrication en trois dimensions, années 1960

Nous avons évoqué jusqu'à présent les procédés élémentaires de préfabrication. Au delà de ce procédé, l'objectif de concentrer le maximum de tâches à l'usine conduit à la préfabrication en trois dimensions (3D) : la production en usine de la cellule entière. Même si la préfabrication en 3D ne dépasse pas le stade expérimental, il nous paraît important d'évoquer ce type de la préfabrication. L'élément en trois dimensions est une structure spatiale fermée, rigide et autoporteuse. La gamme de solutions en 3D comprend des constructions lourdes, semi-lourdes et légères. La construction en 3D légère connaît son plus grand essor aux États-Unis, avec les systèmes de « mobile homes » et de maisons modulaires. Un « mobile home » est une maison tractable ou portable, montée sur un châssis de façon à permettre le remorquage et le raccordement immédiat aux réseaux des services publics. La maison modulaire est une habitation entièrement achevée et équipée en usine, transportée sur son lieu d'implantation, fixée sur des fondations permanentes (isolées ou à côté d'une ou de plusieurs unités similaires), conforme aux codes et règlements locaux de construction et susceptible de bénéficier d'un financement à long terme[36]. Aux États - Unis, le mobile home n'est pas considéré fiscalement comme un immeuble, mais comme une remorque ; ils y sont très répandus. En France, en revanche , où le rapport entre le prix de l'heure du travail de l'ouvrier et le prix des matériaux n'est pas le même, l'avantage économique de la technologie du « mobile home » n'existe pas. De plus, le statut de maison mobile n'est pas très clair : c'est un intermédiaire entre la caravane et la maison conventionnelle. En URSS, les « mobile homes » sont utilisés uniquement pour les ouvriers des corons provisoires, dans les régions difficilement accessibles.

La plupart des procédés de 3D légers en France n'ont pas dépassé le stade de prototype. Parmi ces procédés, on peut citer ceux de Tétrodon du groupe Barbot (à base de matière plastique) ; le procédé E.P. Homes, étudié par l'architecte Fernand Pouillon (ossature en tubes d'acier) et les procédés de Jean Prouvé. Les volumes des modules 3D lourds sont coulés en béton armé. En URSS et en France, le mode de moulage des composants détermine les diverses familles des 3D : verre renversé, verre debout, verre couché, et volume assemblé à partir des grands panneaux (fig. 133). Différentes structures de bâtiments ont été mises au point : 3D, panneaux-3D et poutres-poteaux-3D. Selon la disposition des composants en 3D sur le plan on distingue les ossatures : droites, avec déplacement selon l'axe longitudinal, vertical, ou les deux axes simultanément.[37] Les composants en 3D peuvent être aussi classés suivant leurs fonctions : pièces d'habitation, cuisines, blocs d'eau, cages d'escalier, gaines. En URSS, le procédé de construction en 3D

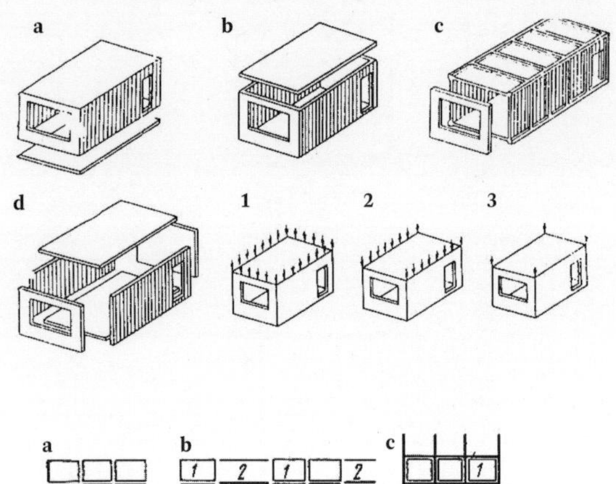

Les types de 3D lourds suivant le procédé de fabrication et le schéma statique :

a «verre renversé»
b «verre debout»
c «verre couché»
d assemblé
1 décharge par le périmètre du panneau de plancher
2 décharge par deux côtés
3 décharge par quatre coins

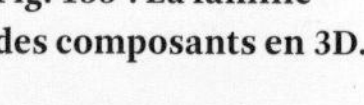

Fig. 133 : La famille des composants en 3D.

Fig. 134 : 3D lourds en URSS , montage des blocs.

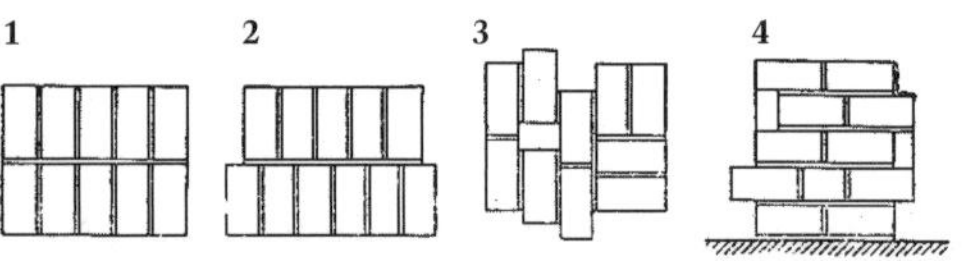

a 3D
b panneaux 3D
c poutres-poteaux-3D
1 cellules 3D
2 panneaux de plancher
3 poutres-poteaux

1 2 3 4

a droit
2 avec déplacement selon l'axe longitudinal
3 avec déplacement selon deux axes
4 déplacement selon l'axe vertical

1 piliers verticaux
2 panneaux de plancher
3 panneaux de murs de refend
4 panneaux de murs extérieurs

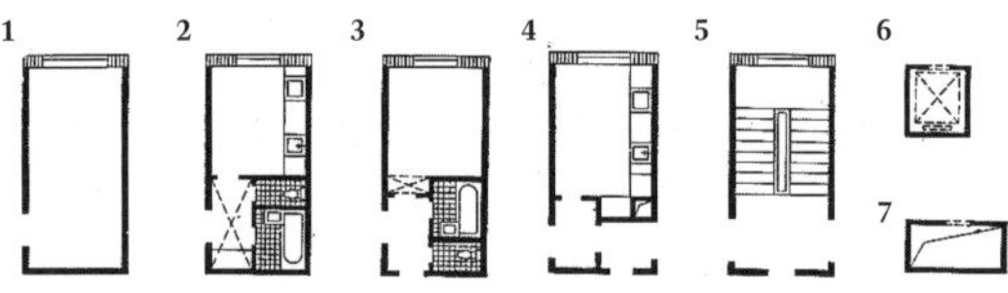

Les types de blocs de 3D selon leurs fonctions
1 une pièce
2 une cuisine
3, 4 diverses fonctions
5 bloc de palier d'escalier
6, 7 gaines

134

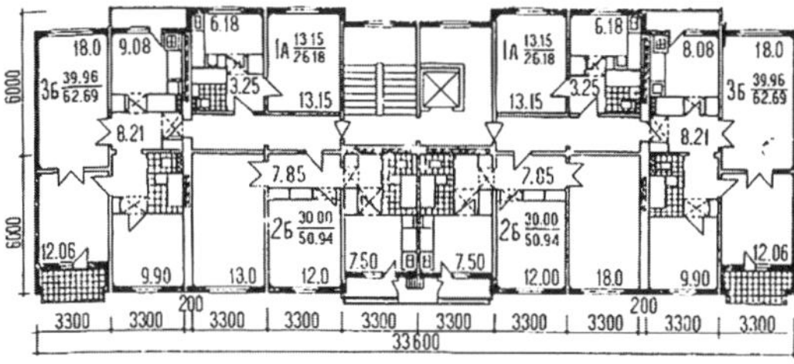

Fig. 135 : URSS, immeuble de logements en 3D
– Plan d'étage courant
– Maquette d'ensemble
– Vue d'ensemble
– Montage des blocs

s'inscrit dans la logique de réalisation en usine du maximum d'opérations[38]. D'après les estimations soviétiques, les 3D permettent de réduire de 2 à 2,5 fois les délais de construction et de passer en usine 85% du temps nécessaire à la construction d'un immeuble, (contre 35-40 % pour les constructions en grands panneaux)[39]. En 1954, à Moscou est coulé le premier élément en 3D abritant un bloc eau[40]. En 1961, le Gosstroj et l'Union des Architectes lancent un concours d'idées pour la construction de bâtiments en 3D. L'atelier de l'architecte moscovite P. Bronnikov est spécialisé dans les études des bâtiments à partir d'éléments tridimensionnels. Entre 1960 et 1962, des logements en 3D sont construits un peu partout en URSS à titre expérimental : en Crimée, en Sibérie, en Ukraine. En 1961, est achevé en Biélorussie un ensemble de logements en 3D. Les bâtiments R+4 sont assemblés avec deux types d'éléments 3D : 3,1 m sur 5 m et 2,7 m sur 5 m. Le poids du 3D s'élève à 9,5 t pour les cellules d'habitation et à 10,5 t pour les salles d'eau et cuisines.
En 1962, à Moscou, dans le *kvartal* N° 10 de Novyê Čërëmuški, sont édifiés six immeubles de logements R+4 en 3D. Cependant, seuls deux d'entre eux peuvent être considérés comme « authentiques » : les cellules sont directement coulées en trois dimensions ; les composants des autres immeubles sont assemblés en usine à partir de grands panneaux[41]. Pour transporter les éléments 3D, d'une dimension en plan de 3,2 m sur 10,5 m, des remorques plates-formes sont spécialement conçues, avec un rayon de braquage important. L'itinéraire des convois à partir de l'usine jusqu'au chantier est déterminé en fonction de la charge et de la capacité de résistance de la route (soit 12 km à travers les rues de Moscou). La mise en place des éléments est effectuée par une grue de 18 t avec une flèche de 38 mètres, et par une équipe de 14 ouvriers. Pour respecter les délais, l'équipe doit monter un étage de 60 logements en deux jours ouvrables. Le 3 février 1969, le Soviet des Ministres de l'URSS adopte le décret «Sur le développement de la construction des logements à partir d'éléments en 3D»[42]. Les constructions en 3D sont ainsi perçues comme le moyen de sortir de la monotonie extrême des grandes barres, et de résoudre le problème de construction dans des régions éloignées :

> *Le développement de l'industrie énergétique exige l'industrialisation de la construction des logements pour les bâtisseurs des stations électriques par une large utilisation des éléments en 3D livrés dans un rayon de 1000 km par des usines régionales.*[43]

Le Ministère de l'énergie de l'URSS édifie une usine « Pridnêprovskij » spécialisée dans la production des 3D. L'usine produit des cellules entières ; par leur structure, ces 3D forment un « verre renversé » (fig. 133) avec décharge aux quatre coins (ceci permet, en cas de besoin, de découper le mur et de doubler la surface de la pièce). L'épaisseur moyenne du plafond et des murs est de 4,5 cm. Les panneaux de façade ont une épaisseur de 40 mm et sont montés en usine[44] (fig. 135). À partir de ces composants, on assemble des immeubles de 60 à 90 appartements. La livraison vers les chantiers s'effectue par voie ferroviaire et routière dans un rayon de 1 000 km.Parmi les procédés français de 3D on peut citer Bâtir Tridimo. Ce

Fig. 136 : Procédé Conbox-Sigma (Danemark-France) Schéma de principe.

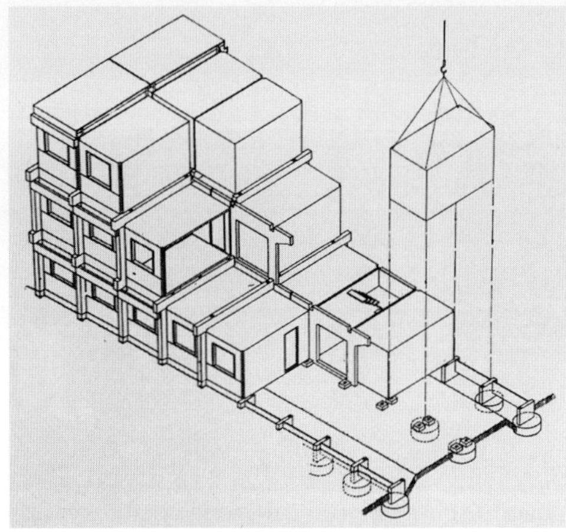

procédé est basé sur le principe du coulage monolithique des parois. Son originalité réside dans l'utilisation d'un moule tournant : ainsi, chacune des longues parois de la cellule est coulée à plat, et l'on évite ainsi les opérations délicates de coulage et de décoffrage d'un prisme creux à parois minces[45]. Le procédé Simca doit permettre de passer 90 % de l'ensemble du temps de construction en usine[46]. Les cellules en 3D sont coulées dans des moules métalliques à double paroi. Sur une chaîne de montage en série sont mis en place des aménagements complets. Les cellules, grâce à un système de bossages et d'évidements s'empilent pour former les différents étages de l'immeuble. Des liaisons mécaniques assurent la rigidité définitive de cet assemblage. L'entreprise Sainrapt et Brice (architectes Jambry-Giudicelli) met au point le procédé UTBP, système d'éléments en 3D porteurs, préfabriqués sur le chantier ou en usine. Dans ces éléments en « U » sont groupés les espaces de service de deux appartements contigus, équipés au sol avant montage : cuisines, salles de bains, W.C., gaines techniques, locaux communs - palier, escalier, ascenseur. Les éléments en 3D porteurs permettent de réaliser les façades avec n'importe quel matériau et de dégager de toute contrainte une surface importante, laissant à l'utilisateur le choix de la distribution par un jeu de cloisons démontables, basées sur une trame de 90 cm. La société Camus met au point un système d'assemblage d'une dalle en béton avec des poteaux d'angle. Ce système reçoit le nom de Camus II, il associe une dalle de béton, des panneaux-sandwiches composés de résine phénolique inflammable et des poteaux métalliques. Camus envisage ainsi de créer des centres de production ayant un rayon d'action de 200 à 300 kilomètres, en France et en Europe, tissant un réseau industriel semblable à celui de l'automobile.

En France, aussi bien qu'en URSS, les composants en 3D sont surtout utilisés pour abriter des gaines techniques et des blocs d'eau. La société Logirex (version « luxe » du procédé Camus, dont la société Logirex acquiert les licences) met au point le polybloc - noyau du logement, ossature en béton armé, composée du plancher, d'une cloison médiane et d'un double retour, donnant aux éléments verticaux du mur la section d'un I. Sur chacune des deux faces sont installés en usine les équipements de la cuisine, d'une part et de la salle d'eau d'autre part[47]. La fabrication et l'assemblage des composants en 3D lourds posent de multiples problèmes. Tout d'abord , il est difficile de mouler une boîte monolithique à parois minces. (La minceur des parois est indispensable si l'on veut rester dans des limites acceptables de poids.) Ensuite, le transport jusqu'au pied de l'immeuble et le montage sur place diminuent considérablement la rentabilité des composants 3D. En France, les conditions de la circulation rendent le transport des cellules 3D très problématique. Dans les deux pays les 3D ne dépasseront guère le stade coûteux de l'expérimentation. En URSS, les 3D représenteront 2% de toutes les constructions de logements[48].

5.5. Des panneaux préfabriqués à la ville : l'impact de la préfabrication sur l'urbanisme

Dans notre travail, nous n'analysons pas la forme urbaine des grands ensembles, mais nous nous limiterons à l'énumération des dispositifs, dérivés de la technique de la préfabrication, dont la prise en compte s'impose dans le projet urbain. En premier lieu, nous allons éclaircir la notion de *kvartal*, apparue dans les années 1930. Le *kvartal*, « maillon primaire de la ville soviétique » est en effet un super-îlot à l'implantation libre, doté de tous les équipements nécessaires (école, crèche, magasins, etc.) situés dans la zone d'accès piétons. En un certain sens, le *kvartal* est une extension de l'idée de maison commune (*dom-kommuna*). Selon Strumilin, les communes de 3 000 habitants, chacune dotée des équipements de base, vont former les *kvartals* d'une ville. Dans chaque *kvartal*, les habitants trouveront tous les services nécessaires pour satisfaire les besoins de la vie quotidienne, sans avoir à se déplacer à l'extérieur de celui-ci[49]. Les *kvartals-communes* édifiés à Zaporož'ê, à Har'kov (bloc d'habitation « Luč », architecte G. Vêgman) sont en effet des maisons communes étendues à l'échelle de l'îlot[50]. Les *kvartals-communes*, unités de base agrandies de la ville socialiste, reçoivent le nom de «combinats d'habitation» (*žilkombinaty*). Marco de Michelis et Ernesto Pasini définissent le *kvartal* comme une « agrégation technologique» de zones résidentielles et de services et comme un élément socialiste « caractérisant la nouvelle cité du travail »[51]. L'idée fédératrice du *kvartal* est de diminuer le temps passé par l'habitant en dehors de son quartier. En effet, « l'harmonie de l'ensemble du *kvartal* » serait altérée si l'ensemble de besoins en matière de services et de divertissements était satisfaite hors de celui-ci[52]. Faisant oublier à l'habitant d'un quartier son appartenance à la ville, le système des *kvartals* contribue ainsi à la destruction des relations intra-urbaines. Les *kvartals* sont soumis à la standardisation et à la typisation. Au début des années 1930, les architectes occidentaux sollicités par le gouvernement soviétique produisent des plans de *kvartals*, comme Mart Stam qui élabore les « *kvartals* standards » pour la ville de Makêêvka, ou le groupe d'Ernst May qui travaille sur des *kvartals* types destinés à être reproduits en série. Durant la période « académique » de l'architecture soviétique, la structure rigide des îlots était privilégiée par rapport à celle des *kvartals* à plan masse libre. C'est la politique khrouchtchevienne de l'architecture et de la construction qui marque le retour au *kvartal* à plan masse libre. La construction entre 1956 et 1958 du *kvartal* N° 9 de Novyê Čêrëmuški est la première opération importante où la continuité des îlots est brisée et où des barres sont réintroduites. Les concepteurs de l'ensemble considèrent que le principe du *kvartal* est « l'organisation la plus rationnelle des services et de la vie quotidienne des habitants des grands complexes urbains »[53]. Dans les années 1960 apparaît le terme de micro-quartier (*mikrorajon*), synonyme de *kvartal*.

Les contraintes techniques liées au montage des bâtiments préfabriqués, la recherche du rendement maximal dans le déroulement et l'organisation du chantier, influencent la conception du projet urbain. La fabrication des bâtiments en usine et leur assemblage sur le chantier doivent former une chaîne continue de construction. Le plan masse doit respecter les contraintes de livraison des panneaux (ou de leur fabrication sur le site), ainsi que celles de leur montage par des grues[54]. L'idée de l'organisation d'une « construction à la chaîne » *potočnoe stroitêl'stvo*) est étudiée en URSS dès le début des années 1930. Cette méthode impose des impératifs quant à la préparation du site (connexion aux réseaux) et quant à l'utilisation d'un seul type ou d'un nombre limité de types de bâtiments. Le décret « Sur l'amélioration de la construction et l'abaissement du coût de la construction »[55] adopté le 11 février 1936, évoque la construction des *kvartals* d'après un seul projet type, en utilisant des éléments standardisés, et en transformant le chantier en « chaîne de montage ». Ce problème est abordé dans la presse architecturale[56]. En 1938, l'architecte A. Mordvinov suggère d'appliquer à la construction d'un ensemble de 23 immeubles de logements situés rue Bol'šaâ Kalužskaâ à Moscou cette méthode ; il propose «d'organiser la construction en se basant sur des éléments standardisés de telle manière que le chantier soit transformé en chaîne de montage»[57]. Ce chantier démarre en 1939. La construction à la chaîne[58] prend de l'ampleur à la fin des années 1950, elle est alors perçue comme « l'élément central de la politique de la préfabrication ».

L'expérience de la construction à la chaîne à Moscou démontre que cette méthode d'organisation du chantier atteint avec succès l'objectif de la transformation de la construction en processus mécanisé de montage des bâtiments préfabriqués. C'est pourquoi la construction à la chaîne est l'une des directions majeures dans le développement ultérieur de la construction des logements préfabriqués[59].

Dès 1958, des *kvartals* entiers, comprenant 40 à 50 immeubles de logements, sont construits à la chaîne, comme le *kvartal* N°37 au Sud-Est de Moscou, où sur une zone de 37 hectares 40 immeubles de logements sont construits (dont 36 bâtiments de la série K-7, fig. 137). La durée de montage d'un bâtiment de 60 appartements est de 18 jours, d'un bâtiment de 75 appartements de 23 jours. Le montage se fait même la nuit, avec trois équipes successives, directement depuis les semi-remorques. La durée moyenne de construction d'un immeuble, du début du montage à la visite de conformité, est d'environ 53 jours. Le pourcentage de construction à la chaîne de la plus grande entreprise d'État Glavmosstroj (basée à Moscou) est de 15 % en 1962, 70 % en 1963 et atteint 75 % en 1964[60].
Le travail sur la rationalisation du plan masse s'approfondit, et à la fin des années 1950, on envisage la création de plans masse en fonction du tracé des réseaux souterrains. La disposition des bâtiments doit prendre en compte « la solution économique du tracé des réseau ». « Si la disposition des immeubles permet d'atteindre la densité linéaire maximale du tissu bâti par rapport aux réseaux, ceci abaisse considérablement le coût de leur construction », lit-on dans *Arhitêktura SSSR*[61].
Les recherches théoriques qui essayent de relier la conception du projet urbain aux techniques de préfabrication vont plus loin. L'ouvrage « Les principes de base de l'urbanisme soviétique »[62], publié en 1967 par l'Institut d'Urbanisme, préconise de prendre en compte le tracé du chemin de grue dans le plan masse d'un quartier et d'élaborer le plan masse d'une ville nouvelle en fonction de l'emplacement des usines de préfabrication lourde. Cette méthode de conception du plan masse témoigne d'une approche très technique et bureaucratique du problème de l'urbanisme ; le projet urbain doit « contribuer » au rendement maximal des usines de préfabrication. L'ouvrage précise que cette façon de penser la ville n'est efficace que dans des conditions d'économie planifiée, avec un État propriétaire de la terre et gestionnaire des programmes de construction : « Avant tout, la construction industrialisée est basée sur l'économie planifiée de la société socialiste et elle doit utiliser tous les avantages de ce moyen le plus progressiste dans le domaine de la gestion de l'industrie et de la construction »[63].
L'ouvrage « Principes de base de l'urbanisme soviétique » suggère une méthode d'élaboration du plan masse pour une ville nouvelle[64]. Deux cas de villes sont étudiés : l'une est située sur des terres en friche, l'autre dans une région déjà urbanisée. Pour une ville située dans la zone de terres vierges, destinée à accueillir 150 000 habitants, l'ouvrage propose un plan masse constitué de deux tranches articulées entre elles par un «tronc». La première tranche comprend l'habitat et un centre administratif. La deuxième est occupée par une zone industrielle (fig 138). Le « tronc » abrite les réseaux de la voirie, du chemin de fer et toute l'infrastructure de la préfabrication lourde (deux usines d'une capacité de 140-200 000 m² chacune et une centrale à béton). Les matières premières, ciment, acier, bois, briques, ainsi que l'équipement sanitaire, sont livrés par la voie ferrée. Des usines de préfabrication lourde, des centrales à béton sont construites sur place. La hauteur recommandée des bâtiments, tous préfabriqués en usine, varie de 5 à 12 étages ; la durée des travaux est de 5 à 10 ans, et représente une superficie totale de 2 000000 m² pour les logements et de 600 000 à 800 000 m² pour les équipements. Les recommandations pour la conception d'une ville de 50 000 habitants dans une région dotée d'une industrie du bâtiment déjà développée sont pratiquement identiques. La différence se situe dans la disposition des tranches occupées par l'habitat et l'activité industrielle par rapport aux réseaux.
La zone d'habitation et la zone d'activités industrielles sont entourées par une autoroute et par une voie ferrée (fig. 139). Les données de « départ » pour la conception du plan masse de la ville sont les suivantes : la hauteur des bâtiments est de 5 à 9/12 niveaux ; les matériaux de construction sont la brique et les éléments préfabriqués en usine ; l'acheminement des matériaux s'effectue par la voie ferrée et l'autoroute; le délai de construction est de 3 à 4 ans ; la surface des travaux s'élève à 750.000 m² pour les logements et à 250-300 000 m² pour les équipements.

5.6. Conclusions du chapitre V

De 1955 à 1991 la construction du parc d'habitat en URSS passe par les séries types préfabriquées en usines. La préfabrication devient le programme dominant pour tout type de construction : logements et bâtiments publics. Les «khrouchtcheby» marquent une époque dans l'architecture soviétique ; ils

Fig. 137 : Construction à la chaîne, quartier N37 du Sud-Ouest de Moscou, début des années 1960.

Fig. 138 : Plan de principe de la ville nouvelle pour la construction sur des terres vierges.

Fig. 139 : Plan de principe de la ville nouvelle dans une région déjà développée.

137

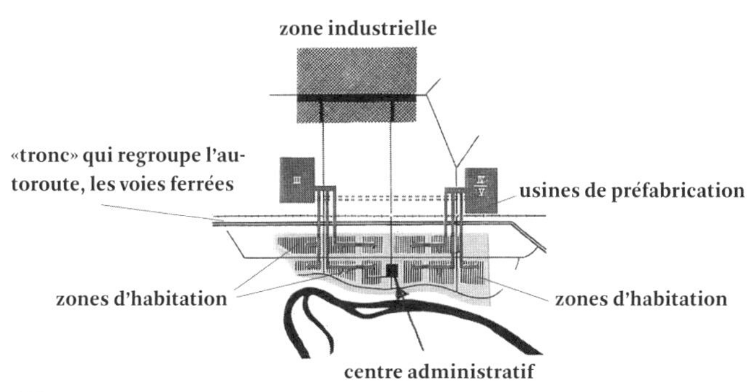

138

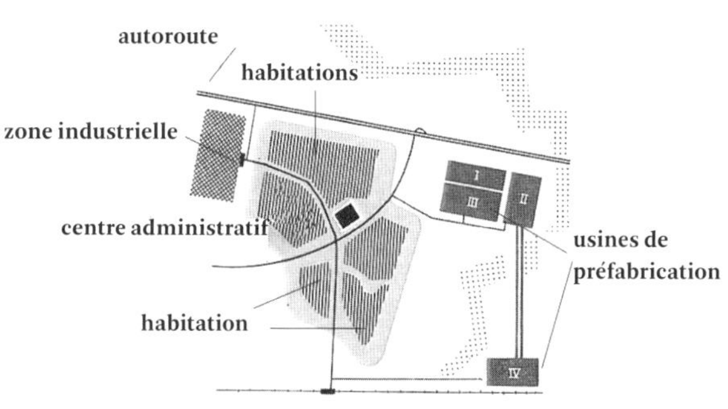

139

contribuent à l'amélioration des conditions de vie des milliers de familles, même si le niveau de confort qu'ils offrent se trouve très vite dépassé. Si en France l'État favorise la préfabrication, en URSS il l'impose comme unique moyen de construction. L'intervention de l'État dans le domaine de la construction à divers titres (financement, supervision, exécution, normalisation, etc.) conjuguée à l'économie planifiée permet à l'industrialisation du Bâtiment en URSS d'atteindre un développement de grande envergure, et de lui assurer sa grande longévité. La refondation des principes de la création de l'espace urbain avec le passage de la structure rigide des îlots au plan masse libre, coïncide avec l'arrivée de la préfabrication. Celle-ci devient à la fois le témoin des mutations dans le projet urbain et le moteur de sa mise en place. Les spécificités techniques liées au montage des composants préfabriqués sont « compatibles » avec les principes de la création du plan masse libre. Il se produit progressivement un assujettissement de la création architecturale et urbaine aux impératifs techniques de la préfabrication. Le plan masse libre, associé à la technologie de la préfabrication, contribue à créer d'immenses territoires qui «grignotent» les territoires des grandes villes. « Les quartiers périphériques prenaient des dimensions invraisemblables. Le processus d'adaptation des nouveaux riverains y est très difficile. De plus, s'adapter à quoi : aux terrains vagues, aux immeubles, aux quartiers ennuyeux et monotones ? » écrit Léonid Kogan[65]. La ville préfabriquée se retrouve totalement étrangère à son sol. Tous les composants de construction sont rapportés. La technique de montage des bâtiments préfabriqués (le chemin de grue)[66] rend difficile le respect du relief existant. Les grands ensembles commencent à « exister » d'une façon « autonome » par rapport à la ville et au site qu'ils occupent.

1 Les séries types présentées ci-dessus représentent seulement une partie de séries produits entre 1956 et 1965. Nous avons choisi les exemples les plus construits.

2 A. Mandrikov, « Pêrvyj kvartal krupnoblo nyh domov » (Le premier kvartal en grands blocs à Moscou), *Arhitêktura SSSR*, N° 1, 1958, page 20.

3 V. Promyslov, Û. Dyhovičnyj, rédacteur scientifique, *Razvitiê industrial'nogo stroitêl'stva v Moskvê* (Le développement de la construction industrialisée à Moscou), op. cit., page 68.

4 I. Lovêjko, « Stroitêl'stvo v Moskvê v novom sêmilêtii » (La construction à Moscou dans le nouveau septennat), *Arhitêktura SSSR*, , N° 6, 1959, page 9.

5 V. Promyslov, Û. Dyhovičnyj rédacteur scientifique, *Razvitiê industrial'nogo stroitêl'stva v Moskvê (Le développement de la construction industrialisée à Moscou)*, op. cit., page 68.

6 *Attestation sur l'état de l'immeuble de logements en grands panneaux construit à Vyksa*, Archives Nationales Russes de l'Economie (PГАЭ), fonds 339, inventaire 3, dossier 925, page 100.

7 N. Rozanov, *Krupnopanêl'noê domostroêniê* (La construction en grands panneaux), op. cit., page 13.

8 Dossier technique, Archives Nationales Russes de l'Economie (PГАЭ), fonds 339, inventaire 3, dossier 925.

9 N. Rozanov, *Krupnopanêl'noê domostroêniê* (La construction en grands panneaux), op. cit., page 14.

10 V. Promyslov, Û. Dyhovičnyj rédacteur scientifique, *Razvitiê industrial'nogo stroitêl'stva v Moskvê* (Le développement de la construction industrialisée à Moscou), op. cit., page 76.

11 V. Promyslov, Û. Dyhovičnyj rédacteur scientifique, *Razvitiê industrial'nogo stroitêl'stva v Moskvê* (Le développement de la construction industrialisée à Moscou), op. cit., page 121.

12 Idem., pages 121-122.

13 Ibidem., page 68.

14 Ibidem.

15 Il n'est pas appelé « maison commune » mais «immeuble de logements - complexe avec des services communs».

16 ex-SAKB.

17 N. Ostêrman, A. Pêtruškova, «Žiloj dom-komplêks s obŝêstvênnym obsluživaniêm» (L'immeuble de logement - complexe avec des services communs), *Arhitêktura SSSR*, N° 7, 1965, pages 13-37 ; N. Ostêrman, «O žiliê buduŝêgo» (Sur l'habitat du futur), *Arhitêktura SSSR*, N° 6, 1967, pages 31-41.

18 De plus, après la « retraite » de Nikita Khrouchtchev (en fait son limogeage) en octobre 1964, l'avènement prochain du communisme s'estompe.

19 V. Promyslov, Û. Dyhovičnyj rédacteur scientifique, *Razvitiê industrial'nogo stroitêl'stva v Moskvê* (Le développement de la construction industrialisée à Moscou), op. cit., page 125.

20 Pravda, le 10 mars 1963.

21 « Idêologičêskiê zadači sovêtskoj arhitêktury» (Les objectifs idéologiques de l'architecture soviétique), *Arhitêktura SSSR*, N° 6, 1964, page 2.

22 M. Rosina, «Nužny kvartiry raznyh tipov» (Il faut des appartements de différents types), *Mosproêktovêc*, N° 27, le 17 juillet 1981.

23 V. Lêbêdêv, «Pêrvyê šagi proêktirovaniâ i stroitêl'stva domov s malomêtražnymi kvartirami» (Les premiers pas dans la conception et la construction des immeubles de logements avec des appartements de petites surfaces), *Arhitêktura SSSR*, N° 3, 1957, page 10. Pour comparaison, pour la majorité de Français de l'époque les grands ensembles sont le symbole de la modernité et beaucoup d'entre eux semblent satisfaits. Le commentaire de Maurice Bernard, ancien conseiller municipal de La Courneuve et habitant de la cité des 4 000 logements depuis sa construction, résume bien l'état d'esprit dans lequel se trouvait la majorité des Français à l'époque : *Les HLM, on n'imagine pas aujourd'hui la chance extraordinaire que c'était pour nous! On quittait les taudis pour s'installer dans des constructions modernes, conçues selon les normes d'hygiène strictes. Il faut se souvenir de ce qu'était l'espace ouvrier jusque dans les années 1930 : une pièce enclose d'un mur capable de contenir un lit, c'était la définition légale... Alors les HLM... c'était le paradis !* Cité par Jean-Marc Stébé , *La réhabilitation de l'habitat social en France*, dans la série Que sais-je ?, éd. Presse Universitaire de France, 1995, Paris, page 31.

24 V. Lêbêdêv, «Pêrvyê šagi proêktirovaniâ i stroitêl'stva domov s malomêtražnymi kvartirami» (Les premiers pas dans la conception et de construction des immeubles de logements avec des appartements à des petites surfaces), op. cit., page 11.

25 Il existe un équivalent soviétique à la «grille Dupont», officialisée en France dès 1959 par le Ministère de la Construction pour calculer l'importance des équipements qui doivent être réalisés dans chaque zone à urbaniser par priorité.

26 *Arhitêktura SSSR*, N° 11, 1974.

27 A. Gozak, «Mikrorêl'êf i cvêt Lazdinaâ» (Micro relief et couleur de Lazdinaj), *Arhitêktura SSSR*, N° 11, 1974, pages 34-36.

28 *O mêrah po ulučšêniû kačêstva žilišno-graždanskogo stroitêl'stva* (Sur les mesures d'amélioration de la qualité dans la construction de logements), décret du Comité Central du Parti Communiste et du Soviet des Ministres, promulgué le 28 mai 1969.

29 Voir l'appendice «Histoire de la normalisation de l'habitat en URSS, 1917-1987».

30 *Êdinyj moskovskij katalog unificirovannyh izdêlij*

31 Û. Dyhovičnyj, V. Maksimênko, *Optimal'noê stroitêl'noê proêktirovaniê* (La conception optimale dans la construction), op. cit., page 25.

32 KOPÈ : *Kataložnyê ob'ëmno-planirovočnyê èlêmênty*

33 A. Ročêgov, «Novaâ sistêma moskovskogo krupnopanêl'nogo domostroêniâ» (Nouveau système de construction en grands panneaux à Moscou), *Stroitêl'stvo i Arhitêktura Moskvy*, N° 5, 1980 ; V. Maksimênko, « KOPÈ. Novyj mêtod krupnopanêl'nogo domostroênij » (KOPÈ. Nouvelle méthode de construction en grands panneaux), *Stroitêl'stvo i Arhitêktura Moskvy*, N° 5, 1981.

34 Û. Dyhovičnyj, V. Maksimênko, op. cit., pages 12-16.

35 Le plus grand DSK de l'URSS, sa productivité est de 1,2 million de m^2 par an.

36 Dans son ouvrage *Reconstruction - Déconstruction*, (p. 12) B. Vayssière évoque l'hypothèse selon laquelle le recours à la préfabrication des grands éléments et le faible développement du 3D en France, (surtout du 3D pour des «mobile homes») est la conséquence directe de «la montée des tensions Est - Ouest» qui renforce le clivage pour ou contre les grands ensembles, «le grand ensemble français, entre autres, deviendra un pôle de diffusion entre les objets made in USA et les lourds kombinats soviétiques».

37 Û. Dyhovičnyj, V. Maksimênko, *Optimal'noê stroitêl'noê proêktirovaniê* (La conception optimale dans la construction), op. cit., pages 154-155.

38 Gérard Blachère, *Technologies de la construction industrialisée*, op. cit., page 223. Selon Û. Monfrêd, l'idée de construire à partir d'éléments en 3D est évoquée au début du XXe siècle. Dans les années 1930, les ingénieurs soviétiques élaborent même des projets de bâtiments en 3D. L'absence d'infrastructure appropriée pour la production de composants en 3D oblige à abandonner toutes les recherches. Voir Û. Monfrêd, «Zavodskoê domostroêniê» (La préfabrication en usine), op. cit.

39 K. Šêvcov (dir.), *Arhitêktura graždanskih i promyšlênnyh zdanij, tom III, žilyê zdaniâ* (Architecture des bâtiments publics et industriels, volume III, Les immeubles de logements), op. cit., page 212.

40 Y. Monfrêd, «Zavodskoê domostroênię» (La préfabrication en usine), op. cit., page 42.

41 V. Promyslov , Û. Dyhovičnyj rédacteur scientifique, *Razvitiê industrial'nogo stroitêl'stva v Moskvê* (Le développement de la construction industrialisée à Moscou), op. cit., page 192.

42 *O razvitii ob"ëmno-bločnogo domostroêniâ*

43 S. Kirkorov, «Ob"ëmno-bločnyê doma v posêlkah ènêrgêtikov» (Logements en 3D dans les villages des ingénieurs électriciens), *Arhitêktura SSSR*, N° 11, 1974, page 44.

44 On ajoutait ensuite les panneaux de plancher. Ce système permettait d'éviter la «plaie» de toutes les constructions en grands panneaux : des joints ouverts.

45 Gérard Blachère, *Technologies de la construction industrialisée*, op. cit., page 224.

46 Camille Bonnome, Louis Léonard, *Industrialisation du bâtiment*, op. cit., pages 1412-1413.

47 Idem.,page 1409.

48 Û. Dyhovičnyj, V. Maksimênko, *Optimal'noê stroitêl'noê proêktirovaniê* (La conception optimale dans la construction), op. cit., page 153.

49 S. Strumilin, *Izbrannyê proizvêdêniâ*, vol. 5, Moscou 1960, page 424, in Gregory D. Andrusz, *Housing and urban developement in the USSR*, Macmillan, London, 1990, page 128.

50 Jean-Louis Cohen, Marco De Michelis, Manfredo Tafuri, URSS 1917-1918 : *La ville, L'Architecture*, op. cit., pages 152, 279-280.

51 Marco De Michelis, Ernesto Pasini, *La città sovietica 1925-1937*, op. cit., page 141. Voir aussi P. Blohin, *Tipizaciâ žiliŝ i obŝêstvênnyh zdanij pri planirovkê nasêlënnyh mest* (La typisation de l'habitation et des bâtiments publics au cours de la conception de plans masse des zones urbanisées), op. cit., page 12.

52 Gregory D. Andrusz, op. cit., page 128.

53 D. Šêrstnêva, «Osobênnosti planirovki i zastrojki žilogo rajona Novyê Čêrëmuški» (Les particularités dans la conception du plan masse de l'ensemble Novyê Čêrëmuški), *Arhitêktura SSSR*, N° 1, 1964, pages 25-35.

54 La mise en place de la préfabrication et de la construction à la chaîne doivent énormément à la grue pivotante qui est utilisée d'abord dans les Travaux Publics, et après 1945, dans le Bâtiment.

55 *Ob ulučšênii stroitêl'nogo dêla i ob ulučšênii stroitêl'stva* (Sur l'amélioration de la construction et l'abaissement du coût de la construction), Archives Nationales de la Fédération de Russie (ГАРФ), décret N° 261 du Soviet des Commissaires du peuple de l'URSS et du CC du Parti Communiste, signé par V. Molotov et J. Staline, fonds 5446, inventaire 1, dossier 111, pages 301-306.

56 A. Kozlovskij, «Potočnyj mêtod i komplêksnaâ mêhanizaciâ žiliŝnogo stroitêl'stva» (La construction à la chaîne et la mécanisation de la construction de logements), *Stroitê'lstvo Moskvy*, N° 3-4, 1939, pages 17-21.

57 Ê. Svêtličnyj, «Potočnoê skorostnoê stroitêl'stvo mnogoètažnyh žilyh zdanij» (La construction à la chaîne des immeubles d'habitation), *Stroitêl'stvo Moskvy*, N° 3-4, 1939, pages 20-24.

58 En France, par un arrêté du 28 août 1958, le Ministère de la Construction crée une commission de spécialistes à laquelle il demande d'étudier les «mesures susceptibles de développer l'industrialisation du Bâtiment et d'accroître la productivité dans la construction». Parmi les mesures qui sont proposées par la Commission, figure la notion de choix d'un projet architectural et d'un plan masse «compatibles avec la productivité». Pierre Chemillier, Les techniques du bâtiment et leur avenir, Le Moniteur, Paris, 1977.

59 V. Promyslov, Û. Dyhovičnyj rédacteur scientifique, *Razvitiê industrial'nogo stroitêl'stva v Moskvê* (Le développement de la construction industrialisée à Moscou), op. cit., page 324.

60 *Cêntral'nyj naučno-isslêdovatêl'skij i proêktnyj institut po gradostroitêl'stvu Gosudarstvênnogo Komitêta po grajdanskomu stroitêl'stvu i arhitêkturê pri Gosstroê SSSR* (Institut central de recherches et de projets d'urbanisme du Comité d'Etat de la construction publique et de l'architecture auprès de Gosstroj), *Osnovy sovêtskogo gradostroitêl'stva* (Les principes de base de l'urbanisme soviétique), volume 3, Strojizdat, Moscou, 1967, page 180.

61 G. Dêsâtnikov, « Èkonomika planirovočnyh rêšênij žilyh kvartalov » (L'économie du plan masse des quartiers d'habitation), *Arhitêktura SSSR*, N° 4, 1958, pages 13-15.

62 *Osnovy sovêtskogo gradostroitêl'stva* (Les principes de base de l'urbanisme soviétique), op. cit.

63 Idem., volume 3, page 190.

64 Ibidem., pages 184 - 185.

65 Leonid Kogan, *Dêmokratiâ bêz gorodov* ? (La démocratie sans villes ?), Avtor/Polis, Novossibirsk, 1993, page 22.

66 Les projets de villes étrangères à leurs sols apparaissent dans les années 1920. Entre 1923 et 1925, El Lissitsky travaille sur une série de gratte-ciel verticaux destinés à être édifiés à Moscou. Ce sont des objets «libres», sans aucun rapport avec la ville existante, qui sont censés créer une ville moderne au dessus d'une ville ancienne

6

«Joyeuse fête!», carte postale, Moscou 1965

Synthèse générale

La préfabrication : aspect technique

Dans ce travail, nous avons abordé le thème de la préfabrication en nous positionnant sur deux champs distincts, celui de la technique constructive et celui de la politique de l'État en matière d'architecture. La technique constructive « conditionne » le dispositif architectural.

Les idées de Taylor et de Ford influencent la théorie architecturale dès la fin du XIXe siècle. Les architectes appliquent des procédés issus de l'industrie automobile pour élaborer leurs projets et le vocabulaire architectural intègre des notions techniques telles que « standard » ou « procédé »[1].

La préfabrication fait partie de l'histoire des techniques de la construction. En URSS, l'évolution de la préfabrication est un processus discontinu, marqué par un changement d'échelle dès 1955. De la préfabrication des composants légers en bois dans les années 1920 l'on passe à celle de blocs en béton dans les années 1930 - 1940, pour aboutir à l'échelle monumentale des grands panneaux produits sur laminoirs des DSK. Même si la période « académique » de l'architecture soviétique contredit certains concepts de la préfabrication, elle ne peut cependant pas être perçue comme une rupture : les innovations techniques et les recherches théoriques maintiennent même durant cette période l'objectif de la préfabrication.

Dimension politique de la préfabrication en URSS

La mise en place de la préfabrication en URSS coïncide avec les mutations politiques que constituent la mort de Staline et l'arrivée de Nikita Khrouchtchev au pouvoir. Le nouveau secrétaire général du Parti engage la réforme de l'architecture et de la construction. Le préfabrication, pour le procédé de construction, et le projet type, pour la conception architecturale, deviennent la référence - l'ensemble doit servir à réaliser un vaste programme de construction de logements. La préfabrication, outre son objectif social, permet à Khrouchtchev de marquer une première rupture avec le stalinisme et de se présenter comme le symbole de l'adhésion à un modèle nouveau. Pour les dirigeants soviétiques, la préfabrication, déjà répandue en Europe, est associée au développement occidental qu'il faut « atteindre » et « dépasser ». Enfin, l'adoption d'une image architecturale européenne témoigne de l'intention d'en finir avec l'isolement du pays. La volonté de Khrouchtchev de mener une politique d'ouverture se traduit par l'accueil de manifestations internationales comme le Ve congrès de l'UIA en 1958. La préfabrication prend ainsi une dimension politique.

Le développement de la préfabrication, de la préfabrication lourde en particulier, est difficile sans un engagement à long terme de l'État. Seul l'État peut assurer aux usines la continuité des commandes importantes et étalées sur plusieurs années. Il est avéré que le système économique socialiste et planifié d'un État centralisé et dirigiste est capable de créer des conditions « idéales » pour que la préfabrication se développe et connaisse une grande longévité. Le développement de la préfabrication lourde permet ainsi de juger du degré et de la forme d'étatisation de la construction (depuis la conception du projet jusqu'à sa réalisation).

Dimension sociologique de la préfabrication

En 1955, les architectes soviétiques reçoivent de l'État et pour la première fois une commande de logements économiques avec un programme défini et des financements appropriés. Ces logements préfabriqués permettent à des milliers de familles d'accéder à un appartement monofamilial. Cependant, la comptabilisation des logements en m^2 de surface à bâtir et non en nombre d'appartements et l'obligation de respecter des surfaces fixées par le SNIP aboutissent à une conception purement « technocratique » des appartements. S'y ajoute une procédure d'attribution des logements en m^2 par personne, sans prise en compte de la composition sociologique des familles. Une fois satisfaite leur demande d'un confort minimal, les habitants découvrent les défauts de la conception et de la construction des logements de « petites surface » et éprouvent les désagréments d'un manque d'équipement et de l'espace urbain impersonnel de ces cités nouvelles.

Le métier d'architecte et la préfabrication lourde

L'adhésion «romantique» aux théories nouvelles et la forte pression de la demande d'habitat conduisent les architectes dans des années 1920 à adopter l'idée de l'industrialisation de l'architecture. Une fois mis en place, le système se retourne contre ses créateurs. Les architectes perdent leur prééminence dans la conception, devancés par les ingénieurs et les entrepreneurs qui revendiquent d'une voix plus en plus forte la « paternité » de ces projets, qui ne sont plus des « œuvres » mais des « produits ». La politisation de la préfabrication en URSS dévalue la profession d'architecte. L'architecte joue le rôle du « bouc émissaire » responsable de la pénurie de logements dans le pays. Les projets dits « individuels » sont interdits, obligation est faite de construire d'après les projets types. L'initiative de la production architecturale est progressivement retirée aux agences d'architecture et transférée vers les Instituts de conception de projets, chargés d'élaborer des projets types pour le pays entier. De fait, l'activité des agences d'architecture est réduite à l'adaptation de ces projets aux sites. La centralisation du travail intellectuel dans quelques bureaux d'études se transforme progressivement en une forme de *supertaylorisme* à l'échelle du pays. Avec une vision à la fois idéaliste et bureaucratique de l'architecture, Khrouchtchev, sous prétexte de libérer la création architecturale, ne fait que substituer au dogme qui prônait le respect des formes du classique, celui de la préfabrication lourde. Les ouvrages de Vitruve et de Vignole sont remplacés par les cahiers des charges des usines de préfabrication lourde. Le travail des architectes se limite à l'élaboration des projets types et à leur adaptation au site, en réduisant la conception architecturale à la *reproduction* du projet (et non à son *évolution*).

Convergences entre les préfabrications française et soviétique

Dans ce travail, nous avons voulu présenter l'expérience de la préfabrication soviétique sans la dissocier de l'expérience européenne. Nous avons pu établir un certain nombre de convergences entre l'expérience soviétique et française de la préfabrication. En premier lieu, cette convergence se situe au niveau théorique. La préfabrication soviétique et la préfabrication française ont un champ et un discours communs. Les théories de Taylor et de Ford adaptées par les architectes allemands pour le Bâtiment, sont reprises et introduites par les Soviétiques et les Français dans les débats théoriques.
La convergence entre le France et l'URSS se situe au niveau politique. Dans les deux pays la préfabrication reçoit une impulsion décisive au moment où les États prennent des mesures d'urgence contre la pénurie de logements. Les deux États s'engagent financièrement dans la construction de logements, ce qui est inédit dans l'histoire respective des deux pays. Durant la Reconstruction en France, l'État impose (directement ou par ses intermédiaires) sa volonté technique voire esthétique. En URSS, cette intervention de l'État est constante.

En URSS et en France, la mise en place de la préfabrication à l'échelle nationale a été accompagnée d'un intense travail de normalisation de l'habitat. L'adoption des normes permet aux deux États d'assurer les mêmes prestations de confort à la plupart des mal logés. Toute la période de mise en place de la préfabrication est marquée dans les deux pays par une grande activité législative destinée à encourager la construction.

Par ailleurs, il existe une convergence institutionnelle entre la France et l'URSS. Les États créent des institutions qui reçoivent la mission de veiller à l'application des lois et des politiques dans le domaine de la construction : le MRU, le CSTB, le Gosstroj, le département de construction du Gosplan, etc. Le modèle de la préfabrication française joue un rôle important dans la mise en place de la préfabrication soviétique, même si l'exportation directe d'équipements est modeste. Il s'agit avant tout d'une exportation du *modèle* de la préfabrication lourde et de l'assistance technique aux bureaux d'études soviétiques. La ressemblance frappante entre les périphéries de grandes villes européennes semées de « barres » préfabriquées suggère une propagation *épidémique* de la préfabrication. Celle-ci devient un *modèle contagieux*[2] qui nie les frontières culturelles et physiques.

L'économie et le système centralisé soviétique au service de la préfabrication

Un système économique basé sur la planification, un système politique dirigiste et centralisé, un État qui est l'unique commanditaire des opérations immobilières et qui oblige à construire selon les projets types et à les préfabriquer en usine, assurent la « vitalité » et « l'épanouissement » de la préfabrication lourde en URSS et rendent impossible tout renoncement, une fois ce système mis en place. Les géants DSK dont le fonctionnement est assuré par la continuité des commandes d'État, l'absence de concurrence et les problèmes d'écoulement du stock d'immeubles produits à la chaîne favorisent la permanence de la préfabrication. En 1966, 95,5 % des logements sont préfabriqués et construits d'après des projets types (le taux de préfabrication en France reste plus faible, les méthodes dites traditionnelles de la construction n'ayant jamais été abandonnées ; ainsi 100 000 logements (soit environ 25 %) sont construits en 1965 par des procédés industriels[3]). La préfabrication lourde n'apparaissait pas forcément comme la solution unique de la crise du logement et le recours aux méthodes de construction dites « traditionnelles » pouvait être envisagé. En France, il apparaît que les puissantes entreprises de construction ont utilisé leur réseau d'influence pour que l'État privilégie la solution de la préfabrication lourde. En URSS, Khrouchtchev impose la préfabrication lourde en suivant les recommandations de ses conseillers qui s'inspirent, sans doute, de la préfabrication européenne déjà opérationnelle. Même si l'influence des réseaux ou des conseillers paraît évidente, on ne peut omettre le fait que, dans les années 1950, le mode de calcul des coûts à long terme n'était pas le même qu'aujourd'hui. Les outils et les méthodes de calcul qui permettent de faire des estimations et des prévisions de profit économique et d'amortissements ne sont apparus en Occident que dans les années 1970. Les théories marxistes appliquées à l'économie soviétique ne permettent pas de faire d'évaluation exacte du coût réel de la préfabrication. Par conséquent, au moment du lancement de la préfabrication lourde, les économistes n'étaient pas en mesure de faire une prévision exacte du coût réel à long terme de la préfabrication.

Utilisation de projets types dans la construction (en %) par rapport à l'ensemble de la construction														
	1951	1953	1954	1955	1956	1957	1958	1959	1960	1962	1963	1965	1966	1967
Construction de logements	40	52	55	59	62	70	77	83	88	94	95	95	95,5	91
Construction de bâtiments publics et équipements	36	36	37	38	41	44	50	55	70	79	82	82,5	78,3	80,5

Le tableau suivant, établi à partir des données statistiques de l'annuaire de « L'économie nationale de l'URSS »[4], souligne la prééminence des projets types.

1 Avec l'arrivée de la conception assistée par ordinateur, la notion du standard perd de l'importance. Si auparavant l'objectif était de réduire au maximum la quantité de détails et de composants afin de raccourcir le délai de conception et abaisser le prix de fabrication, les outils informatiques permettent actuellement de fabriquer des composants différents sans incidence majeure sur leur coût.

2 Cf. Dan Sperber, *La contagion des idées, théorie naturaliste de la culture*, édition Odile Jacob, Paris, 1996.

3 Yves Aubert, « Industrialisation du Bâtiment », *Architecture d'Aujourd'hui*, 1967, N° 5, page 54.

4 La direction centrale de la statistique auprès du Soviet des Ministres de l'URSS, *Narodnoê hozâjstvo SSSR* (Economie nationale de l'URSS), éd. Statistika, Moscou.

«Bonne pendaison de crémaillère», Enveloppe postale, URSS, 1964.

Appendices

1. La normalisation de l'habitat en URSS, 1917-1987

Pour pouvoir planifier la construction et l'attribution des logements, l'État établit des normes de surfaces. Ces normes ont plusieurs fonctions: elles jouent le rôle d'instruments au profit d'impératifs sociaux dans le domaine de l'habitat ; elles incarnent les tendances idéologiques tout en constituant un régulateur économique; enfin, elles témoignent du niveau de confort propre à l'époque. À travers l'évolution de la normalisation, il est ainsi possible de suivre les changements de la politique de l'habitat. On comprend par ailleurs, que lorsque la demande de logements devient plus importante, l'exigence de normalisation devient plus intense. Qui sont les commanditaires possibles de la normalisation ? La demande vient des principaux acteurs de la construction: Etat, architectes, entrepreneurs, ingénieurs. Pour l'État, la normalisation est un outil qui permet de planifier la construction de logements de masse en fonction des crédits qu'il fournit, de gérer leur attribution, de s'assurer que les demandeurs de logements bénéficieront de la même qualité des prestations. La mise en œuvre des grands programmes de construction financés par l'État s'avère inopérante en absence d'une politique claire de normalisation[1]. La demande de normalisation provient aussi des architectes. L'existence de normes facilite leur tâche dans la conception de logements pour le plus « grand nombre ». En URSS, ce sont notamment les architectes qui sont chargés de leur rédaction. Les ingénieurs poussent également à la normalisation pour alléger leur tâche dans la conception de la structure, surtout dans le cas de la préfabrication lourde (assemblage d'éléments répétitifs). Pour la même raison, des composants normalisés facilitent la tâche des entrepreneurs : la fabrication d'éléments semblables demande des investissements moins importants[2]. Enfin, la normalisation est à l'époque considérée par les hygiénistes comme un moyen de combattre l'habitat insalubre et d'améliorer les conditions de la vie quotidienne.
Quelle sont les enjeux de la normalisation? Ils sont à la fois économiques et politiques. Le travail intense d'élaboration des normes de logements après 1954 en URSS coïncide avec un engagement financier sans précédent de l'État dans la construction de l'habitat et avec le changement de conjoncture politique dans le pays. Pour les usagers, des prestations, comme l'installation téléphonique ou les sanitaires, sont associées à la notion de confort. Mais, dans certains cas, l'organisation interne du logement est directement influencée par la politique de l'habitat. Dans les années 1920/1930, en URSS, l'idée d'enseigner le collectivisme à la population se traduit dans la conception même de la cellule de logement: la salle de bain est supprimée au profit des bains-douches, la surface de

la cuisine est réduite au minimum au profit des cantines collectives. La normalisation donne ainsi à l'État une palette de moyens de contrôle qui vont de la gestion des opérations d'envergure jusqu'à la conception de l'espace intérieur et à l'imposition même du mode de vie. En URSS, c'est l'État directement (ou ses intermédiaires) qui finance la construction de logements. Le respect des normes concerne donc tous les logements construits. La condition indispensable à l'application effective des normes est la présence d'un État fort et centralisé, doté d'un appareil administratif chargé de diffuser et surveiller leur mise en œuvre. Dans l'histoire de la mise en place de la normalisation de l'habitat en URSS, nous distinguons deux phases. La première se situe entre les années 1920 et 1954. Durant cette période, la construction de logements n'est pas une priorité de l'État, ce qui explique l'absence d'une politique cohérente et centralisée de normalisation. Des normes sont adoptées tous les ans, sous différents titres et divers organismes d'État participent à leur rédaction: le Bureau de la normalisation de la construction auprès du Gosplan[3] de l'URSS, l'INNORS - Institut d'État des Normes et des Standards de l'Industrie de la construction[4], le NIIJS - Institut Scientifique et de la Recherche sur la Construction de l'Habitat. Les sociétés importantes comme Standart ou Gorstrojproêkt rédigent leurs propres normes en vue de les appliquer dans leurs projets. La deuxième phase, qui se situe entre 1954 et 1986, est caractérisée par la volonté de l'État de remédier à la crise de logements par l'injection de financements massifs. Un premier système de normes uniques portant sur la structure et les surfaces de tous les types de constructions (logements, hôtels, foyers, écoles, bâtiments publics, etc.) est adoptée en 1954: *Les normes et les règles de construction*[5] (le SNIP). Son application sera obligatoire pour toute l'URSS. Ce SNIP sera révisé en: 1957, 1962, 1971 et 1985.[6] Les SNIP adoptés en 1954 et 1957 sont rédigés par des architectes dans les Instituts de l'Académie d'Architecture : l'Institut de l'habitat et l'Institut des bâtiments publics. Après la dissolution de l'Académie d'Architecture en 1963, l'élaboration des normes reste à la charge des architectes mais s'effectue désormais dans le laboratoire de Typologie de l'habitat de l'Institut de la conception expérimentale de l'habitat[7] (qui se trouve sous la tutelle du Gosstroj). Chaque nouvelle rédaction du SNIP est envoyée pour approbation au Gosplan, et c'est ensuite le Gosstroj qui est chargé de les mettre en œuvre. Le SNIP a valeur de loi, et son non-respect est sanctionné. Le SNIP fixe les surfaces maximales autorisées ; pour appartements de surfaces plus élevées que celles indiquées par le SNIP, il faut solliciter une dérogation spéciale du Gosstroj.

Le premier document réglementant les surface de l'habitat est édité par le pouvoir soviétique en 1920 : *Les décrets et instructions obligatoires du Commissariat du travail sur les habitations de travailleurs*[8]. Peu de temps après est promulgué *Le statut de la construction*[9]. Ce document qui reste en vigueur jusqu'en 1926, réglemente les surfaces des cellules. Il n'a aucune force juridique, cependant, dans certaines régions il est considéré comme un décret local. Le 1 e juillet 1926, le STO (Soviet du travail et de la défense)[10] adopte les *Normes provisoires de construction d'immeubles de logements dans les petites villes*[11]. Ces normes classent les immeubles de logements par la façon dont ces pièces sont disposées par rapport à des espaces de service (cuisine, W.C.). Elles prévoient ainsi trois types de logements selon l'usage des pièces de service : soit les pièces de service sont utilisées par les habitants d'un seul appartement, soit elles sont utilisées par les habitants de deux appartements, soit enfin elles sont collectives quant il s'agit de foyers ouvriers. En 1927, le Comité National de la standardisation[12] promulgue *les Normes réunies en vue de la construction*[13] qui sont rééditées avec des modifications annuelles jusqu'en 1934. D'après ces normes, les salles de bains ne sont pas obligatoires; la hauteur minimale sous plafond est fixée à 2,8 m; la surface recommandée pour la cuisine est de 4,5 m^2 à 5 m^2. Les normes différencient la chambre et la « pièce à habiter » (*jilaâ komnata*). Pour une personne, la surface minima de la chambre est de 6 m^2, et celle de la « pièce à habiter » est de 9 m^2 (pour deux personnes elle passe à 16 m^2, pour quatre à 27 m^2). Dans les années 1920, la conception de l'espace habitable est influencée par l'idée de l'habitat collectif - les maisons communes. Des logements neufs ont des espaces de service réduits ou même inexistants, ce qui s'explique par la volonté d'éduquer la population au « mode de vie collectiviste », ce sont les organismes spécialisés qui prendrons en charge toutes les tâches domestiques.

Au début des années 1930, avec tourmente politique dans le pays, le discours sur la typologie de l'habitat change. Les habitats minimum ne correspondent plus à l'image que l'État veut donner à la société. Le décret *Sur le travail de reconstruction du mode de vie*, promulgué en 1930, critique l'idée des maisons communes, et le décret *Sur le type de l'immeuble d'habitation* (1932) interdit leur construction. Le décret *Sur l'amélioration*

Tableau comparatif de normes d'habitat en URSS. Années 1927, 1934.

année d'entrée en vigueur	1927 (adopté le 28 juillet 1926)	1927-1934
intitulé des normes	*Normes provisoires de construction des immeubles de logements dans les petites villes.*	*Normes réunies en vue de la construction*
catégories des immeubles de logements	ces normes étaient valables pour des immeubles R+2, construits dans des petites villes et bourgades.	
classement des appartements	1. appartement avec pièces de service utilisées exclusivement par ses habitants. 2. appartement avec pièces de service partagées avec les habitants des appartements voisins.	
classement des immeubles de logements	a. immeubles de logements contenant des appartements de surface utile jusqu'à 70 m² et avec pièces de service propres. b. immeubles de logements de surface utile jusqu'à 50 m², sans compter la surface des pièces de service, qui sont partagées entre plusieurs appartements. c. foyers pour 60 personnes maximum	
définition de la surface habitable	La surface habitable de l'appartement n'inclut que les pièces habitables (salle à manger, chambres etc.)	
définition de la surface utile (totale)	La surface utile est l'addition des surfaces de tous les locaux de l'appartement, à l'exclusion des balcons, terrasses, cage d'escalier etc.	
hauteur sous plafond	2,8 m (min.) 3,2 m (max.)	2,8 m
surface des pièces	9 m² : pour une personne et pour une pièce "multifonctionnelle" 6 m² ou 7 m² pour les chambres.	surface minima de chambre 6 m² ; surface minima d'une pièce à habiter : 9 m² pour une personne ; 16 m² pour deux personnes ; 27 m² pour quatre personnes
cuisine, salle de bains		les salles de bains et les rangements ne sont pas obligatoires surface de cuisine : 4,5m² - 5m²

de la construction de l'habitat[14] promulgué le 23 avril 1934, critique les surfaces restantes des logements qui ne correspondent guère au « niveau accru de vie des travailleurs ». Le 23 mai 1934 sont promulguées les *Normes essentielles pour la construction des immeubles de logements*[15] qui répondent à la nouvelle conjoncture politique. Par rapport aux réglementations précédentes, la hauteur sous plafond des appartements passe de 2,8 m à 3-3,2 m ; la surface recommandée pour la cuisine passe de 4,5-5 m² à 6-7 m². Dans l'équipement des appartements, les salles de bains et les sanitaires sont désormais obligatoires. Ils doivent être séparés l'un de l'autre et éclairés par une petite fenêtre donnant dans la cuisine. L'aération transversale des appartements est obligatoire. Les normes évoquent les appartements indépendants destinés à loger une famille, sans pourtant préciser ni le nombre ni la surface des pièces d'un tel logement. En 1937, toujours dans l'esprit de la « hausse du bien-être des travailleurs », le Narkomhoz prépare la révision de normes d'habitat. Le texte du projet propose de porter la surface habitable d'un appartement de deux pièces (hors pièces de service et circulation) à 30-35 m², de trois pièces à 45-55 m² et de quatre pièces à 55-65 m². La surface habitable maxima d'une pièce est de 24 m² pour un logement de deux pièces, et de 30 m² pour trois / quatre pièces. La pièce de 30 m² est conçue comme : « un cabinet de travail et une salle à manger, ou une chambre à coucher et une chambre d'enfant »[16]. Il est considéré comme «rationnel» de prévoir pour les bonnes des alcôves dans la cuisine, ou des chambres de 6 m². Dans les « petits appartements destinés à une famille » les normes admettent l'incorporation du W.C. dans la salle de bains. Les nouvelles normes admettent la construction de trois à quatre appartements par palier. Cependant, les pièces doivent être obligatoirement orientées à l'ouest, à l'est ou au sud. Dans les immeubles de logements à 9 niveaux, à Moscou, et à 7 niveaux, dans les autres villes, il faut prévoir un escalier « noir ». Les ascenseurs doivent être installés dans les immeubles à partir de cinq niveaux.

La nouvelle rédaction des normes est adoptée le 7 août 1938, sous le titre: *Les normes provisoires de la projection.* [17] D'après ce texte un appartement monofamilial doit être constitué d'un hall d'entrée, d'une salle commune de 15 à 30 m², de chambres, d'un débarras et d'une chambre de bonne[18]. Le W.C. et la salle de bains doivent avoir une fenêtre. Un appartement pour célibataires ou pour familles peu nombreuses doit être conçu ainsi: une entrée, une salle commune pour tous les habitants de 24 - 28 m² ; des chambres de 12-15 m², équipées d'un lavabo; une cuisine commune de 15 m²; une salle de bains et deux W.C., pour hommes et pour femmes. Avec la promulgation des *Normes provisoires de la projection*, le travail de normalisation de l'habitat marque une pause d'une quinzaine d'années, en raison de la guerre, puis de la Reconstruction durant laquelle la construction des bâtiments publics est privilégiée.

Les « normes et les règles » de construction - le SNIP[19], dont l'application est obligatoire sur tout le territoire et à tous les types des constructions, entre en vigueur le 1e janvier 1955. Préparées bien avant que Nikita Khrouchtchev ne lance son programme de construction de logements préfabriqués, elles fixent des barèmes de surfaces trop élevés pour servir de support à la conception de l'habitat économique. D'après le SNIP II - B 54 l'appartement doit être composé des pièces d'habitation, d'une cuisine, d'une salle de bains (d'eau), d'une entrée et d'un débarras. Les normes prévoient des appartements d'une à sept pièces. La surface habitable pour un appartement d'une pièce est établie à 18-22 m², de deux pièces à 25-32 m², de trois pièces à 36-50 m² et de sept pièces à 130-160 m². Dans les appartements d'une et deux pièces, le W.C. incorporé dans la salle de bains est toléré. Les immeubles de logements sont classés en trois catégories en fonction de la longévité de leurs matériaux de construction et d'équipement. Toutes les catégories d'immeubles doivent être raccordées au chauffage urbain. Le territoire du pays est divisé en quatre zones climatiques. La hauteur sous plafond dans les zones I, II et III est fixée à 3 m, dans la quatrième zone à 3,3 m et 3,5 m. À peine entré en vigueur, le SNIP II - B 54 est périmé. Les premiers concours et les chantiers expérimentaux des logements économiques sont lancés à partir des programmes spécialement établis (comme le concours de 1956 pour la « conception de nouveaux projets types », ou le chantier de Novyê Čërëmuški).

Les normes qui reflètent la nouvelle politique khrouchtcevienne du logement le SNIP II. B 10 – 57, sont promulguées le 31 décembre 1957, et entrent en vigueur dès le 1e mars 1958. Pour la première fois les normes définissent un seul mode d'attribution de logements : par famille. Le chapitre N° 3 du SNIP intitulé *Les immeubles de logements* préconise au paragraphe N° 1 : « Dans des immeubles de logements il faut prévoir des appartements économiques bien aménagés pour y loger une seule famille»[20]. Cependant, les normes tolèrent la construction d'appartements de six pièces de 9-15 m², chacune d'elles

Tableau comparatif de normes d'habitat en URSS. Années 1934, 1938.

date d'entrée en vigueur	1934	1938
intitulé des normes	*Normes essentielles pour la construction des immeubles de logements*	*Normes provisoires de la conception des immeubles de logements*
classement des appartements	monofamiliaux pour une famille multifamiliaux pour les célibataires et les petites familles	monofamiliaux pour une famille logements de 5-6 pièces équipés de deux WC pour les célibataires
surface des pièces	surface maximale d'une pièce : 24 m²	surface minimale d'une pièce : 12 m² ; surface maximale 30 m²
surface habitable de logements		deux pièces : 30-35 m² ; trois pièces 45-55 m² ; quatre pièces 55-65 m²
hauteur sous plafond	3 m - 3,2 m	3 m - 3,2 m
cuisine, salle de bains	les salles de bains sont obligatoires ; surface de la cuisine : 6m² - 7m² ; la salle de bains et le WC doivent être séparés et éclairés par un éclairage "secondaire"	

destiné à loger des célibataires et des familles « peu nombreuse ». Tous les appartements doivent être conçus sur le programme suivant : les pièces d'habitation, la cuisine, l'entrée, la salle de bains (d'eau), le W.C. et les placards. Dans les appartements de plus de 45 m² de surface habitable, le W.C. peut être incorporé dans la salle de bains. La hauteur sous plafond est réduite à 2,5 m (au lieu de 3 m); le hall d'entrée est réduit à un petit sas. Par rapport aux normes précédentes, les surfaces d'espace de service (cuisine, couloir, dégagement, W.C.) sont réduites de 20/25 m² à 9,5/15,5 m²; la surface des chambres à coucher est réduite à 8/9 m²; celle des pièces principales de 17 m² à 13/15 m²; la surface de cuisine de 7 m² à 4,5 m². Les surfaces habitables moyennes des logements passent, pour une pièce, de 22 m² à 18 m², pour deux pièces, de 32 m² à 22 m², pour trois pièces, de 50 à 30 m². La surface habitable moyenne pour un appartement monofamilial s'établit à 28/29 m², contre 40/45 m² pour un appartement communautaire. Le SNIP de 1958 établit un nouveau mode de calcul de la surface habitable. Désormais elle additionne non seulement les surfaces des pièces d'habitation mais aussi celles des alcôves, des garde-robes, des placards qui s'ouvrent dans les pièces, et la surface de la cuisine lorsqu'elle dépasse 6 m². Le 21 août 1963, le Soviet des Ministres de l'URSS promulgue le décret *Sur l'amélioration de la conception de projets dans le domaine de la construction civile*[21]. Il vise l'amélioration de la « qualité architecturale et de l'exploitation des immeubles de logements ». Les critères de qualité sont : des pièces indépendantes, une cuisine desservie par le couloir (et non par le séjour), un W.C. séparé de la salle de bains, une entrée plus grande. Par ailleurs, les financements de construction restent au même niveau. Le slogan de l'époque devient alors: « Une meilleure qualité et un minimum de dépenses »[22]. Les normes sont réexaminées, la nouvelle version : le SNIP I -Л - 62 entre en vigueur le 1e avril 1964. Ce SNIP apporte une modification dans l'estimation de la surface habitable : les surfaces de placards et garde-robes ne s'additionnent plus à la surface des pièces d'habitation. Par ailleurs, le SNIP II-Л-62 limite la surface maximale des logements. Les surfaces totales minimales et maximales sont donc les suivantes : pour un appartement d'une pièce 28-36 m², pour deux pièces 36-45 m², pour trois pièces 45-56 m², pour quatre pièces 56-68 m² et pour cinq pièces 68-80 m². À la suite de l'adoption du SNIP II - Л - 62 la distribution dans les cellules des séries existantes est révisée, et leurs surfaces sont agrandies. Les séries dites « améliorées » voient le jour. À la fin des années 1960, la crise du logement est désamorcée. La tendance à l'amélioration des logements préfabriqués est soutenue par la révision des normes de surfaces. À la suite du décret *Sur les mesures d'amélioration de la qualité dans la construction de logements* adopté le 28 mai 1969[23], qui évoque la nécessité de concevoir des « appartements destinés à loger des familles de tailles différentes », d'agrandir les « pièces de service » et de prévoir les « emplacements pour les appareils ménagers », le Gosstroj adopte le 4 mars 1971 le nouveau SNIP II -Л- 71 qui rentre en vigueur le 1e avril 1971. Ces normes prévoient des espaces de service et de rangement plus étendus. La salle de bains doit être desservie par le couloir ou le dégagement, et dans les appartements de plus de 48 m² (deux pièces), elle doit être séparée du W.C. Le barème des surfaces totales maximales est aussi augmenté. Il passe pour un appartement de deux pièces de 45 m² à 48 m²; de trois pièces de 56 m² à 63 m² ; et de quatre pièces de 68 m² à 74 m². Le 16 décembre 1985, le Gosstroj adopte à la place du SNIP II -Л- 71 le SNIP 2.08.01-85, qui entre en vigueur le 1e juillet 1986 (dernier SNIP de l'URSS). D'après ce SNIP, il faut prévoir dans les logements des pièces de service et des pièces d'habitation, ainsi que des « loggias, terrasses ou balcons ». Au répertoire obligatoire de pièces de service : cuisine, entrée, salle de bains (d'eau), s'ajoute « un couloir à l'intérieur de l'appartement ». Les surfaces totales des appartements sont augmentées : elles passent pour un appartement de deux pièces de 48 m² à 53 m², de trois pièces de 63 m² à 65 m² et de quatre pièces de 74 m² à 77 m². Si auparavant les surfaces totales minimales et maximales étaient normalisées, le SNIP de 1985 ne réglemente plus que les surfaces maximales.

Tableau comparatif de normes d'habitat en URSS. SNIP années 1955, 1958.

date d'entrée en vigueur du "SNIP"	le 1 janvier 1955	le 1 mars 1958
numéro de chapitre	II. B. 10-54 ce "SNIP" indique les surfaces minimales	II.B.10-57
catégories de bâtiments (par la totalité des caractéristiques de solidité et d'exploitation)		
I	eau courante, tout à l'égout, chauffage central, eau chaude, aménagement intérieur de qualité supérieure (parquet, etc.). Le nombre d'étages n'est pas limité.	eau courante, tout à égout, chauffage central. Le nombre d'étages n'est pas limité.
II	eau courante, tout à l'égout, chauffage central, aménagement intérieur de qualité améliorée. Nombre d'étages : 5 maximum. La salle de bains (d'eau) n'est pas obligatoire dans les immeubles de deux niveaux.	eau courante, tout à égout, chauffage central, nombre d'étages 5 maximum.
III	eau courante, tout à égout, chauffage central, aménagement intérieur ordinaire ; nombre d'étages : 2 maximum. Les salles de bains (d'eau) ne sont pas obligatoires.	eau courante, tout à égout, chauffage central, nombre d'étages deux maximum. La salle de bains (d'eau) est obligatoire pour tous les types de logements.
définition de la surface habitable	La somme des surfaces des pièces habitables.	La somme des surfaces des pièces habitables. La surface des alcôves, garde-robes, ainsi que des placards qui s'ouvrent dans les pièces est additionnée à la surface habitable. Dans les appartements destinés à loger une famille, une partie de la surface de cuisine au-dessus de 6 m² est incluse dans la surface habitable.
définition de la surface de service	La somme de toutes autres surfaces, (à l'exception des cages d'escaliers), ainsi que la surfaces des placards, sans tenir compte d'où ils s'ouvrent.	La somme de toutes autres surfaces (à l'exception des cages d'escaliers). La surface de placards qui s'ouvrent dans les locaux de service est comprise dans la surface de service. Dans les appartements destinés à loger une famille, la surface de la cuisine qui ne dépasse pas 6 m² est incluse dans la surface de service.
définition de la surface utile (totale)	La somme des surfaces habitables et de service.	La surface utile d'un immeuble d'habitation est calculée comme la somme de la surface habitable et de la surface de service.
composition de l'appartement	pièces d'habitation, cuisine, entrée, salle de bains (d'eau), WC, débarras	pièces d'habitation, cuisine, entrée, salle de bains (d'eau), WC, placards muraux
surface habitable des appartements		
une pièce	18-22 m²	16 m²
deux pièces	25-32 m²	22 m²
trois pièces	36-50 m²	30 m²
quatre pièces	56-65 m²	40 m²
hauteur sous plafond	3 m	2,5 m
surface des pièces d'habitation	surface minimale 9 m², largeur minimale 2,5 m.	surface minimale de chambre : 8 m² largeur minimale de chambre : 2,2 m Dans les appartements de 3/4 pièces sont tolérées des chambres de 6 m² avec une largeur de 1,8 m minimum. Dans les appartements de 2/4 pièces, la surface de la pièce commune doit être de 14 m² minimum.
surface de la cuisine	surface minimale 7 m² largeur minimale 1,9 m	surface minimale 4,5 m² largeur minimale 1,6 m
largeur de l'entrée	1,4 m (minimale)	1,2 m (minimale)
largeur du couloir	qui dessert les pièces : 1,1 m qui dessert les autres locaux : 0,9 m	qui dessert les pièces : 1,1 m qui dessert les autres locaux : 0,9 m

Tableau comparatif de normes d'habitat en URSS. SNIP années 1964, 1971.

date d'entrée en vigueur du "SNIP"	le 1 avril 1964	le 1 avril 1971
numéro de chapitre	II-L. 1-62	II-L. 1-71
catégories de bâtiments (totalité des caractéristiques de solidité et d'exploitation)		
I classe	longévité de structure de premier degré, eau courante, tout à l'égout, chauffage central ; nombre d'étages non limité	mêmes exigences
II classe	longévité de structure de deuxième degré, eau courante, tout à l'égout, chauffage central ; nombre d'étages : R+8	mêmes exigences
III classe	longévité de structure de deuxième degré, eau courante, tout à l'égout, chauffage central ; nombre d'étages : R+4	mêmes exigences
IV classe	longévité de structure de troisième degré, eau courante, tout à l'égout, chauffage central ; nombre d'étages : R+1	mêmes exigences
définition de la surface habitable	surface habitable dans les immeubles de logements et foyers calculée comme la somme des surfaces des pièces habitables sans prise en considération de la surface des placards muraux.	surface habitable calculée comme la somme des pièces habitables sans prise en considération des placards muraux, couloirs et dégagements.
définition de la surface de service	n'est pas mentionnée dans les normes	n'est pas mentionnée dans les normes
définition de la surface utile (totale)	surface utile définie comme la somme de toutes les surfaces habitables et des services (y compris les placards muraux).	somme des surfaces de tous les locaux habitables et de service, y compris la surface de placards muraux, couloirs et dégagements.
composition d'appartements	pièces d'habitations (chambres, séjours), pièces de service : cuisine, entrée, salle de bains (d'eau), W.C., débarras ou un placard	pièces d'habitations : pièce principale et chambres ; pièces de service : cuisine, entrée, salle de bains (d'eau), rangement ou un placard mural.
surface totale d'appartements	surfaces minimales - maximales	surfaces minimales - maximales
une pièce	28-36 m²	28-36 m²
deux pièces	36-45 m²	41-48 m²
trois pièces	45-56 m²	58-63 m²
quatre pièces	56-68 m²	70-74 m²
hauteur sous plafond	2,5 m pour toutes les zones climatiques	2,5 m ; dans certaines zones climatiques hauteur portée à 2,7 m.
surface des pièces d'habitation	première chambre : 10 m² ; deuxième chambre : 8 m² ; pièce principale 15 m² ; dans l'appartement de deux pièces surface de chambre 8 m²	première chambre pour deux personnes : 12 m² ; les autres chambres pour deux personnes : 10 m² chambre pour une personne : 8 m². pièce principale : 15 m² dans les appartements de deux pièces ; 16 m² dans les trois pièces ; 18 m² dans les quatre pièces
surface de cuisine	surface minimale de cuisine : 6 m² profondeur minimale : 1,6 m	surface minimale 7 m² largeur minimale 1,9 m
largeur de l'entrée	1,2 m (minimum)	1,4 m (minimum)
largeur du couloir	qui dessert les pièces : 1,1 m qui dessert les chambres : 0,85 m	qui dessert les pièces : 1,1 m qui dessert les autres locaux : 0,85 m

2. L'administration, la distribution et le financement du logement en URSS, 1917-1991

L'un des premiers décrets adoptés par les bolcheviks et visant la gestion du parc immobilier est intitulé *Sur la nationalisation des biens immobiliers dans les villes et sur la réquisition du loyer*[24]. Il est promulgué le 4 décembre 1917. Le décret met en œuvre la politique dite de « répartition de l'habitat » (*pêrêdêl žiliš*), qui consiste à réquisitionner les appartements bourgeois et à les attribuer aux travailleurs. Le 20 août 1918, le gouvernement soviétique décrète la nationalisation des immeubles d'habitation des villes. Le décret *Sur l'abolition du droit à la propriété privée dans l'immobilier dans les villes*[25] place légalement le « logement des riches » sous le contrôle des Soviets locaux. Il proclame que l'État « se soucie de satisfaire les travailleurs dans leur besoin de logement ». Les appartements bourgeois, vidés de leurs anciens propriétaires sont attribués « par pièces » aux familles mal logées, ou récemment immigrées en ville, qui partagent entre elles la cuisine, la salle de bains et le W.C. Ces mesures s'accompagnent de « la gratuité des services municipaux » (logement, eau, gaz, électricité) : aucun loyer n'est perçu. Il s'avère bientôt que cette solution amène à négliger l'entretien du parc immobilier. Un décret du 8 août 1921 confie la gestion et l'entretien des immeubles aux associations de locataires, considérant que ces derniers sont intéressés à la sauvegarde des lieux. Une décision du 19 août 1924 donne un statut légal aux coopératives d'habitat en retenant deux formules de coopération: les sociétés coopératives de location (JAKT) et les sociétés coopératives de construction (JSKT), associées pour former les unions de coopératives de l'habitat. À la suite de cette disposition légale, les JSKT sont placées en position prioritaire pour l'obtention de terrains constructibles, ainsi que pour la fourniture et le transport des matériaux de construction. Les sociétés reçoivent des facilités pour le financement de leurs opérations[26]. Dans ces conditions, les coopératives de construction connaissent un développement rapide, particulièrement accentué de 1930 à 1932. Les immeubles d'appartements sont confiés collectivement à leurs occupants groupés en JAKT qui s'occupent de la gestion du fonds locatif. Ces sociétés groupent les citoyens, non privés de leur droits d'électeur, locataires des immeubles nationalisés dépendant de l'administration des Soviets ou des entreprises. Les JAKT gèrent ces immeubles pour une période de 9 à 24 ans, renouvelable. Elles les donnent en location, le loyer étant calculé de manière à garantir un entretien et un amortissement normaux. En cas de travaux importants (grosses réparations, reconstruction), les JAKT exigent de leurs membres des versements plus élevés, sous forme de contributions dites « quote-part ». Elles ont en outre la possibilité de recourir à l'emprunt pour une période de 2 à 8 ans, au taux préférentiel de 3 %.[27] Au début de 1929, les JAKT regroupent 2 millions de membres et administrent 40 millions de m² de superficie habitable; ce chiffre atteint 53 millions de m² en 1937. À la demande des partisans de l'administration directe des immeubles d'habitation par les Soviets locaux, un bilan de la gestion du parc locatif est dressé en 1930 et 1931, par les services du Contrôle ouvrier et paysan (RKI)[28]. Il témoigne du caractère peu dispendieux de l'administration coopérative comparée aux autres formules, du bon entretien des bâtiments, de l'état sanitaire satisfaisant des locaux, meilleur que dans les autres secteurs de l'habitat et de l'attention toute particulière que les coopératives de location portent aux besoins des résidents. Le bilan signale enfin qu'elles accompagnent leur gestion d'une activité socioculturelle. En conclusion, les JAKT se montrent meilleurs gestionnaires que les services de l'administration étatique : il y a donc intérêt à étendre la forme dominante de la gestion de l'habitat. Cependant, avec le temps, les coopératives ne sont pas partie prenante dans la politique du gouvernement qui vise la centralisation maximale de l'appareil administratif. D'autre part, les coopératives correspondant aux immeubles nouvellement construits, il renaît parmi les copropriétaires un « état d'esprit capitaliste », quoique le financement soit assuré pour 9/10e par l'État. Dès 1933, malgré le constat positif de leur fonctionnement, le rythme de développement des coopératives de location se ralentit donc progressivement jusqu'en 1937. À la suite du décret du 17 octobre 1937, *Sur la sauvegarde du fonds locatif et l'amélioration des logements dans les villes*[29], les JAKT sont liquidées. Les immeubles qui étaient gérés par des coopératives sont confiés soit aux Soviets locaux (municipalités), soit aux entreprises. Désormais ceux-ci sont chargés de la gestion du fonds locatif et de la surveillance technique et sanitaire des immeubles. Les Soviets, ou les administrations d'entreprises gèrent désormais l'attribution de logements. Le paragraphe 27 du décret préconise: « Si un surplus de la surface habitable apparaissait, par référence aux normes d'habitation en vigueur, sous la forme d'une pièce isolée, les Soviets locaux peuvent utiliser ce surplus à leur guise ». Ainsi en cas de libération d'un local, ou si le nombre des membres d'une famille diminue, un excédent de surface peut apparaître, et les Soviets peuvent l'utiliser si celui-ci correspond à une pièce indépendante et l'affecter à quelqu'un en quête de logement. La gestion du fonds locatif, une fois attribué aux Soviets, va persister tout au long de l'histoire de l'URSS. Le décret adopté en 1958, *Sur une nouvelle amélioration du mode d'attribution de l'habitat public*[30] reprend le texte du décret de 1937, en confirmant le pouvoir définitif des Soviets sur la gestion et la distribution des logements. Le paragraphe 1 du décret préconise: « Soumettre toute la gestion du parc d'habitat étatique aux Soviets locaux des députés de travailleurs ». Le paragraphe 5 du décret constate: « Les comités exécutifs locaux des Soviets (Ispolkom) ont le droit d'utiliser à leur guise l'excédent de surface constaté chez les locataires ». En URSS, selon la Constitution, chaque citoyen a droit à un logement. Les comités exécutifs des Soviets des villes établissent des listes « d'attente de citoyens ayant besoin de logement ». Il n'est possible de posséder qu'une habitation à la fois. Pour être considéré comme « mal logé », et inscrit sur la liste « d'attente », il faut disposer d'une surface habitable par personne inférieure à celle indiquée dans le SNIP en vigueur. Dans les années 1950-1960 c'est 5-6 m^2 de surface habitable par personne plus un supplément de 4,5-5 m^2 par famille. Dans les années 1970-1980, l'objectif est de 12 m^2 de surface habitable par personne. Selon le décret de 1958, *Sur la poursuite de l'amélioration du mode d'attribution de l'habitat public*, bénéficient d'un droit prioritaire au logement :

> *Les mutilés de guerre et les familles des soldats disparus, les officiers et militaires démobilisés, les familles nombreuses, les ouvriers d'avant-garde, les citoyens logés dans des habitations provisoires et des taudis, les ouvriers, employés et jeunes diplômés mutés depuis d'autres régions.*

Pour l'attribution des appartements, on prend en considération la surface du logement, et non la composition de la famille et sa distribution à l'intérieur de la cellule. Selon le SNIP de 1958, la surface habitable inclut l'emprise des rangements dans la pièce. Si la surface de la cuisine dépasse 6 m^2, le surplus est additionné à la surface habitable. En 1958, la Direction Centrale de la Statistique[31] auprès du Soviet des Ministres tente de s'opposer à la pratique d'additionner à la surface habitable des cellules la surface des cuisines de plus de 6 m^2, des placards et des garde-robes qui s'ouvrent dans les pièces (aussi que le coin repas des cuisines). La Direction Centrale de la Statistique adresse une plainte au Soviet des Ministres, qui à son tour, oblige le Gosstroj responsable de la nouvelle normalisation de s'expliquer. Le Gosstroj répond:

> *[qu'il] n'était pas d'accord avec les propositions de la Direction Centrale de la Statistique [abolir l'addition des surfaces des placards à la surface habitable], car ces propositions ne contribuaient pas à l'amélioration de la distribution dans les cellules et ne correspondaient pas à la manière dont on utilisait quotidiennement ces espaces dans les conditions d'attribution des appartements pour une famille.*[32]

L'opposition de la Direction Centrale de la Statistique s'explique en fait uniquement par le refus de changement du système de statistiques déjà mis en place, et non par le souci que ce système d'estimation de surface habitable ait des conséquences négatives sur le mode d'attribution de logements. Quand la surface de certains espaces de « service » est additionnée à la surface habitable, une famille « mal logée » (où chaque pièce est occupée par trois personnes, et où les jeunes ménages cohabitent avec leurs parents) ne va pas pouvoir solliciter un appartement, car la surface habitable moyenne par personne est conforme aux normes en vigueur (5-6 m^2 de surface habitable par personne et un supplément de 4,5 m^2 par famille). Il y a cependant des dérogations aux normes : les malades, les artistes, ainsi que les chercheurs ont droit à une surface habitable plus élevée. Souvent, être « mal logé » n'est pas un critère prépondérant: la commission qui établit la liste d'attente examine également les qualités professionnelles, l'activité politique du candidat (au sein du syndicat ou Parti). Les listes d'attente sont examinées en comité d'entreprise[33]. En l'absence de marché immobilier, le système de distribution de logements a créé des situations difficiles : des couples divorcés occupent un même appartement faute d'autres possibilités[34].

Le système d'échange de chambre ou d'appartement se substitue au marché. Ces échanges sont, en effet, l'objet d'un « marché » officieux auquel le périodique *Bulletin des échanges* sert de support. Le niveau de vie moyen est dans son ensemble inférieur en URSS par rapport à l'Europe Occidentale, mais ceci n'est pas vrai pour tous les postes. En 1937, le loyer mensuel moscovite représente 8 h de travail seulement contre 53 à Munich et 102 à Paris[35]. En 1956, il représente de 4 à 5 % des ressources des travailleurs[36]. Les subventions d'État pour l'entretien, les travaux de rénovation et la modernisation du parc d'habitat sont considérables. Les sommes payées par les locataires ne couvrent ni l'amortissement des immeubles ni les grosses réparations et même pas les dépenses courantes de gestion et d'entretien[37].

Financement de la construction en URSS dans les années 1960-1970

L'État assume en URSS l'essentiel de la responsabilité du secteur du logement : planification de son volume, répartition, gestion du foncier, construction et gestion du parc immobilier. Trois types de financement de la construction existent en URSS :

- la construction de logements par l'État dont les financements proviennent du budget de l'État;
- la construction de logements par les entreprises d'État, dont les financements proviennent de leurs bénéfices;
- la construction de logements par des coopératives, qui sont financées par les moyens personnels de leurs membres, ainsi que par des crédits de l'État.

Les plans de construction et leur financement sont étudiés par le Gosplan. Celui-ci prépare le budget qui est voté à la session du Soviet Suprême (Parlement). Les programmes de construction de logements sont établis au niveau des républiques, des régions, des villes, des ministères et des organismes publics pour la durée d'un quinquennat avec une répartition annuelle.
La part de l'État dans la construction de logements s'élève environ à 71 % et la part du logement coopératif à 5 %[38]. Le financement de l'entretien des immeubles de logements représente 40 % du budget destiné à la construction de l'habitat. Pour illustrer le circuit de financement destiné à la construction jusqu'au niveau des « exécutants » (le maître d'œuvre et le maître d'ouvrage), considérons l'exemple de Moscou. Le budget de la ville est géré par l'organisme de planification nommé Gorplan (planification de la ville). Le Gorplan répartit les financements dans tous les domaines : la construction, l'éducation, la médecine. Les fonds destinés à la construction sont gérés par la Direction Centrale des Travaux Publics[39] (Glavuks) qui joue le rôle du maître d'ouvrage. Cet organisme est lui même divisé en plusieurs départements: une section s'occupe de la construction de logements, une autre de la construction de bâtiments culturels, sportifs, de santé, etc. Le fonds des mesures sociales et culturelles et du logement des entreprises d'État peut effectuer des versements exclusivement à partir des bénéfices. Ce fonds dit de « croissance » permet aux entreprises de construire pour leurs employés des logements et des équipements sociaux (crèches, colonies de vacances).
Les coopératives ont été réhabilitées par le décret paru le 21 juillet 1962. L'essor des coopératives se situe dans les années 1966-1970. Elles s'organisent le plus souvent sur le lieu de travail ou selon les intérêts professionnels (l'Union des architectes, des artistes etc.). L'une des conditions exigées pour adhérer à une coopérative est le « besoin d'améliorer ses conditions de logement ». La construction coopérative est subventionnée par l'État, par des prêts hypothécaires à faible intérêt. Avant 1982, pour adhérer à une coopérative, une personne devait verser un apport initial d'au moins 40 % (30 % dans certaines régions) du prix de l'appartement et régler le reste en 10 à 20 ans à taux d'intérêt de 0,5 %. Par ailleurs, les membres de la coopérative financent l'entretien et les réparations de leurs immeubles. Les terrains destinés aux logements coopératifs sont cédés par l'État à titre gratuit. Leur construction est assurée par des entreprises de construction d'État au même prix que des logements de l'État. Un appartement est « concédé » aux membres d'une coopérative pour une occupation permanente, et il est relativement difficile de le lui enlever.
Cependant, le statut des appartements coopératifs ne correspond pas à celui des logements privés, et bien qu'étant propriétaire à vie, on n'a pas le droit de vendre ou de transmettre l'appartement en héritage. Dans les campagnes, les maisons particulières ont toujours été et restent majoritaires, mais ces habitations sont souvent vétustes et sans confort. L'individu ne possède pas le terrain sur lequel sa maison est construite, et seul les murs lui appartiennent. À partir de 1970, la construction se trouve dans une situation de crise profonde. Les délais de construction sont très longs, la plupart des chantiers restent inachevés (en 1965, on relève 69 % de chantiers inachevés, en 1987 ce chiffre atteindra 80 %). La crise dans la construction est liée en premier lieu à la réduction considérable des investissements, mais surtout, à la planification. Le Gosplan élabore des plans de construction, qui ne tiennent pas compte des moyens disponibles. À la fin des années 1980, le plan annuel de travail du Ministère de la construction de l'URSS est élaboré sur la base d'une augmentation de 13 % par rapport à l'année précédente, alors que les approvisionnements en équipements et matières premières stagnent au niveau de 1975.

3. Le principe d'organisation et de fonctionnement des Instituts des projets et des entreprises de construction en URSS dans les années 1960

Principe d'organisation des Instituts de conception de projets

Pour mieux comprendre le principe d'organisation et de fonctionnement des agences d'architecture en URSS, prenons l'exemple de Moscou car ce système était le même pour tout le pays. Les ateliers et les bureaux d'études sont regroupés dans les Instituts de conception de projets (*proêktnyê instituty*). Les instituts les plus importants de Moscou portent le nom de Mosproêkt[40]. Chacun a sa spécialisation : Mosproêkt-1 dans la conception de logements dans les quartiers nouveaux, Mosproêkt-2 dans l'aménagement du Centre de Moscou et la conception des bâtiments publics, Mosproêkt-3 dans la conception des projets pour la banlieue, Mosproêkt-4 dans la conception des hôpitaux, etc.
Les Mosproêkts ont une structure de société, avec un PDG, un appareil d'administration et des ateliers d'architecture.

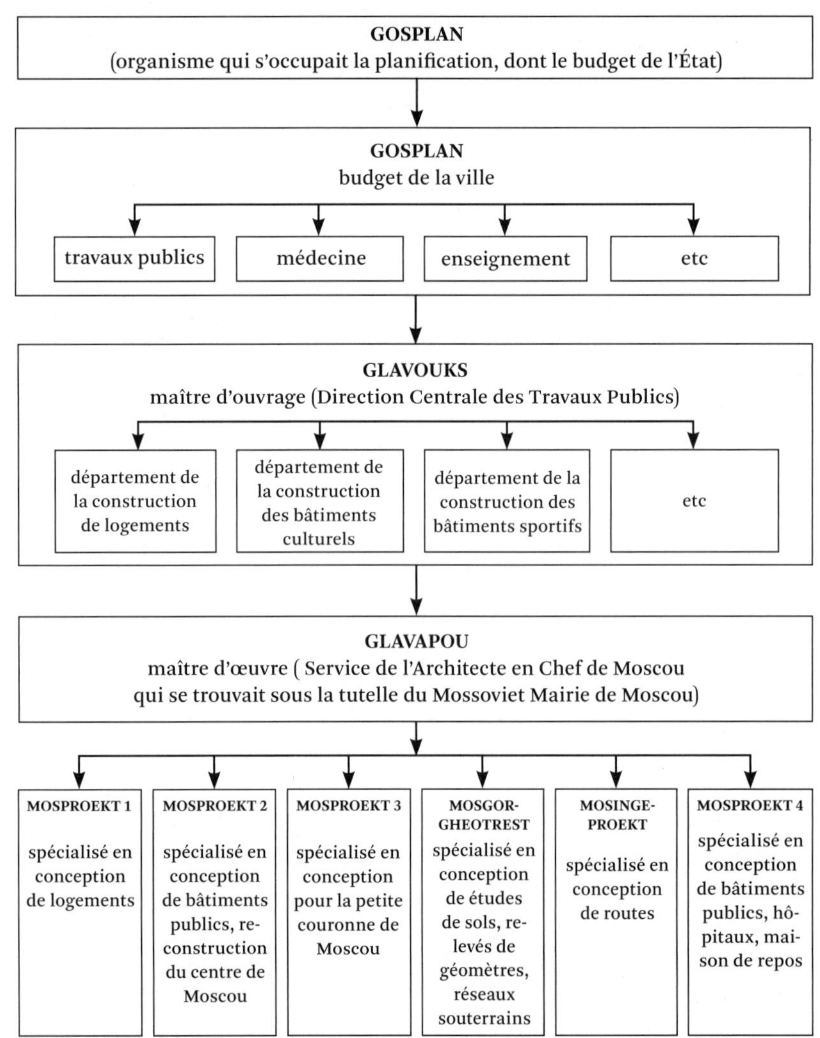

Schéma illustrant le parcours du financement direct par l'État de la construction du budget jusqu'aux Maîtres d'œuvre, années 1960.

MOSPROEKT

Directeur | Ingénieur en Chef | Directeur adjoint de Finances

service d'études des prix | bureau d'études (structure, fluides etc.)

ateliers d'architecture regroupant uniquement. les architectes | ateliers d'architecture «complexe» regroupant les architectes, ingénieurs, financiers

Organigramme du Mosproêkt dans les années 1960.

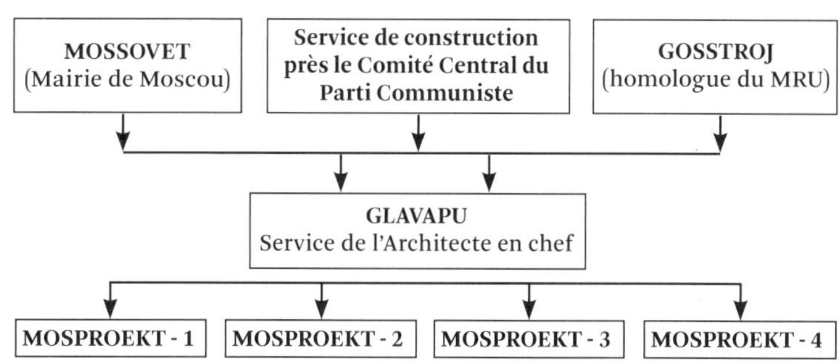

Les Instituts de conception des projets se trouvent sous la tutelle du Glavapu, du Mossovêt, du Gosstroj et du service de la construction auprès du Comité Central du PC.

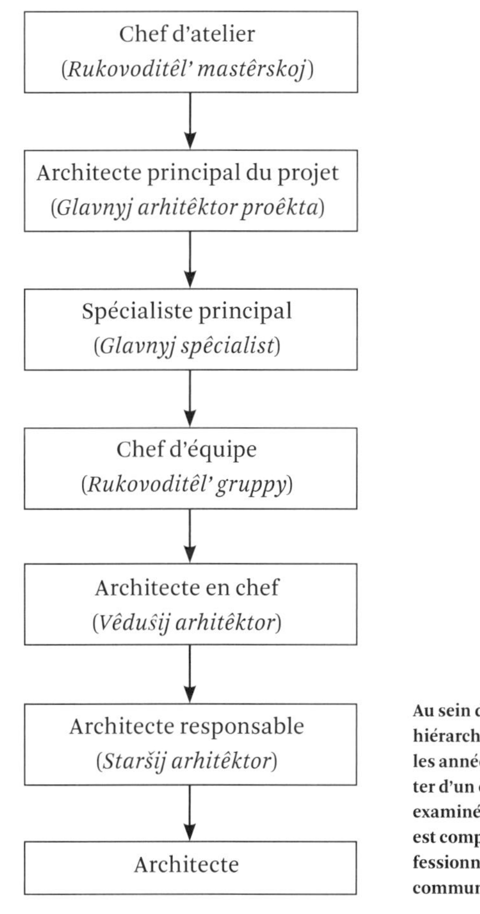

Au sein des agences d'architecture la pyramide hiérarchique (du « haut » vers le « bas ») dans les années 1940-1970 est la suivante. Pour monter d'un échelon, le dossier du postulant est examiné par un conseil, dit le « triangle », qui est composé de représentants du syndicat professionnel, du *komsomol* et de la cellule du parti communiste.

Passation des commandes aux agences d'architecture

La Direction Centrale des Travaux Publics (Glavuks - *glavnoê upravlênîê kapital'nogo stroitêl'stva*) commande les projets au Glavapu (service de l'Architecte en Chef[41] - *glavnoê arhitêkturno planirovočnoê upravlênîê*). Le Glavapu passe les commandes aux Instituts de conception de projets qui se trouvent sous sa tutelle. Dans le cas de construction de logements, le Mosproêkt-1, spécialisé en habitation, signe le contrat avec le département du logement du Glavuks qui est le client. L'un des ateliers d'architecture du Mosproêkt - 1 est chargé de la conception du projet. Pour obtenir le permis de construire, il faut passer par plusieurs instances. L'atelier d'architecture dépose le projet chez le maître d'ouvrage - le Glavuks. Celui-ci vérifie que le projet ne dépasse pas le coût initial. Ensuite, le Glavuks envoie le projet à « l'expertise »: aux pompiers, aux monuments historiques (si on construit au centre de la ville), à l'inspection sanitaire, etc. Puis le Conseil d'urbanisme du Glavapu examine tous les parties du projet : architecture, économie, partie technique et constructive. L'étape suivante, plus difficile à franchir, est d'obtenir l'approbation du projet par l'entreprise. Celle-ci peut imposer des modifications si elle considère que le projet est « trop compliqué à l'exécution ». Il arrive que les série types des immeubles préfabriqués initialement prévus par les architectes doivent être remplacés par d'autres car le DSK n'est pas en mesure de fournir dans les délais et dans la quantité suffisante lesdites séries. L'absence de concurrence entre les entreprises, la méfiance envers les architectes à la suite de la campagne de la « lutte contre les excès », attribuent aux constructeurs une position dominante. Les architectes et l'entreprise sont rémunérés par le Glavuks, maître d'ouvrage. Les divers Ministères, ou les grandes entreprises, peuvent jouer le rôle de maître d'ouvrage. Ceux-ci passent directement commande au Glavapu. Dans ce cas là, « l'expertise » n'examine pas le coût de construction. Quand des Ministères ou des Sociétés d'État possèdent leurs propres entreprises de construction et sont « passionnés » par un projet, l'architecte arrive à mettre en œuvre ses idées...

Le principe d'organisation des entreprises de construction

L'exemple de l'entreprise Glavmosstroj peut illustrer la structure et le mode de fonctionnement d'une entreprise de construction soviétique. L'entreprise est créée à Moscou en 1954, par une Ordonnance du Comité Central du Parti Communiste et du Soviet des Ministres. Elle est organisée sur la base de 700 petites entreprises déjà existantes. Le Glavmosstroj assure presque tous les chantiers à Moscou, et devient la plus grande entreprise de construction de toute l'URSS. Il compte 114 000 ouvriers, 15 000 ingénieurs et techniciens et 4 000 employés. Elle possède ses usines de préfabrication. Le Glavmosstroj est constitué de nombreuses directions, dont chacune a sa propre spécialisation. Il y a deux directions des constructions d'habitation, une direction des constructions industrielles, ainsi qu'une direction des constructions des routes et des ponts. Au sein du Glavmosstroj existent :

- cinq groupements spécialisés dans la réparation des machines et la réalisation d'équipements pour les chantiers;
- trois groupements de transport. Ceux-ci prennent à leur charge le transport des matériaux aux chantiers;
- le groupement Moslêsdêtal' s'occupe de la production des éléments de construction en bois.

Le groupement spécialisé dans la construction du gros œuvre joue un rôle de pilote et effectue la coordination entre les groupements spécialisés dans les fondations, le second œuvre, les lots techniques et l'alimentation électrique. Parallèlement aux groupements spécialisés dans la construction des logements, des bâtiments industriels, des bâtiments publics etc., il existe des groupements spécialisés selon la nature des travaux :

- construction des routes et des installations souterraines (eau potable, évacuation, conduites de gaz);
- montage des structures et des équipements des bâtiments industriels;
- travaux de plomberie;
- montage des bâtiments de chauffe;
- courant faible;
- second œuvre;
- aménagement des espaces verts.

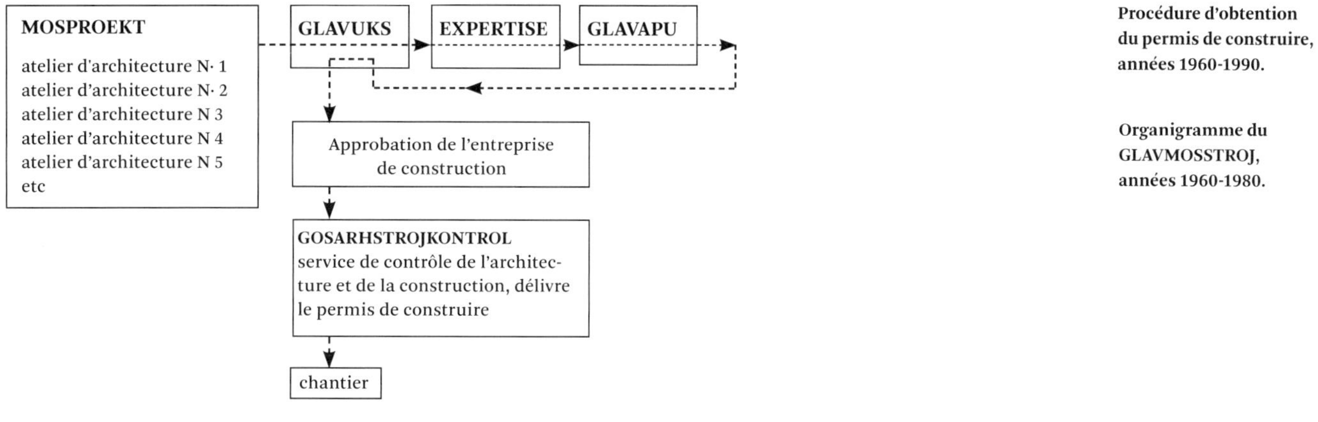

Procédure d'obtention du permis de construire, années 1960-1990.

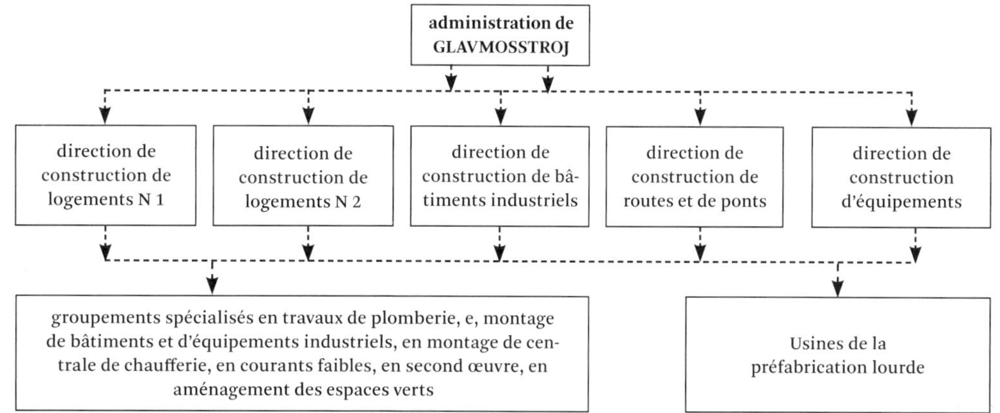

Organigramme du GLAVMOSSTROJ, années 1960-1980.

4. L'administration de la construction et de l'architecture en URSS, 1917-1991

En URSS, en matière de construction, l'État s'est orienté vers une politique de planification et de centralisation administrative et technique. Le système centralisé s'est mis en place progressivement, jusqu'à atteindre un ensemble très vaste. Le premier organisme d'État qui s'occupe de la construction a été créé le 9 mai 1918. Le comité des constructions d'État [42] (Komgosor) est chargé de la planification de la construction et de l'examen des projets[43]. Cependant, le pouvoir local (les Soviets) conserve beaucoup d'initiatives dans le domaine de la construction. La planification dans la construction se renforce en 1930, avec la création du Service de la construction au sein du Gosplan[44]. En 1932, se met en place La direction générale de l'industrie de la construction (Glavstrojprom)[45]. Cette institution assure la gestion de la construction, mène les travaux de recherche et possède ses propres entreprises de travaux publics. Chaque entreprise a sa spécialisation : les barrages, les routes, les canaux etc. Cependant, une grosse partie des travaux de construction est assurée par des entreprises appartenant aux divers *narkomats* (ministères). Pour donner un exemple, le Ministère de l'industrie lourde (Narkomtâžprom) possède d'importantes entreprises de construction. Les équipements techniques de ces entreprises sont très primitifs et la main-d'œuvre carcérale est largement utilisée. Le décret adopté le 11 février 1936, *Sur l'amélioration de la construction et l'abaissement du coût de la construction*[46], contribue au renforcement de la gestion centralisée de la construction. D'après ce décret, la construction est considérée comme une « branche de l'économie nationale ». Cependant, la gestion de la construction reste décentralisée. La part des entreprises des *narkomats* dans les travaux publics et le bâtiment reste très importante. La standardisation est absente car chaque *narkomat* construit selon ses propres normes techniques. En février 1938, est créé le Comité des affaires de la construction [47] auprès du Soviet des ministres. Ce comité est chargé d'élaborer des normes et des standards, de surveiller leur application, il examine les cahiers des charges des grands travaux d'État. L'appareil administratif en est peu important - il s'élève à deux cents personnes. Le comité collabore étroitement avec l'Académie d'Architecture. La création de ce comité permet de renforcer la gestion centralisée et d'améliorer la coordination entre les diverses sociétés de construction. Cependant, un grand nombre d'entreprises de *narkomats* échappent toujours à cette gestion centralisée. À la suite de la partition des *narkomats* qui est réalisée en 1936-1939, le nombre de ces entreprises est triplé. (Si les trois *narkomats*, de l'industrie lourde, de la construction des machines et de l'industrie légère, possèdent 59 entreprises, le nombre d'entreprises s'élève à 130 après leur démembrement)[48].

En 1939, le Comité des affaires de la construction est remplacé par le Narkomat de la construction[49] - une structure plus ramifiée et plus importante par sa taille. À la différence du Comité des affaires de la construction, ce *narkomat* effectue non seulement le contrôle des grands travaux d'État, mais s'occupe aussi de leur réalisation. Au sein du *narkomat* sont créés des départements régionaux (de la région centrale, de la Sibérie, de l'Oural etc.), ainsi que des départements spécialisés : pour les constructions militaires, la construction des stations électriques etc. Les entreprises de construction se trouvent sous la tutelle de ce *narkomat*. Le *narkomat* de construction assure la surveillance technique des entreprises qui existent au sein de divers *narkomats* ; on lui rattache plus de 100 entreprises appartenant auparavant à ces *narkomats*. L'élaboration des normes, des standards, des cahiers de charges font partie de ses activités. Durant la deuxième guerre mondiale, au sein du Narkomat de la construction sont créés des groupements spécialisés de construction. Ce sont des groupements mobiles qui comptent quatre cent mille ouvriers[50].

Le pays étant confronté aux problèmes de la reconstruction des villes, détruites pendant la guerre, en 1943 on crée le Comité pour l'architecture auprès du Soviet des Ministres[51]. Tous les bureaux d'études et d'architecture sont dépendants de ce Comité, indépendamment de leur rattachement administratif. Il « surveille » la « qualité » de l'architecture, donne son approbation aux plans masse des villes, élabore et agrée les projets types pour l'habitation et les bâtiments publics, s'occupe de la restauration des monuments historiques.

Le Comité a pour vocation de mettre en œuvre la politique architecturale et urbaine du Parti et du gouvernement. Le 14 octobre 1943, le Président du Présidium du Soviet Suprême[52] adresse une lettre ouverte au Président du Comité pour l'architecture, A. Mordvinov, où il écrit :

> *Une rare occasion dans l'histoire se présente actuellement pour les architectes soviétiques : des idées architecturales à échelle géante seront mises en œuvre concrètement. La nouvelle construction donne des nouvelles possibilités de création : de vraies villes socialistes.*[53]

Durant les années d'après-guerre, le système administratif de la construction et de l'architecture subit de multiples restructurations. Jusqu'en 1957, toutes les réorganisations ont tendance à renforcer la spécialisation par type de construction. En 1946, à partir du Narkomat[54] de la construction et des différentes organisations qui s'occupent de construction (surtout celles qui se trouvaient sous la tutelle du Narkomat des affaires intérieures (NKVD) sont créés plusieurs *narkomats*: le Narkomat des constructions militaires et navales[55],le Narkomat de la construction de l'industrie lourde,[56] etc.[57]

En 1949, le Comité pour l'architecture est dissous, ses fonctions de contrôle de la construction dans les villes et de la planification sont transférées au Ministère de la construction dans les villes[58] qui venait d'être créé. En 1950, apparaît le Comité d'État des affaires de construction auprès du Soviet des Ministres (Gosstroj)[59]. Pendant plus de quarante ans cette institution va surveiller la mise en œuvre de la politique architecturale et urbaine. Le Gosstroj examine les projets et les cahiers de charges pour les grands travaux et les plans masse des villes. Il valide les normes et les standards. La création du Gosstroj rend inutile l'existence du Ministère de la construction dans les villes. Celui ci est dissout en mars 1951. Chaque république a son propre Gosstroj placé sous la tutelle du Gosstroj de l'URSS. La compétence des Gosstroj des républiques est limitée. Pour les projets importants, comme le plan masse d'une ville ou de

grands bâtiments publics, le Gosstroj des républiques est obligé de demander l'approbation du Gosstroj de l'URSS.
Durant la « lutte contre les excès en architecture », le Gosstroj veille à ce que toute les constructions soient bien menées selon des projets types et avec des méthodes industrialisées. Ce contrôle aboutit à des résultats incohérents, comme la construction d'immeubles préfabriqués types dans des zones climatiques auxquelles ces bâtiments s'avèrent inadaptés. À partir du moment où la construction selon des projets individuels est officiellement interdite, il faut obtenir un accord spécial des fonctionnaires du Gosstroj pour être autorisé à construire un bâtiment « hors type ».
Le système administratif soviétique est extrêmement lourd car chaque branche de l'économie ou de la culture a une double tutelle. Le travail des Ministères est suivi par des Services du Comité Central du Parti Communiste. Par exemple, au Ministère du transport est associé le Service du transport du Comité Central du Parti. Ces services sont peu importants par la taille, n'ont pas de pouvoirs réglementaires, cependant, ils constituent « l'instance suprême », et il est difficile de s'opposer à leur point de vue. « L'homologue » du Gosstroj est le Service de la construction du Comité Central du PC[60]. Ce service remplace depuis 1954 le Service de l'industrie et du transport[61] dissout le 9 juin 1954, chargé des affaires de la construction et de l'architecture[62]. Ce système d'administration de l'architecture et de l'urbanisme subsiste sans changements, jusqu'en 1991.
En mars 1953, on entreprend la réorganisation de plusieurs Ministères (liée très probablement à l'arrivée de Khrouchtchev et à la répartition du pouvoir au sein du Bureau Politique du PC). Le Ministère de la construction de l'industrie lourde (ex-Narkomat de la construction de l'industrie lourde) et le Ministère de la construction des entreprises de construction mécanique (ex-Narkomat des constructions militaires et navales) fusionnent en un Ministère de la construction de l'URSS.[63] Comme sa structure est extrêmement lourde, ce Ministère est divisé en deux, chacun avec une spécialisation plus étroite: le Ministère de la construction des entreprises de métallurgie et de chimie[64] et le Ministère de la construction de l'URSS[65]. On peut supposer que cette réorganisation sépare la construction civile de celle à caractère militaire. Au cours des années suivantes, les Ministères de la construction se multiplient. Ils sont créés non à la suite de divisions de divers Ministères, mais à la suite de l'autonomisation des services de la construction dans les Ministères existants. Il existe parmi les Ministères deux grandes spécialisations : bâtiments et travaux publics. Pour les travaux publics, une dizaine de Ministères ont une spécialisation plus étroite : le Ministère de la construction routière, le Ministère de la construction des stations électriques, etc.
En août 1954, est créé le Ministère de la construction dans les villes et les campagnes[66]. Ce Ministère est spécialisé dans le Bâtiment, ses missions comportent la sélection des projets types et leur mise en production, ainsi que la création des usines de préfabrication lourde. En 1957, le Ministère de la construction de l'URSS et le Ministère de la construction dans les villes et les campagnes sont dissout, leurs fonctions sont transférées au Ministère de la construction de la République de Russie. Ce ministère est officiellement rattaché à la Russie, mais en réalité ses fonctions couvrent toute l'URSS, de plus, il travaille pour l'exportation. Une restructuration massive de l'administration de la construction intervient en 1967, après la session plénière du CC du PCUS qui se tient en 1965. À cette session on assiste à des changements profonds dans l'organisation de l'économie. (Ils sont sans doute la conséquence de l'arrivée de Léonide Brejnev au pouvoir en 1964.) C'est ainsi que de nouveaux Ministères sont créés :

- le Ministère de la construction des entreprises de l'industrie lourde (qui s'occupe de la construction des usines de la sidérurgie, du charbon etc.);
- le Ministère de la construction industrielle (qui administre les constructions de l'industrie chimique);
- le Ministère de la construction de l'URSS (qui est chargé des constructions de l'industrie de la construction des machines et de l'industrie légère);
- le Ministère de la construction agricole (c'est-à-dire toutes les constructions dans les kolkhozes).

Tous ces Ministères sont des organismes spécialisés en construction. Mais parallèlement, d'autres Ministères s'occupent eux aussi de travaux publics. Par exemple, le Ministère de l'énergie et des stations électriques construit des stations électriques, le Ministère de la bonification et les ressources des eaux construit aussi des barrages. La majorité des travaux dans le bâtiment est effectué par les entreprises des Soviets locaux (conseils régionaux), tels que le Glavmosstroj à Moscou et le Glavlêningradstroj à Leningrad, etc.

1 En France, l'application de la loi Loucheur qui attribue des subventions et des prêts à taux réduits pour la construction des HBM passe par la normalisation. Durant la Reconstruction, les programmes comme « l'Opération Million » n'ont pu réussir qu'avec la mise en place de normes bien définies.
2 En France, le CSTB qui inspire les normes représente les forces industrielles.
3 *Buro normirovaniâ stroitêl'nogo proizvodstva Gosplana SSSR*
4 *Gosudarstvênnyj institut norm i standartov stroitêl'noj promyšlênnosti*
5 SNIP: *Stroitêl'nyê normy i pravila*
6 Ce sont les années d'adoption, ces SNIP entrent en vigueur respectivement en: 1958, 1964, 1986.
7 CNIIÈP ŽILIŜA.
8 «Obâzatêl'nyê postanovlêniâ i instrukcii Narodnogo Komissariata Truda o rabočih žiliŝah i fabrično-zavodskih posëlkah», (Les décrets et instructions obligatoires du Commissariat du peuple de travail sur les habitations de travailleurs) adoptés le 14 septembre 1920, *Sbornik po žiliŝnomu voprosu*, N° 1, 1920, Moscou.
9 Stroitêl'nyj ustav
10 STO: Sovêt truda i oborony
11 «Vrêmênnyê stroitêl'nyê pravila i normy dlâ postrojki žilyh domov v posëlkah» (Normes provisoires pour construction des immeubles de logements dans les petites villes), adopté par le Soviet du travail et de la défense le 28 juillet 1926, éd. Planovoê hozâjstvo, Moscou, 1927.
12 Vsêsoûznyj komitêt po standartizacii
13 *Êdinyê normy stroitêl'nogo proêktirovaniâ*
14 «Ob ulučšênii žiliŝnogo stroitêl'stva» (Sur l'amélioration de la construction d'habitat), le décret N° 945, adopté par le Soviet des Commissaires du peuple, le 23 avril 1934, signé par V. Molotov président du Soviet des Commissaires du peuple, Archives Nationales de la Fédération de Russie (ГАРФ), fonds 5446, inventaire 1, dossier 85, pages 354-359.
15 «Osnovnyê stroitêl'nyê normy žilyh zdanij» (Normes essentielles pour la construction des immeubles de logements) adopté le 23 mai 1934.
16 P. Fomin adjoint du Narkom (adjoint du Ministre) de Narkomhoz, « Les normes pour la projection et la législation pour la construction de l'habitat », *L'habitat, les questions de la conception et de la construction des immeubles d'habitation. Les documents de la IIe session plénière de la direction de l'Union des architectes de l'URSS. Le 23-27 décembre 1937*, éd. de l'Académie d'Architecture, Moscou 1938, page 39.
17 Vrêmênnyê normy stroitêl'nogo proêktirovaniâ
18 S. Borisov, « Ûgo-Zapad Moskvy » (Le sud-ouest de Moscou), «Socialističêskaâ rêkonstrukciâ Moskvy» (La reconstruction socialiste de Moscou), N° 1, éd. Moskovskij rabočij, Moscou, 1937.
19 SNIP II - B 54
20 Gosstroj, SNIP II.B.10-57, Moscou, 1958, page 19.
21 Ulučšênié proêktnogo dêla v oblasti stroitêl'stva
22 B. Rubanênko et alii, Žilaâ âčêjka v buduŝêm (La cellule d'habitation dans le futur), éd. Strojizdat, Moscou 1982, page 25.
23 «O mêrah po ulučšêniû kačêstva žiliŝno-graždanskogo stroitêl'stva» (Sur les mesures d'amélioration de la qualité dans la construction de logements), décret du Comité Central du Parti Communiste et du Soviet des Ministres, adopté le 28 mai 1969.
24 *O nacionalizacii gorodskih nêdvižimostêj i o rêkvizicii kvartirnoj platy*
25 *Ob otmênê prava častnoj sobstvênnosti na nêdvižimost' v gorodah*
26 D. Šêjnis, « Razvitiê žiloj koopêracii v SSSR » (Développement de la coopération d'habitat en URSS), Bol'šaâ Sovêtskaâ Entciklopêdiâ, 1932, volume 25, page 470.
27 Idem., page 467.
28 Ibidem., page 450.
29 «O sohranênii žiliŝnogo fonda i ulučšênii žiliŝnogo hozâjstva v gorodah» (Sur la sauvegarde du fonds locatif et l'amélioration des logements dans les villes), le décret N° 1843 du Comité Central Exécutif (signé par son Président M. Kalinine) et le Soviet des Commissaires du peuple (signé par son Président V. Molotov), adopté le 17 octobre 1937, Archives Nationales de la Fédération de Russie (ГАРФ), fonds 5446, inventaire 1, dossier 139, pages 260-271.
30 «O dal'nêjšêm ulučšênii porâdka rasprêdêlêniâ gosudarstvênnoj žiloj ploŝadi» (Sur l'ultérieure amélioration du mode d'attribution de l'habitat public), décret du présidium du Soviet Suprême de l'URSS, Centre de conservation de la documentation contemporaine (ЦХСД), fonds N°5, inventaire 41, rouleau (du microfilm) 7276, dossier 102, pages 157-160.
31 ЦСУ
32 Lettre du Président du Gosstroj V. Kučêrênko au Directeur de la Direction de Statistique V. Starovskji, datée du 23 avril 1959, Archives Nationales Russes de l'Économie (РГАЭ), fonds 339, inventaire 3, dossier 802, pages 4-5.
33 voir l'article de Christiane Zeytounian, « Le logement en URSS », Le courrier des pays de l'Est, N° 282, mars 1984, pages 52-66.
34 Même pour être admis dans une coopérative - une forme qui réapparue dans les années 1960, où les locataires faisaient leur apport financier dans la construction de logements, il fallait être considéré comme «mal logé».
35 C.- E. Lagasse, Entreprise soviétique et le marché, éd. Économica, Paris, 1979.
36 «Rapport de la mission d'études de la commission des Travaux Publics, de la Reconstruction et de l'urbanisme sur le logement en URSS», volume II, Centre des archives contemporaines, versement 850386/043.
37 Machael Alexeev, «La répartition des logements en URSS et les facteurs qui l'influencent», Revue d'Études comparatives Est-Ouest, N°1, volume 19, 1988, pages 5-36.
38 Idem., pages 23.
39 *Glavnoê upravlênié kapital'nogo stroitêl'stva*
40 A Leningrad, les Instituts s'appelaient Lênproêkt, à Kiêv Kiêvproêkt etc...
41 En URSS, l'Architecte en Chef est l'architecte principal de la ville.
42 *Komitêt gosudarstvênnyh sooružênij*
43 Rêŝêniâ partii i pravitêl'stva po hozâjstvênnym voprosam (Directives du parti et du gouvernement sur les questions économiques), volume 1, page 57.
44 Commission de planification d'État auprès du Conseil des Ministres de l'URSS
45 *Glavnoê upravlênié stroitêl'noj promyšlênnost'û*
46 «Ob ulučšênii stroitêl'nogo dêla i ob udêšêvlênii stroitêl'stva» (Sur l'amélioration de la construction et l'abaissement du coût de la construction), «Rêŝêniâ partii i pravitêl'stva po hozâjstvênnym voprosam» (Directives du parti et du gouvernement sur les questions économiques), volume 2, pages 570-585.
47 *Komitêt po dêlam stroitêl'stva*
48 T. Koržihina, Le gouvernement soviétique et ses institutions, page 255.
49 Narkomat de la construction (Narkomat po stroitêl'stvu, Narkomstroj), créé en 1939, dissous en 1946. Archives Nationales Russes de l'Économie, fonds 8590, catalogue 2, inventaire 7, dossier 5319, page 271.
50 T. Koržihina, op. cit., page 256.
51 Komitêt po dêlam arhitêktury pri Sovêtê Ministrov SSSR (Comité pour l'architecture près le Soviet des Ministres), créé en 1943, dissous en 1949. Présidents: A. G. Mordvinov du 29 11 1943 au 21 04 1947; G.A. Simonov du 21 04 1947 au 30 07 1949 Archives Nationales Russes de l'Économie, fonds 9432, catalogue 2, inventaire 3, dossier 724, page 96.

52 Le Président du Présidium du Soviet Suprême correspondait au Président du pays. Mais le pouvoir réel était entre les mains du Premier secrétaire du Parti Communiste.

53 N. Bylinkin (dir.), «Istoriâ sovêtskoj arhitêktury, 1917-1954» (Histoire de l'architecture soviétique, 1917 – 1954), Strojizdat, Moscou, 1985, page 175.

54 En 1946, les « Narkomats » changent de nom, désormais ils s'appellent Ministères.

55 Narkomat po stroitêl'stvu voênnyh i voênno-morskih prêdpriâtij (Narkomat des constructions militaires et navales), en 1949 il est rebaptisé Ministêrstvo stroitêl'stva prêdpriâtij mašinostroêniâ (Ministère de la construction des entreprises de construction mécanique).

56 Narkomat po stroitêl'stvu prêdpriâtij tâžoloj promyšlênnosti (Narkomat de la construction de l'industrie lourde)

57 Vêsti Vêrhovnogo Sovêta SSSR (Les Nouvelles du Soviet Suprême de l'URSS), 1946, N° 2, 3.

58 Ministêrstvo gorodskogo stroitêl'stva (Ministère de la construction dans les villes), fondé en 1949, dissous en 1951, Archives Nationales Russes de l'Économie, fonds 9510, catalogue 2, inventaire 4, dossier 687.

59 Gosudarstvênnyj komitêt Sovêta Ministrov po dêlam stroitêl'stva, Gosstroj (Comité d'État des affaires de construction auprès du Soviet des Ministres), fondé en 1950, dissous en 1991, Archives Nationales Russes de l'Économie, fonds 9510, catalogue 2, inventaire 4, dossier 687.

60 Otdêl stroitêl'stva CK KPSS (Service de construction près le Comité Central du Parti Communiste), Centre de conservation de la documentation contemporaine, fonds N° 5, inventaire N° 41.

61 Transportno-promyšlênnyj otdêl CK KPSS (Service de l'industrie et du transport), Centre de conservation de la documentation contemporaine, fonds N° 5, inventaire N° 27.

62 Décret du Présidium du Comité Central du PC: П 69/43 du 9 juin 1954.

63 Ministêrstvo stroitêl'stva SSSR (Ministère de la construction de l'URSS) fondé en 1953, dissous en 1954, Archives Nationales Russes de l'Économie, fonds 8719, catalogue 2, inventaire 4, dossier 629, page 152.

64 Ministêrstvo stroitêl'stva prêdpriâtij mêtallurgičêskoj i himičêskoj promyšlênnosti.

65 Ministêrstvo stroitêl'stva SSSR (Ministère de la construction de l'URSS) fondé en 1954, dissous en 1957, Archives Nationales Russes de l'Économie, fonds 8720, catalogue 2, inventaire 6, dossier 3810, page 1136.

66 Ministêrstvo gorodskogo i sêl'skogo stroitêl'stva, fondé le 4 août 1954, dissous en 1957, Archives Nationales Russes de l'Économie, fonds 8216, inventaire 1, dossier 3, page 3.

Natalya Solopova, collage, la façade d'un immeuble préfabriqué à Ivanovo, Moscou et le fragment du tableau de François Kupka «Plans mobiles»

Sources

Archives publiques russes, Moscou

Centre de Conservation de la Documentation Contemporaine (Cêntr Hranêniâ Sovrêmênnoj Documêntacii, ЦХСД, ex-archives de l'appareil du Comité Central du Parti Communiste). Dans le fonds N° 5 (fond), nous avons identifié deux inventaires (opis') qui contiennent des documents concernant l'architecture et la construction.
L'inventaire N° 41 contient des documents du Service du Comité Central du Parti Communiste Chargé de la Construction (1954-1964, stroitêl'nyj otdêl CK KPSS) qui a été créé à partir de l'ancien Service de l'Industrie et du Transport (transportnyj otdêl CK KPSS) par décret du Présidium du Comité Central du PC N° П 69/43.
L'inventaire N° 27 contient des documents du Service de l'Industrie et du Transport du Comité Central du Parti Communiste, dissous le 9 juin 1954. Ce service était chargé des affaires de la construction et de l'architecture.

Archives Nationales Russes de l'Économie (Rossijskij Gosudarstvênnyj Arhiv Ekonomiki, РГАЭ, jusqu'en 1992, Archives Centrales d'État de l'Économie de l'URSS, ЦГАНХ). Elles se trouvent en possession des archives de la plupart des organismes d'État qui administraient l'architecture et la construction ainsi que des archives de l'Académie d'Architecture.

- fonds N° 8022 contenant les archives de Soûzstandartžilstroj (1931-1934).
- fonds N° 514 contenant les archives de la société Standart (1922-1926).
- fonds N° 293 contenant les archives de l'Académie d'Architecture.
- fonds N° 339 contenant les archives du Gosstroj (Comité d'État chargé des Affaires de la Construction), un organisme d'État qui, de sa création en 1950 jusqu'à sa dissolution en 1991, administrait l'architecture et la construction. Nous avons dépouillé les documents entre 1950 et 1960, en tout plus de 80 volumes. Les documents retrouvés dans ce fonds concernent la préparation de la Conférence des Constructeurs, la technique de la préfabrication (usines, nomenclature des éléments préfabriqués) et l'importation du savoir-faire étranger dans le domaine du Bâtiment en URSS.

Archives Nationales de la Fédération de Russie (Gosudarstvênnyj Arhiv Rossijskoj Fêdêracii, ГАРФ). Le fonds N° 5446 contient les décrets du Soviet des Commissaires du peuple (puis du Soviet des Ministres) de 1917 à 1950.

Musée d'architecture Ŝusêv. Département des documents graphiques, fonds Žoltovskij, Iofan, Kokorin, Krinskij, Posohin. Photothèque, photos des chantiers d'expérimentation à Moscou dans les années 1950, photos de la construction de Novyê Čêrëmuški.

Archives publiques françaises

Centre National des archives contemporaines, Fontainebleau
Archives du MRU, Nous avons dépouillé ces archives à partir des « mots clés » :

- Procédé Camus, versements 771075, 771077, 771125/15/18;
- Procédés Coignet, versements 771060/79, 771086, 771080;
- Opération million, versements 771086/12, 900616/12/9, 771119;
- Projets types, versements 771096, 117721, 771155/1/2, 790652;
- URSS, versements 840554/126, 840229;
- Financements de la construction dans les années 1950-1960, versements 771455, 880251.

Entretiens avec des protagonistes et des témoins

Edison Denisov, Paris, 17 novembre 1995
Ûrij Abramovič Dyhovičnyj, Moscou, juin 1995
Êlêna Kapustân, Moscou, février 1997
Nikita Dmitriêvič Kostrikin, Moscou, juin 1995
Alêksandr Pêtrovič Kudrâvcêv, Moscou, juin 1995
Alêksandr Grigor'êvič Ročêgov, Moscou, juin 1995
Gênnadij Nilovič Fomin, Moscou, juin 1995
Serge Ketoff, Paris, 29 septembre 1997

Ouvrages généraux

AFANAS'ÊV, Kirill, (dir.), *Iz istorii sovêtskoj arhitêtury 1941-1945*, Nauka Moscou, 1978. *Andrêj Konstantinovič Burov, pis'ma, dnêvniki, bêsêdy s aspirantami, suždêniâ sovrêmênnikov* (Andrêj Konstantinovič Burov, lettres, journaux intimes, entretiens), Iskusstvo, Moscou, 1980.
BARHIN, Mihail, (dir.), *Mastêra sovêtskoj arhitêktury ob arhitêkturê* (Les Maîtres de l'architecture soviétique à propos de l'architecture), Iskousstvo, Moscou, 1975, 3 volumes
BUROV, Andrêj, *Ob arhitêkturê* (Sur l'architecture), Gosstrojizdat, Moscou, 1960.
BÊRDÂÊV, Nikolaj, *Smysl istorii* (L'essence de l'histoire), Mysl', Moscou, 1990.
BLOHIN, *Pavêl, Tipizaciâ žiliŝ i obŝêstvênnyh zdanij pri planirovkê nasêlënnyh mêst* (La typisation de l'habitation et des bâtiments publics au cours de la conception de plans masse des zones urbanisées), Gosstrojizdat, Moscou, 1933.
Cêntral'nyj naučno-isslêdovatêl'skij i proêktnyj institut po gradostroitêl'stvu Gosudarstvênnogo Komitêta po grajdanskomu stroitêl'stvu i arhitêkturê pri Gosstroê SSSR (Institut central de recherches et de projets d'urbanisme du Comité d'État de la construction publique et de l'architecture auprès du Gosstroj), Osnovy sovêtskogo gradostroitêl'stva (Les principes de base de l'urbanisme soviétique), Strojizdat, Moscou, 1967, 4 volumes.
FORD, *Gênri, Moâ jižn', moi dostižêniâ* (Ma vie, mon œuvre), préface de N. Lavrov, Vrêmâ, Leningrad, 1925.
FRIDRIH, A, *Gênri Ford - korol' avtomobilêj i vlastitêl' duš'* (Henry Ford - roi des voitures et maître des âmes), Moscou, 1924.
HAN MAGOMÊDOV, Sêlim, *Arhitêktura Sovêtskogo avangarda*, kniga pêrvaâ (L'architecture de l'avant-garde soviétique, livre premier), Strojizdat, Moscou, 1996.
HIGÊR, Roman, *Problêma žil'â v arhitêkturê* (Problème de l'habitat dans l'architecture), OGIZ, Moscou, 1935.
HIGÊR, Roman, «Maloètažnyê zilyê doma v SŠA. Planirovka kvartir», in K. Alabân (dir.), *Opyt žuliŝnogo stroitêl'stva v SŠA*,Moscou, 1944.
KHROUCHTCHEV, Nikita, Vospominaniâ (Mémoires), Vagrius, Moscou, 1997.
KOGAN, Lêonid, Dêmokratiâ bêz gorodov ? (La démocratie sans villes ?), Avtor/Polis, Novossibirsk, 1993.
LENINE, Vladimir, *«Naučnaâ sistêma vyžimaniâ pota»* (Le systèmescientifique qui « presse la sueur »), *Polnoê sobraniê sočinênij* (Les oeuvres complètes), 5 e édition, volume 23, Politizdat, Moscou, 1961.
LENINE, Vladimir, «Sistêma Têjlora - poraboŝêniê čêlovêka mašinoj» (Système de Taylor - esclavage de l'homme par la machine), *Polnoê sobraniê sočinênij* (Les oeuvres complètes), 4 e édition, volume 20, Politizdat, Moscou, 1950.
LENINE, Vladimir, « Očêrêdnyê zadači sovêtskoj vlasti » (Tâches immédiates du pouvoir des Soviets), *Polnoê sobraniê sočinênij* (Les oeuvres complètes), 5 e édition, volume 36, Politizdat, Moscou, 1962.
OŽÊGOV, Sêrgêj, *Tipovoê i povtornoê stroitêl'stvo v Rossii v XVIII-XIX vêkah* (Les constructions types et répétitives en Russie aux XVIII-XIXème siècles), Strojizdat, Moscou 1984.
RÂBUŠIN, Alêxandr, *Razvitiê žiloj srêdy* (L'évolution de l'espace habité), Strojizdat, Moscou, 1976.
RUBANÊNKO, Boris, *9 kvartal v Novyh Čërëmuškah* (Kvartal N° 9 à Novyê Čêrêmuški), Izdatêl'stvo litêratury po stroitêl'stvu, arhitêkturê i stroitênym matêrialam, Moscou, 1959.
RUBANÊNKO, Boris et alii, *Žilaâ âčêjka v buduŝêm* (La cellule d'habitation dans le futur), Strojizdat, Moscou, 1982.
ZAMÂTIN, Êvgênij, *My* (Nous), Chekov, New-York, 1952.
TCHERNIKOV, Yakov, *Osnovy sovrêmênnoj arhitêktury* (Fondements de l'architecture contemporaine), Izdaniê Lêningradskogo obŝestva arhitêktorov, Leningrad, 1930.
TÊJLOR, Fridrih, *Naučnaâ organizaciâ truda* (Organisation scientifique dutravail), préface de P. Kêržêncêv, Moscou, 1924.
VOLČOK, Ûrij et alii, *Konstrukcii i forma v sovêtskoj arhitêkturê* (La structure et la forme en architecture soviétique), Strojizdat, Moscou, 1980.

Procédés, industrialisation

DYHOVIČNYJ, Ûrij, MAKSIMÊNKO, Vladimir, *Optimal'noê stroitêl'noê proêktirovaniê* (La conception optimale dans la construction), Strojizdat, Moscou, 1990.
MONFRÊD, Ûrij, « Zavodskoê domostroêniê » (La préfabrication en usine), Znaniê, N° 2, 1972.
PROMYSLOV, Vladimir, DYHOVIČNYJ, Ûrij (rédacteur scientifique), *Razvitiê industrial'nogo stroitêl'stva v Moskvê* (Le développement de la construction industrialisée à Moscou), Strojizdat, Moscou, 1967.
ROZANOV, Nikolaj, *Krupnopanêl'noê domostroêniê* (La construction en grands panneaux), Strojizdat, Moscou, 1982.
ŠÊVCOV, K. (dir.), *Arhitêktura graždanskih i promyšlênnyh zdanij*, tom II, *Žilyê zdaniâ* (Architecture des bâtiments publics et industriels, volume III, Les immeubles de logements), Strojizdat, Moscou, 1983.
KUZNÊCOV, G, MOROZOV, N, ANTIPOV, T, *Konstrukcii mnogoètažnyh karkasno-panêl'nyh i panêl'nyh žilyh domov* (Structures panneaux –voiles et poutres – panneaux – poteaux des immeubles d'habitation à plusieurs étages), Izdatêl'stvo litêratury po stoitêl'stvu i arhitêkturê, Moscou, 1956.

Articles de périodiques

«Puti korênnogo ulučŝêniâ stroitêl'nogo dêla» (Les voies d'une amélioration radicale de la construction), *Arhitêktura SSSR*, 1955, N° 112
«Sovêtskoê zodčêstvo na urovên' novyh zadač» (L'architecture soviétique concernant les nouveaux objectifs), *Sovêtskaâ Arhitêktura*, N° 4, 1953.
«XX s"êzd kommunističêskoj partii i zadači arhitêktorov» (Le XXème congrès du Parti Communiste et les objectifs des architectes), *Arhitêktura SSSR*, N°3, 1956.
ABROSIMOV, P., «Važnyj ètap v razvitii sovêtskoj arhitêktury» (Une étape importante dans le dévelopement de l'architecture soviétique»), *Arhitêktura SSSR*, N°5, 1958.
BARCHTCH, M., «Individual'naâ kvartira» (Un appartement individuel), *Arhitêktura SSSR,* N° 3-4, 1937.
BLOHIN, P., «Tipovyê proêkty Gorstrojroêkta Narkomtâžproma» (Les projets types de Gorstrojproêkt de Narkomtâžprom), *Arhitêktura SSSR*, N° 11 , 1937.
BLOHIN, P., « Važnêjšaâ zadača arhitêktorov i konstruktorov » (L'objectif majeur des architectes et des ingénieurs), *Arhitêktura SSSR*, N° 7, 1953.
BOGOMOLOV, V., «Itogi pêrvogo tura proêktirovaniâ krupnopanêl'nyh domov (Les résultats du premier tour de la conception des bâtiments en grands panneaux), *Arhitêktura SSSR*, N° 7, 1953
BYLINKIN, N., «Tipovoê žiliŝnoê stroitêl'stvo» (La construction des logements types), *Arhitêktura SSSR*, N° 11, 1937.
DÊSÂTNIKOV, G., «Èkonomika planirovočnyh rêšênij žilyh kvartalov» (L'économie du plan masse des quartiers d'habitation), *Arhitêktura SSSR*, N° 4, 1958.
GARŠTÊJN, M., BLOHIN, B., «Pêrspêktiva krupnobločnogo stroitêl'stva» (La perspective

de la construction en grands blocs de béton), *Stroitêl'stvo Moskvy*, N° 19-20, 1939.

GOZAK, A., « Mikrorêl'êf i cvêt Lazdinaâ » (Microrelief et couleur de Lazdinaj), *Arhitêktura SSSR*, N° 11, 1974.

GRADOV, G., « Sovêtskuû arhitêkturu na urovên' novyh zadač (L'architecture soviétique vers de nouveaux objectifs), *Arhitêktura SSSR*, N° 2, 1955.

GROSSMAN, V., «Zavodskoê domostroênié v SŠA», Sbornik arhitêkturno-stroitêl'noj informacii, Moscou, 1944

HIGÊG, R., «Žiliŝê kvartirnogo tipa», (L'habitat du type « appartement »), Sovêtskaâ Arhitêktura, N° 4, 1933.

LÊBÊDÊV, V., « Pêrvyê šagi proêktirovaniâ i stroitêl'stva domov s malomêtražnymi kvartirami » (Les premiers pas dans la conception et la construction des immeubles de logements avec appartements de « petites surfaces »), *Arhitêktura SSSR*, N° 3, 1957.

IKONNIKOV, A., «Rossiâ v arhitêkturnom procêssê XX stolêti » (La Russie dans le processus architectural du XXème siècle), *Informacionnyj bûllêtên'*, Rossijskaâ Akadêmiâ Arhitêktury, septembre 1999.

IKONNNIKOV, A, «Moskva XX ogo vêka : utopii I rêal'nost'» (Moscou au XX siècle : utopies et réalités), in *Arhitêkturno-gradostroitêlnoê razvitiê Moskvy, Arhitêkturnoê Naslêdstvo* N° 42, NIITAG, 1997

KIRKOROV, S., « Ob"ëmno-bločnyê doma v posêlkah ènêrgêtikov (Logements en trois dimensions dans les villages des ingénieurs électriciens), *Arhitêktura SSSR*, N° 11, 1974.

KOLÊSNIKOV, V., «Kakim dolžno byt' sootnošêniê malomêtražnyh kvartir raznogo tipa v žiloj zastrojkê» (Les proportions des divers types d'appartements de «petites surfaces» dans la construction des logements), *Arhitêktura SSSR*, N° 9, 1957.

KOLLI, N., «Iz francuzskogo opyta industrializacii žiliŝnogo stroitêl'stva» (Sur l'expérience française de l'industrialisation de la construction des logements), *Arhitêktura SSSR*, N° 3, 1935.

KOZLOVSKIJ, A, «Potočnyj mêtod i komplêksnaâ mêhanizaciâ žiliŝnogo stroitêl'stva» (La construction à la chaîne et la mécanisation de la construction des logements), *Stroitê'lstvo Moskvy*, N° 3-4, 1939.

L'VOVSKIJ, SÊRGÊÊV, V., «Novyj ètap v razvitii sbornogo domostroêniâ» (Nouvelle étape dans l'évolution de la construction à partir des composants préfabriqués), *Arhitêktura SSSR*, N° 7, 1958.

LAGUTÊNKO, V., « Polnêê ispol'zovat' vozmožnosti novoj têhniki v žiliŝnom stroitêl'stvê » (Utiliser davantage les possibilités de la technique nouvelle dans la construction des logements), *Arhitêktura SSSR*, N° 1, 1958.

LOVÊJKO, I., « Stroitêl'stvo v Moskvê v novom sêmilêtii » (La construction à Moscou dans le nouveau septennat), *Arhitêktura SSSR*, N° 6, 1959.

LUNAČARSKIJ, A., « Rêč' o prolêtarskoj arhitêkturê » (Discours sur l'architecture prolétarienne), *Arhitêktura SSSR*, N° 8, 1934.

MAKSIMÊNKO, V., «KOPÈ. Novyj mêtod krupnopanêl'nogo domostroêniâ» (KOPÈ. Nouvelle méthode de construction en grands panneaux), *Stroitêl'stvo i Arhitêktura Moskvy*, N° 5, 1981.

MANDRIKOV, «Pêrvyj kvartal krupnobločnyh domov» (Le premier kvartal en grands blocs à Moscou), *Arhitêktura SSSR*, N° 1, 1958.

MARKOVNIKOV, N., «Novyê ustanovki po proêktirovaniû žilyh domov» (Les nouveaux objectifs de conception des immeubles de logements), *Arhitêktura SSSR*, N° 6, 1939.

MILÛTIN, N., «Žiliŝno-bytovoê stroitêl'stvo» (La construction des logements et des équipements), *Arhitêktura SSSR*, N° 1-2, 1931.

NÊSTÊROVA, Z., « Opyt krupnopanêl'nogo stoitêl'stva v Magnitogorskê » (L'expérience de construction en grands panneaux à Magnitogorsk), *Arhitêktura SSSR*, N° 4, 1955.

NOVIKOV, «Krupnobločnoê žiliŝnoê stroitêl'stvo» (La construction de logements à partir de grands blocs de béton »), *Arhitêktura SSSR*, N° 4, 1937.

ONIŜIK, L. et alii, «Krupnobločnoê stroitêl'stvo» (La construction en grands blocs), *Arhitêktura SSSR*, N° 1, 1936

OPOČINSKAÂ, «Čem my obâzany Akadêmii ?», (Que doit-on à l'Académie ?), *Arhitêktura*, le 21 avril 1985.

OSTÊRMAN, N., « O žiliŝê buduŝêgo » (Sur l'habitat de futur), *Arhitêktura SSSR*, N° 6, 1967.

OSTÊRMAN, N., PÊTRUŠKOVA, A., « Žiloj dom-komplêks s obŝêstvênnym obsluživaniêm » (L'immeuble de logement - complexe avec des services communs), *Arhitêktura SSSR*, N° 7, 1965

ROČÊGOV, A., «Novaâ sistêma moskovskogo krupnopanêl'nogo domostroêniâ» (Nouveau système de construction en grands panneaux à Moscou), *Stroitêl'stvo i Arhitêktura Moskvy*, N° 5, 1980.

ROSINA, M., « Nužny kvartiry raznyh tipov » (Il faut des appartements de différents types), *Mosproêktovêc*, N° 27, le 17 juillet 1981.

RUBANÊNKO, B., «Itogi vsêsoûznogo konkursa na tipovyê proêkty žilyh domov» (Le bilan du concours national pour la conception des projets types d'immeubles de logements), *Arhitêktura SSSR*, N° 11, 1956.

SCHMIDT, H., «Kak â rabotaû» (Comment je travaille), *Arhitektura SSSR*, N° 6, 1933.

ŠÊRSTNÊVA, D., «Osobênnosti planirovki i zastrojki žilogo rajona Novyê Čërëmuški » (Les particularités dans la conception du plan masse de l'ensemble Novyê Čërëmuški), *Arhitêktura SSSR*, N° 1, 1964.

SOKOLOV, K., «Moskovskij opyt proêktirovaniâ krupnobločnogo stroitêl'stva» (L'expérience moscovite de la construction en blocs), *Stroitêl'stvo Moskvy*, N° 3-4, 1939.

SOKOLOV, K., « Uspêhi krupnobločnogo stroitêl'stva (Les succès de la construction en grands blocs), *Stroitêl'stvo Moskvy*, N° 14, 1939.

STAMO, N., «Stroitêl'naâ tehnika» (La technique de construction), *Arhitêktura SSSR*, N° 5, 1933

ŜUKIN, G., KADINA, I., «K novomu bêrêgu » (Vers un nouveau rivage), *Arhitêktura SSSR*, N° 12, 1955.

ŜUSÊV, A., Arhitêktura i stroitêl'naâ praktika (L'Architecture et la pratique de la construction), *Arhitektura SSSR*, N° 1, 1936.

SVÊTLIČNYJ, V., «Potočnoê skorostnoê stroitêl'stvo mnogoètažnyh žilyh zdanij» (La construction à la chaîne des immeubles d'habitation), *Stroitêl'stvo Moskvy*, N° 3-4, 1939.

TURGÊNÊV, S., «Èkspêrêmêntal'naâ zastrojka žilogo komplêksa» (La construction expérimentale d'un complexe d'habitation), *Arhitêktura SSSR*, N° 1, 1958.

VRANGÊL', L., «Iz praktiki stroitêl'stva novyh krupnopanêl'nyh domov v Moskvê» (De la pratique de la construction des bâtiments en grands panneaux à Moscou), *Arhitêktura SSSR*, N°4, 1955.

VRANGÊL', L., « Novoê v arhitêkturnoj praktikê SŠA », *Arhitêktura SSSR*, 1943, deuxième édition

ŽOLTOVSKIJ, I., « O nêkotoryh principah krupnopanêl'nogo domostroêniâ » (Sur quelques principes de la construction en grands panneaux), *Arhitêktura SSSR*, N° 7, 1953

Sources imprimées en langues française, anglaise et italienne

Ouvrage généraux

ANDRUSZ, Gregory, *Housing and urban developement in the USSR*, Macmillan, London, 1990, 354 p.

BENEVOLO, Leonardo, *Histoire de l'architecture moderne*, Dunod, Paris, 1998, 4 volumes.

BERELOWITCH, Wladimir, GERVEREAU, Laurent, *Russie-URSS 1914-1991. Changement de regards*, BDIC, Paris, 1991.

CANDILIS, Georges, *Bâtir la vie*, Stock, Paris, 1977, 312 p.

COHEN, Jean -Louis, *L'architecture européenne et la tentation de l'Amérique. Scènes de la vie future*, Flammarion, Paris, 1995, 223 p.

COHEN, Jean -Louis, *Le Corbusier et la mystique de l'URSS (théories et projets pour Moscou, 1928-1936)*, Mardaga, Liège, 1987, 325 p.

COHEN, Jean-Louis, *André Lurçat*, Mardaga, Liège, 1995, 309 p.

COHEN, Jean-Louis, ELEB, Monique, *Casablanca, Mythes et figures d'une aventure urbaine*, Hazan, Paris, 1998, 478 p.

COHEN, Jean-Louis, MICHELIS DE, Marco, TAFURI, Manfredo, *URSS 1917-1918 : La ville, L'Architecture*, L'Equerre, Officina Edizioni, Paris, Rome, 1979, 371 p.

FURET, François, *Le passé d'une illusion. Essai sur l'idée communiste au XXème siècle*, Laffont-Lévy, Paris, 1995, 580 p.

HEYMANN-DOAT, Arlette, (dir.), *L'État et le Logement. Histoire comparée des techniques juridiques*, L'arbre Verdoyant, Paris, 1987, 259 p.

HUDSON, Hugh, D, Jr, *Blueprints and blood: the Stalinization of Soviet architecture*, 1917-1937, Princeton University Press, Princeton, N. J., 1994, 260 p.

INSTITUT FRANCAIS D'ARCHITECTURE, *Architecture, une anthologie,* Institut Français d'Architecture, Pierre Mardaga, Liège, 1993, 3 volumes.

KOPP, Anatole et alii, *L'architecture de la Reconstruction en France, 1945-1953*, Moniteur, Paris, 1982, 188 p.

LAVEDAN, Pierre, *Histoire de l'urbanisme. Epoque contemporaine*, Henri Laurens, Paris, 1952, 446 p.

LUCAN, Jacques, *France. Architecture. 1965 - 1988*, Electa Moniteur, Paris, 1989, 202 p.

MICHELIS DE, Marco, PASINI, Ernesto, *La città sovietica 1925-1937*, Marsilio Editori, Venise, 1976, 266 p.

PERRIAND, Charlotte, *Une vie de création*, Odile Jacob, Paris, 1998, 430 p.

PICON, Antoine (dir,), *L'Art de l'ingénieur. Constructeur, entrepreneur, inventeur*, Centre Georges Pompidou, Le Moniteur, Paris, 1997, 597 p.

POUILLON, Fernand, *Mémoires d'un architecte*, Seuil, Paris, 1968, 481 p.

QUILLOT, Roger, GUERRAND, Roger-Henri, *Cent ans d'habitat social en France. Une utopie réaliste*, Albin Michel, Paris, 1989, 175 p.

RIOUX, Jean-Pierre, *La France de la Quatrième République. L'expansion et l'impuissance, 1952-1958*, Seuil, Paris, 1983, 382 p.

STEBE, Jean-Marc, *La réhabilitation de l'habitat social en France*, éd. Presses Universitaires de France, série Que sais-je ?, N° 2987, 1995, 127 p.

STITES, Richard, *Revolutionary Dreams (Utopian Vision and Experimental Life in the Russian Revolution)*, Oxford University Press, New York Oxford, 1989, 307 p.

TAFURI, Manfredo (dir.), *Socialismo, città, architettura URSS 1917-1937*, Officina Edizioni, Rome, 1972, 342 p.

TSIOMIS, Yannis et alii, *Ville-cité. Des patrimoines européens*, Picard, Paris, 1998, 212 p.

VAYSSIERE, Bruno, *Reconstruction-Déconstruction*, Picard, Paris, 1988, 327 p.

VAYSSIERE, Bruno et alii, *Ministère de la Recostruction et de l'Urbanisme, 1944-1945. Une politique du logement*, IFA-PCA, Paris, 1995, 144 p.

Recherches et thèses

BARJOT, Dominique, *La grande entreprise française de travaux publics (1883 - 1974) : Contraintes et stratégies*, Thèse de doctorat d'Etat, université Paris IV, 1989, 4271 p.

BOUCHER, Frédérique, VOLDMAN, Danièle, *Les architectes sous l'occupation, rapport de recherche*, Centre National de la recherche scientifique, Paris, 221 p.

L'habitat des trente glorieuses, programme Rhône-Alpes de recherches en Sciences Humaines, Grenoble, 1989.

PAPALEXOPOULOS, Dimitri, *Conception architecturale et industrialisation ouverte*, thèse de Doctorat de IIIème cycle sous la Direction de M. O. Revault d'Allones, Universté de Paris - I Pantheon - Sorbonne, 1985, deux volumes.

PROVISOR, H., *L'industrialisation dans le bâtiment. Éléments pour un bilan critique*, Ministère de l'équipement et l'Université des sciences sociales de Grenoble, 1974, 93 p.

VOLDMAN, Danièle, *Histoire d'une politique : La reconstruction des villes Françaises de 1940 à 1954*, thèse pour le doctorat d'État. Sous la direction du professeur Antoine Prost, université Paris - I, 1994.

Catalogues

Architecture et Industrie : passé et avenir d'un mariage de raison, Centre de Création Industrielle, Paris, 1983.

Les années 1950, Centre Georges Pompidou, Paris, 1988, 640 p.

«L'usine et la ville, 1836-1986 : 150 ans d'urbanisme», numéro hors série de *Culture Technique*, C.R.C.T., Paris, 1986.

1950-1980, 30 ans d'Architecture française, *Architecture Mouvement Continuité*, Paris, avril 1986.

Wem gehört die Welt (Kunst und Gesellschaft in der Weimarer Republik), NGBK, Berlin, 1977, 563 p.

Procédés nouveaux, industrialisation

ABRAHAM, Pol, *Architecture Préfabriquée*, Dunod, Paris, 1946, 135 p.

BLACHERE, *Gérard, Technologies de la construction industrialisée*, Eyrolles, Paris, 1975, 310 p.

BONNOME, Camille, LEONARD, Louis, *Industrialisation du bâtiment*, librairie Aristide Quillet, Paris, sans date, trois livres.

CHEMILLIER, Pierre, *Les techniques du bâtiment et leur avenir*, Le Moniteur, Paris, 1977, 428 p.

DIAMANT, R.M.E., *Industrialised building 50 international methods*, Iliff Books ldt, London, 1964, 214 p.

«Entrepreneurs et entreprises. Livre d'or de l'Entreprise Française (tome I)», *Le Moniteur des Travaux Publics et du Bâtiment* (numéro spécial), Paris, décembre 1955, 202 p.

« Entrepreneurs et entreprises. Livre d'or de l'Entreprise Française (tome II) », *Le Moniteur des Travaux Publics et du Bâtiment* (numéro spécial), Paris, juin 1957, 174 p.

FREYSSINET, Eugène, « Rôle et vertus du constructeur », *Le Moniteur des travaux publics et du bâtiment*, mai 1953, pages 22 - 23.

KONCZ, Tihamér, *Traité de la Préfabrication* (3e volumes), Vander, Bruxelles, 1972, 360 p.

LEWICKI, Bohdan, *Bâtiments d'habitation préfabriqués en éléments de grandes dimensions*, Eyrolles, Paris, 1965, 596 p.

LUGEZ, Jean, *La préfabrication lourde en panneaux et le bâtiment d'habitation*, Eyrolles, Paris, 1973, 285 p.

NOUAILLE, R., *La préfabrication*, Eyrolles, Paris, 1957, 231 p.

REVEL, Maurice, *La préfabrication dans la construction*, Entreprise Moderne d'édition, Paris, 1966, 479 p.

SIMON E.H.L., *L'industrialisation de la construction*, Le Moniteur, Paris, 1962, 334 p.

Relations France-URSS, économie

BAUCHET, Pierre, *La planification française du premier au sixième plan*, Seuil, Paris, 1966, 383 p.

BORTOLI, Georges, *Une si longue bienveillance, les Français et l'URSS*, 1944-1991, Plon, Paris, 1994, 250 p.

KAYSER, Jacques, *De Kronstadt à Khrouchtchev. Voyages Franco-Russe, 1891-1960*, Armand Collin, Paris, 1962, 291 p.

KONDRATIEVA, Tamara, *Bolcheviks et Jacobins, Itinéraires des analogies*, éd. Payot, Paris, 1989, 308 p.

LAGASSE, Charles-Etienne, *L'entreprise soviétique et le Marché*, Economica, Paris, 1979, 633 p.

LECOMTE, Bernard, Le Bunker. *Vingt ans de relations Franco-Soviétiques*, Lattes, Paris, 1994, 296 p.

MOURIN, Maxime, *Les relations Franco-Soviétiques*, Payot, Paris, 1967, 371 p.

SEUROT, *François, Le système de l'Economie de l'URSS*, Presses universitaires de France, Paris, 1989.

Articles de périodiques

ABRAHAM, Pol, «Quelques opinions sur la préfabrication et l'industrialisation du bâtiment», *L'Architecture d'Aujourd'hui*, N° 4, janvier 1946.

ABRAHAM, Pol, «Le chantier expérimental d'Orléans», *L'Architecture d'Aujourd'hui*, N° 9, 1946.

AUBERT, Yves, « Industrialisation du Bâtiment », *Architecture d'Aujourd'hui*, N° 5, 1967.

BODIANSKY, Vladimir, « Quelques opinions sur la préfabrication et l'industrialisation du bâtiment », *L'Architecture d'Aujourd'hui*, N° 4, janvier 1946.

CAMUS, Raymond, « Fabrication industrielle de huit logements par jour dans la région parisienne », *Annales de l'Institut Technique du Bâtiment et des Travaux Publics*, N° 101, mai 1956.

« Chantier expérimental de Strasbourg », *L'Architecture d'Aujourd'hui*, N° 45, 1952.

« Concours 1949 au titre des chantiers expérimentaux », *L'Architecture d'Aujourd'hui*, N° 30, 1950.

« Concours 1949 au titre des chantiers expérimentaux, Villeneuve-Saint-Georges », *L'Architecture d'Aujourd'hui*, N° 30, 1950.

« Gros œuvre Camus type Lorraine N° 3, décision N° 1163 », Cahiers du C.S.T.B., N° 35, 1958.

« La préfabrication aux Etats-Unis », l'Architecture d'Aujourd'hui, N° 4, janvier 1946.

« La préfabrication lourde en France - les Procédés Camus », L'Architecture d'Aujourd'hui, N° 64, 1956.

« MRU. Le concours de Strasbourg », *Techniques et Architecture*, N° 9-10, septembre 1951.

PUISAIS, Harris, « Les Relations économiques Franco-Soviétiques », *Revues des deux mondes, N° 21, février 1984.*

SPINETTA, A, « SHAPE village, une expérience française d'industrialisation », *Techniques et Architecture*, N° 11-12, 11ème série, 1952.

Sources des illustrations

1. Photo publiée sur le site Internet https://goldberg.berkeley.edu
2. S. Han-Magomêdov, *Arhitêktura Sovêtskogo avangarda, kniga pêrvaâ* (L'architecture de l'avant-garde soviétique, livre premier), Strojizdat, Moscou, 1996.
3. A. Mihajlova et alii, *Meyerhold i hudožniki* (Meyerhold et les artistes), éd. Galart, Moscou, 1995.
4. *Žilišê, voprosy proêktirovaniâ i stroitêl'stva žilyh zdanij, Matêrialy II plênuma pravlêniâ Soûza Sovêtskih arhitêktorov, 23-27 dêkabrâ 1937* (L'habitat, les questions de la conception et de la construction des immeubles d'habitation. Les documents de la IIème session plénière de la direction de l'Union des architectes de l'URSS. Les 23-27 décembre 1937), éd. de l'Académie d'Architecture, Moscou, 1938.
5. Manfredo Tafuri et alii, *Socialismo, città, architettura, URSS 1917-1937*, Officina Edizioni, Rome, 1972.
6. Dessin, Archives du Musée d'architecture Ŝusêv, Moscou, cotes 6751/3 et 6751/1.
7. P. Blohin, *Tipizaciâ žiliŝ i obŝêstvênnyh zdanij pri planirovkê nasêlënnyh mêst, éd. Gosstrojizdat*, (La typisation de l'habitation et des bâtiments publics au cours de la conception de plans masse des zones urbanisées), Moscou, 1933.
8. P. Blohin, *Tipizaciâ žiliŝ i obŝêstvênnyh zdanij pri planirovkê nasêlënnyh mêst*, (La typisation de l'habitation et des bâtiments publics au cours de la conception de plans masse des zones urbanisées), éd. Gosstrojizdat, Moscou, 1933.
9. P. Blohin, *Tipizaciâ žiliŝ i obŝêstvênnyh zdanij pri planirovkê nasêlënnyh mêst*, éd. Gosstrojizdat, (La typisation de l'habitation et des bâtiments publics au cours de la conception de plans masse des zones urbanisées), Moscou, 1933.
10. P. Blohin, *Tipizaciâ žiliŝ i obŝêstvênnyh zdanij pri planirovkê nasêlënnyh mêst*, éd. Gosstrojizdat, (La typisation de l'habitation et des bâtiments publics au cours de la conception de plans masse des zones urbanisées), Moscou, 1933.
11. P. Blohin, *Tipizaciâ žiliŝ i obŝêstvênnyh zdanij pri planirovkê nasêlënnyh mêst* (La typisation de l'habitation et des bâtiments publics au cours de la conception de plans masse des zones urbanisées), éd. Gosstrojizdat, Moscou, 1933.
12. P. Blohin, *Tipizaciâ žiliŝ i obŝêstvênnyh zdanij pri planirovkê nasêlënnyh mêst* (La typisation de l'habitation et des bâtiments publics au cours de la conception de plans masse des zones urbanisées), éd. Gosstrojizdat, Moscou, 1933.

13a. Photo N. S., 1995.

13b. Source : B. Blohin, Arhitêktura krupnobločnyh soorujênij (L'architecture en grands blocs en béton), Moscou 1941

14. Photo, collection particulière, Paris

15a. M. Barhin (dir.), *Mastêra Sovêtskoj arhitêktury ob arhitêkture*, tom 1, (Les Maîtres de l'architecture soviétique à propos de l'architecture), éd. Iskusstvo, Moscou, 1975.

15b. M. Barhin (dir.), *Mastêra Sovêtskoj arhitêktury ob arhitêkture*, tom 1, (Les Maîtres de l'architecture soviétique à propos de l'architecture), éd. Iskusstvo, Moscou, 1975.

15c. M. Barhin (dir.), *Mastêra Sovêtskoj arhitêktury ob arhitêkture*, tom 1, (Les Maîtres de l'architecture soviétique à propos de l'architecture), éd. Iskusstvo, Moscou, 1975 ; Auguste Choisy, *Histoire de l'Architecture*, Bibliothèque de l'Image, Paris, 1996.

16a. R. Higêr, « Žiliŝê kvartirnogo tipa » (L'habitat du type « appartement »), *Sovêtskaâ Arhitêktura*, N° 4, 1933.

16b. R. Higêr, *Problêma žil'â v arhitêktyrê*, (Problème de l'habitat dans l'architecture), OGIZ, Moscou, 1935.

17. Higêr, *Problêma žil'â v arhitêktyrê*, (Problème de l'habitat dans l'architecture), OGIZ, Moscou, 1935.
18. Kvartiry žilyh domov bêz lifta (Les cellules d'immeubles de logements avec ascenseurs), éd. de L'Académie d'Architecture, Moscou, sans date.
19. *Kvartiry žilyh domov bêz lifta* (Les cellules d'immeubles de logements avec ascenseurs), éd. de L'Académie d'Architecture, Moscou, sans date.
20. *Kvartiry žilyh domov bêz lifta* (Les cellules d'immeubles de logements avec ascenseurs), éd. de L'Académie d'Architecture, Moscou, sans date.
21. Dessin N. S.
22. P. Blohin, « L'appartement durant la reconstruction », *L'immeuble de logements, architecture et construction*, N° 1, 1948, éd. de L'Académie d'Architecture, Moscou.

23. *Kvartiry žilyh domov bêz lifta* (Les cellules d'immeubles de logements avec ascenseurs), éd. de L'Académie d'Architecture, Moscou, sans date.
24. S. Borisov, « Ûgo-Zapad Moskvy » (Sud-Est de Moscou), *Socialističêskaâ rêkonstrukciâ Moskvy,* N° 1, éd. Moskovskij rabočij, Moscou, 1937.
25. *Kvartiry žilyh domov bêz lifta* (Les cellules d'immeubles de logements avec ascenseurs), éd. de L'Académie d'Architecture, Moscou, sans date.
26. *Kvartiry žilyh domov bêz lifta* (Les cellules d'immeubles de logements avec ascenseurs), éd. de L'Académie d'Architecture, Moscou, sans date.
27. *Arhitêktura SSSR*, N° 4, 1937.
28. P. Blohin, « Tipovyê proêkty Gorstrojroêkta Narkomtâžproma » (Les projets types de Gorstrojproêkt de Narkomtâžprom), *Arhitêktura SSSR*, N° 11 , 1937.
29. P. Blohin, « Tipovyê proêkty Gorstrojroêkta Narkomtâžproma » (Les projets types de Gorstrojproêkt de Narkomtâžprom), *Arhitêktura SSSR*, N° 11 , 1937.
29b. P. Blohin, « Tipovyê proêkty Gorstrojroêkta Narkomtâžproma » (Les projets types de Gorstrojproêkt de Narkomtâžprom), *Arhitêktura SSSR*, N° 11 , 1937.
30. M. Barhin (dir.), *Mastêra Sovêtskoj arhitêktury ob arhitêkture*, (Les Maîtres de l'architecture soviétique à propos de l'architecture), tom 2, éd. Iskusstvo, Moscou, 1975.
Kvartiry žilyh domov bêz lifta (Les cellules d'immeubles de logements avec ascenseurs), éd. de L'Académie d'Architecture, Moscou, sans date.
Photo N. S., 1995.
31. G. Kuznêcov, N. Morozov, T. Antipov, *Konstrukcii mnogoètažnyh karkasno-panêl'nyh i panêl'nyh žilyh domov* (Structures panneaux – voiles et poutres – panneaux – poteaux des immeubles d'habitation à plusieurs étages), Izdatêl'stvo litêratury po stoitêl'stvu i arhitêkturê, Moscou, 1956.
32. Photo, photothèque du Musée d'architecture Ŝusêv, Moscou, numéro de photo XI 16452 ; G. Kuznêcov, N. Morozov, T. Antipov, *Konstrukcii mnogoètažnyh karkasno-panêl'nyh i panêl'nyh žilyh domov* (Structures panneaux – voiles et poutres – panneaux – poteaux des immeubles d'habitation à plusieurs étages), Izdatêl'stvo litêratury po stoitêl'stvu i arhitêkturê, Moscou, 1956.
33. *Construction des immeubles de logements sur Horošêvskoê chaussée*, Moscou, architecte M. Posohin, A. Mdoânc, Archives du Musée d'architecture Ŝusêv, Moscou, perspective, dimension 62,5 cm sur 1m77 cm, cote 99441 a.
34. L. Vrangêl', « Iz praktiki stroitêl'stva novyh krupnopanêl'nyh domov v Moskvê » (De la pratique de la construction des bâtiments en grands panneaux à Moscou), *Arhitêktura SSSR*, N° 4, 1955.
35. G. Kuznêcov, N. Morozov, T. Antipov, *Konstrukcii mnogoètažnyh karkasno-panêl'nyh i panêl'nyh žilyh domov* (Structures panneaux – voiles et poutres – panneaux – poteaux des immeubles d'habitation à plusieurs étages), Izdatêl'stvo litêratury po stoitêl'stvu i arhitêkturê, Moscou, 1956.
36. Photo, photothèque du Musée d'architecture Ŝusêv, Moscou, numéro de photo XI 17971. *Arhitêktura SSSR*, N° 9, 1952 ; G. Kuznêcov, N. Morozov, T. Antipov, *Konstrukcii mnogoètažnyh karkasno-panêl'nyh i panêl'nyh žilyh domov* (Structures panneaux – voiles et poutres – panneaux – poteaux des immeubles d'habitation à plusieurs étages), Izdatêl'stvo litêratury po stoitêl'stvu i arhitêkturê, Moscou, 1956.
Photo, photothèque du Musée d'architecture Ŝusêv, Moscou, numéro de photo XI 17639.
37. *Arhitêktura SSSR*, N° 7, 1953 ; N° 9, 1952.
38. *Arhitêktura SSSR*, N° 7, 1953 ; N° 9, 1952.
39. *Arhitêktura SSSR*, N° 7, 1953.
40. Dessin, Archives du Musée d'architecture Ŝusêv, Moscou, cote 9109, dimension : 48 cm sur 73 cm.
41. Dessin, Archives du Musée d'architecture Ŝusêv, Moscou, cote 9109/8, dimension : 68,5 cm sur 156,5 cm.
42. Dessin, Archives du Musée d'architecture Ŝusêv, Moscou, cote 9109/1, dimension : 48 cm sur 78,5 cm.
43. Dessin, Archives du Musée d'architecture Ŝusêv, Moscou, cote 9118, dimension : 36,3 cm sur 135,5 cm.
44. Dessin, Archives du Musée d'architecture Ŝusêv, Moscou, cote 9113, dimension : 59 cm sur 119 cm.
45. G. Kuznêcov, N. Morozov, T. Antipov, *Konstrukcii mnogoètažnyh karkasno-panêl'nyh i panêl'nyh žilyh domov* (Structures panneaux – voiles et poutres – panneaux – poteaux des immeubles d'habitation à plusieurs étages), Izdatêl'stvo litêratury po stoitêl'stvu i arhitêkturê, Moscou, 1956.
46. Centre de conservation de la documentation contemporaine (ЦХСД), fonds N° 5, inventaire 41, rouleau (du microfilm) 7256, dossier 6, pages 47-160.
47. *Arhitêktura SSSR*, N° 12, 1955.
48. *Krokodil*, N° 35, décembre 1954.
49. Photo, photothèque du Musée d'architecture Ŝusêv, Moscou, numéro de photo XI 7904.
50. *Krokodil*, N° 1, janvier, 1955.
51. *Krokodil*, N° 1, janvier, 1955.
52. Photo, Photothèque du Musée d'architecture Ŝusêv, Moscou, numéro de photo XI 17971 ; *Arhitêktura SSSR*, N° 7, 1953 ; N° 9, 1952.
53. Dessin, Musée de l'Institut d'Architecture de Moscou.
54. Dessin, Musée de l'Institut d'Architecture de Moscou.
55. Dessin, Musée de l'Institut d'Architecture de Moscou.
56. *Arhitêktura SSSR*, N° 11, 1956.
57. *Arhitêktura SSSR*, N° 11, 1956.
58. Plan de cadastre, années 1990.
59. Photo, Photothèque du Musée d'architecture Ŝusêv, Moscou, numéro de photo XI 20351.
60. Photo, Photothèque du Musée d'architecture Ŝusêv, Moscou, numéro de photo XI 20351.
61. *«Arhitêktura i Stroitêl'stvo Moskvy», N 1, 3 1958*
62. Photo, Photothèque du Musée d'architecture Ŝusêv, Moscou, numéro de photo XI 22065-1, XI 22065-2.
63. B. Rubanênko, *9 kvartal v Novyh Čêrëmuškah* (Kvartal N° 9 à Novyê Čêrëmuški), Izdatêl'stvo litêratury po stroitêl'stvu, arhitêkturê i stroitênym matêrialam, Moscou, 1959.
64. B. Rubanênko, *9 kvartal v Novyh Čêrëmuškah* (Kvartal N° 9 à Novyê Čêrëmuški), Izdatêl'stvo litêratury po stroitêl'stvu, arhitêkturê i stroitênym matêrialam, Moscou, 1959.
65. B. Rubanênko, *9 kvartal v Novyh Čêrëmuškah* (Kvartal N° 9 à Novyê Čêrëmuški), Izdatêl'stvo litêratury po stroitêl'stvu, arhitêkturê i stroitênym matêrialam, Moscou, 1959.
66. B. Rubanênko, *9 kvartal v Novyh Čêrëmuškah* (Kvartal N° 9 à Novyê Čêrëmuški), Izdatêl'stvo litêratury po stroitêl'stvu, arhitêkturê i stroitênym matêrialam, Moscou, 1959.
67. B. Rubanênko et alii, *Žilaâ âčêjka v budušêm* (La cellule d'habitation dans le futur), Strojizdat, Moscou, 1982.
68. *Krokodil,* N° 34, 1958.
69. « Le Ve congrès de l'UIA », compte rendu sténographique, édition d'État de la construction et de l'architecture, Moscou, 1960.
70. Archives Georges Candilis.
71. B. Vayssière et alii, *Ministère de la Reconstruction et de l'Urbanisme 1944-1945. Une politique du logement*, IFA-PCA, Paris, 1995, 144 p.
72. *L'Architecture d'Aujourd'hui*, N° 30, 1950.
73. *Techniques et Architecture*, N° 5-6, 1951.
74. *L'Architecture d'Aujourd'hui*, N° 30, 1950.
75. *L'Architecture d'aujourd'hui*, N° 45, 1952.
76. *L'Architecture d'aujourd'hui*, N° 30, 1950.
77. *L'Architecture d'aujourd'hui*, N° 30, 1950.
78. *L'Architecture d'aujourd'hui*, N° 36, 1954 ;

N° 45, 1952.
79. *Opération « 4.000 logements dans la région parisienne »*, Centre des archives contemporaines, Fontainebleau, versement 771077 (C1664).
80. *Opération « 4.000 logements dans la région parisienne »*, Centre des archives contemporaines, Fontainebleau, versement 771077 (C1664).
81. Opération « 4.000 logements dans la région parisienne », Centre des archives contemporaines, Fontainebleau, versement 771077 (C1664).
82. *Opération « 4.000 logements dans la région parisienne »*, Centre des archives contemporaines, Fontainebleau, versement 771075/006/1.41.142. (C1664).
83. *Opération « 4.000 logements dans la région parisienne »*, Centre des archives contemporaines, Fontainebleau, versement 771075 (C1647).
84. *Opération « 4.000 logements dans la région parisienne »*, Centre des archives contemporaines, Fontainebleau, versement 771075 (C1664).
85. *Opération « 4.000 logements dans la région parisienne »*, Centre des archives contemporaines, Fontainebleau, versement 771075 (C1647).
86. Û. Volčok, *Konstrukcii i forma v sovêtskoj arhitêkturê* (La structure et la forme en architecture soviétique), Strojizdat, Moscou, 1980.
87. K. Šêvcov (dir.), *Arhitêktura graždanskih i promyšlênnyh zdanij, tom II, Žilyê zdaniâ* (Architecture des bâtiments publics et industriels, volume III, Les immeubles de logements), Strojizdat, Moscou, 1983.
88. « Gros œuvre Camus type Lorraine N° 3, décision N° 1163 », Cahiers du C.S.T.B., N° 35, 1958.
89. *Û.* Dyhovičnyj, V. Maksimênko, *Optimal'noê stroitêl'noê proêktirovaniê* (La conception optimale dans la construction), Strojizdat, Moscou, 1990.
Plaquette « Panneaux de façade lourde sandwich , procédés de construction par éléments préfabriqués », Prodilog, GEROLA II, C.S.T.B., N° 35, 1958 ; « Gros œuvre Camus type Lorraine N° 3, décision N° 1163 », Cahiers du C.S.T.B., N° 35, 1958.
90. *Programme de construction de 4000 logements dans le région parisienne. Chapitre II organisation d'ensemble et principe de montage*, Centre des archives contemporaines, Fontainebleau, versement 771087 (C2305) ; *Annales de l'Institut Technique du Bâtiment et des Travaux publics*, N° 101, mai 1956.
91. *Annales de l'Institut Technique du Bâtiment et des Travaux publics,* N° 101, mai 1956 ; Travaux, N° 309, juillet 1960.
92. V. Promyslov, Û. Dyhovičnyj (rédacteur scientifique), *Razvitiê industrial'nogo stroitêl'stva v Moskvê* (Le développement de la construction industrialisée à Moscou), Strojizdat, Moscou, 1967.
93. Û. Monfrêd, « Zavodskoê domostroêniê » (« La préfabrication en usine »), Znaniê, N° 2, 1972.
94. N. Rozanov, *Krupnopanêl'noê domostroêniê* (La construction en grands panneaux), Strojizdat, Moscou, 1982.
95. N. Rozanov, *Krupnopanêl'noê domostroêniê* (La construction en grands panneaux), Strojizdat, Moscou, 1982.
96. N. Rozanov, *Krupnopanêl'noê domostroêniê* (La construction en grands panneaux), Strojizdat, Moscou, 1982.
97. N. Rozanov, *Krupnopanêl'noê domostroêniê* (La construction en grands panneaux), Strojizdat, Moscou, 1982 ; *Arhitêktura SSSR*, N° 7, 1958, pages 7-12.
98. N. Rozanov, *Krupnopanêl'noê domostroêniê* (La construction en grands panneaux), Strojizdat, Moscou, 1982.
99. Plan de cadastre, années 1990.
100. *Arhitêktura SSSR*, N° 1, 1958.
101. *Arhitêktura SSSR*, N° 1, 1958.
102. *Arhitêktura SSSR*, N° 6, 1959.
103. V. Promyslov, Û. Dyhovičnyj (rédacteur scientifique), *Razvitiê industrial'nogo stroitêl'stva v Moskvê* (Le développement de la construction industrialisée à Moscou), Strojizdat, Moscou, 1967.
104. *Arhitêktura SSSR*, N° 4, 1955.
105. *Arhitêktura SSSR*.
106. *Arhitêktura SSSR*.
107. *Opération « 4.000 logements dans la région parisienne »*, Centre des archives contemporaine, Fontainebleau, versement 771075/006/1.41.142. (C1664) ; *Arhitêktura SSSR*.
108. V. Promyslov, Û. Dyhovičnyj (rédacteur scientifique), *Razvitiê industrial'nogo stroitêl'stva v Moskvê* (Le développement de la construction industrialisée à Moscou), Strojizdat, Moscou, 1967.
109. V. Promyslov, Û. Dyhovičnyj (rédacteur scientifique), *Razvitiê industrial'nogo stroitêl'stva v Moskvê* (Le développement de la construction industrialisée à Moscou), Strojizdat, Moscou, 1967.
110. V. Promyslov, Û. Dyhovičnyj (rédacteur scientifique), *Razvitiê industrial'nogo stroitêl'stva v Moskvê* (Le développement de la construction industrialisée à Moscou), Strojizdat, Moscou, 1967.
111. V. Promyslov, Û. Dyhovičnyj (rédacteur scientifique), *Razvitiê industrial'nogo stroitêl'stva v Moskvê* (Le développement de la construction industrialisée à Moscou), Strojizdat, Moscou, 1967.
112. V. Promyslov, Û. Dyhovičnyj (rédacteur scientifique), *Razvitiê industrial'nogo stroitêl'stva v Moskvê* (Le développement de la construction industrialisée à Moscou), Strojizdat, Moscou, 1967.
113. Photo N.S. ; *Arhitêktura SSSR*, N° 7, 1965.
114. V. Promyslov, Û. Dyhovičnyj (rédacteur scientifique), *Razvitiê industrial'nogo stroitêl'stva v Moskvê* (Le développement de la construction industrialisée à Moscou), Strojizdat, Moscou, 1967.
115. Û. Volčok *Konstrukcii i forma v sovêtskoj arhitêkturê* (La structure et la forme en architecture soviétique), Strojizdat, Moscou, 1980.
116. V. Promyslov, Û. Dyhovičnyj (rédacteur scientifique), *Razvitiê industrial'nogo stroitêl'stva v Moskvê* (Le développement de la construction industrialisée à Moscou), Strojizdat, Moscou, 1967.
117. N. Rozanov, *Krupnopanêl'noê domostroêniê* (La construction en grands panneaux), Strojizdat, Moscou, 1982.
118. *Krokodil*, N° 15, mai 1963.
119. *Krokodil*, N° 6, février 1967.
120. *Krokodil*, N° 6, février 1968.
121. photo, Photothèque du Musée d'architecture Šusêv, Moscou, numéro de photo XI 23696/1, XI 23696/2.
122. V. Promyslov, Û. Dyhovičnyj (rédacteur scientifique), *Razvitiê industrial'nogo stroitêl'stva v Moskvê* (Le développement de la construction industrialisée à Moscou), Strojizdat, Moscou, 1967.
123. *Krokodil*, N° 11, avril 1966.
124. *Krokodil*, N° 1, 1970.
125. *Krokodil*, N° 13, mai 1967.
126. *Arhitêktura SSSR*, N° 11, 1974.
127. *Arhitêktura SSSR*, N° 11, 1974.
128. *Arhitêktura SSSR*.
129. *Arhitêktura SSSR*.
130. *Arhitêktura SSSR*.
131. V. Promyslov, Û. Dyhovičnyj (rédacteur scientifique), *Razvitiê industrial'nogo stroitêl'stva v Moskvê* (Le développement de la construction industrialisée à Moscou), Strojizdat, Moscou, 1967.
132. *Arhitêktura SSSR*.
133. Û. Dyhovičnyj, V. Maksimênko, *Optimal'noê stroitêl'noê proêktirovaniê* (La conception optimale dans la construction), Strojizdat, Moscou, 1990.
134. Photo, Photothèque du Musée d'architecture

Ŝusêv, Moscou, numéro de photo XI 30476.

135. *Arhitêktura SSSR*, N° 11, 1974.

136. Techniques et Architecture, N6 octobre 1970

137. V. Promyslov, Û. Dyhovičnyj (rédacteur scientifique), *Razvitiê industrial'nogo stroitêl'stva v Moskvê* (Le développement de la construction industrialisée à Moscou), Strojizdat, Moscou, 1967.

138. *Osnovy sovêtskogo gradostroitêl'stva* (Les principes de base de l'urbanisme soviétique), Strojizdat, Moscou, 1967, volume 2.

139. *Osnovy sovêtskogo gradostroitêl'stva* (Les principes de base de l'urbanisme soviétique), Strojizdat, Moscou, 1967, volume 2.

Biographies des architectes et des ingénieurs soviétiques cités dans le travail

ABROSIMOV Pavêl Vasil'êvič
27 décembre 1900 – 21 mars 1961. Formation : Académie des Beaux-Arts, faculté d'architecture, Leningrad, 1923-1928, titre architecte-artiste (arhitêktor hudožnik). Architecte à Lêngorprôêkt, Leningrad, 1927-1933 ; architecte responsable (staršij arhitêktor) à l'atelier chargé de la construction du Palais des Soviets, Moscou, 1933-1941 ; architecte à l'atelier d'architecture de la Direction de la construction du Palais des Soviets. Réalisations : théâtre Vahtangov, Moscou, 1943-1948 ; Université de Moscou (« immeuble de hauteur » avec L. Rudnêv et S. Čêrnyšov), 1948-1953. Membre de l'Union des architectes, 1934 ; président de la section moscovite de l'Union des architectes (MOSA), 1952 ; secrétaire de l'Union des architectes (otvêtstvênnyj sêkrêtar') 1955. Membre du Comité d'État des affaires de construction auprès du Soviet des Ministres (Gosstroj) et président du conseil d'experts en architecture au sein du Comité, 1953. Membre correspondant de l'Académie d'Architecture 1950 ; membre de l'Académie de Construction et d'Architecture, 1956. Professeur à l'Institut d'Architecture de Moscou 1934-1937. Lauréat du prix Staline (pour le projet de l'Université de Moscou).
Sources : *Autobiographie manuscrite*, Dossier personnel (ličnoê dêlo), Archives Nationales Russes de l'Économie (РГАЭ), fonds 293, inventaire 6, dossier 4 ; I. G. Birûkov (dir.), *Matêrialy k biografiâm arhitêktorov vêtêranov truda* (Documents pour des biographies d'architectes), N° 4, Union des architectes de l'URSS, Moscou, 1988, page 93.

ALABÂN Karo Sêmënovič
Gandža (Azerbaïdjan) juillet 1897- janvier 1959. Formation : VHUTÊMAS, Moscou, 1923-1929. Architecte en Arménie, 1929-1931 ; architecte à Moscou dès 1931 ; chef d'atelier d'architecture à l'Académie d'Architecture, 1943. Projets et réalisations : premier prix au concours du Palais des Soviets (avec V. Simbircêv), 1932 ; théâtre de l'Armée rouge (avec V. Simbircêv), Moscou, 1934 ; plan masse de reconstruction de Stalingrad, 1944-1945. Docteur en architecture, 1949. Membre du VOPRA ; participation aux travaux du VOKS (Société de Relations Culturelles avec l'Étranger) ; participation à l'organisation de l'Union des architectes, 1934 ; membre de la rédaction de *Arhitêktura SSSR* ; premier vice-président de l'Académie d'Architecture, 1939. Membre du Parti Communiste dès 1917 ; membre du Comité Central du Parti Communiste d'Arménie, 1929-1939 ; député du Soviet Suprême de l'URSS ; député de Mossovêt, 1937-1959.
Sources : I. G. Birûkov (dir.), *Matêrialy k biografiâm arhitêktorov vêtêranov truda* (Documents pour des biographies d'architectes), N° 4, Union des architectes de l'URSS, Moscou, 1988 ; M. Bahrin (dir.), *Mastêra sovêtskoj arhitêktury ob arhitêkturê*, volume II, Iskusstvo, Moscou, 1975, pages 406-411.

BARANOV Nikolaj Varfolomêêvič
27 novembre 1909 – 20 avril 1989. Formation : Institut des travaux publics (LISI), Leningrad, 1931. Chef d'atelier d'architecture, adjoint du directeur du Giprogor. Réalisations : plans masse de plusieurs villes, notamment de Leningrad ; reconstruction de la gare Finlânskij, Leningrad. Docteur en architecture, 1961. Vice-président de l'Académie d'Architecture. Adjoint du directeur du Gosstroj de l'URSS. Député du Soviet Suprême de l'URSS.
Sources : G. Birûkov (dir.), *Matêrialy k biografiâm arhitêktorov vêtêranov truda* (Documents pour des biographies d'architectes), N° 4, Union des architectes de l'URSS, Moscou, 1988.

BARHIN Grigorij Borisovič
Perm, 20 mars 1880 – 11 avril 1969. Formation : Académie des Beaux-Arts, St. Pétersbourg, 1901-1907, titre architecte - artiste. Architecte à Irkoutsk, 1907 (env.) - 1919 ; architecte à Moscou dès 1919. Architecte en chef de l'atelier N° 4 de Mossovêt. Réalisations : usines militaires à Irkoutsk ; réhabilitation des hôpitaux à Moscou ; projets pour les cités ouvrières ; siège du journal *Izvêstiâ*, Moscou, 1925-1927 ; nombreux concours ; plan général de Moscou, 1933-1937 ; plan général de reconstruction de Sébastopol, 1944-1947. Membre de la Société moscovite des architectes (MAO) ; membre fondateur de l'Union des architectes 1932 ; membre correspondant de l'Académie d'Architecture (1941) et de l'Académie de Construction et d'Architecture. Professeur de l'Institut d'Architecture de Moscou (depuis 1933). Docteur en architecture, 1931. Principaux ouvrages publiés : *Maison et cité-jardin ouvrières*, *L'habitat ouvrier moderne* (1922-1923, Rabočij dom i rabočij posëlok-sad et Sovrêmênnoê rabočêê žilišê) et *Architecture du théâtre* (1947).
Sources : I. G. Birûkov (dir.), *Matêrialy k biografiâm arhitêktorov vêtêranov truda* (Documents pour des biographies d'architectes), N° 4, Union des architectes de l'URSS, Moscou, 1988 ; M. Bahrin (dir.), *Mastêra sovêtskoj arhitêktury ob arhitêkturê*, volume I, Iskusstvo, Moscou, 1975, pages 307-313.

BLOHIN Pavêl Nikolaêvič
10 février 1900 – 18 août 1966. Formation : VHUTÊMAS, VHUTÊIN, Moscou, 1921-1927. Architecte responsable (staršij arhitêktor) dans le bureau de conception de ville de Magnitogorsk (trust « Novostroj – Giprogor ») ; architecte à la maison d'édition des plans et cartes de NKVD, Moscou, 1930-1931 ; architecte responsable au trust Gorstrojproêkt (Narkomat de l'industrie lourde - Narkomtâžprom), 1931-1938. Chercheur (staršij naučnyj sotrudnik) à l'Académie d'Architecture, 1938-1948. Docteur en architecture, thèse sur *Le choix du type de la maison d'habitation à faible hauteur* (thèse évoque les questions de la typisation et de l'industrialisation de l'habitat), 1947. Directeur de l'Institut de l'habitat de l'Académie d'Architecture, 1948-1950. Adjoint du ministre de la construction dans les villes, 1950-1951. Directeur de l'Institut de l'habitat, 1951-1957 ; chef d'unité de recherche sur la construction d'habitation dans la zone rurale (rukovoditêl' sêktora posêlkovogo maloètažnogo stroitêl'stva) de l'Institut de l'habitat de l'Académie de Construction et d'Architecture, 1957-1960.
Sources : *Autobiographie manuscrite*, *Dossier personnel* N° 98 (ličnoê dêlo), Archives Nationales Russes de l'Économie (РГАЭ), fonds 293, inventaire 6, dossier 83.

BYLINKIN Nikolaj Pêtrovič
26 novembre 1900 - ?. Formation : Institut polytechnique de Leningrad, faculté d'ingénieur, 1930. Architecte au Giprovtuz, Leningrad ; dès 1933 architecte aux agences du Narkomat de l'industrie lourde à Moscou : d'abord au Vuzstrojproêkt puis au Gorstrojproêkt, jusqu'en 1938, chef de l'atelier N° 2. Chef de service des standards au Comité des affaires de la construction auprès du Soviet des Ministres, 1938. Directeur de l'Institut des constructions de masse de l'Académie d'Architecture, 1941. Dès 1955, directeur de l'Institut de la théorie et de l'histoire de l'architecture de l'Académie d'Architecture.

Membre de l'Académie d'Architecture, 1946 ; membre du présidium de l'Académie d'Architecture, 1951.
Sources : *Autobiographie manuscrite*, Dossier personnel, (ličnoê dêlo). Archives Nationales Russes de l'Économie (РГАЭ), fonds 293, inventaire 6, dossier 88.

BUROV Andrêj Konstantinovič
Moscou, 15 octobre 1900 – 7 mai 1957. Formation : École de peinture, sculpture et architecture, 1918 ; VHUTÊMAS, atelier de A. Vêsnin, 1920-1925 ; École doctorale de l'Académie d'Architecture, 1935. Réalisations : décor pour le film de S. Eisenstein Le ligne générale (1927), stations électriques, immeubles de logements, clubs, intérieurs du Musée historique (Moscou, 1937-1939), façade du nouveau bâtiment de l'Union des architectes (Moscou, 1940), reconstruction du centre de Yalta (1944-1945). Dans le cadre du projet d'usine de tracteurs à Čêlâbinsk, séjour aux usines Ford à Detroit, 1930-1931. À partir de 1935, une grande partie de son activité est consacrée aux problèmes de l'habitat et en particulier de l'habitat préfabriqué. Avec B. Blohin, il conçoit plusieurs projets d'immeubles d'habitation en grands blocs de béton, notamment l'immeuble construit à Lêningradskij prospêkt, Moscou, 1939-1945. Membre de l'Académie d'Architecture ; professeur à l'Institut d'Architecture de Moscou ; auteur de plusieurs ouvrages, notamment Sur l'architecture (1943-1944).
Sources : M. Bahrin (dir.), *Mastêra sovêtskoj arhitêktury ob arhitêkturê,* volume II, Iskusstvo, Moscou, 1975, pages 456-463.

ČÊRNYŠOV Sêrgêj Êgorovič
Village Alêksandrovka (région de Moscou) 4 octobre 1881 - 26 avril 1963. Formation : École de peinture, sculpture et architecture, Moscou, 1893-1901 ; Académie des Beaux-Arts, St. Pétersbourg, titre architecte – artiste, 1901-1907. Assistant de l'ingénieur Lazarêv, 1907-1918. Professeur à Gosudarstvênnyê hudožêstvênnyê svobodnyê mastêrskiê, 1918-1920. Architecte aux ateliers d'architecture de Mossovêt, 1930 ; chef de l'atelier d'architecture N°1 de Mossovêt ; architecte en chef du département de la conception du nouveau plan de Moscou, 1934 ; architecte en chef de la ville de Moscou, 1935. Réalisations : Institut Lénine (1924) ; plan masse de la rive gauche de Magnitogorsk (remporte le concours en équipe avec des « spécialistes étrangers ») ; premier prix pour la reconstruction de la rue Gorki, Moscou, 1933 ; Université de Moscou (« immeubles de hauteur » avec L. Rudnêv, P. Abrosimov et A. Hrâkov). Membre du présidium de l'Union des architectes (prononce un discours au premier Congrès des architectes, 1937) ; membre de l'Académie d'Architecture, 1939 ; vice-président de l'Académie d'Architecture, 1948-1953. Directeur du Musée d'architecture usêv, 1955. Lauréat du prix Staline, 1948-1953.
Sources : *Autobiographie manuscrite*, Dossier personnel N° 84 (ličnoê dêlo), Archives Nationales Russes de l'Économie (РГАЭ), fonds 293, inventaire 6, dossier 3.

DUŠKIN Alêksêj Nikolaêvič
24 décembre 1903 – 1 octobre 1977. Formation : Institut de travaux publics (ISI), Kharkov, 1923-1930. Architecte en chef de Mêtroproêkt (Institut de conception d'ouvrages du métro), se trouvait sous tutelle de Mêtrostroj., Moscou, 1941. Réalisations : plans masse des villes, sanatoriums, ambassades, gares, stations du métro, immeuble de bureaux place Lêrmontovskaâ (« immeuble de hauteur », Moscou), grand magasin « Dêtskij Mir » (Moscou). Professeur à l'Institut d'Architecture de Moscou, 1966-1974. Lauréat du prix Staline, 1941, 1943 et 1949.
Sources : I. G. Birûkov (dir.), *Matêrialy k biografiâm arhitêktorov vêtêranov truda* (Documents pour des biographies d'architectes), N° 4, Union des architectes de l'URSS, Moscou, 1988.

GÊGÊLLO Alêksandr Ivanovič
1891-1965. Formation : Institut des ingénieurs civils (PIGI), Leningrad, titre ingénieur - architecte, 1911-1921. Assistant d'architecte à l'atelier de I. Fomin, 1914-1919 ; architecte sur la construction d'une station électrique sur la rivière Svir' ; chef d'atelier d'architecture de Lênproêkt, Leningrad, 1923-1941 ; adjoint du directeur des affaires d'architecture de Leningrad et chef d'atelier d'architecture de Lênproêkt, 1943-1945. Président de la section de l'Union des architectes de Leningrad, 1947-1949 ; vice-président de l'Académie d'Architecture, 1950-1953. Prend sa retraite en 1953.
Sources : *Autobiographie manuscrite, Dossier personnel* N° 81 (ličnoê dêlo), Archives Nationales Russes de l'Économie (РГАЭ), fonds 293, inventaire 6, dossier 1.

GRADOV (SUTÂGIN) Gêorgij Alêksandrovič
Pêrvomajsk (région d'Odessa), 28 mai 1911 - 13 août 1984. Formation : Institut supérieur de travaux publics de Moscou (Moskovskij vysšij stroitêl'nyj institut učêbnogo kombinata Soûzstroâ VSNH SSSR), titre ingénieur BTP (ingênêr stroitêl' spêcial'nost' grajdanskoê stroitêl'stvo), 1927-1931 ; École doctorale de l'Académie d'Architecture, 1934-1937. Ingénieur sur les chantiers puis architecte dans l'atelier de la Direction des constructions militaires (Voênno-stroitêl'noê upravlênié RKKA), 1931-1394. Directeur et architecte en chef (glavnyj arhitêktor) de Kirgosproêkt, Frounze, République de Kirghizie, 1937-1941 ; élaboration des projets pour la ville de Frounze : aménagement du centre ville, de deux théâtres, du palais de culture, etc. Président de la direction de l'Union des architectes de Kirghizie, 1937-1941. Adhésion au Parti Communiste, 1940. Thèse de doctorat L'ensemble central de la ville de Frounze et les questions de l'architecture de la République de Kirghizie, 1941. Période militaire, 1941-1945. Chef de l'atelier d'architecture de Giprogor et architecte en chef de la construction de la ville Stalinsk (Kûzbass), 1945-1951. Chef du laboratoire des bâtiments hospitaliers à l'Institut des bâtiments publics de l'Académie d'Architecture, 1951. Dans son autobiographie Gradov écrit :

En 1954, j'ai participé à l'organisation de la Conférence des Constructeurs au Kremlin. A cette occasion, fut rédigé un rapport sur l'état de l'architecture et de la construction et les propositions de leur amélioration.

Élection comme secrétaire de la direction de l'Union des architectes de l'URSS, 1955 ; nommé directeur de l'Institut des bâtiments publics de l'Académie de Construction et d'Architecture (1er novembre 1956). Membre correspondant de l'Académie de Construction et d'Architecture, 1956.
Sources : *Autobiographie manuscrite*, Dossier personnel N° 120, 1957 – 1963 (ličnoê dêlo), Archives Nationales Russes de l'Économie (РГАЭ), fonds 293, inventaire 6, dossier 111.

GUINZBOURG Moisêj Âkovlêvič
Minsk, 23 mai 1892 – Moscou, 6 janvier 1946. Formation : Académie des Beaux-Arts, Milan, titre architecte - artiste, 1914 ; École polytechnique de Riga (Rižskij politêhnikum), Moscou, 1917. Professeur à l'Institut des ingénieurs civils (MIGI) et au VHUTÊMAS, Moscou, 1922. Réalisations : immeuble d'habitation Narkomfin, Moscou, 1929-1930 ; projet pour la ville verte (avec M. Barchtch), 1930 ; participation au concours du Palais des Soviets, 1932 ; sanatorium Nakomtâžprom à Kislovodsk, 1935-1937 ; projets pour l'habitat provisoire et l'habitat type, 1943-1944. Membre fondateur d'OSA (Union des Architectes contemporains) et du journal Sovrêmênnaâ Arhitêktura où il publie de nombreux articles théoriques ; l'un des théoriciens de constructivisme. Membre de l'Académie d'Architecture, 1939 ; membre de l'Union des architectes. Auteur des ouvrages Rythme en architecture (1923) et Style et époque (1924).
Sources : I. G. Birûkov (dir.), *Matêrialy k biografiâm arhitêktorov vêtêranov truda* (Documents pour des biographies d'architectes), N° 4, Union des

architectes de l'URSS, Moscou, 1988 ; M. Bahrin (dir.), *Mastêra sovêtskoj arhitêktury ob arhitêkturê*, volume II, Iskusstvo, Moscou, 1975, pages 266-276.

HIGÊR Roman Âkovlêvič
Odessa, 21 septembre 1901 -1985. Formation : École supérieure technique de Moscou (MVTU), titre ingénieur BTP (ingênêr stroitêl'), il suit parallèlement les cours à VHUTÊMAS, 1920-1926. Auteur de la « Déclaration » co-signée par un groupe d'étudiants « pour les nouvelles méthodes d'enseignement dans les Écoles ». Membre fondateur d'OSA (1928 – 1931), fait la propagande pour les idées du constructivisme. Architecte à l'Académie d'Architecture et à Giprogor ; construit la maison de repos « Ville verte », 1930. Membre de l'Union des architectes, 1932.
Sources : I. G. Birûkov (dir.), *Matêrialy k biografiâm arhitêktorov vêtêranov truda* (Documents pour des biographies d'architectes), N° 4, Union des architectes de l'URSS, Moscou, 1988.

IOHÊLÊS Êvgênij L'vovič
12 août 1908 – 29 septembre 1989.
Formation : VHUTÊIN, 1930 ; École doctorale de l'Académie d'Architecture, 1939. Architecte en chef de SAKB, Institut de l'habitat (CNIIÈP Žiliŝa), 1958. Réalisations : logements, hôtels, projets d'hôpitaux types, plans d'urbanisme, plan masse de la ville nouvelle Toljatti. Multiples publications. Lauréat du prix Lénine, 1973.
Sources : I. G. Birûkov (dir.), *Matêrialy k biografiâm arhitêktorov vêtêranov truda* (Documents pour des biographies d'architectes), N° 8, Union des architectes, Moscou, 1992.

KOLLI Nikolaj Džêjmsovič
18 août 1894 - 3 décembre 1966.
Études d'architecture à l'École de peinture, sculpture et architecture en 1912, diplômé de VHUTÊMAS en 1924, titre architecte-artiste. Adjoint de l'architecte en chef de Dnêprostoj, 1927-1932 ; architecte à l'atelier de Le Corbusier (projet de Čêntrosoûz), Paris, 1928-1929 ; architecte à la société Standart ; architecte en chef de l'atelier N° 6 de Mossovêt ; architecte en chef de l'atelier N° 6 de Mosproêkt, 1951-1953 ; directeur de l'Institut des bâtiments publics, 1940-1956. Réalisations : ponts, suivi du chantier de êntrosoûz (1930-1935), station du métro à Moscou (1944-1945), stade à Minsk (1945), reconstruction des centres villes de Minsk, Riga, Kalinin (1944-1946). Participe à l'organisation de l'Union des architectes ; membre de l'Académie d'Architecture, 1939.
Sources : M. Bahrin (dir.), *Mastêra sovêtskoj arhitêktury ob arhitêkturê*, volume II, Iskusstvo, Moscou, 1975, pages 349-352.

KUČÊRÊNKO Vladimir Alêksêêvič
1909 - 1963. Formation: Institut des travaux publics (Stroitêl'nyj Institut), Har'kov, 1929-1933. Conducteur des travaux sur divers chantiers, 1933-1937 ; ingénieur en chef sur les chantiers des usines à Stalino, 1937-1939 ; ingénieur en chef du trust N° 43 du Narkomstroj de l'URSS, Har'kov, 1939-1940 ; jusqu'en 1954, direction de diverses entreprises publiques de BTP. Adjoint du ministre de la construction des entreprises de construction mécanique, 1951-1954 ; directeur de Glavmosstroj, 1954-1955 ; adjoint du président du Soviet des Ministres, président du Gosstroj de l'URSS, 1956-1961 ; président de l'Académie de Construction et d'Architecture, 1961.
Sources : *Autobiographie manuscrite*, Dossier personnel N° 36 (ličnoê dêlo), Archives Nationales Russes de l'Économie (РГАЭ), fonds 293, inventaire 6, dossier 35.

LAGUTÊNKO Vitalij Pavlovič
Moghilev sur Dniepr 18 mars 1904 – 26 décembre 1968. Formation : École du transport ferroviaire, faculté des travaux publics, technicien de Ier rang, Gomel, 1921-1925 ; Institut des ingénieurs de transport (MIIT), Moscou, 1926 – 1930. « Technicien principal du chantier » à l'atelier de Ŝusêv, chantier de la gare Kazanskij, Moscou, 1925 ; participation à la construction de Turksib, 1926 ; ingénieur à l'Institut Čêmproêkt, conception des usines de ciment, 1930. Appelé sous les drapeaux, assistant du conducteur des travaux sur les chantiers militaires en Ukraine. Après la démobilisation, promotion au poste de directeur adjoint du bureau d'études militaires Voênproêkt, 1931-1935 ; ingénieur principal à l'atelier d'Alêksêj Ŝusêv, 1935. À partir de 1939, ingénieur en chef de la Direction de l'architecture de Mosgorispolkom. En 1947, « constructeur en chef » du bureau d'études spécialisé dans la conception des bâtiments préfabriqués, conception des projets d'immeubles préfabriqués de structure poutres – poteaux – panneaux construits sur Horošêvskoê chaussée à Moscou. Ingénieur en chef de l'Institut Mosgorproêkt réorganisé ensuite en Mosproêkt ; adjoint du directeur et ingénieur en chef du Glavapu, 1949-1956. Lauréat du prix Staline pour la construction d'immeubles d'habitation préfabriqués à Moscou, 1951. Membre correspondant de l'Académie de Construction et d'Architecture, 1957.
Sources : *Dossier personnel* N° 145 (ličnoê dêlo), Archives Nationales Russes de l'Économie (РГАЭ), fonds 293, inventaire 6, dossier 136.

LOVÊJKO Iosif Ignat'êvič
1906 - 1996. Formation : VHUTÊIN, Institut d'architecture, Moscou, 1927-1931. Architecte à Giprogor, 1930-1931 ; architecte à Mosproêkt, 1934-1946 ; chef de l'atelier d'architecture N° 4 de Mosproêkt, Moscou, 1946-1951 ; chef de l'atelier N° 7 de Mosproêkt, 1951-1955. Directeur de Glavapu (architecte en chef de Moscou), 1955. Membre correspondant de l'Académie d'Architecture, 1956.
Sources : *Autobiographie manuscrite*, Dossier personnel N° 38 (ličnoê dêlo), Archives Nationales Russes de l'Économie (РГАЭ), fonds 293, inventaire 6, dossier 37.

MARKOVNIKOV Nikolaj Vladimirovič
St. Pétersbourg 1869 – 1942. Formation : Académie des Beaux-Arts, St. Pétersbourg, titre architecte – artiste, 1897. Architecte à St. Pétersbourg. En 1917, participe (avec A. Êjhênval'd, P. Vêlihov et A. Ŝusêv) à l'organisation et enseigne à l'Institut polytechnique féminin de Moscou (Politêhnikum) où sont diplômées les premières femmes architectes. Travaille sur la restauration du Kremlin, 1918-1919. Dans les années 1920, il travaille sur les problèmes d'habitat économique ; de 1921 à 1923 il travaille à la sous-direction de l'habitat de Cêntrožilsoûz ; construit la cité Sokol, Moscou, 1923. Chef du département d'habitat à Giprogor, 1930. Membre de MAO (Moskovskoê arhitêkturnoê obŝêstvo), 1922 ; membre de l'Union des architectes (1932), délégué du premier congrès (1937) ; membre correspondant de l'Académie d'Architecture, 1941 ; docteur en architecture, 1930.
Sources : M. Bahrin (dir.), *Mastêra sovêtskoj arhitêktury ob arhitêkturê*, volume I, Iskusstvo, Moscou, 1975, pages 56-60 ; I. G. Birûkov (dir.), *Matêrialy k biografiâm arhitêktorov vêtêranov truda* (Documents pour des biographies d'architectes), N° 4, Union des architectes de l'URSS, Moscou, 1988.

MELNIKOV Konstantin Stêpanovič
22 juillet 1890 – 28 novembre 1974. Formation : École de peinture, sculpture et architecture, 1905-1917. Chef d'atelier d'architecture, 1917-1930 ; membre fondateur d'ASNOVA. Dès 1930, architecte en chef de l'atelier d'architecture N° 1 de Mosproêkt. Réalisations : pavillon « Mahorka » (1921), club Rusakov (1927-1929), sa résidence (1929), pavillon soviétique à l'exposition universelle, Paris, 1925. Enseigne l'architecture à VHUTÊMAS, (1921-1924), VHUTÊIN (1927-1929), Institut d'Architecture de Moscou (1934-1937) ; enseigne le dessin et la géométrie descriptive à l'Institut des travaux publics (MISI), 1960-1970.
Sources : M. Bahrin (dir.), *Mastêra sovêtskoj arhitêktury ob arhitêkturê*, volume II, Iskusstvo, Moscou, 1975, pages 154-161 ; I. G. Birûkov (dir.), *Matêrialy k biografiâm arhitêktorov vêtêranov truda* (Documents pour des biographies d'architectes), N° 4, Union des architectes de l'URSS, Moscou, 1988.

MORDVINOV Arkadij Grigor'êvič
Village Žuravliha (région de Lukoânsk) 1896 -1964. Formation : entre à l'École supérieure technique de Moscou (MVTU), faculté d'architecture, 1922 ; diplômé de l'Institut d'Architecture de Moscou4 (En 1930, la faculté d'architecture de MVTU et VHUTÊIN sont fusionnés pour créer L'Institut d'Architecture de Moscou), 1930 ; doctorant à MARHI, 1930-1933. Architecte - concepteur (avtor – arhitêktor) aux ateliers d'architecture de Mossovêt, 1933-1937 ; chef de l'atelier d'architecture N° 7 de Mossovêt, 1937-1941 ; chef de l'atelier N° 10 de Mosproêkt, 1948. Réalisations : rue Gorki, Moscou, 1937-1941 ; construction à la chaîne de 23 immeubles de logements rue Kalužskaâ, Moscou ; logements rue Polânka, Moscou, 1938 ; hôtel « Ukraine » (« immeuble de hauteur »), 1948. Vice-président de l'Académie d'Architecture, 1939-1949 ; président du Comité pour l'architecture auprès du Soviet des Ministres, 1943-1947 ; président de l'Académie d'Architecture, 1949-1955. Après 1955, chercheur (staršij naučnyj sotrudnik) à l'Institut de l'habitat de l'Académie de Construction et d'Architecture ; membre de l'Académie de Construction et d'Architecture, 1956.
Sources : Autobiographie manuscrite, Dossier personnel N° 44 (ličnoê dêlo), Archives Nationales Russes de l'Économie (РГАЭ), fonds 293, inventaire 6, dossier 42.

OLTARŽÊVSKIJ Vâčêslav Konstantinovič
Moscou, 30 mars 1880 – 24 avril 1966.
Formation : École de peinture, sculpture et architecture, Moscou, 1909 ; par correspondance Université de New – York, 1928. Assistant de l'architecte I. Ivanov-Šic, 1908 ; architecte à l'atelier de Corbett (Etats – Unis, 1922) ; consultant sur le chantier du Palais des Soviets, Moscou, 1935 ; architecte au Promstrojproêkt. Durant les purges staliniennes, relégation à Vorkouta, 1938-1943. Direction du bureau d'information scientifique et technique du Comité des affaires d'architecture auprès du Soviet des Ministres, Moscou, 1943-1947. Réalisations : immeubles d'habitation Daêv pêrêulok et rue Krasnosêl'skaâ (Moscou 1908-1911), club à Saratov (1914-1916), gare Kiêvskij et le grand magasin Voêntorg (avec ingénieur I. Rêrbêrg, Moscou), premier prix au concours pour le monument – phare Colomb, plan masse de la ville Vorkouta. Membre de l'Union des architectes, 1935 ; docteur en architecture, 1948 ; auteur de l'ouvrage La construction des immeubles de hauteur à Moscou.
Sources : G. Birûkov (dir.), *Matêrialy k biografiâm arhitêktorov vêtêranov truda* (Documents pour des biographies d'architectes), N° 7, Union des architectes de l'URSS, Moscou, 1992.

POSOHIN Mihail Vasil'êvič
13 décembre 1910 - 22 janvier 1989.
Formation : Institut d'Architecture de Moscou, 1938. Architecte en chef de Moscou, 1974 ; membre du présidium de l'Académie des Beaux - Arts de l'URSS, 1980 ; lauréat du prix Staline 1949 et du prix Lénine 1962 et 1980.
Sources : I. G. Birûkov (dir.), *Matêrialy k biografiâm arhitêktorov vêtêranov truda* (Documents aux biographies des architectes), N°4, Union des architectes de l'URSS, Moscou, 1988.

POŽARSKIJ Alêksandr Êvgên'êvič
18 octobre 1909 – 30 décembre 1977.
Formation : Institut d'Architecture de Moscou, 1937. Directeur dans divers Instituts de conceptions de projets. Réalisations : clubs d'ouvriers, théâtres, stades, stations du métro à Moscou. Dès 1944 enseigne à l'Institut d'Architecture de Moscou.
Sources :I. G. Birûkov (dir.), *Matêrialy k biografiâm arhitêktorov vêtêranov truda* (Documents pour des biographies d'architectes), N° 4, Union des architectes de l'URSS, Moscou, 1988.

PROMYSLOV Vladimir Fêdorovič
28 août 1908 - 22 mai 1993.
Formation : Institut des travaux publics (MISI), Moscou, 1936. Chef de service au Gidroènêrgostroj, 1930-1938. Adjoint au secrétaire du comité du Parti Communiste de la ville de Moscou (MGK KPSS), 1938-1940 et de 1946 à 1949. Directeur de Glavoênpromstroj ; adjoint au président de Mosgorispolkom (adjoint au Maire de Moscou), directeur de Glavmosstroj, 1949-1951 et 1955 – 1959. Président de Mosgorispolkom (Maire de Moscou), 1963 – 1986. Membre de l'Union des architectes. Lauréat du prix Lénine, 1980.
I. G. Birûkov (dir.), *Matêrialy k biografiâm arhitêktorov vêtêranov truda* (Documents pour des biographies d'architectes), N° 4, Union des architectes de l'URSS, Moscou, 1988.

RUBANÊNKO Boris Rafailovič
Samara, 28 août 1910 – 5 mai 1985.
Formation : Institut des ingénieurs (Lêningradskij institut ingênêrov kommunal'nogo stroitêl'stva, LIIKS), Leningrad, 1923-1931 ; Académie des Beaux – Arts, Leningrad, titre architecte – artiste, 1932-1934. Architecte puis chef d'atelier d'architecture à Lênproêkt, Leningrad, 1931-1941. Chef de la Direction des bâtiments publics et d'habitation du Ministère de la construction dans les villes, Moscou, 1949-1950 ; chef du service de bâtiments publics et d'habitation du Gosstroj, Moscou 1953-1955. Membre de l'Académie d'Architecture, 1955-1956 ; membre du présidium de l'Académie d'Architecture et de Construction, 1956 ; directeur de l'Institut de l'habitat de l'Académie de Construction et d'Architecture, 1957 ; directeur de l'Institut des projets expérimentaux (Naučno – isslêdovatêl'skij Institut èkspêrêmêtal'nogo proêktirovaniâ), Moscou, 1958.
Sources : *Autobiographie manuscrite*, Dossier personnel N° 61 (ličnoê dêlo), Archives Nationales Russes de l'Économie (РГАЭ), fonds 293, inventaire 6, dossier 58.

RUDNÊV Lêv Vladimirovič
Novgorod, 14 mars 1885 – 19 novembre 1956. Formation : Académie des Beaux-Arts, St. Pétersbourg, 1906-1915. Chef d'atelier d'architecture de Lênproêkt, 1924 ; chef de l'atelier d'architecture auprès du Ministère de la Défense, Leningrad 1934. Réalisations : église-école dans la propriété Sêlêznëvka (1912-1913), monument aux Victimes de la révolution sur Marsovo pôle (Petrograd 1917), décors pour les défilés populaires, Académie militaire Frunzê (avec V. Munc, Moscou 1937), théâtre de l'Armée rouge, maison d'officiers de Kronchtadt, siège du Ministère de la Défense à Moscou (avec Munc, 1938-1951), immeubles de logements (Moscou, 1945-1948), reconstruction des centres de Riga, Voronej et Stalingrad, Université de Moscou (« immeuble de hauteur » avec S. Černyšov, P. Abrosimov, A. Hrâkov, 1953). Dernière réalisation : Palais de la culture et de la science à Varsovie (« immeuble de hauteur » offert par l'URSS à la Pologne). Membre de l'Académie d'Architecture, 1939. Lauréat du prix Staline, 1949. Sources : M. Bahrin (dir.), *Mastêra sovêtskoj arhitêktury ob arhitêkturê*, volume I, Iskusstvo, Moscou, 1975, pages 505-513.

RYBICKIJ Êvgênij Vladimirovič
20 mars 1915 -1990. Diplômé de l'Institut d'Architecture de Moscou, 1937.
I. G. Birûkov (dir.), *Matêrialy k biografiâm arhitêktorov vêtêranov truda* (Documents pour des biographies d'architectes), N° 4, Union des architectes de l'URSS, Moscou, 1988.

RZÂNIN Mihail Ivanovič
7 novembre 1903 - 31 octobre 1986. Formation : Institut des ingénieurs du transport (MIIT), Moscou, 1927 ; VASI, 1931. Membre du présidium de l'Académie d'Architecture. Secrétaire de l'Union des architectes, 1950-1959. Auteur de plus de 12 livres ; participation à des expéditions scientifiques.
I. G. Birûkov (dir.), *Matêrialy k biografiâm arhitêktorov vêtêranov truda* (Documents pour des biographies d'architectes), N° 7, Union des architectes de l'URSS, Moscou, 1992.

SINÂVSKIJ Mihail Isaakovič
Odessa, 2 janvier 1895 – 29 avril 1979. Formation : École des Beaux-Arts, Odessa, 1918 ; VHUTÊMAS, titre architecte – artiste, 1923-1926. Membre fondateur d'OSA. Architecte à la maison d'édition Pravda, 1926-1927 ; architecte au Gospromstroj ; architecte au Soûzstandartstroj ; chef d'atelier d'architecture de Mosproêkt, 1932 ; architecte à l'atelier de Žoltovskij (1933) ; chef d'atelier d'architecture de Mossovêt, 1941 ; chercheur à l'Académie d'Architecture (staršij naučnyj sotrudnik), 1943 ; chef de l'atelier d'architecture N° 11 de Mosprêkt. Réalisations : certains bâtiments de l'usine de tracteurs à Volgograd (1927-1930), planétarium de Moscou (avec M. Barchtch, 1929), concours de socgorod (ville socialiste) pour l'usine d'automobiles à Gorki, projet d'immeuble de logements (N° 64) rue Gorki (Moscou), aménagement des berges de Moskova, aménagement de la rue Prospêkt Mira (Moscou), immeubles de logements sur Lêninskiê gory (Moscou), quartier à Volgograd. Professeur à l'Institut d'Architecture de Moscou depuis 1949 ; membre de l'Union des architectes depuis 1932, membre de la direction de l'Union des architectes, 1941-1951.
Sources : G. Birûkov (dir.), *Matêrialy k biografiâm arhitêktorov vêtêranov truda* (Documents pour des biographies d'architectes), N° 7, Union des architectes de l'URSS, Moscou, 1992.

SVÊTLIČNYJ Êvgênij Êvtihiêvič
2 août 1909 - ?. Formation : Institut d'architecture de Moscou, 1935. Chef d'atelier d'architecture à Giprogor ; directeur de Mingorstroj de l'URSS ; directeur de l'habitat du Gosplan de l'URSS. Réalisations : immeubles de logements, plans masse des villes, usines. Membre de l'Union des architectes.
Sources : G. Birûkov (dir.), *Matêrialy k biografiâm arhitêktorov vêtêranov truda* (Documents aux biographies des architectes), N° 7, Union des architectes de l'URSS, Moscou, 1992.

VÊSNIN Alêksandr Alêksandrovič
29 mai 1883 – 7 novembre 1959.
Formation : Institut des ingénieurs civils (PIGI), St. Péterbourg, 1901-1912, titre ingénieur – architecte. Travaille à l'atelier de V. Tatlin, 1912-1914. Durant les premières années après la révolution, il travaille surtout comme artiste – peintre, fait des décors pour le théâtre, enseigne la peinture et le dessin à VHUTÊMAS (1921). Les principaux projets son réalisés en collaboration avec ses frères Lêonid (1880-1933) et Viktor (1882-1950) : concours de la bibliothèque Lénine (1928-1929), maisons communes pour Stalingrad et Kuznêck (1929-1930), palais de la culture du quartier Prolêtarskij (Moscou, 1931-1937), grand magasin rue Kransnaâ prêsnâ (1927). Membre d'INHUK et LÊF ; membre fondateur et président d'OSA (1925) ; rédacteur en chef de Sovrêmênnaâ Arhitêktura ; l'un des théoriciens de constructivisme ; membre de l'Union des architectes, 1932 ; membre de l'Académie d'Architecture, 1939.
Sources : G. Birûkov (dir.), *Matêrialy k biografiâm arhitêktorov vêtêranov truda* (Documents pour des biographies d'architectes), N° 7, Union des architectes de l'URSS, Moscou, 1992 ; M. Bahrin (dir.), *Mastêra sovêtskoj arhitêktury ob arhitêkturê*, volume II, Iskusstvo, Moscou, 1975.

VÊSNIN Viktor Alêksandrovič
1882-1950. Formation : Institut des ingénieurs civils (PIGI), St. Péterbourg, 1901-1912, titre ingénieur – architecte. Entre 1908-1914 collaboration avec ses frères Lêonid (1880-1933) et Alêksandr (1883-1959). Durant la première guerre mondiale est les années qui suivent la Révolution, spécialisation dans les projets industriels (usines, fabriques). Dès 1923, enseigne à MVTU (École supérieure technique de Moscou) à la faculté d'architecture. En équipe avec N. Kolli, G. Orlov et S. Andriêvskij construit Dnêprogês (station électrique sur Dniepr, 1929-1930). Participe à l'organisation de l'Union des architectes ; mène un travail théorique, 1930-1940 ; l'un des organisateurs et le premier président de l'Académie d'Architecture, 1939-1949.
Sources : M. Bahrin (dir.), *Mastêra sovêtskoj arhitêktury ob arhitêkturê*, volume II, Iskusstvo, Moscou, 1975

VLASOV Alêksandr Vasi'lêvič
1 novembre 1900 – 25 septembre 1962. Formation : École supérieure technique de Moscou (MVTU), faculté d'architecture, 1920-192 ; École doctorale de l'Académie d'Architecture, 1932. Chef de l'atelier d'architecture N° 2 de Mosproêkt ; architecte en chef de la construction du parc Gorki, Moscou, 1933-1935 ; chef d'atelier d'architecture de Mossovêt, 1939-1941 ; architecte en chef de Kiev, 1944-1950 ; architecte en chef de Moscou, 1950-1955. Réalisations : projet pour žilkommunna à Krasnodar, deuxième prix (avec A. Zil'bêrt, 1928) ; projet du pont Krymskij à Moscou, 1936-1938 ; théâtre à Ivanovo, 1940 ; plan masse de Kiev. Enseigne à MVTU, 1928 ; enseigne à l'Institut d'Architecture de Moscou, 1930-1932 ; enseigne à l'École doctorale de l'Académie d'Architecture, 1936. Membre correspondant de l'Académie d'Architecture, 1940 ; chercheur (naučnyj sotrudnik) et chef d'unité de recherche de l'Institut des bâtiments publics de l'Académie d'Architecture, 1941-1944 ; président de l'Académie d'Architecture d'Ukraine, 1945 ; Président de l'Académie d'Architecture, 1956. Lauréat du prix Staline en 1948 et 1950, du prix Lénine en 1959 et 1962.
Sources : *Autobiographie manuscrite*, Dossier personnel N° 11, Archives Nationales Russes de l'Économie (РГАЭ), fonds 293, inventaire 6, dossier 14 ; I. G. Birûkov (dir.), *Matêrialy k biografiâm arhitêktorov vêtêranov truda* (Documents pour des biographies d'architectes), N° 4, Union des architectes de l'URSS, Moscou, 1988.

ZALTSMAN (ZAL'CMAN) Alêksêj Moisêêvič
22 août 1899 – 31 janvier 1963.
Formation : VHUTÊMAS, 1922-1927. Chercheur, puis chef d'unité de recherche à l'Institut de l'habitat de l'Académie d'Architecture ; plus de 40 publications consacrées aux problèmes d'habitat ; professeur à l'Institut d'Architecture de Moscou ; membre correspondant de l'Académie d'Architecture, 1944. Projets : immeubles de logements, combinat Izvêstiâ, bâtiments industriels.
Sources : G. Birûkov (dir.), *Matêrialy k biografiâm arhitêktorov vêtêranov truda* (Documents pour des biographies d'architectes), N° 7, Union des architectes de l'URSS, Moscou, 1992.

ŽOLTOVSKIJ Ivan Vladislavovič
27 novembre 1867 - 16 juillet 1959.
Formation : Académie des Beaux-Arts de St. Pétersbourg, 1887-1898. A partir de 1900, il exerce comme architecte et enseigne à Moscou à l'École Stroganov (stroganovskoê učilišê) puis à VHUTÊMAS (1920) et enfin à l'Institut d'Architecture de Moscou, (1936-1948) ; il met au point la méthode d'enseignement d'architecture qui est appliquée à l'Institut d'Architecture dès 1936. En 1945, il crée son « atelier - école ». Auteur de plus de 120 réalisations (logements et bâtiments publics). Membre des Académies d'Architecture et des Beaux-Arts. Lauréat du Prix Staline, 1948.
Sources : I. G. Birûkov (dir.), *Matêrialy k biografiâm arhitêktorov vêtêranov truda* (Documents pour des biographies d'architectes), N° 4, Union des architectes de l'URSS, Moscou, 1988.

Glossaire des abréviations

ASNOVA – *Associaciâ Novyh Arhitêktorov*
Association des nouveaux Architectes

DSK – *Domo Stroitêl'nyj Kombinat*
Entreprise qui produit et construit des immeubles préfabriqués

Glavapu – *Glavnoê Arhitêkturno-Planirovočnoê upravlênię*
Direction Générale d'Architecture et de l'Urbanisme, service de l'Architecte en Chef de Moscou (glavnyj arhitêktor goroda), organisme de tutelle de tous les agences d'architecture de Moscou

Gosplan – *Gosudarstvênnaâ obŝêplanovaâ komissiâ*
Commission pour la planification générale de l'État auprès du Conseil des Ministres de l'URSS

Gosstroj – *Gosudarstvênnyj stroitêl'nyj komitêt*
Comité d'État des affaires de construction auprès du Soviet des Ministres de l'URSS

MARHI – *Moskovskij Arhitêkturnyj Institut*
Institut d'Architecture de Moscou

MITÈP (MNITÈP) – *Moskovskij institut tipovogo i èkspêrêmêntal'nogo proêktirovaniâ*
Institut moscovite de la conception de projets types et expérimentaux

Narkomtâžprom – *Nakomat tâžoloj promyšlênnosti*
Ministère de l'Industrie lourde

OSA – *Ob''êdinênię Sovrêmênnyh Arhitêktorov*
Union des Architectes contemporains

SAKB – *Spêcial'noê arhitêkturno-konstuktorskoê bûro*
Bureau spécial de l'architecture et de la construction

SNIP – *Stroitêl'nyê Normy i Pravila*
Normes et règles de construction

Soûzstandartžilstroj
Société de construction de logements standardisés

VHUTÊIN – *Vysšij hudožêstvênno - têhničêskij institut*
Institut supérieur d'art et de technique

VHUTÊMAS – *Vysšiê hudožêstvênno - têhničêskiê mastêrski*
Ateliers supérieurs d'art et de techniques

VOPRA – *Vsêrosijskoê ob''êdinênię prolêtarskih arhitêktorov*
Union des architectes prolétariens

Tableau de la translittération utilisée dans le texte

La translittération utilisée dans le présent travail est conforme à la norme AFNOR (ISO 9 1986 (F)) préconisant l'usage de l'écriture phonétique internationale. Elle fait correspondre à chaque lettre de l'alphabet cyrillique une lettre et un signe unique, évitant ainsi les consonnes et voyelles multiples. Nous présentons plus bas le tableau de correspondances. Cependant, les noms couramment utilisés en traduction ont été gardés dans leur orthographe habituelle (ex. Khrouchtchev, Tchernikhov, etc.)

Caractères cyrilliques				Translittération en caractères latins	
Imprimés		Manuscrits			
а	А	*а*	*А*	a	A
б	Б	*б*	*Б*	B	B
в	В	*в*	*В*	v	V
г	Г	*г*	*Г*	g	G
д	Д	*д*	*Д*	d	D
е	Е	*е*	*Е*	ê	Ê
ё	Ё	*ё*	*Ё*	ë	Ë
ж	Ж	*ж*	*Ж*	ž	Ž
з	З	*з*	*З*	z	Z
и	И	*и*	*И*	i	I
й	Й	*й*	*Й*	j	J
к	К	*к*	*К*	k	K
л	Л	*л*	*Л*	l	L
м	М	*м*	*М*	m	M
н	Н	*н*	*Н*	n	N
о	О	*о*	*О*	o	O
п	П	*п*	*П*	p	P
р	Р	*р*	*Р*	r	R
с	С	*с*	*С*	s	S
т	Т	*т*	*Т*	t	T
у	У	*у*	*У*	u	U
ф	Ф	*ф*	*Ф*	f	F
х	Х	*х*	*Х*	h	H
ц	Ц	*ц*	*Ц*	c	C
ч	Ч	*ч*	*Ч*	č	Č
ш	Ш	*ш*	*Ш*	š	Š
щ	Щ	*щ*	*Щ*	ŝ	Ŝ
ъ	Ъ	*ъ*	*Ъ*	’’	’’
ы	Ы	*ы*	*Ы*	y	Y
ь	Ь	*ь*	*Ь*	’	’
э	Э	*э*	*Э*	è	È
ю	Ю	*ю*	*Ю*	û	Û
я	Я	*я*	*Я*	â	Â

La Deutsche Nationalbibliothek (Bibliothèque Nationale d'Allemagne) enregistre cette publication dans la Deutsche Nationalbibliografie (Bibliographie nationale allemande); les données bibliographiques détaillées sont disponibles sur internet à l'adresse http://dnb.d-nb.de.

ISBN 978-3-86922-712-2

Relecture
Bérengère Chauffeté

Conception graphique
Natalya Solopova

Imprimeur
Tiger Printing (Hong Kong) Co., Ltd.
www.tigerprinting.hk